Entscheidungen
des Reichsgerichts
in Zivilsachen

Sammlung der noch wichtigen Entscheidungen nach Fachgebieten geordnet

Herausgegeben

von

Professor Dr. **L. Auerbach**, Berlin; Präsident des Reichspatentamtes a. D. Dr. **Johannes Eylau**, München; Rechtsanwältin **Charlotte Graf**, Berlin; Ministerialdirektor z. Wv. Senatspräsident Dr. **Ernst Knoll**, Berlin; Rechtsanwalt **Erich Kummerow**, Berlin; Rechtsanwalt **Hermann Reuß**, Berlin; Rechtsanwalt Dr. **Walter Schmidt**, Düsseldorf; Landgerichtsdirektor **Alexander Swarzenski**, Berlin; Rechtsanwalt Dr. **Werner Vahldiek**, Berlin.

Gruppe III Handelsrecht

Handelsgesetzbuch

Teil 2

Berlin 1953

Walter de Gruyter & Co.

vormals G. J. Göschen'sche Verlagshandlung / J. Guttentag, Verlagsbuchhandlung / Georg Reimer / Karl J. Trübner / Veit & Comp.

Handelsgesetzbuch

Bearbeitet

von

Dr. Werner Vahldiek
Rechtsanwalt in Berlin

Teil 2

Berlin 1953

Walter de Gruyter & Co.

vormals G. J. Göschen'sche Verlagshandlung / J. Guttentag, Verlagsbuchhandlung / Georg Reimer / Karl J. Trübner / Veit & Comp.

Archiv-Nr. 28 17 53

Satz und Druck: Deutsche Zentraldruckerei AG., Berlin SW 11.

Inhaltsverzeichnis

Handelsgesetzbuch

Teil 2

Handelsstand

Handelsgeschäfte

Verzeichnis

der aufgenommenen Entscheidungen

+ Entscheidung ist gekürzt
* Entscheidung enthält nur Leitsatz

Die Entscheidungen sind grundsätzlich ungekürzt gebracht worden. Ausnahmsweise gekürzte Entscheidungen sind mit einem + gekennzeichnet.

Soweit eine Entscheidung mehrere Fachgebiete betrifft, ist sie nur in einem Fachgebiet aufgenommen worden. Die anderen Gebiete enthalten nur den Leitsatz der betreffenden Entscheidung mit einem Hinweis, wo der vollständige Abdruck erfolgt ist.

Um das Auffinden der Entscheidungen zu erleichtern, wird am Schluß der Gruppe ein Gesamt-Fundstellenregister erscheinen, in dem alle aufgenommenen Entscheidungen verzeichnet und nach der Fundstelle der alten und der neuen Sammlung zitiert sind.

Handelsstand

Handlungsgehilfen und Handlungslehrlinge

RGZ. 36, 50

Wird der Inhaber eines handelsgewerblichen Unternehmens bei dessen Veräußerung von seiner Vertragspflicht gegenüber einem in diesem Unternehmen angestellten Handlungsgehilfen schon dadurch befreit, daß der Handlunsgehilfe nach der Übernahme des Geschäftes durch den Erwerber mit der Leistung seiner Dienste fortfährt?

I. Zivilsenat. Urt. v. 13. November 1895.

I. Landgericht Frankfurt a. O. II. Kammergericht Berlin.

Der Kläger war als Braumeister in der Brauerei des Beklagten zu F. gegen Jahresgehalt, Tantieme und freie Wohnung nebst sonstigen Emolumenten auf unbestimmte Zeit mit Kündigungsfrist von drei Monaten zum 1. Januar angestellt. Im Dezember 1892 übernahm der Vater des Beklagten, K. S., zunächst pachtweise, den Betrieb der Brauerei für seine Rechnung, unter gleichzeitiger Übernahme der Aktiva und Passiva des Geschäftes, ohne daß von ihm oder dem Beklagten mit dem Kläger über dessen fernere Stellung verhandelt wurde. Der Kläger blieb in seiner Stellung und erhielt Gehalt und die sonstigen Emolumente (außer der Tantieme) von K. S. Im Februar 1893 ging dem Kläger ein gedrucktes Zirkular von K. S. zu, in welchem dieser die Übernahme der Brauerei anzeigte. In demselben Monate fand auch eine Unterredung zwischen dem Kläger und K. S. statt, bei welcher der Kläger sich erkundigte, wie es mit seiner Tantieme stehe, und dahin beschieden wurde, daß er vorläufig eine solche nicht erhalten werde. Im weiteren Laufe des Jahres 1893 erkrankte der Kläger und wurde von K. S. entlassen. Er klagt jetzt gegen den Beklagten auf Zahlung des Gehaltes für die Zeit vom 1. Juni bis 31. Dezember 1893 und des Geldwertes der ihm nicht gewährten Emolumente. Der Beklagte hält sich nicht für verpflichtet, die Dienste, welche der Kläger dem K. S. geleistet habe, zu vergüten, und macht geltend, daß der Kläger durch die Fortgewährung der Dienste als Braumeister bei K. S. zu diesem in ein Dienstverhältnis getreten sei und dadurch ihn aus seiner Vertragspflicht entlassen habe.

Die Klage ist in erster Instanz abgewiesen, in der Berufungsinstanz dagegen der Anspruch des Klägers dem Grunde nach für gerechtfertigt erklärt worden. Die Revision ist zurückgewiesen worden aus folgenden

Gründen:

„Die Entscheidung des Berufungsgerichtes ist darauf gegründet, daß der Kläger durch die Fortsetzung seiner Dienstleistungen als Braumeister in der Schloßbrauerei zu F. nach deren Übernahme durch K. S. den Beklagten von seinen Verpflichtungen aus dem Dienstvertrage nicht befreit habe, auch nicht zu K. S. in ein Vertragsverhältnis getreten sei, so daß der Beklagte verpflichtet sei, dem zur Erfüllung des Dienstvertrages bereiten, aber durch das Verbot des K. S. an der Erfüllung verhinderten Kläger die vertragsmäßige Gegenleistung zu gewähren.

Die hiergegen gerichtete Ausführung der Revision, das Dienstverhältnis des Klägers zu dem Beklagten sei dadurch aufgehoben, daß der Kläger mit Wissen und Willen des Beklagten, nachdem er von der Übernahme der Brauerei durch K. S. Kenntnis erlangt habe, die Brauerei fernerhin für Rechnung des K. S. geleitet, die sich dabei ergebenden Dienste also dem K. S. geleistet und so zu diesem in ein Vertragsverhältnis getreten sei, beruht auf einer Verkennung der Sach- und Rechtslage. Es handelt sich in dem vorliegenden Falle nicht um Erfüllung eines mit dem früheren Inhaber eines Handelsgeschäftes geschlossenen Kaufvertrages durch Lieferung der verkauften Waren an den neuen Inhaber, der das Handelsgeschäft unter Übernahme der Aktiva und Passiva erworben hat, und um die aus solcher Warenlieferung an den neuen Geschäftsinhaber für die Entlassung des alten aus dem Vertrage zu ziehenden Folgerungen,

vgl. Entsch. des RG.s in Zivils. Bd. 19 S. 129, Bd. 31 Sp. 45, und Bolze, Praxis Bd. 13 Ziff. 500,

sondern um die fortgesetzte Leistung von Diensten in einem bestimmten gewerblichen Unternehmen. Der Kläger war als Braumeister für die von dem Beklagten betriebene Schloßbrauerei in F. engagiert. Als der Betrieb dieser Brauerei auf den Vater des Beklagten, K. S., überging, wurde der Kläger hierdurch außerstand gesetzt, seine Dienste als Braumeister in dieser Brauerei, zu denen er vertragsmäßig dem Beklagten verpflichtet war, fernerhin diesem persönlich zu leisten. Da jedoch mit ihm weder über die Aufhebung seines Dienstverhältnisses zu dem Beklagten noch über seinen Eintritt in die Dienste des neuen Geschäftsinhabers verhandelt wurde, so mußte der Kläger annehmen, daß es der Absicht des Beklagten, der durch die Übergabe der Brauerei an seinen Vater von dem mit dem Kläger geschlossenen Vertrage nicht frei wurde, entspräche, wenn er die seinerseits übernommene Vertragspflicht in der Weise erfüllte, daß er fortfuhr, seine Tätigkeit als Braumeister in der fernerhin für Rechnung des K. S. betriebenen Brauerei auszuüben. Zu dieser Annahme war der Beklagte um so mehr berechtigt, als auch K. S. seine Dienstleistungen nicht zurückwies, sondern von denselben in gleicher Weise, wie früher der Beklagte, Gebrauch machte. Ob der Kläger verpflichtet war, in seiner Stellung als Braumeister zu verbleiben und ob er nicht vielmehr die Fortsetzung seiner Dienstleistungen dem neuen Geschäftsinhaber gegenüber hätte verweigern können, kann dahingestellt bleiben, weil diese Frage hier nicht zur Entscheidung gestellt ist. Fuhr der Kläger aber mit seinen Dienstleistungen fort, so durfte er dies in dem Glauben tun, damit nach dem Willen des Beklagten den mit diesem geschlossenen Vertrag zu erfüllen. Daß diese Rechtslage sich später verändert habe, der Beklagte aus dem Vertragsverhältnisse ausgeschieden und der Kläger in den Dienst des K. S. getreten sei, dafür fehlt es an jedem Anhalte. Die Übernahme der Aktiva und Passiva durch K. S., welche für sich allein eine den Beklagten befreiende Wirkung nicht haben konnte, kommt in dieser Beziehung um so weniger in Betracht, als nicht erhellt, daß das übrigens von K. S. erlassene Zirkular die Mitteilung von dieser Übernahme enthalten habe. Ebensowenig nötigt die im Februar 1893 stattgefundene Unterredung zwischen dem Kläger und K. S. zu der Auffassung, daß der Kläger sich schon damals oder von da an als im Dienste des K. S. stehend betrachtet habe, selbst wenn man den vom Beklagten behaupteten Inhalt dieser Unterredung zugrunde legt. Daß der Kläger sich wegen der Zahlung der ihm vertragsmäßig zustehenden Tantieme bei K. S. erkundigte, findet ebenso, wie die übrigen, den Geschäftsverkehr zwischen dem Kläger und K. S. betreffenden Tatumstände, aus denen der Beklagte das Bestehen eines Dienstvertrages zwischen beiden herleiten will, seine Erklärung darin, daß K. S. dem Kläger als diejenige Person gegenüberstand, an welche er durch das Verhalten des Beklagten hinsichtlich der weiteren Vertragserfüllung gewiesen war, die er als Vertreter des Beklagten in dieser Beziehung anzusehen hatte.

Dies gilt insbesondere auch von der durch K. S. ausgesprochenen Entlassung des Klägers, so daß der letztere keine Veranlassung hatte, gegen die subjektive Befugnis des K. S. zu dieser Maßregel zu protestieren. Für die Folgen derselben muß der Beklagte aufkommen, wie wenn die Entlassung von ihm selbst erklärt wäre. Er muß also den Kläger entschädigen, wenn ein rechtmäßiger Grund zur Entlassung nicht vorlag. Daß diese Entschädigung, das Erfüllungsinteresse, mit der dem Kläger nach dem Vertrage zustehenden Gegenleistung zusammenfällt, ist unbedenklich. Die angefochtene Entscheidung ist hiernach gerechtfertigt, wenn die Krankheit des Klägers, der einzige vorgebrachte Grund zur Entlassung, als solcher nicht anzuerkennen ist. Das Berufungsgericht hat die Rechtmäßigkeit der Entlassung aus diesem Grunde verneint, weil die Krankheit keine anhaltende gewesen sei und eine längere Abwesenheit des Klägers nicht zur Folge gehabt habe. Insoweit beruht das Berufungsurteil auf tatsächlichem Ermessen und kann in dieser Instanz nicht angefochten werden." ...

RGZ. 59, 125

Muß der dem Handlungsgehilfen das Dienstverhältnis kündigende Prinzipal, wenn er durch Fortzahlung des Gehalts sich seine Ansprüche aus dem vereinbarten Wettbewerbsverbote wahren will, sofort bei der Kündigung dem Handlungsgehilfen die Fortzahlung des Gehalts zusichern?

HGB. §§ 74, 75.

II. Zivilsenat. Urt. v. 1. November 1904.

I. Landgericht Köln. II. Oberlandesgericht daselbst.

Der Kläger war mit einem halbmonatlich zahlbaren Jahresgehalt von 3300 M. als Geschäftsführer bei der verklagten Firma angestellt. Nach dem Anstellungsvertrage war ihm im Falle seines Ausscheidens aus dem Geschäfte der Beklagten bei einer Vertragsstrafe von 3000 Mark für jeden Fall des Zuwiderhandelns verboten, innerhalb eines Jahres nach seinem Ausscheiden an bestimmten Orten ein Abzahlungsgeschäft zu errichten oder sich an einem solchen zu beteiligen. Der Beklagte kündige durch Schreiben vom 15. Januar dem Kläger zum 1. April 1902 seine Stellung und verzichtete durch Schreiben vom 11. März 1902 mit der Angabe, er habe im Februar 1902 in Köln, einem der von dem Verbote umfaßten Orte, ein Wettbewerbs-(Abzahlungs-) Geschäft erworben und sei in demselben tätig, auf seine weitere Tätigkeit in ihrem Geschäfte.

Mit der Klage forderte der Kläger sein Gehalt für den Monat März 1902 und beantragte Feststellung, daß der Beklagten ein Anspruch auf Vertragsstrafe nicht zustehe, nachdem die Beklagte mit der Behauptung, der Kläger habe durch den Erwerb und Betrieb eines Wettbewerbsgeschäftes die Vertragsstrafe verwirkt, diese in Höhe von 1000 M. durch Aufrechnung gegen die Klageforderung und durch Widerklage geltend gemacht hatte. Das Landgericht entsprach den Anträgen der Beklagten, das Oberlandesgericht denen des Klägers. Die Revision der Beklagten ist zurückgewiesen worden aus folgenden

Gründen:

... „Die angefochtene Entscheidung des Berufungsgerichts beruht auf der Annahme desselben, daß der Kläger die mit der Beklagten vereinbarte Vertragsstrafe nicht dadurch verwirkt habe, daß er nach der am 15. Januar zum 1. April 1902 von seiten der Beklagten erfolgten Kündigung, nämlich im Februar 1902, ein Wettbewerbsgeschäft in Köln erworben hat und angeblich in demselben tätig gewesen ist. Diese Annahme ist auf die weiteren Annahmen gestützt, daß für die Kündigung der Beklagten ein erheblicher, von ihr nicht verschuldeter Anlaß nicht vorgelegen habe und daß die

Beklagte die Fortzahlung des Gehalts während der Dauer der Geltung des Wettbewerbsverbots dem Kläger nicht bei der Kündigung zugesichert habe, mithin die Beklagte gemäß § 75 HGB. aus der Vereinbarung der Vertragsstrafe Ansprüche gegen den Kläger nicht geltend machen könne. Die hiergegen von der Beklagten erhobenen Bedenken sind nicht begründet. Die von ihr vertretene Meinung, der Kläger habe sowohl während seiner Dienstzeit als auch nach seinem Ausscheiden aus dem Dienstverhältnisse durch Zuwiderhandeln gegen das vereinbarte Wettbewerbsverbot die Vertragsstrafe verwirken können, ist irrig. Durch den im Jahre 1898 mit der Beklagten erneuerten Dienstvertrag, auf den der am 1. Januar 1998 in Kraft getretene 6. Abschnitt des 1. Buchs des Handelsgesetzbuchs n. F. mit Recht vom Berufungsgerichte angewendet worden, ist die Vertragsstrafe ausdrücklich für solche Zuwiderhandlungen des Klägers gegen das vereinbarte Wettbewerbsverbot bestimmt worden, welche sich während eines Jahres nach dem Ausscheiden des Klägers aus dem Dienstverhältnisse ereigneten. Sie konnte daher durch eine schon während der Dienstzeit verübte Wettbewerbshandlung nicht verwirkt werden.... Aus den Bestimmungen des § 75 HGB. erhellt, daß die Kündigung des Dienstverhältnisses durch den Prinzipal in der Regel den Verlust seiner Ansprüche aus dem vereinbarten Wettbewerbsverbote, insbesondere seines Anspruchs auf die Vertragsstrafe, zur Folge hat und daß diese Folge nur abgewendet werden kann, daß nämlich die Ansprüche nur dann aufrechterhalten bleiben, wenn eine der im Gesetze zugelassenen Ausnahmen gegeben ist.... Auch die Annahme des Berufungsgerichts, daß die andere Ausnahme von der Regel deshalb nicht gegeben sei, weil die Beklagte nicht bei der Kündigung die Fortzahlung des Gehalts dem Kläger zugesichert habe, ist zu billigen. Nach dem Wortlaut des § 75 wird die Ausnahme durch Fortzahlung des Gehalts an den Handlungsgehilfen während der Dauer seiner Beschränkung begründet. Diese Bestimmung kann aber nur den Sinn haben, daß zur Zeit der Kündigung die Fortzahlung des Gehalts feststehen muß und daß anderenfalls die Regel eintritt, nach welcher der Prinzipal seine Ansprüche aus dem vereinbarten Wettbewerbsverbote verliert, wenn er durch Kündigung die Beendigung des Dienstverhältnisses herbeiführt. Das Gesetz bietet keinen Anhalt für die Annahme, daß die Frage nach dem Fortbestande der Ansprüche des Prinzipals nach dem Zeitpunkte der Kündigung in der Schwebe bleiben solle. Eine solche Annahme würde vielmehr dem Zwecke des Gesetzes zuwiderlaufen. Bezweckt wird durch die Bestimmungen der §§ 74, 75 HGB. der Schutz des Handlungsgehilfen gegen übermäßige Benutzung des vertragsmäßigen Wettbewerbsverbots durch den Prinzipal. Deshalb soll mit der Kündigung der Wegfall der Ansprüche desselben eintreten. Die dem Prinzipale als Ausnahme gewährte Möglichkeit, diese Folge abzuwenden, muß im Einklange mit dem Interesse des Handlungsgehilfen dahin verstanden werden, daß der Prinzipal sofort bei der Kündigung das für die Fortdauer seiner Ansprüche aus dem vereinbarten Wettbewerbsverbote gesetzlich aufgestellte Erfordernis erfüllt. Dies geschieht aber sachgemäß dadurch, daß er sich dem Handlungsgehilfen gegenüber zur Fortzahlung des Gehalts verpflichtet. Anderenfalls bliebe der Handlungsgehilfe von der Kündigung ab bis zu dem Zeitpunkte der ersten nach der Beendigung des Dienstverhältnisses fälligen Gehaltsrate über die Fortdauer seiner Verpflichtung aus dem Wettbewerbsverbote in Ungewißheit und wäre er auch über diesen Zeitpunkt hinaus noch in Ungewißheit darüber, ob die späteren Gehaltsraten gezahlt werden oder nicht. Er wäre also auf eine gewisse Zeit in der Freiheit beschränkt, sich eine ihm vorteilhafte Stellung zu sichern, und würde dadurch ohne ersichtlichen Grund benachteiligt, während das Gesetz ihn gegen Nachteile schützen will. Andererseits erscheint der Prinzipal in seinem Interesse dadurch nicht beeinträchtigt, daß er sich sogleich bei der Kündigung darüber schlüssig machen muß, ob er durch Fortzahlung des Gehalts die Fortwirkung des vereinbarten Wettbewerbsverbots herbeiführen oder ob er darauf verzichten will. Mit Unrecht verweist die Revisionsklägerin den Handlungsgehilfen auf die Möglichkeit, durch Befragen des Prinzipals sich Gewißheit über dessen Absicht zu verschaffen. Eine gesetzliche Verpflichtung des Handlungsgehilfen, den Prinzipal zu fragen, besteht ebensowenig, wie eine Verpflichtung des letzteren, eine solche Frage zu beantworten. Vielmehr darf der Handlungsgehilfe, falls der Prinzipal nicht bei der Kündigung die Fortzahlung des Gehalts zusichert, annehmen, daß es bei der Regel verbleibt, nach welcher der Prinzipal durch die Kündigung alle Ansprüche aus dem Wettbewerbsverbote für die Zeit nach Beendigung des Dienstverhältnisses verliert." ...

RGZ. 63, 252

Kommt die dreimonatige Verjährung, welche im § 61 Abs. 2 HGB. für die Ansprüche des Prinzipals gegen den Handlungsgehilfen auf Schadensersatz und auf Eintritt in die Geschäftsabschlüsse des letzteren betimmt ist, auch für den Anspruch des Prinzipals auf Unterlassung eigenen Gewerbebetriebes seitens des Handlungsgehilfen oder eigener Gechäftsabschlüsse im Handelszweige des Prinzipals zur Anwendung?

III. Zivilsenat. Urt. v. 1. Mai 1906.

I. Landgericht Altenburg. II. Oberlandesgericht Jena.

Obige Frage ist vom Reichsgericht bejaht worden aus folgenden, zugleich den Sachverhalt ergebenden

Gründen:

„Der Beklagte war von der Klägerin, wie dieselbe behauptet, bis zum 1. Januar 1910 als Handlungsgehilfe angenommen, hat aber diese Stellung bereits für den 31. Dezember 1903 aufgekündigt und zu dieser Zeit in Gemeinschaft mit dem Kaufmann M. im Orte M. eine Porzellanfabrik zur Anfertigung elektrotechnischer Porzellan-Massenartikel, wie der in der Fabrik der Klägerin hergestellten, aufgetan. Wegen dieser Verletzung des von ihr behaupteten Vertragsverhältnisses hat die Klägerin am 20. Juli 1904 wider ihn Klage erhoben mit dem Antrage, ihn zu verurteilen, das von ihm unter der Firma H. & M. in M. gemeinschaftlich mit einem anderen betriebene Handelsgewerbe sofort aufzugeben und es künftig zu unterlassen, bis zum 1. Januar 1910 irgendein Handelsgewerbe zu betreiben oder in dem Handelszweige der Klägerin Geschäfte zu machen.

In zweiter Instanz hat der Beklagte gegen diesen Anspruch die Einrede der (dreimonatigen) Verjährung nach § 61 Abs. 2 HGB. vorgeschützt, und nachdem die Klägerin zugegeben hatte, daß sie länger als drei Monate vor der Klagerhebung von der Einrichtung der offenen Handelsgesellschaft H. & M. sowie von der Beteiligung des Beklagten an diesem Konkurrenzunternehmen Kenntnis gehabt habe, hat das Berufungsgericht auf Grund dieser Verjährungseinrede die Klage abgewiesen. Dasselbe hat dabei erwogen, daß die im § 61 Abs. 2 HGB. zunächst für die Schadensansprüche des Prinzipals, sowie für seinen Anspruch auf Eintritt in die von dem Handlungsgehilfen widerrechtlich abgeschlossenen Geschäfte, bestimmte dreimonatige Verjährung bei der Gleichartigkeit des gesetzgeberischen Grundes auch auf die vorliegenden Unterlassungsansprüche Anwendung zu finden habe, die dreimonatige Frist aber unter entsprechender Anwendung der Vorschrift im § 113 Abs. 3 HGB., wonach die Ansprüche der offenen Handelsgesellschaft gegen einen an einer anderen Gesellschaft rechtswidrig sich beteiligenden Gesellschafter binnen drei Monaten seit erlangter Kenntnis von dieser Teilnahme verjähren, vorliegendenfalls von dem Zeitpunkte ab, wo der Prinzipal von der Beteiligung des Klägers an der erwähnten Gesellschaft und an deren Betrieb Kenntnis erhalten, zu berechnen, mithin nach dem Zugeständnis der Klägerin abgelaufen sei. Auf weitere, sich immer erneuernde Geschäftsabschlüsse komme es dabei nicht an, und die scheinbar entgegenstehende Ausführung in der Denkschrift zu dem Entwurf des Handelsgesetzbuchs vom 10. Mai 1897 S. 84 sei mit Cosack, Handelsrecht 5. Aufl. S. 547, und gegen die Mehrzahl der Kommentatoren (Staub, Lehmann, Goldmann, Makower) für unzutreffend zu erachten.

Die Revision hat hiergegen die entsprechende Anwendung der Verjährungsvorschriften im § 61 Abs. 2 und im § 113 Abs. 3 für unzulässig erklärt und unter Bezugnahme auf die angeführte Stelle der Denkschrift bemerkt, daß letztere Vorschrift eine andere als die ihr von dem Berufungsgericht beigemessene Bedeutung habe.

Es war indessen dieser Revisionsangriff für unbegründet zu erachten und der Auffassung des Berufungsgerichts im wesentlichen beizutreten.

Nach § 60 Abs. 1 HGB. darf der Handlungsgehilfe ohne Einwilligung des Prinzipals weder ein Handelsgewerbe betreiben, noch in dem Handelszweige des Prinzipals für eigene oder fremde Rechnung Geschäfte machen. Für den Fall der Verletzung dieser Verpflichtung wird zwar dem Prinzipal im § 61 Abs 1 nur ein Anspruch auf Schadensersatz sowie auf Eintritt in die von dem Handlungsgehilfen gemachten Geschäfte und die daraus entspringenden Vorteile eingeräumt. Mit Recht wird jedoch von Rechtslehre und Rechtsprechung,

s. Staub, Kommentar 6./7. Aufl. § 61 Anm. 5; Entsch. des ROHG.s Bd. 16 S. 160, Bd. 19 S. 138,

dem Prinzipal daneben auch der Anspruch auf Unterlassung eigenen Gewerbebetriebs von seiten des Handlungsgehilfen, oder eigener Geschäftsabschlüsse im Handelszweige des Prinzipals zugestanden, ein Anspruch, der sich nicht, wie der Revisionsbeklagte ausführt, als ein Schadensersatzanspruch nach § 249 BGB., sondern als ein Anspruch auf Erfüllung der dem Handlungsgehilfen nach § 60 Abs. 1 obliegenden Verpflichtung darstellt.

Es fragt sich nun vor allem, ob die im § 61 Abs. 2:

„die Ansprüche verjähren in drei Monaten von dem Zeitpunkte an, in welchem der Prinzipal Kenntnis von dem Abschlusse des Geschäfts erlangt",

geordnete Verjährung auch auf diesen Unterlassungsanspruch Anwendung findet. Allerdings bezieht sich diese Vorschrift zunächst nur auf die im vorhergehenden Abs. 1 erwähnten Ansprüche auf Schadensersatz und auf Eintritt in die widerrechtlich eingegangenen Geschäfte. Mit dem Berufungsgericht ist aber ihre Ausdehnung auf den aus § 60 Abs. 1 hervorgehenden Unterlassungsanspruch für unbedenklich zu erachten. Es spricht dafür vor allem der auch von der Vorinstanz hervorgehobene Umstand, daß der für die kurze Verjährung des Schadensanspruchs maßgebend gewesene gesetzgeberische Grund, den Prinzipal zur möglichst raschen Verfolgung und Feststellung des gedachten Anspruchs zu veranlassen, in gleichem, ja noch in verstärktem Maße bei dem Unterlassungsanspruch zutrifft, und daß es zu geradezu unerträglichen Folgen führen würde, wenn der Prinzipal, nachdem mit seiner Kenntnis der Handlungsgehilfe neben dieser Stellung eine Reihe von Jahren hindurch ein eigenes Gewerbe betrieben hat, noch auf Unterlassung dieses Betriebes klagen könnte. Überdies ist auch aus § 60 Abs. 2:

„die Einwilligung zum Betrieb eines Handelsgewerbes gilt als erteilt, wenn dem Prinzipal bei Anstellung des Gehilfen bekannt ist, daß er das Gewerbe betreibt, und der Prinzipal die Aufgabe des Betriebs nicht ausdrücklich vereinbart",

der Grundsatz zu entnehmen, daß der Prinzipal seinen Widerspruch gegen den eigenen Geschäftsbetrieb seines Gehilfen baldtunlich geltend machen soll.

Es fragt sich weiter, von welchem Zeitpunkt ab die dreimonatige Frist zu berechnen ist. Nach § 198 BGB. würde dieselbe bereits von der Zuwiderhandlung ab laufen. Mit Rücksicht auf die Vorschrift im § 61 Abs. 2 aber erscheint es geboten, diese Frist, wie bei den Schadensersatzansprüchen, so auch im vorliegenden Falle erst von dem Zeitpunkte ab zu berechnen, wo der Prinzipal von der Beteiligung des Gehilfen an der von demselben gegründeten Gesellschaft und an deren Betrieb Kenntnis erhalten hat, wofür auch die von dem Berufungsgericht hervorgehobene Vorschrift des § 113 bei dem gleichartigen Verhältnis des rechtswidrigen Eintritts eines Gesellschafters in eine andere Handelsgesellschaft spricht. Nach dem Zugeständnis der Klägerin ist diese Frist hier abgelaufen, und demgemäß sowohl der Anspruch auf Unterlassung des Gewerbebetriebs, als auch, da dieser Gewerbebetrieb unbestritten ein solcher in Konkurrenzfabrikaten ist, der Anspruch auf Unterlassung des Abschlusses von Einzelgeschäften im Handelsbetriebe der Klägerin mit der Vorinstanz als verjährt anzusehen.

Unbegründet ist endlich der Einwand, daß es für den Beginn der Verjährung lediglich auf den Abschluß bestimmter Einzelgeschäfte ankomme, und mit deren Vornahme die Verjährungsfrist sich fortwährend erneuere. Die vorliegende Klage ist auf den Eintritt des Beklagten in den gesellschaftlichen Gewerbebetrieb, also auf einen Vorgang gestützt, der, ebenso wie der Abschluß eines Einzelgeschäfts, bestimmt und fest begrenzt ist. Mit der Verjährung des hierauf gegründeten Unterlassungsanspruchs aber, der seiner Natur nach bei eingetretener Verjährung nicht nochmals erhoben werden kann, ist eine weitere Klage auf Unterlassung dieses Handelsgewerbebetriebs und der damit zusammenhängenden Geschäfte ausgeschlossen. Weitere vom Beklagten im Betriebe seines Gewerbes abgeschlossene Einzelgeschäfte kommen hiernach für den vorliegenden Klaganspruch und dessen Verjährung überhaupt nicht in Betracht. Dem steht auch die von dem Berufungsgericht und von der Revision angezogene Stelle der Denkschrift zum Entwurf des Handelsgesetzbuchs vom 10. Mai 1897 nicht entgegen; denn dieselbe trifft nicht den vorliegenden Fall, spricht vielmehr aus, daß, wenn ein Ersatzanspruch verjährt sei, der aus der Beteiligung eines Gesellschafters bei einer anderen Gesellschaft hergeleitet werde (§ 113 HGB.), dadurch ein Einwand gegen weitere Ersatzansprüche an diesen Gesellschafter nicht begründet werde."

RGZ. 68, 317

Ist nach § 67 Abs. 4 HGB. jede Vereinbarung, die eine ungleiche Kündigungsfrist festsetzt, nichtig ohne Unterschied, ob die Vereinbarung im einzelnen Falle dem Handlungsgehilfen günstig oder ungünstig ist?

HGB. §§ 66, 67, 68.

III. Zivilsenat. Urt. v. 1. Mai 1908.

I. Landgericht Flensburg. II. Oberlandesgericht Kiel.

Der Kläger hatte mit der Beklagten am 10. Mai 1906 einen Vertrag geschlossen, inhalts dessen er als Mitleiter einer Bankfiliale der Beklagten angestellt wurde. Die Dauer des Vertrags war auf zehn Jahre vom 1. Mai 1906 ab bemessen; jedoch wurde dem Kläger das Recht gegeben, nach Ablauf von drei Jahren mit halbjähriger Frist zu kündigen. Die Beklagte kündigte dem Kläger am 28. Dezember 1906 für den 1. April 1907 und berief sich in dem über die Berechtigung dieser Kündigung geführten Rechtsstreite unter anderem auch auf § 67 Abs. 4 HGB., demzufolge die im Vertrage verabredeten Kündigungsbestimmungen, weil sie nicht für beide Teile gleich seien, nichtig und an ihre Stelle die gesetzlichen Fristen des § 66 HGB. zu setzen wären. Das Berufungsgericht verwarf den Einwand, und das Revisionsgericht bestätigte diese Entscheidung aus folgenden

Gründen:

... „Schließlich beruht das Berufungsurteil auch nicht auf einer Verletzung des § 67 HGB. Der § 4 des Anstellungsvertrags bestimmt:

> „Dieser Vertrag gilt vom 1. Mai 1906 ab auf 10 Jahre. Herr P. ist berechtigt, diesen Vertrag nach Ablauf von 3 Jahren mit halbjährlicher Frift aufzukündigen. Die Bank ist berechtigt, Herrn P. nur vor Ablauf der 10 Jahre mit halbjährlicher Frist zu kündigen, sobald derselbe sich grobe Pflichtverletzungen zuschulden kommen läßt. Die Kündigung muß schriftlich geschehen."

Die Beklagte ist der Meinung, daß die hier getroffenen Abreden über die Kündigungsbefugnis nach § 67 Abs. 4 HGB. nichtig seien, weil sie nicht für beide Teile gleich seien, und daß deshalb das Anstellungsverhältnis der gesetzlichen Kündigungsfrist nach § 66 HGB. unterliege.

Wie der Zusammenhang des § 67 mit dem vorhergehenden § 66 HGB. zeigt, beziehen sich seine Vorschriften nur auf die ordentliche Kündigung, das Recht der Vertragsteile, den Vertrag ohne weitere Voraussetzung durch einseitige Willenserklärung zur Lösung zu bringen. Ein solches Kündigungsrecht ist in § 4 des Anstellungsvertrags der Beklagten überhaupt nicht und für die ersten 3 Jahre auch dem Kläger nicht eingeräumt. Für diese 3 Jahre ist der Vertrag fest abgeschlossen; insoweit enthält er ein auf bestimmte Zeit eingegangenes Dienstverhältnis, auf welche Art Verträge sich die §§ 66, 67 nicht beziehen. Da in diesem Rechtsstreit nur die Frage zu entscheiden ist, ob die am 28. Dezember 1906, also innerhalb der ersten 3 Vertragsjahre, ausgesprochene Kündigung den Vertrag für den 1. April 1907 zur Auflösung gebracht hat oder ob er trotz der Kündigung noch fortdauert, diese Frage aber, soweit die Kündigung als ordentliche Kündigung in Betracht kommt, schon durch die von § 67 nicht betroffene Abrede der dreijährigen festen Vertragsdauer entschieden wird, so kommt es an sich auf die Bestimmungen in § 67 über die Beschränkung der Vertragsfreiheit jetzt nicht an. Erst für die spätere Zeit kann die Frage aufgeworfen werden, ob die Verschiedenheit in der Kündigungsbefugnis die darüber in § 4 des Vertrags getroffene Vereinbarung nichtig macht. Dies muß verneint werden.

Nicht zutreffend ist die Annahme des Berufungsgerichts, daß § 67 auf Fälle einer ungleichen Kündigungsbefugnis, wo der eine Vertragsteil auf bestimmte Zeit überhaupt nicht, der andere während dieser Zeit mit halbjähriger Frist kündigen kann, keine Anwendung finde, weil es sich dabei nicht um ungleiche Kündigungs*fristen* handle. In Wirklichkeit liegt in solchen Fällen die Vereinbarung ungleicher Fristen vor: die Kündigungsfrist desjenigen, der während einer bestimmten Zeit überhaupt nicht kündigen kann, erscheint im Verhältnis zu der des andern Vertragsteils um den Zeitraum verlängert, in welchem sein Kündigungsrecht noch ausgeschlossen ist.

Vgl. *Staub*, Handelsgesetzbuch (8. Aufl.) § 67 Anm. 1.

An sich würde also § 67 auch auf den vorliegenden Fall, soweit die Zeit nach Ablauf der ersten 3 Vertragsjahre in Betracht kommt, zutreffen.

Indes ist andererseits dem Berufungsgericht darin beizustimmen, daß die in Abs. 4 des § 67 verordnete Nichtigkeit abweichender Vereinbarungen nur die *zu Ungunsten* des Handlungsgehilfen getroffenen Abreden ergreift. Zwar bestimmt der Wortlaut des Gesetzes, daß „die Kündigungsfrist für beide Teile gleich sein muß" und daß „eine Vereinbarung, die dieser Vorschrift zuwiderläuft, nichtig ist". Es scheint also ein Unterschied nicht gemacht zu werden, ob die abweichende Vereinbarung dem Handlungsgehilfen günstig oder ungünstig ist. Und deshalb wird in der Rechtslehre mehrfach die Meinung vertreten, daß ein solcher Unterschied nicht gemacht werden dürfe.

Vgl. *Goldmann*, Handelsgesetzbuch § 67 Anm. 1 Ziff. II[1]; *Horrwitz*, Recht der Handlungsgehilfen (2. Aufl.) S. 120; *Lotmar*, Arbeitsvertrag Bd. 1 S. 593.

Diese Auslegung setzt sich jedoch mit dem Zwecke des Gesetzes, wie er in der Entstehungsgeschichte und im Gesetze selbst zum Ausdrucke gekommen ist, in Widerspruch.

Die Vorschriften des § 67 sind geschaffen worden, um den mannigfach empfundenen Übelständen, die auf dem Gebiete des kaufmännischen Dienstvertrages durch die unbeschränkte Vertragsfreiheit zum Nachteile der Handlungsgehilfen bemerkbar geworden waren, zu begegnen. Bereits im Jahre 1894 hatte der Reichstag einen Antrag auf Erlassung eines Gesetzes angenommen, der den jetzt Gesetz gewordenen Vorschriften im wesentlichen entsprach (Drucksachen des Reichstags 1893/94 Nr. 337). Die Reichstagsverhandlungen über diesen Antrag (Stenographische Berichte 1893/94 Bd. 2 S. 1233 ff., 1371 ff.) ergeben, daß ausschließlich die mißliche Lage der Handlungsgehilfen bei dem Abschlusse von Dienstverträgen gegenüber den wirtschaftlich überlegenen Prinzipalen den Grund zu der gesetzlichen Einschränkung der Vertragsfreiheit bildete. Auf diese Verhandlungen nimmt die Denkschrift zum Entwurfe eines Handelsgesetzbuchs, der dem Reichstage 1897 vorgelegt wurde, Bezug und führt ihrerseits aus: „Die Bestimmungen des Handelsgesetzbuchs über die Handlungsgehilfen reichen unter den heutigen Verhältnissen nicht mehr aus; sie genügen namentlich nicht, um die Handlungsgehilfen gegen unbillige Vertragsbestimmungen zu schützen, die ihnen bei der Anstellung auferlegt werden. Der Grundsatz unbedingter Vertragsfreiheit, von welchem das Handelsgesetzbuch ausgeht, ist deshalb im Entwurfe verlassen; insbesondere sind für Vereinbarungen über die Kündigungsfristen sowie für das vertragsmäßige Konkurrenzverbot im Interesse der Handlungsgehilfen bestimmte Schranken gezogen" (Drucksachen des Reichstags 1895/97 zu Nr. 632 S. 54). Auch bei den weiteren parlamentarischen Verhandlungen über den Entwurf blieb dieser Gesichtspunkt maßgebend. Der Gedanke, daß die einzuführende Beschränkung der Vertragsfreiheit die Tragweite haben sollte, dem Handlungsgehilfen auch die ihm im einzelnen Falle mögliche Erreichung günstigerer Kündigungsfristen, als er sie dem Prinzipal einzuräumen hatte, zu verwehren, ist nirgends ausgesprochen worden, und es ist mit Sicherheit anzunehmen, daß man eine solche Folgerung mit der im Entwurfe enthaltenen Fassung des Abs. 4 des § 67, die dem Antrage von 1894 entsprach und in das Gesetz übergegangen ist, nicht verbunden hat.

Aber nicht nur in der Entstehungsgeschichte, sondern auch im Gesetze selbst kommt zum Ausdrucke, daß die Vorschriften des § 67 nur zugunsten der Handlungsgehilfen erlassen worden sind. In § 68 wird die Beschränkung der Vertragsfreiheit, die in § 67 angeordnet ist, für diejenigen Handlungsgehilfen wieder außer Kraft gesetzt, die ein Jahresgehalt von mindestens 5000 M. beziehen. Für sie könne von einem Bedürfnisse, so bemerkt dazu die erwähnte Denkschrift, sie gegen die notgedrungene Eingehung ungünstiger Kündigungsbedingungen zu schützen, keine Rede sein; bei der wirtschaftlichen und sozialen Lage, in der sie sich befänden, träfen die dem § 67 zugrundeliegenden Gesichtspunkte nicht zu (Drucksachen des Reichstags 1895/97 zu Nr. 632 S. 60). Hebt also das Gesetz die Beschränkung der Vertragsfreiheit wieder auf, falls es sich um eine Klasse von Handlungsgehilfen handelt, deren wirtschaftliche und soziale Stellung eine Fürsorge entbehrlich erscheinen ließ, so ergibt sich daraus, daß die Beschränkung der Vertragsfreiheit selbst trotz des allgemeinen Wortlautes in § 67 nur den Interessen der Handlungsgehilfen dienen soll, deren wirtschaftliche Stellung man der unbeschränkten Vertragsfreiheit nicht gewachsen glaubte. Zugleich weist aber auch § 68 auf ein bei gegenteiliger Auslegung notwendiges Ergebnis hin, das als ein befriedigendes nicht bezeichnet werden könnte: daß es nämlich dem wirtschaftlich starken Handlungsgehilfen rechtlich möglich wäre, sich günstigere Kündigungsfristen auszubedingen, als er sie dem Prinzipal gewährt, während dem wirtschaftlich schwächeren Handlungsgehilfen dies versagt werden müßte.

Aus diesen Gründen ist der einschränkenden Auslegung des § 67 Abs. 4 der Vorzug zu geben, wonach nur solche abweichende Vereinbarungen nichtig sind, die den Handlungsgehilfen gegenüber dem Prinzipale ungünstiger stellen.

Vgl. Staub, Handelsgesetzbuch (8. Aufl.) § 67 Anm. 7; Düringer-Hachenburg, Handelsgesetzbuch § 67 Note III.

Da in dem vorliegenden Anstellungsvertrage die Kündigungsbestimmungen den Kläger gegenüber der Beklagten günstiger stellen, so kann sie sich als Prinzipalin nicht auf § 67 Abs. 4 berufen. Die Vereinbarungen sind gültig." . . .

RGZ. 72, 393

Steht dem Prinzipal gegen den Handlungsgehilfen, der den übernommenen Dienst nicht antritt oder vor Ablauf der Dienstzeit verläßt, kraft Gesetzes ein klagbarer Rechtsanspruch dahin zu, daß er in der Zeit, während welcher er sich vom Dienste fernhält, nicht irgendeinem anderen Prinzipale Dienste leiste?

Vereinigte Zivilsenat. Beschl. v. 24. Januar 1910.

I. Landgericht Hannover, Kammer für Handelssachen.
II. Oberlandesgericht Celle.

Die in der Überschrift angegebene Rechtsfrage, die zwischen dem I. und dem III. Zivilsenat streitig geworden war (vgl. Bd. 67 dieser Sammlung S. 3), ist von den Vereinigten Zivilsenaten verneint worden.

Gründe:

„Wenn der Handlungsgehilfe vertragswidrig den übernommenen Dienst nicht antritt oder vor Ablauf der Dienstzeit verläßt, so ist der Prinzipal kraft des Schuldverhältnisses berechtigt, von ihm die Leistung seiner Dienstpflichten zu fordern (§ 241 BGB.). Er hat dementsprechend die Klage auf Vertragserfüllung. Er hat, wenn die Erfüllung der Dienstpflichten infolge eines Umstandes unmöglich wird, den der Handlungsgehilfe zu vertreten hat (vgl. § 325 BGB.), oder wenn sich der Handlungsgehilfe mit der Erfüllung seiner Dienste im Verzuge befindet (§ 326 BGB.), die sich aus diesen Gesetzesbestimmungen oder aus § 70 HGB. ergebenden Rechte (Anspruch auf Schadensersatz, Recht zur Kündigung ohne Einhaltung einer Kündigungsfrist).

Dagegen steht dem Prinzipal gegen den Handlungsgehilfen, der in der angegebenen Weise während der Vertragszeit seine Vertragspflichten vollständig unerfüllt läßt, kein klagbarer Anspruch darauf zu, daß er in dieser Zeit nicht irgendeinem anderen Prinzipale Dienste leiste. Die dem Handlungsgehilfen obliegenden Vertragspflichten bestehen in einem positiven Tun, nicht in einem Unterlassen. Er hat Dienste zu leisten, die in sehr vielen Fällen nach der Vertrauensstellung, die er einnimmt, nicht von einem Dritten geleistet werden können. Nun trägt zwar jede Verpflichtung zu einem positiven Tun die selbstverständliche Verbindlichkeit in sich, alles mit diesem positiven Tun Unvereinbare zu unterlassen. Aber diese negative Seite der Verpflichtung zum positiven Tun ist nicht der Inhalt der Leistung i. S. des § 241 BGB. Man hat bestritten, daß sie überhaupt eine rechtlich faßbare Verbindlichkeit sei. Von anderer Seite sind solche Unterlassungspflichten als unselbständige oder sekundäre Vertragspflichten aufgefaßt worden. Jedenfalls kennt unser Recht bei den auf ein Tun gerichteten Schuldverbindlichkeiten keinen klagbaren und nach § 890 ZPO. vollstreckbaren Anspruch auf ein Unterlassen des mit der Verpflichtung zum Tun Unvereinbaren. Der Prinzipal kann daher mit der Vertragserfüllungsklage die (nach § 888 ZPO. allerdings nicht vollstreckbare) Verurteilung des Handlungsgehilfen zur Leistung der von ihm vertraglich übernommenen Dienstpflichten herbeiführen. Dagegen hat der Prinzipal keinen klagbaren Anspruch darauf, daß der Handlungsgehilfe seine Arbeitskraft brach liegen lasse, daß er es also während der Vertragsdauer unterlasse, irgendeinem anderen Prinzipale die Dienste eines Handlungsgehilfen zu leisten.

Nach der Sachlage in den Prozessen, welche zur Anrufung der Entscheidung der Vereinigten Zivilsenate Anlaß geben, kommt nur in Frage, ob sich der oben formulierte Anspruch des Prinzipals aus dem Gesetze ergibt. Durch die Verneinung der Konfliktsfrage wird nicht der Entscheidung tatsächlich anders gelagerter Fälle vorgegriffen, in denen auf Grund ausdrücklicher oder aus den Umständen zu entnehmender stillschweigender Vereinbarung ein Anspruch des Prinzipals hergeleitet wird, dem Handlungsgehilfen die Dienstleistung bei einem bestimmten anderen Prinzipale oder in bestimmten Arten von Geschäften zu verbieten."[1]

RGZ. 73, 423

Hat der Prinzipal gegen den Handlungsgehilfen, der ohne seine Einwilligung einer offenen Handelsgesellschaft beitritt, einen Anspruch auf Herausgabe des dem Handlungsgehilfen aus dem Geschäftsbetriebe der Gesellschaft zufließenden Gewinnes?

HGB. §§ 60, 61, 120, 121.

III. Zivilsenat. Urt. v. 27. Mai 1910.

I. Landgericht Köln. II. Oberlandesgericht daselbst.

Aus den Gründen:

„Der Kläger, der bis Ende Mai 1906 Reisender des ein Agenturgeschäft in Getreide betreibenden Beklagten war, trat zu dieser Zeit aus der erwähnten Stellung aus und gründete mit dem Kaufmann L. eine offene Handelsgesellschaft unter der Firma L. & H. Diese Gesellschaft eröffnete Anfang Juli 1906 ein Getreide-Importgeschäft. Der Beklagte behauptete, daß der Kläger sich ihm im Dezember 1904, als der Ablauf seines ursprünglich auf 3 Jahre geschlossenen Dienstvertrages bevorstand, auf weitere 3 Jahre, bis zum 31. Dezember 1907, fest verpflichtet gehabt und unberechtigt seine weiteren Dienste verweigert habe. Er leitete hieraus nach § 61 HGB. den Anspruch auf Herausgabe des Gewinnes her, den der Kläger aus den von der Handelsgesellschaft L. & H. in der Zeit vom 1. Juli 1906 bis zum 31. Dezember 1907 abgeschlossenen Geschäften erzielt hatte, und hat ... diesen Anspruch durch Aufrechnung und Widerklage geltend gemacht. Das Berufungsgericht erachtet für erwiesen, daß der Kläger unberechtigterweise aus dem Dienste des Beklagten geschieden ist; es läßt dahingestellt, ob der vom Beklagten geltend gemachte Anspruch auf Herausgabe des vom Kläger erzielten Gewinns an sich gegeben wäre, und nimmt an, daß ein solcher Anspruch jedenfalls wegen Ablaufs der dreimonatigen Frist des § 61 Abs. 2 HGB. verjährt sein würde.

[1] Vgl. hierzu: Sächsisches Archiv Bd. 13 S. 377 (OLG. Dresden), Gewerbe- u. Kaufmannsgericht Bd. 13 S. 213 (LG. Elberfeld); Staub 8. Aufl. § 70 Anm. 15; Düringer-Hachenburg 2. Aufl. Bd. 1 S. 396; v. Staudinger, Kommentar zum BGB. 3./4. Aufl. Bd. II, 2 S. 879; Danziger in der Leipziger Zeitschrift für Handelsrecht usw. 1908 S. 205; Fuchs (Berlin), Juristische Wochenschr. 1908 S. 700; Böhm ebenda 1909 S. 9; Holländer ebenda 1909 S. 93; Brückmann im Tag vom 17. Juni 1909; ferner hinsichtlich der Unterlassungsklage überhaupt Wendt, Archiv f. d. zivilistische Praxis Bd. 92 S. 1 ff.; Siben, Der Rechtszwang im Schuldverhältnis, Leipzig 1903; Eltzbacher, Die Unterlassungsklage, Berlin 1906; Lehmann, Die Unterlassungspflicht im bürgerlichen Recht, München 1906; Stephan, Die Unterlassungsklage, München 1908; v. Staudinger, Kommentar zum BGB. 3./4. Aufl. Bd. II, 1 S. 12, 5./6. Aufl. Bd. II, 1 S. 15 ff.; Oertmann, Recht der Schuldverhältnisse 2. Aufl. S. 11.

Ob diese Annahme, gegen welche sich die Revision des Beklagten hauptsächlich wendet, zutrifft, bedarf nicht der Entscheidung; denn dem Anspruch des Beklagten ist die rechtliche Anerkennung grundsätzlich zu versagen. Dem Prinzipal, dessen Handlungsgehilfe ohne seine Einwilligung einer offenen Handelsgesellschaft beigetreten ist, steht ein Eintrittsrecht weder in diese Gesellschaft selbst noch in die einzelnen von dieser geschlossenen Geschäfte zu. Ein Eintritt in die offene Handelsgesellschaft derart, daß er an Stelle des Handlungsgehilfen dessen Rechte und Pflichten als Gesellschafter übernähme, ist selbstverständlich mit dem Wesen der Gesellschaft und den Rechten der übrigen Gesellschafter unvereinbar. Eine Ausübung des Eintrittsrechtes könnte vielmehr nur in der Weise in Frage kommen und wird auch vom Beklagten nur in der Weise in Anspruch genommen, daß dem Prinzipal gestattet werde, die Ergebnisse des Geschäftsbetriebes der Gesellschaft, soweit sie auf seinen Handlungsgehilfen entfallen, also dessen Gewinnanteil und was bei einer Auseinandersetzung zwischen den Gesellschaftern dem Handlungsgehilfen zukommt, sich anzueignen. Diese Aneignungsbefugnis könnte sich keinesfalls auf den Teil des Gewinnes erstrecken, welcher dem Handlungsgehilfen als Vergütung für seine persönliche Gesellschaft gewidmete Tätigkeit gewährt wird. Aber auch in der Beschränkung auf den reinen Unternehmergewinn ist eine solche Aneignungsbefugnis des Prinzipals unannehmbar und aus der Bestimmung des § 61 HGB. nicht herzuleiten. Das Eintrittsrecht des Prinzipals ist nur gegeben hinsichtlich der vom Handlungsgehilfen „gemachten Geschäfte". Ob unter diesen Geschäften nur solche zu verstehen sind, die in den Handelszweig des Prinzipals fallen, oder etwa auch andere Handelsgeschäfte, sofern sie von dem ohne Einwilligung des Prinzipals ein Handelsgewerbe betreibenden Handlungsgehilfen abgeschlossen werden, kann für den vorliegenden Fall dahingestellt bleiben. Keinesfalls kann die Gründung einer offenen Handelsgesellschaft als ein von dem Handlungsgehilfen „gemachtes Geschäft" im Sinne dieser Bestimmung angesehen werden.

Das Eintrittsrecht des Prinzipals in die Geschäfte seines Handlungsgehilfen ist eine rechtliche Befugnis ganz außergewöhnlicher Art und von großer Härte gegen den Dienstverpflichteten. Ob die Aufrechterhaltung dieses Rechtes noch geboten war, nachdem durch die Bestimmungen des materiellen und Prozeßrechts eine wirksame Durchführung der Schadensersatzansprüche und insbesondere auch des Anspruchs auf entgangenen Gewinn ermöglicht worden ist, kann fraglich erscheinen. Ihre Rechtfertigung würde diese Bestimmung wohl nur noch in dem Bestreben finden können, durch die Androhung des Eintritts des Prinzipals einer Zuwiderhandlung des Handlungsgehilfen gegen die ihm nach § 60 Abs. 1 obliegende Verpflichtung überhaupt vorzubeugen. Aber auch dieser Zweck der Bestimmung kann nicht dazu führen, ihr eine Auslegung zu geben, die in unerträglicher Weise den Handlungsgehilfen auf längere Zeit um die Früchte seiner Tätigkeit bringen und dem Prinzipal einen Gewinn zuführen würde, den er selbst nicht hätte erzielen können. Der Ausnahmecharakter der Bestimmung und die darin gegen den wirtschaftlich Schwächeren enthaltene Härte zwingt vielmehr zu einer vorsichtigen und einschränkenden Anwendung. Hier aber rechtfertigt schon der gewöhnliche Wortsinn des Ausdrucks des Gesetzes, das Eintrittsrecht des Prinzipals in das Rechtsgeschäft, durch das der Handlungsgehilfe einer offenen Handelsgesellschaft beigetreten ist, und damit auch den Anspruch auf die Ausantwortung des Gewinnanteils im ganzen zu versagen.

Aber auch ein Eintrittsrecht des Prinzipals in die einzelnen, von der Handelsgesellschaft geschlossenen, Geschäfte kann nicht anerkannt werden. Die Geschäfte, die für eine offene Handelsgesellschaft geschlossen sind, sind nicht für Rechnung des einzelnen Gesellschafters gemacht. Wie dem einzelnen Gesellschafter nach dem dem Rechte der Gesellschaft zugrunde liegenden Prinzip der gesamten Hand ein Recht zu bestimmten Teilen an den Gegenständen des Gesellschaftsvermögens nicht zusteht, so ist er auch nicht an den Geschäften der Gesellschaft zu einem bestimmten Bruchteil unmittelbar beteiligt. Er hat keinen Anspruch auf einen Anteil an dem Gewinne des einzelnen Geschäfts, sondern nur einen solchen auf einen Anteil an dem Gesamtgewinn des Geschäftsjahres, §§ 120, 121 HGB., vgl. auch § 721 BGB. Dieser Gewinnanteil des Gesellschafters kann auch nicht etwa als eine aus Geschäften für fremde Rechnung, nämlich für Rechnung der Gesellschaft, bezogene Vergütung im Sinne des § 61 Abs. 1 HGB. angesehen werden.

Es entfällt daher jeder Anspruch des Prinzipals auf Herausgabe des Gewinnes, der dem Handlungsgehilfen aus seiner Beteiligung an einer offenen Handelsgesellschaft erwächst, und zwar ohne Rücksicht darauf, ob der Geschäftszweig der Handelsgesellschaft derselbe ist wie der des Prinzipals, oder wie im vorliegenden Falle nach den Feststellungen des Berufungsgerichts, ein anderer. Der Prinzipal ist hier, abgesehen von dem Unterlassungsanspruch, lediglich auf den Schadensersatzanspruch gegen den vertragsbrüchigen Handlungsgehilfen angewiesen.

Danach ist die Revision des Beklagten als unbegründet zurückzuweisen."

RGZ. 77, 408

1. Haftet bei einem Dienstvertrage der Dienstberechtigte wegen Verstoßes gegen die Vorschriften des Bürgerlichen Gesetzbuchs und des Handelsgesetzbuchs zur Verhütung von Gefahren für Leben, Gesundheit und Sittlichkeit des Dienstverpflichteten (§ 618 Abs. 1, 2

BGB., § 62 Abs. 1, 2, § 76 Abs. 1 HGB.) auch dem ersatzberechtigten Dritten für Verschulden eines Erfüllungsgehilfen?

2. . . . . . .

BGB. § 278.

VI. Zivilsenat. Urt. v. 20. November 1911.

Die Entscheidung ist abgedruckt unter „Bürgerliches Recht, Recht der Schuldverhältnisse 7".

RGZ. 82, 427

1. Haftung beim Dienstverschaffungsvertrage.

2. . . . . . .

I. Zivilsenat. Urt. v. 18. Juni 1913.

Die Entscheidung ist abgedruckt unter „Bürgerliches Recht, Recht der Schuldverhältnisse 7".

RGZ. 88, 127

Kann die fristlose Entlassung eines Handlungsgehilfen damit gerechtfertigt werden, daß er nach seiner Entlassung, obwohl er diese für unbegründet erklärt und seine Dienste dem Dienstherrn zur Verfügung gestellt hat, die Kunden seines bisherigen Dienstherrn diesem abspenstig zu machen und für sich zu gewinnen versucht hat?

HGB. § 70.

III. Zivilsenat. Urt. v. 22. Februar 1916.

I. Landgericht I Berlin. II. Kammergericht daselbst.

Durch Verträge vom 3. September und 29. Oktober 1909 bestellte die Beklagte den Kläger zum Leiter ihrer Berliner Zweigniederlassung und zu ihrem Generalvertreter für Groß-Berlin und die Provinz Brandenburg auf 10 Jahre gegen Provision und Spesen. Durch Schreiben vom 31. Juli 1910 entließ sie ihn ohne Einhaltung einer Kündigungsfrist mit der Begründung, er habe ihr durch seine mangelhafte Geschäftsführung nachweisbaren großen Schaden zugefügt, für den sie ihn haftbar mache. Der Kläger wies durch Schreiben vom 1. August 1910 die Entlassung als vertragswidrig und ungerechtfertigt zurück, stellte sich der Beklagten für die ganze Dauer des Vertrags zur Verfügung und forderte Zahlung von Provision und Spesen bis zum 31. Juli 1910. Die Beklagte lehnte die Zahlung am 5. August 1910 ab. Darauf kündigte der Kläger den Vertrag fristlos am 8. August.

Der Kläger begehrt nun die Feststellung, daß das Vertragsverhältnis trotz der Kündigung der Beklagten vom 31. Juli 1910 bestehen geblieben sei. Abweichend von dem Landgerichte hat das Kammergericht die Feststellungsklage abgewiesen. Auf die Revision des Klägers ist auf Aufhebung des Berufungsurteils und Zurückweisung der Sache an das Berufungsgericht erkannt worden.

Gründe:

„Der Kläger hat Anfang August 1910, nach seiner Entlassung durch die Beklagte, aber vor seiner eigenen Kündigung, an die Kunden der Beklagten, die bis dahin ihre für die Beklagte bestimmten Bestellungen an ihn zu richten pflegten, ein Rundschreiben gesandt, in dem er ihnen mitteilt, zwischen der Beklagten und ihm sei es zum Bruche gekommen, er habe bereits die erforderlichen Schritte getan, um seine berechtigten Ansprüche im Rechtswege zu verfolgen; mit Rücksicht auf die mutmaßlich lange Dauer des Rechtsstreits sei er genötigt gewesen, sich mit namhaften Fabriken, die sowohl hinsichtlich der Qualität wie der Ausstattung Hervorragendes leisteten, zwecks vorläufiger Übernahme einer Generalvertretung in Verbindung zu setzen, der Abschluß der Verhandlungen stehe unmittelbar bevor; er danke für das ihm bisher geschenkte Vertrauen und bitte, ihm auch fernerhin Wohlwollen zu bewahren und, falls sie ihm persönlich in der Folgezeit Aufträge zuwenden wollten, sich der beigefügten Postkarte zu bedienen. In der Versendung dieses Rundschreibens findet der Berufungsrichter einen Grund zur sofortigen Entlassung des Klägers. Er meint, der Kläger sei, da er damals der Beklagten gegenüber die Rechte eines Angestellten für sich in Anspruch genommen und sich ihr ausdrücklich zur Verfügung gestellt habe, auch verpflichtet gewesen, sich in der Innehaltung seiner Pflichten als ihren Angestellten zu betrachten, und habe es nicht — auch nicht nur für die Zukunft, d. h. für die Zeit nach seiner eigenen Kündigung — unternehmen dürfen, die Kunden der Beklagten zum Abgange von ihr zu bestimmen. Dem kann nicht beigepflichtet werden.

Daraus, daß dieser Kündigungsgrund erst nach der Entlassung eingetreten ist, ist freilich kein Bedenken gegen die Entscheidung herzuleiten. Zur Rechtfertigung der Entlassung des Dienstverpflichteten können in dem Rechtsstreite zwischen ihm und dem Dienstherrn nicht nur, wie die Revision meint, solche Tatsachen verwertet werden, die dem Dienstherrn erst nach der Entlassung bekannt geworden sind, sondern auch solche, die sich erst nach dieser ereignet haben, wie von dem erkennenden Senate bereits wiederholt, z. B. in den Urteilen vom 29. Mai 1903 (Rep. III. 44/03) 4. Oktober 1904 (Rep. III 96/04) und 15. Oktober 1915 (Rep. III. 97/15) ausgesprochen wurde (vgl. RGZ. Bd. 82 S. 250).

Dagegen kann in dem festgestellten Verhalten des Klägers ein wichtiger Grund zur sofortigen Entlassung nicht gefunden werden. Der Dienstverpflichtete kommt durch eine Entlassung, die er als unbegründet ansieht, in eine zweifelhafte Lage. Er kann nicht mit Sicherheit voraussehen, wie die Gerichte über die Rechtmäßigkeit der Entlassung entscheiden werden, und läuft, wenn er sich völlig zur Verfügung des Dienstherrn hält und seine Arbeitskraft brachliegen läßt, die Gefahr, jeden Verdienst in der Zwischenzeit zu verlieren, falls die gerichtliche Entscheidung zu seinen Ungunsten ausfallen sollte. Aber auch im Falle einer ihm günstigen Entscheidung muß er gewärtigen, daß seinen Vertragsansprüchen die Einrede entgegengesetzt wird, er habe einen anderweitigen Erwerb böswillig unterlassen (§ 615 BGB.). Deshalb muß der entlassene Dienstverpflichtete für befugt erachtet werden, obwohl er sich dem bisherigen Dienstherrn zur Verfügung stellt, seine Dienste, von denen dieser keinen Gebrauch macht, anderweit zu verwerten, und zwar auch in einem mit dem Dienstherrn im Wettbewerbe stehenden Geschäfte, soweit nicht ein auch für diesen Fall wirksames vertragsmäßiges Wettbewerbsverbot (vgl. § 75 Abs. 2 HGB.) entgegensteht. Jedenfalls kann der Dienstherr, der den Angestellten durch die unbegründete Entlassung in jene üble Lage versetzt hat, ihm keinen Vorwurf daraus machen, daß er in ein mit ihm im Wettbewerbe stehendes Geschäft eintritt und schon vor dem Eintritt für dieses seine bisherigen Kunden zu gewinnen versucht, sondern muß dies als Folge seiner ungerechtfertigten Entlassungserklärung hinnehmen.

Etwas anderes würde es sein, wenn der Kläger nach seiner Entlassung die ihm für die Beklagte erteilten Kundenaufträge für seine Rechnung oder für Rechnung seines neuen Dienstherrn ausgeführt hätte; darin kann, wie der erkennende Senat bereits in einem Urteile vom 15. Oktober 1915 (Rep. III. 97/15) anerkannt hat, ein wichtiger Grund zur sofortigen Entlassung liegen. Das hat die Beklagte zwar behauptet, der Kläger hat es aber bestritten, und das Berufungsgericht hat hierüber, ebenso wie über die sonstigen Entlassungsgründe, noch keine Feststellung getroffen."

RGZ. 97, 229

1. . . . . . .

2. Gehört der kaufmännische Lehrherr in Ansehung seiner minderjährigen Lehrlinge zu den Personen, die im Sinne des § 832 BGB. kraft Gesetzes zur Aufsicht verpflichtet sind?

BGB. § 832; HGB. § 76; StGB. § 231.

VI. Zivilsenat. Urt. v. 1. Dezember 1919.

Die Entscheidung ist abgedruckt unter „Bürgerliches Recht, Recht der Schuldverhältnisse 9".

RGZ. 101, 375

1. Sind die §§ 74 ff. HGB. auch dann anwendbar, wenn ein selbständiger Kaufmann sein Handelsgeschäft veräußert und gleichzeitig zum Erwerber in ein Angestelltenverhältnis tritt?

2. Steht der Anwendbarkeit der Umstand entgegen, daß der Veräußerer nach dem Vertrage das Geschäft auch weiterhin nach außen als selbständiger Kaufmann führen soll?

3. Gewinnanteile als wechselnde Bezüge im Sinne des § 74b Abs. 2 HGB.

4. Bewirkt die Vereinbarung einer längeren als zweijährigen Dauer des Wettbewerbsverbots dessen Nichtigkeit?

II. Zivilsenat. Urt. v. 1. März 1921.

I. Landgericht Düsseldorf, Kammer f. Handelssachen.
II. Oberlandesgericht das.

Durch schriftlichen Vertrag vom 20. Oktober 1916 übertrug der Kläger dem Beklagten sein unter der Firma W. & G. Internationale Transporte geführtes Handelsgeschäft nebst Firma, jedoch unter Ausschluß von Forderungen und Schulden. Der Kaufpreis, welcher auf 10 000 M. für Firma und Kundschaft, auf weitere 11 300 M. für die im einzelnen aufgezählten Einrichtungsgegenstände festgesetzt wurde, sollte erst am 31. Dezember 1930 fällig sein und zum Teil sofort, zum Teil aber später verzinst werden. Gleichzeitig wurde der Kläger als Leiter seines früheren Geschäfts für die Zeit bis zum 31. Dezember 1930 gegen ein Jahresgehalt von 9000 M. und $^1/_3$ Gewinnanteil angestellt. Nach außen sollte er das Geschäft wie bisher als eingetragener Inhaber führen, jedoch verpflichtet sein, auf Ersuchen des Beklagten die Geschäfts- und Firmenübertragung zum Handelsregister anzumelden. Am Verluste des Geschäfts hatte sich der Kläger bis zu 3000 M. jährlich zu beteiligen. Doch sollten ihm bei späterer Wiedereinbringung des Gesamtverlusts des Geschäfts die zur Last geschriebenen Beträge wieder gutgebracht werden. Der Kläger hatte außer der Leitung seines eigenen früheren Geschäfts auch diejenige einer vom Beklagten zu gründenden Zweigniederlassung zu übernehmen. Jeder Partei war eine dreimonatige Kündigung des Anstellungsvertrags eingeräumt. Wurde von dem Kündigungsrechte Gebrauch gemacht, so waren dem Kläger bis zu seinem Tode, jedoch längstens bis 31. Dezember 1930 jährlich 3000 M. auszuzahlen, während seine Gewinnbeteiligung mit dem Kündigungstermine hinwegfiel. Für den Todesfall und den weiteren Fall, daß der Dienstvertrag vom Beklagten ohne wichtigen Grund, vom Kläger aus wichtigem Grunde gekündigt wurde, war der Kaufpreis nach Ablauf eines Jahres auszuzahlen. Endlich verpflichtete sich der Kläger, innerhalb 10 Jahre nach Beendigung des Dienstverhältnisses „in Rheinland und Westfalen kein Sammelladungsgeschäft zu betreiben, noch sich an einem solchen durch eigene Tätigkeit oder mit Geld oder sonstwie zu beteiligen oder auch dafür tätig zu sein".

Bis Ende 1919 wurde der Vertrag von den Parteien eingehalten. Der Kläger bezog in allen drei Jahren außer seinem Gehalt einen Gewinnanteil. Im November 1919 erhob er aber Klage auf Feststellung, daß der am 20. Oktober 1916 geschlossene Vertrag nichtig sei, und begründete seinen Anspruch damit, daß die Vereinbarungen eine wider die guten Sitten verstoßende Ausbeutung und Knebelung seiner Person bedeuteten. Am 29. November erklärte er, daß er mit dem 31. Dezember 1919 die Vertretung des Beklagten niederlege. Darauf kündigte der Beklagte seinerseits am 10. Dezember das Dienstverhältnis. Er bestritt, daß der Vertragsinhalt wider die guten Sitten verstoße oder die geschäftliche Bewegungsfreiheit des Beklagten unzulässig beenge, und erhob Widerklage auf Verurteilung des Klägers zur Übergabe des Geschäfts und seiner einzelnen Einrichtungsgegenstände, zur Anmeldung des Geschäfts- und Firmenübergangs auf den Beklagten zum Handelsregister, auf Unterlassung der weiteren Führung der Firma W. & G. und des ferneren Betretens der Geschäftsräume.

Das Landgericht erkannte nach den Anträgen des Beklagten, das Oberlandesgericht entschied umgekehrt. Die Revision des Beklagten hatte Erfolg.

Gründe:

Das Berufungsgericht erachtet das im Vertrage der Parteien vereinbarte Wettbewerbsverbot für unverbindlich, weil es an der in § 74 Abs. 2 HGB. erforderlichen Verpflichtung des Geschäftsherrn, also des Beklagten, fehle, für die Dauer des Verbots eine Entschädigung zu zahlen, die für jedes Jahr des Verbots mindestens die Hälfte der von dem Handlungsgehilfen, also dem Kläger, zuletzt bezogenen vertragsmäßigen Leistungen erreicht. Da das Wettbewerbsverbot mit dem Kauf- und Anstellungsvertrag ein einheitliches Ganzes bilde, sei der Vertrag selbst restlos nichtig. Den Einwand des Beklagten, daß die in § 74 Abs. 2 für die Gültigkeit des Wettbewerbsverbots aufgestellte Voraussetzung im vorliegenden Falle gemäß § 75 b Satz 2 um deswillen nicht in Betracht komme, weil die dem Kläger zustehenden vertragsmäßigen Leistungen den Betrag von 8000 M für das Jahr überstiegen, hat es mit dem Hinweis auf die Verlustbeteiligung des Klägers bis zum Betrage von 3000 M. zurückgewiesen.

Die Revision wendet sich zunächst gegen die Anwendbarkeit der §§ 74 ff. HGB. auf den Vertrag der Parteien. Dieser sei von selbständigen Kaufleuten geschlossen worden. Er stelle sich als beiderseitiges Handelsgeschäft dar. Der Kläger sei eingetragener Inhaber und damit Kaufmann geblieben. Der sozialpolitische Zweck der genannten Gesetzesvorschriften treffe auf das Verhältnis der Parteien nicht zu. Dem kann nicht gefolgt werden.

Das Gesetz will den Handlungsgehilfen als den wirtschaftlich Schwächeren vor übermäßiger Beengung seines geschäftlichen Fortkommens nach Beendigung des Dienstverhältnisses schützen. Es kann daher keinen Unterschied machen, ob der Handlungsgehilfe vor Abschluß des Dienstvertrags selbständiger Kaufmann oder in abhängiger

Stellung war. Ebensowenig darf die Tatsache eine Rolle spielen, daß er nach außen als selbständiger Kaufmann auftritt. Allein entscheidend ist sein inneres Dienstverhältnis zum Geschäftsherrn (vgl. RG. in JW. 1907 S. 110 Nr. 14). Nur dann finden die §§ 74 ff. keine unmittelbare Anwendung auf vertragliche Wettbewerbsverbote, wenn sie mit einer reinen Geschäftsveräußerung verbunden sind. Im vorliegenden Falle enthält nun aber der Vertrag sowohl einen Geschäftsverkauf als auch einen Anstellungsvertrag, und dem gesellt sich das Wettbewerbsverbot hinzu. Das Reichsgericht hat in seiner in der Leipz. Zeitschr. 1911 Sp. 936 abgedruckten Entscheidung vom 22. September 1911 III 302/10 die Frage, ob in einem solchen Falle die §§ 74 ff. allgemein Anwendung zu finden haben, unerörtert gelassen und die Anwendbarkeit für den gegebenen Sachverhalt deshalb bejaht, weil das Berufungsgericht das Wettbewerbsverbot als alleinigen Bestandteil des Anstellungsvertrags festgestellt hatte. Die Anwendbarkeit muß aber auch dann angenommen werden, wenn für den Vertragsschluß der Parteien die Begründung des Angestelltenverhältnisses von wesentlicher Bedeutung war. Ein solcher Fall ist hier nach den getroffenen Feststellungen gegeben. Das Berufungsgericht führt aus, es sei offenbar, daß der Geschäftsverkauf und der Dienstvertrag nach dem Willen der Parteien wirtschaftlich ein einheitliches Rechtsgeschäft bildeten. Weder für den Kläger noch für den Beklagten könne jemals eine Übertragung des Geschäfts unter Ausschaltung der Tätigkeit des Klägers in Frage kommen. Ein Weiterarbeiten des Klägers als Leiter des Geschäfts sei die Grundlage der Verhandlungen gewesen. Es habe sich bei den Verhandlungen darum gehandelt, zu einem Vertrage zu gelangen, wonach die Arbeistkraft des Klägers dem Geschäft erhalten blieb, die Gefahr völligen geschäftlichen Niedergangs aber auf den Beklagten abgewälzt wurde. Dieser einheitliche wirtschaftliche Zweck sei durch die Verbindung des Geschäftsankaufs mit einem Dienstvertrag erreicht worden.

Diese Feststellungen werden durch die Angriffe der Revision nicht erschüttert. Es ist richtig, daß der Beklagte nicht — wie das Berufungsgericht annimmt — zugegeben hat, daß er den Kaufvertrag nicht ohne den Dienstvertrag abgeschlossen hätte. Es trifft ferner zu, daß nach der Behauptung des Beklagten die Anregung zum Abschlusse des Dienstvertrags vom Kläger ausgegangen sein soll. Das ändert aber nichts daran, daß der Vertrag jedenfalls nicht zustande gekommen sein würde, wenn dem Kaufvertrage nicht der Anstellungsvertrag beigefügt worden wäre. Von wem die Vertragsgestaltung ausging, ist gleichgültig. War man sich aber einmal über die Verquickung beider Verträge einig geworden, so war es naturgemäß geboten, die Festsetzung der Vertragsleistungen im einzelnen dieser Tatsache anzupassen. Daraus folgt, daß einerseits die Höhe des Kaufpreises und der

Dienstbezüge im entsprechenden Verhältnis geregelt sein müssen und daß anderseits das Wettbewerbsverbot ein wesentlicher Bestandteil gerade auch des Angestelltenverhältnisses geworden ist. Daß dieses Ergebnis nicht mit dem Willen des Gesetzgebers im Einklang steht, kann nicht anerkannt werden. Durch die eigenartige Gestaltung des Gesamtverhältnisses hat das Anstellungsverhältnis eine große, wenn nicht überragende Bedeutung gewonnen, und damit ist allerdings der Kläger zum wirtschaftlich schwächeren Teile geworden.

Mit Recht macht dagegen die Revision dem Berufungsgerichte den Vorwurf, daß es die Vorschrift des § 75 b HGB. verletzt habe. Die Frage, ob der Kläger vertragsmäßig mehr als 8000 M. jährlich bezogen und deshalb keinen Anspruch auf Anwendung der Schutzvorschrift des § 74 Abs. 2 HGB. hat, ist auf Grund der Vorschriften des § 74 b Abs. 2 und 3 zu beantworten. Gewinnbeteiligungen sind wechselnde Bezüge. Sie waren also bei der Berechnung der vertragsmäßigen Leistungen nach dem Durchschnitte der letzten drei Jahre in Ansatz zu bringen. Da nun unstreitig in den Jahren 1917, 1918 und 1919 ein Verlust überhaupt nicht entstanden ist, so hat der Kläger jedesmal zum mindesten seine 9000 M. Gehalt bezogen. Die vertragsmäßigen Leistungen beliefen sich demnach auf mehr als 8000 M.

Die Erwägung des Berufungsgerichts, daß das Wettbewerbsverbot mit Rücksicht auf die Vorschrift des § 74 Abs. 2 unverbindlich war, ist aus diesem Grunde rechtsirrtümlich. Das aber muß zur Aufhebung des angefochtenen Urteils führen. Der Umstand, daß das Wettbewerbsverbot entgegen der Vorschrift des § 74 a Abs. 1 Satz 3 auf 10 Jahre erstreckt worden ist, bewirkt keine Nichtigkeit des Verbots im ganzen, sondern führt nur zur Herabsetzung der Verbotsdauer auf den gesetzlich vorgeschriebenen Zeitraum von 2 Jahren. Der weiteren Verhandlung und Entscheidung wird daher nur die Frage vorbehalten sein, ob das Verbot auf Grund des § 74 a Abs. 1 Satz 2 unverbindlich ist und ob — wie der Kläger in erster Linie hat vortragen lassen — der Gesamtvertrag wider die guten Sitten verstößt (vgl. § 138 BGB.).

RGZ. 109, 355

1. Wann ist gemäß §§ 60, 61 HGB. ein Geschäft dem Handelszweige des Prinzipals, einer Bank, zuzurechnen?

2. Zum Begriffe der Einwilligung im Sinne der erwähnten Vorschriften.

III. Zivilsenat. Urt. v. 19. Dezember 1924.

I. Landgericht Königsberg. II. Oberlandesgericht daselbst.

Die Beklagten waren bis zum September 1922 Leiter der Depositenkasse der Klägerin in E. und hatten in dieser Stellung seit dem Frühjahr 1922 erhebliche Spekulationsgewinne dadurch erzielt, daß sie auf eigene Rechnung umfangreiche Käufe und Verkäufe von Devisen und ausländischen Geldsorten vornahmen, die sie zur Verdeckung ihres Geschäftsgebarens über ein auf den Namen eines Dritten lautendes Konto bei der Klägerin gehen ließen. Die Klägerin nahm diese Geschäfte und die daraus sich ergebenden Gewinne nach §§ 60, 61 HGB., hilfsweise nach § 687 BGB., und wegen ungerechtfertigter Bereicherung für sich in Anspruch und beantragte im Wege der Klage, die Beklagten als Gesamtschuldner zu verurteilen, 1. die sämtlichen aus jenem Konto ersichtlichen Geschäfte als für Rechnung der Klägerin eingegangen gelten zu lassen und infolgedessen anzuerkennen, daß das aus dem Konto ersichtliche Guthaben von 6 855 522 M. nebst Zinsen der Klägerin zustehe, 2. abgehobene Beträge in Höhe von 289 241,05 M. nebst Zinsen an die Klägerin zurückzuzahlen. Die erste Instanz gab diesen Anträgen im Hinblick auf die §§ 60, 61 HGB. statt. Das Berufungsgericht änderte auf die Berufung der Beklagten die Entscheidung zu 1. dahin ab, daß die Beklagten als Gesamtschuldner verurteilt wurden, die aus dem fraglichen Konto ersichtlichen Geschäfte mit Ausnahme von zwei bestimmten Geschäften als für Rechnung der Klägerin eingegangen gelten zu lassen, während bezüglich des weitergehenden Anspruchs der Rechtsstreit durch Zurücknahme der Klage erledigt sei, wies die Berufung der Beklagten im übrigen zurück und änderte auf die Anschließung der Klägerin die Entscheidung zu 2. dahin ab, daß die Beklagten als Gesamtschuldner an die Klägerin 3865,80 Goldmark zu zahlen haben. Auch das Berufungsgericht erachtete die §§ 60, 61 HGB. für anwendbar. Die Revision der Beklagten wurde zurückgewiesen.

Gründe:

Nach §§ 60, 61 HGB. darf der Handlungsgehilfe ohne Einwilligung des Prinzipals weder ein Handelsgewerbe betreiben noch in dem Handelszweige des Prinzipals für eigene oder fremde Rechnung Geschäfte machen. Die Verletzung dieser Verpflichtung hat zur Folge, daß der Prinzipal Schadensersatz fordern oder statt dessen verlangen kann, daß der Handlungsgehilfe die für eigene Rechnung gemachten Geschäfte als für Rechnung des Prinzipals eingegangen gelten lasse und die aus Geschäften für fremde Rechnung bezogene Vergütung herausgebe oder seinen Anspruch auf die Vergütung abtrete. Die Anwendung dieser Vorschriften setzt, soweit es sich um den Abschluß einzelner Geschäfte handelt, voraus, daß die Geschäfte ohne Einwilligung des Prinzipals in seinem Handelszweige vorgenommen worden sind. Das Berufungsgericht bejaht für die hier fraglichen Käufe und Verkäufe von Devisen und ausländischen Geldsorten die Zugehörigkeit zum Handelszweige der Klägerin, indem es ausführt, es könne nicht bezweifelt werden, daß der An- und Verkauf von Devisen und ausländischen Geldsorten an und für sich zu den Geschäften des Bankgewerbes gehöre. Diese Begründung geht insofern zu weit, als es für die Anwendung der §§ 60, 61 HGB. nicht auf die abstrakt mögliche Art des Geschäftsbetriebs, sondern darauf ankommt, welchen Handelszweig der Prinzipal tatsächlich betreibt. Nun hat sich das Bankwesen naturgemäß dahin entwickelt, daß die einzelne Bank gewisse Geschäftszweige mit Vorliebe pflegt, woraus sich verschiedene Arten von Banken, wie Hypothekenbanken, Banken für Handel und Industrie usw., ergeben, und es kann sein, daß nach dieser konkreten Gestaltung des einzelnen Betriebs Geschäfte bestimmter Art nicht in den Handelszweig einer Bank fallen, die Bank also für solche Geschäfte gegenüber ihren Angestellten sich nicht auf die §§ 60, 61 HGB. zu berufen berechtigt ist, obwohl es sich „an und für sich" um Geschäfte des Bankgewerbes handelt. In keinem Falle aber kann es darauf ankommen, ob ein Geschäft, das in den Rahmen des Betriebs fällt, vom Prinzipal vorgenommen oder etwa grundsätzlich abgelehnt worden wäre. Darum handelt es sich aber hier. Die Beklagten behaupten nicht, daß der An- und Verkauf von Devisen und ausländischen Geldsorten im Betriebe der Klägerin überhaupt nicht vorkomme, sondern nur, daß die Klägerin solche Geschäfte nicht für eigene Rechnung mache und deshalb auch den Angestellten verboten habe, solche Geschäfte für sie, die Bank, zu machen. In den Handelszweig der Klägerin fallen also diese Geschäfte gleichwohl, und die Anwendung der §§ 60, 61 HGB. ist in dieser Richtung nicht zu beanstanden. Unbedenklich ist aber auch die Annahme, daß die Beklagten ohne Einwilligung der Klägerin gehandelt haben. Die Einwilligung kann stillschweigend gegeben werden, ist aber nicht ohne weiteres schon darin zu finden, daß die Klägerin unter dem Einfluß der Zeitverhältnisse gegen mißbräuchliche Handlungen ihrer Angestellten nicht in der Weise einschritt, wie unter normalen Verhältnissen geschehen wäre, und hierher gehört es, wenn, wovon auch das Berufungsgericht ausgeht, in der Nachkriegszeit das Spekulieren der Bankangestellten unter den Augen gleichfalls spekulierender Vorgesetzter zur geduldeten Alltagserscheinung wurde. Das Berufungsgericht stellt zudem fest, daß es sich in solchen Fällen nicht um Manipulationen der üblen Art, wie sie unter Benutzung eines Scheinkontos hier stattfanden, handelte und daß die Klägerin keinesfalls mit einem Spekulieren dieser Art einverstanden gewesen wäre. Die Beklagten konnten daher auf ein Einverständnis der Klägerin nicht rechnen, und es ist deshalb auch belanglos, ob, was die Revision als Behauptung der Beklagten hervorhebt, diese von ihrer Tätigkeit bei der Filiale der Klägerin in K. wußten, daß fast sämtliche Beamte der Klägerin ohne deren Einspruch spekulierten. Auch hieraus ist also ein Bedenken gegen die Anwendung der §§ 60, 61 HGB. nicht abzuleiten.

RGZ. 148, 48

1. Handelt sittenwidrig, wer auf einen Arbeitgeber dahin einwirkt, seinen Angestellten zu entlassen, falls dieser nicht sein Stadtverordnetenmandat aufgibt?

2. Unter welchen Umständen besteht ein ursächlicher Zusammenhang zwischen solcher Einwirkung und der Entlassung des Angestellten?

3. . . . . . . HGB. § 70.

VI. Zivilsenat. Urt. v. 16. Mai 1935.

Die Entscheidung ist abgedruckt unter „Bürgerliches Recht, Recht der Schuldverhältnisse 2".

Handlungsagenten

RGZ. 12, 15

Differenzgeschäft. Finden auf einen Agenten, welcher seinem Auftraggeber falsche Mitteilung über die Offerte eines Dritten macht, die Grundsätze über den falsus procurator Anwendung? Ist der Ausspruch des Berufungsrichters über den Inhalt der Willenserklärung eines Kontrahenten, bei welchem ersichtlich von einer irrigen rechtlichen Auffassung ausgegangen ist, eine den Revisionsrichter bindende tatsächliche Feststellung? Kann bei Auslegung des Inhalts einer Willenserklärung eine Tatsache verwertet werden, welche der Erklärende bei Anwendung gehöriger Sorgfalt hätte kennen müssen, oder nur eine solche, welche derselbe tatsächlich gekannt hat? Voraussetzung und Umfang der Haftung des Agenten aus einer falschen Mitteilung. Schadensberechnung.

I. Zivilsenat. Urt. v. 2. Februar 1884.

I. Landgericht Eisenach. II. Oberlandesgericht Jena.

Die Firma H. in Berlin betreibt Kommissionsgeschäfte in Produkten, tritt aber regelmäßig ihren Kommittenten gegenüber als Selbstkontrahentin ein. Sie hatte mit der Firma W. in Leipzig einen Agenturvertrag dahin abgeschlossen, daß diese ihr Kommittenten zuführe bzw. die betreffenden Geschäfte vermittele. Durch Vermittlung von W. hat T. in Leipzig der Firma A. H. Auftrag gegeben, 100 Wispel Weizen zum Preise von 212,50 M. für 1000 kg zu verkaufen, lieferbar November bis Dezember 1881. H. hat dies Geschäft selbst übernommen. Schlußscheine sind am 2. Juli 1881 mit T. gewechselt.

Am 13. September erhielt H. folgendes Telegramm aus Leipzig: „Weizen bestens decken. Interesse wahren. W."

H. antwortete: „Deckte T. hundert November — Dezember — Weizen 228,50 M."

An demselben Tage schrieb W. in Postkarte an A. H.: „Höflichst bezugnehmend an unseren heutigen Depeschenwechsel nahm von Ihrer Mitteilung bestens Vermerk und bleibe Schlußschein gern erwartend."

H. schickte an W. den Schlußschein des Deckungskaufes, T. unterschrieb denselben jedoch nicht, weil er zum Abschlusse des Deckungskaufes keine Order gegeben habe. Nach der Behauptung W.s hatte nicht T. selbst, sondern der Kommissionär M., der auch das erste Geschäft mit W. für T. abgeschlossen hatte, ihm für T. den Deckungsauftrag gegeben und selbst an H. telegraphiert. Nach dem Zeugnisse des M. rührt jenes Telegramm vom 17. September 1881 mit der Unterschrift W. von ihm her. H. macht nun die Firma W. für seinen Schaden verantwortlich und belangt auf Ersatz desselben die jetzt in Eisenach lebende damalige Inhaberin der Firma. Den Schaden berechnet er so, daß er die Differenz zwischen dem Preise des ersten im Juli abgeschlossenen Geschäftes und dem des zweiten, des Deckungsgeschäftes vom September, berechnet unter Abzug bzw. Hinzurechnung der Provision und beim Juligeschäfte auch der Kurtage. Er kommt dadurch zu der Summe von 1983 M.

In erster Instanz wurde der Schadensersatzanspruch auf Grund der Art. 55, 298 HGB., in zweiter Instanz auf Grund eines in der Postkarte vom 13. September enthaltenen Garantieversprechens der Beklagten für begründet anerkannt. In beiden Instanzen wird die Schadensliquidation als gerechtfertigt gefunden, die Beklagte daher nach dem Klagantrage verurteilt.

Auf Revision der Beklagten wurde das Berufungsurteil aufgehoben und die Klage abgewiesen aus folgenden

Gründen

„1. Der aus der Natur des zwischen der Klägerin und T. abzuschließenden Geschäftes als Differenzgeschäft gegen die Klage entnommene Einwand ist vom Berufungsrichter damit widerlegt, daß der Einwand „im Munde der Beklagten dem Gebote kaufmännischer Vertragstreue widerspreche". Dieser Grund ist nicht stichhaltig, denn, wenn das Recht ein Geschäft nicht als rechtsbeständig anerkennt und folglich eine Klage auf Schadensersatz aus demselben nicht zuläßt, so kann auch gegen denjenigen, durch dessen Verschulden das Geschäft nicht zustande gekommen ist, nicht auf Ersatz des entgangenen Gewinnes geklagt werden, ohne daß es darauf etwa ankommt, ob dieser in Erwartung einer Provision bzw. um dieselbe zu verdienen, für den Abschluß des Geschäftes tätig gewesen war.

Allein der Einwand ist deswegen unbegründet, weil nach dem Tatbestande des Berufungsurteiles die Beklagte nur behauptet und unter Beweis gestellt hat, im Verkehre zwischen H. und T. auch im vorliegenden Falle sei wirkliche Lieferung von keiner Seite beabsichtigt gewesen, nicht aber, es sei das Begehren wirklicher Lieferung vertragsmäßig ausgeschlossen gewesen, was von der Klägerin ausdrücklich hervorgehoben wird.

Vgl. Entsch. des ROHG.s Bd. 6 Nr. 48 S. 224 und sonst.

Es handelt sich hier um ein Lieferungsgeschäft der Art, wie sie im Berliner Produktenverkehre abgeschlossen zu werden pflegen. Selbst nach Königl. sächsischem Rechte (§ 1482 Bürgerl. Gesetzbuch), welches übrigens nicht maßgebend ist, würde das Geschäft klagbar sein, nach dem maßgebenden preußischen Rechte ist die Klagbarkeit nicht zu bezweifeln, und es steht auch nicht etwa ein prohibitives weimarisches Gesetz entgegen.

2. Bei Begründung der Verpflichtung der Beklagten zum Schadensersatze stehen die beiden Vorderrichter auf verschiedenem Standpunkte.

a) Der erste Richter geht davon aus, es liege der Tatbestand des Art. 298 Abs. 2 HGB. vor, und verurteilt die Beklagte als falsus procurator zu dem von der Klägerin gewählten Schadensersatze (Art. 55 HGB.). Diese Auffassung ist irrig. Wenn ein Agent, welcher zwischen seinem Auftraggeber und einem Dritten ein Geschäft vermittelt, von diesem Dritten einen neuen Auftrag erhält, welcher zu jenem Geschäfte in Beziehung steht, also in den Kreis der Agenturgeschäfte fällt, und diesen Auftrag seinem ursprünglichen Auftraggeber (Prinzipal) mitteilt, so kann der Agent nicht als Bevollmächtigter des Dritten angesehen werden, sondern er hat bei Empfangnahme des neuen Auftrages und Übermittelung desselben an den Prinzipal als dessen Agent gehandelt. Darum kann, wenn die Beklagte den vermeintlich von T. erhaltenen Auftrag der Klägerin übermittelt, dies Verfahren nicht so aufgefaßt werden, als geriere sie sich als Bevollmächtigte des T. Sie erscheint daher auch nicht als falsus procurator, und es können die im Handelsgesetzbuche über diesen aufgestellten Grundsätze auch nicht analog auf sie angewandt werden. Hätte der Berufungsrichter die Auffassung des ersten Richters zu der seinigen gemacht, so würde das Urteil wegen Verletzung dieser Grundsätze aufzuheben gewesen sein.

b) Der Berufungsrichter läßt es aber dahingestellt, ob die Art. 55, 298 HGB. anwendbar seien, und deutet an, daß dies wegen des bestehenden Agenturverhältnisses wohl nicht anzunehmen sei, er ist aber der Ansicht, mit der Postkarte vom 13. September habe die Beklagte „das Deckungsgeschäft ihrerseits approbiert" und „versprochen, die förmliche Vollziehung desselben von seiten T.s herbeizuführen", diesem Versprechen aber „könne nur der einfache

Sinn einer Gerantieübernahme für den eventuell durch die Weigerung des T. entstehenden Schaden innewohnen". Die Beklagte wird für haftbar erklärt, „nicht, weil sie durch ihre Karte jenes Geschäft veranlaßt hätte, sondern weil sie durch selbe die Genehmigung des T. beizubringen nachträglich versprochen habe".

Es könnte nun den Anschein gewinnen, als bewege sich jene Annahme des Berufungsrichters auf die Gebiete der tatsächlichen Feststellungen. Allein eine nähere Betrachtung ergibt, daß dieselbe auf einem Rechtsirrtum beruht, welcher sie hinfällig macht.

Die Annahme, die Beklagte habe durch die Postkarte, deren Wortlaut oben im Tatbestande mitgeteilt ist, das Versprechen, die Unterzeichnung des Schlußscheines durch T. herbeizuführen, geben und die Garantie hierfür übernehmen wollen, ist denkbar überhaupt nur dann, wenn die Beklagte positiv wußte, T. habe dem M. keinen Auftrag zur Offerte des Deckungskaufes gegeben; denn nur unter dieser Voraussetzung konnte für die Beklagte die Möglichkeit einer Veranlassung vorliegen, eine solche ganz ungewöhnliche, durch ihr Agenturverhältnis in keiner Weise motivierte Erklärung abzugeben und eine solche Verpflichtung freiwillig und ohne Gegenleistung zu übernehmen. Nun hat aber der Berufungsrichter nicht festgestellt, daß die Beklagte am 13. September diese Kenntnis gehabt habe, und er konnte dies nicht feststellen, weil es von der Klägerin gar nicht behauptet wird. Nach dem Tatbestande des Berufungsurteiles behauptet die Klägerin nur, die Beklagte habe „längst vor dem 25. Oktober erfahren, daß M. ohne Auftrag von T. gewesen", und es stimmt dies mit der Behauptung der Beklagten überein, sie habe erst, als sie dem T. den Schlußschein zur Unterzeichnung vorgelegt, erfahren, daß er M. nicht beauftragt gehabt habe. Auch zeigt der Berufungsrichter durch die Erörterung der Frage, ob die Beklagte ihren Irrtum zu vertreten habe, daß er davon ausgeht, sie habe sich am 13. September in dem Irrtume befunden, M. habe von T. Auftrag erhalten.

Diese Erörterung geht dahin, die Beklagte könne sich nicht auf ihren Irrtum berufen, sie habe sich vergewissern müssen, ob M. Auftrag von T. habe. Habe sie dies unterlassen und trotzdem der Klägerin in der Postkarte stillschweigend erklärt, der Antrag rühre von T. her, so habe sie für dieses ihr Versehen einzustehen.

Aus der Behandlung dieser Frage unmittelbar nach der Feststellung der rechtlichen Bedeutung des Inhaltes der Postkarte ergibt sich nun aber folgender Gedankengang des Berufungsrichters. Weil die Beklagte die Erkundigung unterlassen habe und für dieses ihr Versehen einstehen müsse, also so zu beurteilen sei, wie wenn sie gewußt habe, M. habe von T. keinen Auftrag erhalten, so könne die Erklärung in der Postkarte auch nur so aufgefaßt werden, daß sie dafür einstehen wolle, daß T., trotzdem er keinen Auftrag gegeben, das Geschäft doch durch Unterzeichnung des Schlußscheines anerkenne.

Diese Schlußfolgerung ist eine rechtsirrtümliche. Um eine Willenserklärung zu interpretieren, darf man nicht davon ausgehen, was der Erklärende zu der Zeit, als er die Erklärung abgab, hätte wissen müssen, sondern davon, was er damals tatsächlich gewußt oder nicht gewußt hat. Mag es richtig sein, daß die Beklagte bei Anwendung gehöriger Diligenz am 13. September hätte wissen müssen, M. handle ohne Auftrag T.s — immer kann für die Interpretation ihrer damals geschriebenen Postkarte nur dasjenige maßgebend sein, was sie wirklich gewußt hat bzw. was als wirklich gewußt festgestellt ist. Der Verstoß gegen diese Interpretationsregel führt zur Aufhebung des Urteiles, welches, wie auch der Berufungsrichter wiederholt hervorhebt, nur auf der Auffassung des Inhaltes der Postkarte als Garantieübernahme beruht.

3. Die Sache selbst liegt nach dem, was sich aus dem Tatbestand ergibt, reif zur Entscheidung vor.

M., durch dessen Vermittelung auch der Auftrag zum ersten Geschäft von T. an die Beklagte gekommen war, will derselben den weiteren Auftrag geben, eine im Namen T.s gestellte Offerte zu einem Deckungskauf an die Klägerin gelangen zu lassen. Als er den Prokuristen der Beklagten nicht antrifft, telegraphiert er selbst unter dem Namen der Beklagten die Offerte an die Klägerin. Diese akzeptiert die Offerte telegraphisch. Einstweilen hat M. dem Prokuristen der Beklagten von seinem eigenmächtigen Verfahren Mitteilung gemacht; dieser hat keinen Grund, dasselbe zu desavouieren oder auch nur der Klägerin den seiner Meinung nach für diese gleichgültigen wahren Hergang mitzuteilen, er gibt deswegen in der Überzeugung, daß M. von T. zur Stellung der Offerte beauftragt gewesen sei, auf der Postkarte die geschäftsübliche schriftliche Bestätigung des unter dem Namen der Beklagten aufgegebenen, sowie des von der Klägerin erhaltenen Telegrammes. Wenn dabei namens der Beklagten noch bemerkt wird: „und bleibe Schlußschein gern erwartend," so kann darin nichts anderes gefunden werden, als eine Bezugnahme auf das von der Klägerin befolgte Verfahren, die ihr erteilten Kommissionen durch Eintritt als Selbstkontrahent auszuführen und mit den Kommittenten Schlußscheine zu wechseln. So heißt es ja schon in dem die Geschäftsverbindung mit dem Beklagten eröffnenden, im Tatbestande des ersten Urteiles in Bezug genommenen Brief der Klägerin vom 29. Juli 1879:

> Ich bemerke hierbei, daß ich Schlußscheine mit meinen Kunden direkt zu wechseln pflege, denselben also stets als Selbstkontrahent gegenüberstehe.

Später erfährt die Beklagte, daß M. ohne Auftrag des T. gehandelt hatte, sie macht diese Mitteilung aber erst am 25. Oktober der Klägerin.

Da die Beklagte durch ihre Bestellung als Agentin der Klägerin von dieser das Mandat, Offerten, welche derselben gemacht wurden, entgegenzunehmen und ihr zu übermitteln, übernommen hatte und sich auch während des Verkaufes ihrer hier in Betracht kommenden Tätigkeit nur als Agentin der Klägerin gerierte, so kommen für Beurteilung der Frage, ob die Beklagte der Klägerin hafte, die Grundsätze über Mandat zur Anwendung. Die Beklagte haftet also der Klägerin, wenn sie bei Ausführung des Mandates nicht die Sorgfalt eines ordentlichen Kaufmannes anwandte (Art. 282 HGB.), für den durch dieses ihr Verschulden der Klägerin erwachsenen Schaden.

Es kann fraglich sein, ob schon darin, daß die Beklagte der Erklärung des M., T. habe ihm Auftrag gegeben, vertraute, ein Verschulden der Beklagten zu finden ist, da M. ihr aus früheren Geschäften als Mandatar bzw. Bevollmächtigter des T. bekannt war. Jedenfalls ist darin ein Verschulden zu finden, daß die Beklagte nicht alsbald, nachdem sie den Sachverhalt erfahren hatte, denselben der Klägerin mitteilte. Allein einer Feststellung hierüber bedarf es nicht, weil die Klägerin keine Tatsachen anführt, aus welchen hervorginge, daß ihr ein solcher Schade entstanden sei, welchen sie auf Grund dieses Verschuldens ersetzt verlangen könnte.

Die Wirkung der irrigen Mitteilung der Beklagten über die Offerte war, daß die Klägerin der Ansicht war, durch ihr Telegramm vom 13. September mit T. einen Vertrag abgeschlossen zu haben, wonach dieser von ihr 100 Wispel Weizen für November-Dezember um den Preis von 228,50 M. den Wispel zu beziehen habe, während in der Tat kein Vertrag zustande gekommen war. Diese Meinung involvierte an sich keinen Nachteil für die Klägerin. Einen Schaden konnte sie nur dadurch erleiden, daß sie auf Grund dieser Meinung eine positive oder negative Handlung vornahm, daß sie also z. B. einen weiteren Kauf schloß oder einen weiteren Verkauf unterließ oder sonstige Geschäftsdispositionen traf, und daß nun diese Dispositionen, welche, wenn der Vertrag mit T. zustande gekommen wäre, vorteilhaft ausgefallen sein würden, einen vorteilhaften Erfolg hatten. Zwischen einem so entstandenen Schaden und dem Verschulden der Beklagten würde ein ursächlicher Zusammenhang bestehen. Dagegen ist die Schlußfolgerung unhaltbar, daß, weil der von T. vermeintlich offerierte Vertrag einen Gewinn ergeben haben würde, die Beklagte deswegen haften müsse, weil dieser Gewinn nicht eingetreten sei; denn die Ursache, daß dieser Vertrag nicht zustande gekommen, liegt nicht im Verhalten der Beklagten, sondern darin, daß T. keinen Auftrag erteilt hatte. Nur durch ein irrtümliches Hereinziehen der Grundsätze über den falsus procurator in das vorliegende, ganz verschiedene Rechtsverhältnis könnte eine solche Auffassung entstehen. Nun hat aber die Klägerin keine Tatsache angegeben, aus welcher sich ergäbe, daß die irrtümliche Ansicht, der Vertrag mit T. sei zustande gekommen, ihr Schaden verursacht habe. Es fehlt also nicht sowohl an einer Substanziierung des Schadens, als an der Angabe des unmittelbar und direkt schädigenden Ereignisses. Der Richter kann daher auch nicht durch Ausübung des Fragerechts nachhelfen. Vielmehr ist die Klage selbst unbegründet.

4. Ein Schadensanspruch kann auch nicht in der Art begründet werden, daß man, wie dies die Klägerin tut, den vermeintlichen Verkauf vom 13. September in seiner Eigenschaft als Deckungskauf auffaßt und mit dem Kauf vom 2. Juli in Verbindung bringt. Die Differenz zwischen beiden Preisen kann unter keinen Umständen als der der Klägerin zu ersetzende Schade erscheinen, selbst dann nicht, wenn man annehmen müßte, die Beklagte sei verpflichtet, der Klägerin den Gewinn zu ersetzen, welcher ihr dadurch entgangen, daß der Vertrag mit T. nicht zustande gekommen, wie das, wenn die Grundsätze über den falsus procurator zur Anwendung kämen oder ein Garantieversprechen vorläge, der Fall sein würde.

Allerdings wäre, wenn der Deckungskauf mit T. zustande gekommen wäre, die aus beiden Geschäften zusammen der Klägerin an T. zustehende Forderung auf diese Differenz f i x i e rt worden. Allein d i e s e n Betrag hat die Klägerin dadurch, daß der Deckungskauf nicht abgeschlossen wurde, nicht eingebüßt, da sie ja immer die Forderung aus dem ersten Geschäfte behielt. War am Stichtage der Marktpreis 228,50 M., so lukrierte sie aus dem ersten Geschäfte genau die 16 M., war der Marktpreis höher, so verdiente sie mehr als 16 M.; das zweite Geschäft kommt dabei gar nicht in Frage. In Berechnung kommt dasselbe nur, wenn der Marktpreis am Stichtage geringer war als 228,50 M. Der entgangene Gewinn belief sich dann auf die Differenz zwischen diesem Marktpreise und dem Kaufpreise des zweiten Geschäftes 228,50 M. Diese Differenz aber war, je nachdem der Marktpreis über oder unter 212,50 M. stand, kleiner oder größer als die Differenz zwischen den Preisen aus den beiden Geschäften. In Betracht kommen kann also immer nur die Differenz zwischen dem Marktpreise des Stichtages und 228,50 M.

Die Beklagte hat nun auch darüber, daß Ende Dezember 1881 der Marktpreis 228,50 M. betrug, Beweis angetreten. Diese Beweisantretung und den darauf gestützten Einwand, daß durch Inanspruchnahme des T. aus dem ersten Geschäfte jeder Schaden verhütet worden wäre, weist der Berufungsrichter damit zurück, daß selbstredend die Beklagte keinerlei selbständiges Recht dahin erworben habe, daß die Klägerin die ihr gegen T. zustehenden Rechte ausübe.

Dieses Argument ist abwegig; denn, indem die Klägerin als ihren Schaden die Differenz zwischen dem Kaufpreise des ersten Geschäftes und dem Verkaufspreise des vermeintlichen Deckungskaufes fordert, macht sie ja gerade den Gewinn aus dem ersten Geschäfte geltend, und zwar in der Höhe, wie er durch den Abschluß des Deckungskaufes fixiert worden wäre. Sie kann daher jetzt nicht geltend machen, das erste Geschäft gehe die Beklagte nichts an, sondern sie könnte jedenfalls nur den Betrag fordern, um welchen der Gewinn aus jenem ersten Geschäfte ohne Abschluß des Deckungskaufes als geringer sich herausstellt als die durch den Deckungskauf herbeizuführende Fixierung desselben.

Hiernach würde also, auch wenn die Art. 55, 298 HGB. zur Anwendung kämen oder die Beklagte auch als Mandatarin für entgangenen Gewinn in dem angegebenen Sinne oder aus dem vom Berufungsrichter angenommenen Garantieversprechen zu haften hätte, das Urteil aufzuheben und die Sache zur Erhebung des Beweises über den Stand des Marktpreises am Stichtage (dem 31. Dezember 1881) in die Berufungsinstanz zurückzuweisen gewesen sein."

RGZ. 31, 59

Hat der für mehrere Jahre bestellte Agent einen Anspruch auf Schadensersatz, wenn der Kommittent, durch äußere Umstände hierzu genötigt, vor Ablauf der Vertragsfrist die Produktion einstellt?

I. Zivilsenat. Urt. v. 2. Juli 1892.

I. Landgericht Hamburg. II. Oberlandesgericht daselbst.

Die Kläger haben den Beklagten für die Dauer von zehn Jahren zu ihrem Generalagenten für den ausschließlichen Export ihrer Streichholzfabrikate bestellt. Schon im dritten Vertragsjahre vereinigten sie sich mit drei anderen holländischen Streichholzfabriken zu einer Aktiengesellschaft und teilten dem Beklagten mit, daß ihre Firma erloschen sei und sie keine weiteren Aufträge mehr annehmen könnten. Ihrer Klage auf Bezahlung von Geldern, welche der Beklagte eingezogen hatte, setzte dieser eine Gegenforderung entgegen, indem er Schadensersatz wegen Vertragsbruches forderte.

Das Oberlandesgericht zu Hamburg hat im wesentlichen nach dem Klagantrage verurteilt, und die vom Beklagten dagegen eingelegte Revision ist zurückgewiesen worden aus folgenden

Gründen:

„Der Inhalt des Agenturvertrages besteht darin, daß dem Agenten das Recht übertragen wird und er die Pflicht übernimmt, dauernd für den Umsatz der Ware seines Kommittenten in einem mehr oder weniger begrenzten Gebiete zu sorgen und hierbei dessen Interesse zu wahren, daß jedoch der Agent in kein Dienstverhältnis zum Kommittenten tritt, daher auch die von diesem zugesagte Vergütung sich nicht als Lohn für bestimmte, dauernde Dienstleistungen darstellt, sondern als nach dem vom Agenten erzielten Erfolge bemessener Gewinn desselben. Hiernach unterscheidet sich dieser Vertrag von der Dienstmiete dadurch, daß er nicht auf bestimmte, nach allgemeiner oder besonderer Weisung des Kommittenten als Dienstherrn zu verrichtende Arbeiten gerichtet ist, daß folgeweise auch kein bestimmter Lohn für solche Arbeiten zugesichert wird. Mit dem Werkverdinge besteht die Ähnlichkeit, daß für einen Erfolg bezahlt wird; allein dieser Erfolg ist kein von vornherein bestimmter, abgegrenzter, hängt nicht ausschließlich vom Agenten, sondern von dessen Tätigkeit, von der Leistungsfähigkeit des Kommittenten und außerdem noch von äußeren, von der Willkür beider unabhängigen Umständen ab, so daß auch eine sichere, bestimmte Höhe der zu verdienenden Provision nicht von vornherein in Aussicht genommen werden kann. Dieser Vertrag ist daher nicht nach den Vorschriften über Dienstmiete oder Werkverding, sondern nach den aus seinem besonderen Inhalte sich ergebenden Folgerungen, unter Berücksichtigung der im Handelsverkehr geltenden Gebräuche, der Grundsätze vom redlichen Vertragsvollzuge und der Billigkeit zu beurteilen, und es muß danach der Wille der Parteien ermittelt werden (Art. 278, 279 HGB.). Durch diesen Vertrag wird nun dem Agenten für die bestimmt verabredete oder für angemessene Dauer die Aussicht auf einen Erwerb eröffnet, er wird veranlaßt, seine Geschäftseinrichtungen mit Rücksicht auf seine Stellung zu treffen, sich kollidierender Verbindungen zu enthalten, und es muß deshalb als Vertragswille beider Teile angenommen werden, daß dem Agenten diese Erwartung nicht durch willkürliche Kündigung entzogen werden dürfe. Deshalb gebührt demselben wegen ungerechtfertigter Kündigung Schadensersatz.

Vgl. u. a. Entsch. des ROHG.s Bd. 2 Nr. 77 S. 331, Bd. 6 Nr. 37 S. 180, Bd. 23 Nr. 109 S. 329.

Andererseits aber mußte der Agent schon bei Eingehung des Vertrages in Betracht ziehen, daß sein vom Erfolge bedingter Verdienst nicht lediglich von seiner Tätigkeit, sondern an sich und in bezug auf seine Höhe von äußeren Verhältnissen der verschiedensten Art abhängt, welche Verhältnisse auch für die Leistungsfähigkeit seines Kommittenten bestimmend sind. Er kann nicht darauf rechnen, daß dieser stets in gleichem Umfange und in gleicher Weise produzieren oder anschaffen, daß er die Preise fortdauernd so stellen werde, daß er ohne Rücksicht auf seine eigene Geschäftslage und seinen eigenen Vorteil dem Agenten einen gleichmäßig lohnenden Geschäftsbetrieb ermögliche. Es kann also auch nicht Vertragswille sein, daß der Kommittent zu seinem eigenen Schaden produziere oder anschaffe und verkaufe und seinen Geschäftsbetrieb selbst dann fortsetze, wenn dies nur noch mit Aufopferung eigenen Vermögens geschehen könnte. Vielmehr muß der Agent auch die Folgen ungünstiger Konjunkturen tragen und kann daher auch dann, wenn der Vertrag auf bestimmte Zeit abgeschlossen und für den Fall vorzeitiger Auflösung eine Vertragsstrafe festgesetzt ist, weder Schadensersatz noch Strafe in dem Falle fordern, wenn die vorzeitige Auflösung des Verhältnisses infolge der Unmöglichkeit eines lohnenden Fortbetriebes des Geschäftes erfolgt ist. Bei dem oben hervorgehobenen Unterschiede zwischen dem Agenturvertrage und der Dienstmiete kann der in l. 19 §§ 9, 10, l. 38 Dig. loc. 19, 2 enthaltene Grundsatz, daß denjenigen allein die Wirkung treffen soll, in dessen Person die Ursache eingetreten ist, um deswillen keine Anwendung finden, weil die Ursache (hier die Unmöglichkeit lohnenden Weiterbetriebes des Geschäftes) den Kommittenten und den Agenten gleichmäßig trifft, da der letztere keine ausschließlich von seiner eigenen Leistungsfähigkeit abhängigen Dienste, sondern die Mitwirkung zu einem für beide Teile gemeinsamen, von der gleichen Ursache für beide bedingten Erfolge übernommen hat. Der zwischen den Prozeßparteien abgeschlossene Vertrag führt zu keinem anderen Ergebnisse, ist vielmehr in gleicher Weise auszulegen. Die Kläger haben sich nicht zu bestimmten Leistungen hinsichtlich des Exportes verpflichtet, dem Beklagten keinen bestimmten Absatz garantiert, denselben zwar im § 3 zum Abschlusse von Exportverträgen ermächtigt, jedoch die Feststellung der Preise und Konditionen sich vorbehalten. Danach hängt die Höhe der im § 7 dem Beklagten zugesicherten Provisionen von den Geschäften ab, welche ihm nach der Tätigkeit und Leistungsfähigkeit der Kläger und deren Preisbestimmung (von arglistigem Verfahren dabei abgesehen) ermöglicht wurde. Es kann übrigens dahingestellt bleiben, wieweit hiernach der Beklagte von den Klägern abhängig war; denn nach dem Vorausgeschickten ist jedenfalls der Grund im Berufungsurteile zutreffend, daß für die Kläger keine Verpflichtung bestanden habe, den Betrieb unter erheblichen eigenen Opfern lediglich in Rücksicht auf einen dem Beklagten bei Ausführung seiner Aufträge zufließenden Provisionsverdienst fortzusetzen.

Danach kann es nur noch auf die Feststellung des Berufungsgerichtes ankommen, daß die Kläger den Betrieb nicht aus freier Willkür, sondern nur deshalb eingestellt haben, weil dessen Fortsetzung für sie ruinös geworden wäre." (Es folgt sodann die Ausführung, daß die gegen diese Feststellung erhobenen Angriffe unbegründet seien.)

RGZ. 46, 121

Begriff des Agenturvertrages.

III. Zivilsenat. Urt. v. 29. Mai 1900 i. S. Bo. (Kl.) w. Ba. (Bekl.). Rep. III. 79/00.

I. Landgericht Wiesbaden. II. Oberlandesgericht Frankfurt a. M.

Aus den Gründen:

... „Am 28. September 1898 haben die Parteien einen Vertrag nachstehenden Inhalts geschlossen. Der Beklagte überträgt dem Kläger für Berlin und seine Vororte seine Generalvertretung und den Alleinverkauf des von ihm hergestellten „Universal-Fischfutters" und des Buches „Der Goldfisch und seine Pflege". Der Beklagte liefert dem Kläger das Fischfutter in kleinen Dosen, das Stück zu 10 Pf., das genannte Buch ebenfalls das Stück zu 10 Pf.; den Preis an seine Abnehmer bestimmt Kläger beliebig. Der Beklagte ist verpflichtet, die ihm zugehenden Aufträge aus dem genannten Bezirke an den Kläger zur Ausführung abzugeben. Der Vertrag gilt bis zum 1. Januar 1904 und verlängert sich auf weitere 5 Jahre, wenn Kläger bis dahin einen Umsatz von durchschnittlich für das Jahr 30 000 kleinen Dosen erzielt. Der Beklagte hat dem Kläger Plakate zu überlassen und ist verpflichtet, auf seine Kosten Anzeigen, durch welche auf das Fischfutter aufmerksam gemacht wird, in die Berliner Zeitungen einrücken zu lassen.

Diesem Vertrage hat der Beklagte dadurch zuwidergehandelt, daß er seit Mai 1899 an Berliner Firmen wieder direkt Fischfutter geliefert, auch der einen Firma ausdrücklich mitgeteilt hat, daß der Bezug von Fischfutter nur noch direkt von ihm ausgehe; durch Briefe vom 9. und 18. Mai 1899 hat er dem Kläger mitgeteilt, daß er seinerseits vom Vertrage zurücktrete.

Bei diesem Sachverhalt hat das Landgericht auf den Antrag des Klägers nach anberaumter mündlicher Verhandlung durch Urteil eine einstweilige Verfügung dahin erlassen, daß demselben bei Androhung einer Geldstrafe von 300 M. für jede Zuwiderhandlung verboten werde, an Berliner Kunden das Fischfutter und das genannte Buch zu liefern, auch ihm aufgegeben werde, die aus Berlin ihm zugehenden Aufträge an den Kläger abzuliefern. Das Berufungsgericht aber hat die einstweilige Verfügung aufgehoben, indem es ausführt: der zwischen den Parteien geschlossene Vertrag sei ein Agenturvertrag; denn das wesentliche des Agenturvertrages bestehe darin, daß der Agent das Recht und die Pflicht habe, dauernd für den Umsatz der Ware seines Kommittenten in einem bestimmten Gebiete zu sorgen und hierbei dessen Interessen zu wahren, und daß seine Vergütung sich nach dem von ihm erzielten Erfolge bemesse. Das liege hier vor. Über das Recht, von einem Agenturvertrage zurückzutreten, enthalte das Handelsgesetzbuch keine Vorschriften. Es komme daher das bürgerliche Recht zur Anwendung, und zwar im vorliegenden Falle das preußische Allgemeine Landrecht. Denn bei einem Agenturvertrage sei das wesentliche die Tätigkeit des Agenten, die in Berlin stattzufinden gehabt habe; die Verpflichtung des Beklagten, das Fischfutter zu liefern, habe keine selbständige, von der Tätigkeit des Agenten losgelöste Bedeutung. Berlin sei daher der Sitz des Rechtsverhältnisses und Erfüllungsort für sämtliche Verbindlichkeiten, auch die des Beklagten. Nach dem hiernach zur Anwendung zu bringenden Allgemeinen Landrecht könne aber bei Verträgen über Handlungen, worunter auch der Agenturvertrag falle, gemäß §§ 408, 409 I 5 jede Partei, welche behaupte, daß die andere die Erfüllung nicht ordnungsmäßig geleistet habe, sofort auf ihre Gefahr vom Vertrage zurücktreten. Da nun seitens des Beklagten dies geschehen sei, so sei die auf Erfüllung des Vertrages gerichtete einstweilige Verfügung ungerechtfertigt.

Diese Ausführung beruht auf einer rechtlichen Verkennung des Begriffes des Agenturvertrages. Das neue Handelsgesetzbuch, welches die bisher in dieser Beziehung in der Rechtsprechung geltenden Rechtssätze nur kodifiziert hat, definiert den Handlungsagenten dahin, daß er, ohne als Handlungsgehilfe angestellt zu sein, betraut sein muß, für das Handelsgewerbe eines anderen Geschäfte zu vermitteln oder im Namen eines anderen abzuschließen. Von beidem ist im vorliegenden Falle keine Rede. Kläger vermittelt keine Geschäfte des Beklagten; er kauft auf eigene Rechnung von diesem und verkauft auf eigene Rechnung an Andere, und ferner nicht in dessen Namen, sondern in eigenem Namen. Daß die verkauften Waren den Namen des Beklagten tragen, schließt selbstverständlich nicht aus, daß dieser Weiterverkauf auf den Namen des Klägers erfolgt. Bei diesem Weiterverkauf ist nicht das Interesse des Beklagten, sondern das des Klägers das maßgebende; er bestimmt nach der ausdrücklichen Festsetzung des Vertrages den Preis für diesen Weiterverkauf; der dadurch erzielte Gewinn gebührt ihm, und von irgendeiner Pflicht der Rechnungslegung über die einzelnen von ihm gemachten Geschäfte kann daher auch keine Rede sein. Daß er verpflichtet sei, für das Geschäft des Beklagten tätig zu sein, ist in dem Vertrage mit keinem Wort gesagt. Nur indirekt wirkt seine Tätigkeit auch für den Vorteil des Beklagten, insofern dieser, je lebhafter der Betrieb des Klägers sich entwickelt, desto mehr an ihn verkaufen kann. Kann aber nach diesem Inhalte des Vertrages von einem Agenturvertrage keine Rede sein, so kann dieser auch aus dem Worte „Generalvertreter" nicht geschlossen werden. Dies ist überhaupt kein technischer Begriff, wird im Leben in der mannigfachsten Bedeutung gebraucht, und es kann daher seine

Bedeutung im Einzelfall nur aus den Umständen des Falles, hier also aus dem sonstigen Vertragsinhalt, gefunden werden, wonach er vorliegend nicht mehr besagt, als daß er, Kläger, der alleinige Verkäufer der beklagtischen Waren in dem betreffenden Bezirk sein soll, der Beklagte insoweit seine Interessen in diesem Bezirk nur durch ihn vertreten hat. Der wesentliche Inhalt des Vertrages ist der, daß der Kläger den Verkauf der Waren des Beklagten übernimmt, und dieser sich verpflichtet, ihm die Waren nach seinem Bedarf zu bestimmten Preisen zu überlassen. Es liegt daher in der Hauptsache nur ein pactum de vendendo vor. Danach zerfällt denn auch ohne weiteres, daß der Erfüllungsort Berlin sei. Nach der allgemeinen Regel (Art. 324 Abs. 2 des früheren HGB.s) ist für die Verpflichtungen des Beklagten seine Niederlassung bzw. sein Wohnort, also Wiesbaden, der Erfüllungsort und daher das gemeine Recht maßgebend. Nach dem gemeinen Recht ist aber ein solches Rücktrittsrecht vom Vertrage nicht gegeben, und da der Beklagte dem an sich liquiden Anspruche des Klägers gegenüber sich nur auf dieses Recht berufen hat, so bedarf es, wenigstens hier, wo es sich nur um die Regelung des einstweiligen Zustandes handelt, auch keiner weiteren Prüfung, ob etwa noch sonstige Einwendungen dem Anspruche des Klägers entgegengesetzt werden könnten, sondern es konnte, da im übrigen hinsichtlich der Voraussetzungen der einstweiligen Verfügung dem ersten Urteil überall beigestimmt werden konnte, dieses Urteil ohne Zurückverweisung der Sache in die Berufungsinstanz von hier aus wiederhergestellt werden."

RGZ. 51, 147

Muß bei einem durch den Handlungsagenten (welcher zum Vertragsabschlusse nicht ermächtigt war) vermittelten Geschäfte der Geschäftsherr — Verkäufer — für die über die Qualität der zu liefernden Ware von dem Agenten gegenüber dem Kunden abgegebenen Erklärungen einstehen und die Auffassung des Agenten von dem Inhalte der Offerte gegen sich gelten lassen?

VI. Zivilsenat. Urt. v. 3. April 1902.

I. Landgericht Hamburg. II. Oberlandesgericht daselbst.

Der Kläger erteilte im Juli 1899 dem Agenten der Beklagten in Frankfurt a. M., Fl., für die Beklagte, eine Firma in New York, Auftrag zur Lieferung von insgesamt 300 Kisten amerikanischer Hummer in Dosen (canned lobster) zum Preise von 53 M. pro Kiste cif Hamburg, zahlbar gegen Verladungsdokumente durch Wechselakzepte. In Ausführung der von Fl. den Beklagten übermittelten Aufträge verluden diese in drei Sendungen 271 Kisten canned lobster nach Hamburg. Der Kläger beglich die ersten Sendungen durch Akzepte, verweigerte aber die Annahme der letzten 71 Kisten, weil die gelieferte Ware nicht prima 1899er Hummer sei; in dieser Qualität nämlich wollte er die Ware bestellt haben. Er beanspruchte nun Preisminderung bzw. wegen der letzten Sendung Schadensersatz. Die Klage wurde in erster Instanz abgewiesen und die Berufung des Klägers vom Oberlandesgericht zurückgewiesen. Das Berufungsurteil ist aufgehoben worden aus nachfolgenden

Gründen:

„Bei Bestätigung des Empfanges der Aufträge des Klägers hat der Agent Fl. den Kaufgegenstand als „canned lobster" bezeichnet, und als der Kläger bei Bestätigung des von ihm erteilten ersten Auftrages in seinem Schreiben vom 28. Juli 1899 neben jener Bezeichnung der Ware die Worte „prima frische, Saison 1899" gebrauchte, erwiderte ihm Fl., es sei selbstredend, daß der Kläger nur frische, gute Ware erhalte. Der Kläger ist bei Erteilung des Auftrages davon ausgegangen, daß ihm prima Hummer geliefert werden würden, indem er ausdrücklich die Lieferung von Hummern mit langen Scheren und Schwänzen wünschte, und ebenso hat der Agent Fl. bei Entgegennahme des Auftrages angenommen, daß prima Hummer, und zwar nach der in Deutschland herrschenden Auffassung dieser Qualitätsbezeichnung, den Gegenstand des Auftrages bildeten.

Der Agent Fl. war von den Beklagten nicht ermächtigt, in deren Namen und für deren Rechnung (fest) abzuschließen, und hat auch von dem Kläger nur einen Auftrag für die von ihm vertretenen Beklagten entgegengenommen, durch dessen Annahme von seiten der Beklagten erst ein Vertragsabschluß zustande gekommen ist. Bei Überschreibung der Aufträge des Klägers an die Beklagten hat nun Fl. als Gegenstand des Auftrages „canned lobster" ohne irgendwelche nähere Qualitätsbezeichnung der zu liefernden Ware angegeben und hierzu lediglich geschrieben: „and be sure to send fresh goods", womit nach Annahme des Berufungsgerichtes nur zum Ausdruck gebracht wurde, daß Hummer aus dem Fange des letzten Sommers geliefert werden sollten. Im Handelsverkehre mit dieser Ware bestehen in Deutschland wie in Nordamerika Unterschiede in der Qualitätsbezeichnung, und es differieren die beiderseitigen Anschauungen namentlich insofern, als unter „prima lobster" in Nordamerika nicht die gleiche Ware wie unter „prima Hummer" nach deutscher Auffassung verstanden, diese Bezeichnung vielmehr in Deutschland nur der besten Ware beigelegt wird, welche in Nordamerika als „fancy" oder „choice lobster" gehandelt wird.

Von diesen tatsächlichen Feststellungen ausgehend, verneint der Berufungsrichter, daß der Kläger die Lieferung von prima Ware habe beanspruchen können. Der Agent Fl. sei von den Beklagten nicht ermächtigt gewesen, irgendwelche Zusicherungen hinsichtlich der

Qualität der Hummer bei Entgegennahme von Aufträgen auf diese Ware zu machen. Nach Inhalt des ihnen überschriebenen Auftrages hätten die Beklagten nicht annehmen können, daß der Auftrag auf Lieferung von prima Hummer gerichtet sei, und dies um so weniger, als sie in einem früheren Schreiben an Fl. demselben bei Mitteilung der Preise ausdrücklich erklärt hatten, daß sie keinerlei Garantie für die Qualität übernehmen könnten und einzig und allein die Marke bzw. den Packer garantierten. Fl. habe dem erteilten Auftrage zuwidergehandelt, wenn er den Kläger in den Glauben versetzt oder in dem Glauben belassen habe, daß die Beklagten in Erfüllung der von ihm erteilten Order Ware bester Qualität liefern würden. Dieses Verhalten des Fl. müsse auf ungenügende Kenntnis des Geschäftes mit Hummern in Dosen zurückgeführt werden; er hätte anderenfalls bei dem Preise von 53 M. pro Dutzend Dosen die Lieferung von prima Ware nicht erwarten können. Der den Beklagten unbekannt gebliebenen Auffassung ihres Agenten könne aber keine Bedeutung für den Inhalt des Vertragsabschlusses eingeräumt werden. Der Geschäftsherr, welcher den Agenten nur mit der Vermittelung von Geschäften betraut, wolle sich die Entscheidung über die Ausführung eines ihm übermittelten Auftrages vorbehalten und könne den Auftrag nur in dem Sinne verstehen, in welchem er ihm übermittelt werde. Ausdrückliche oder stillschweigende Zusicherungen des Agenten mit Bezug auf die Qualität der Ware begründeten deshalb auch keinen Anspruch auf Lieferung von Ware entsprechender Qualität, wenn dieselben dem Geschäftsherrn nicht mitgeteilt seien oder aus der Art und Weise der Bestellung entnommen werden müßten.

Dem von der Revision gegen diese Entscheidung gerichteten Angriff mußte Folge gegeben werden....

Die Frage der Anwendung des örtlichen Rechtes ist von den Vorinstanzen nicht ausdrücklich erörtert; dieselben sind offenbar in Übereinstimmung mit den Parteien davon ausgegangen, daß der gegenwärtige Fall nach deutschem Recht zu beurteilen sei, und dies ist jedenfalls in Ansehung des Umfanges der Vertretungsmacht des Handlungsagenten zutreffend.

Vgl. Entsch. des RG.s in Zivils. Bd. 38 S. 194 ff.; Staub, Kommentar zum Handelsgesetzbuch 6.—7. Aufl., Exkurs zu § 85 Anm. 6.

Die demnächst zur Entscheidung stehende Frage, ob bei einem von dem Agenten vermittelten Geschäfte, sofern der Agent nur zur Vermittelung, nicht zum Vertragsabschlusse ermächtigt ist, der Geschäftsherr durch Erklärungen des Agenten gegenüber dem anderen Teile gebunden werde, die Auffassung des Agenten zu vertreten habe, läßt sich nur unter Berücksichtigung der besonderen Rechtsstellung eines Handlungsagenten beantworten.

Auf die vorliegenden, noch im Jahre 1899 abgeschlossenen Verträge findet das frühere Recht Anwendung. Indessen sind bei der nunmehr in §§ 84 ff. HGB. getroffenen gesetzlichen Regelung der Rechte und Pflichten des Handlungsagenten der Begriff und die Rechtsstellung dieses Agenten im wesentlichen übereinstimmend mit den Grundsätzen fixiert, welche sich hierüber im bisherigen Rechtsleben ausgebildet hatten. Andererseits ist auch durch diese jetzige Vorschriften, insbesondere diejenige des § 85 HGB., welcher den Fall behandelt, daß der nur mit der Vermittlung von Geschäften betraute Agent ein Geschäft im Namen des Geschäftsherrn mit dem Dritten fest abgeschlossen hat, die für den gegenwärtigen Fall maßgebende Frage nicht ausdrücklich gelöst.

Wenn der Agent keine Abschlußvollmacht hat, also bloß sogenannter Vermittelungsagent ist, so kann und darf er allerdings den Vertrag nicht endgültig abschließen; er hat an sich nur den Auftrag, die Kunden aufzusuchen, sie zum Abschlusse zu bewegen, die Bestellungen entgegenzunehmen und dem Geschäftsherrn zu übermitteln. Immerhin aber handelt auch der Vermittlungsagent bei dieser den Vertragsabschluß vorbereitenden Tätigkeit in V e r t r e t u n g des G e s c h ä f t s h e r r n. Als Vertreter des Prinzipals namentlich nimmt er die Offerten des Kunden entgegen. Die Bestellungen (Orders") werden auch regelmäßig auf Grund der von dem Agenten mit den Kunden besprochenen Geschäftsbedingungen formuliert. Der Agent hat im Namen des Geschäftsherrn dem Dritten Auskunft über die für den Vertragsabschluß in Betracht kommenden Momente zu geben, und naturgemäß werden die von dem Agenten mit dem Dritten gepflogenen Verhandlungen die Grundlage des Vertrages bilden. Aus der, wenn auch beschränkten, dem Agenten zukommenden Vertretungsmacht, welche durch die Bestellung des Agenten nach außen bekanntgegeben ist, folgt sodann, daß der Geschäftsherr das von dem Agenten (in dem Rahmen der demselben zugewiesenen Handelstätigkeit) vermittelte Geschäft, wenn er daraus Rechte ableiten will, so gegen sich gelten lassen muß, wie es der Agent mit dem Kunden beredet hat. Die Kenntnis von der Bedeutung des dem Agenten zugegangenen Auftrages ist dem Prinzipal zuzurechnen; diesen trifft die Verantwortung für die von seinem Agenten über die Natur des Geschäftes erteilte Auskunft und für den Inhalt, mit welchem derselbe die daraufhin entgegengenommene Offerte dem Geschäftsherrn übermittelt hat, und er, der Prinzipal, hat sich die Folgen zuzuschreiben, wenn er sich für Entgegennahme und Mitteilung der Aufträge einer unzuverlässigen Zwischenperson bedient hat.

Diese Grundsätze sind vom Reichsgerichte schon des öfteren ausgesprochen worden.

Vgl. Urteil des I. Zivilsenates vom 23. November 1892 und 19. November 1892, in den Entsch. des RG.s in Zivils. Bd. 30 S. 28 ff., S. 214 ff.; Urteile desselben Senates vom 26. März 1898, Rep. I. 455/97, und vom 14. Dezember 1898, Rep. I. 329/98, in der Jurist. Wochenschr. v. 1898 S. 360 Nr. 39, v. 1899 S. 50 Nr. 54; vgl. ferner Staub, Kommentar zum Handelsgesetzbuch 6/7. Aufl. zu § 85 Anm. 4 und Exkurs zu § 85 Anm. 5; Lehmann u. Ring, Deutsches Handelsgesetzbuch Bd. 1 zu § 85 Anm. 3 S. 195.

Wenn sich die bisher ergangenen Entscheidungen zumeist auf Fälle von durch Agenten vermittelten Versicherungsverträgen oder Börsen-(Differenz-)Geschäften bezogen haben, so wäre es doch nicht gerechtfertigt, die dort grundsätzlich vertretene Anschauung auf Geschäfte der angeführten Art zu beschränken und hierin einen prinzipiellen Unterschied zwischen den von Agenten vermittelten Handelsgeschäften zu machen. Eine Einschränkung allerdings ergibt sich aus der Natur der Sache, wie aus dem Grundsatze von Treue und Glauben im Rechtsverkehre: die Sache darf nicht so liegen, daß der dritte Kontrahent gewußt hat oder darüber nicht im Zweifel sein konnte, das von dem Agenten Erklärte stehe mit dem Willen des Geschäftsherrn in Widerspruch.

Vgl. Entsch. des RG.s in Zivils. Bd. 36 S. 42 ff.

Ein Fall dieser Art liegt hier nach dem festgestellten Sachverhalt nicht vor.

Die von den Beklagten dem Agenten Fl. erteilte Instruktion, wonach sie keinerlei Garantie für Qualität übernehmen könnten, war dem Kläger nicht bekanntgegeben. Hat der Agent seine, nach außen in dieser Richtung nicht beschränkte, Vollmacht überschritten, so kann dies nicht dem Besteller zur Last fallen. Daß der Kläger aus der getroffenen Preisbestimmung hätte entnehmen müssen, es sei für einen solchen Preis Lieferung von prima Ware unmöglich zu erwarten, ist nicht festgestellt.

Der erste Richter hat den für die vorstehende Auffassung von ihm selbst angeführten Gründen Erwägungen entgegengestellt, welche nach seiner Ansicht den Ausschlag nach der anderen Seite geben, und welche anscheinend von dem Berufungsgerichte gebilligt sind. Das Bedenken jedoch, als genehmigt könne doch nur das gelten, was dem Geschäftsherrn wirklich mitgeteilt sei, erledigt sich, wenn angenommen wird, daß der Prinzipal in der Kenntnis von der Offerte und ihrer Bedeutung durch seinen Agenten vertreten werde. Die befürchteten Gefährdungen und „Schutzlosigkeit" des Geschäftsherrn würden in die gleichen Nachteile für den dritten Vertragschließenden umschlagen, wenn sich derselbe die Geltung des Geschäftes immer mit dem Inhalte gefallen lassen müßte, wie der Agent die Order an sein Geschäftshaus zu überschreiben für gut fand, auch bei unrichtiger

Übermittelung oder bei Unterdrückung einer von dem Besteller gemachten Bedingung. Oder man hätte in einem solchen Falle den Vertrag wegen Mangels einer Willensübereinstimmung für ungültig zu erklären, obschon der Geschäftsherr den Vertrag selbst als gültig behandelt wissen will. Wenn aus der unrichtigen Handlungsweise des Agenten ein Schade entsteht, so wird es auch der Billigkeit mehr entsprechen, daß diesen der Geschäftsherr, als daß ihn der Dritte zu leiden habe. Jener ist in der Lage, seinen Agenten auszuwählen, zu instruieren und zu überwachen. Der Kunde darf darauf vertrauen, daß die von dem Agenten hinsichtlich der Geschäftsbedingungen erteilten Auskünfte und Zusagen im Sinne seines Prinzipals, wenn auch vorbehaltlich der Genehmigung des Abschlusses selbst durch diesen, gegeben seien und daß der Agent den Auftrag redlich und gewissenhaft übermitteln werde. Das Bedürfnis eines rechtlichen Schutzes des Kunden besteht nach dieser Richtung unabhängig von der Frage (vgl. JW. 1900 S. 804 Nr. 5), ob eine Vermutung für die Ermächtigung des Agenten zum Vertrags*abschluß* gelte oder nicht. Allerdings kann der Besteller sich vorsichtshalber vom Geschäftsherrn selbst den Abschluß in seinen Einzelheiten bestätigen lassen; aber die Möglichkeit einer Kontrolle bezüglich der eingegangenen Orders steht regelmäßig auch dem Geschäftsherrn gegenüber dem Kunden zu.

Hatte im vorliegenden Falle die Bestellung nach den mündlichen und schriftlichen Erklärungen des Klägers, wie nach der Auffassung des Agenten Fl. auf prima-Ware, also in der von den Beiden diesem Ausdruck beigelegten Bedeutung, auf beste Qualität, gelautet, und ist der Kläger bis zur Erfüllung des Vertrages in dem Glauben gelassen worden, daß ihm solche Ware zu liefern sei, so müssen die Beklagten den Vertrag, welchen sie an sich gelten lassen wollten, auch mit dem durch jene Beredung des Kaufgegenstandes bestimmten Inhalt als für sich verbindlich anerkennen, und es durften die von dem Kläger erhobenen Ansprüche auf Preisminderung bzw. Schadensersatz nicht schon aus dem Grunde abgewiesen werden, weil den Beklagten die Bestellung von dem Agenten ohne Qualitätsbezeichnung überschrieben wurde." . . .

RGZ. 63, 69 +

Kann der für mehrere Jahre bestellte Agent einen Anspruch auf Provision oder auf Schadensersatz geltend machen, wenn vor der Ausführung der durch ihn vermittelten Geschäfte über das Vermögen des Geschäftsherrn der Konkurs eröffnet, oder wenn durch diese Konkurseröffnung dem Agenten die Gelegenheit zur Vermittlung weiterer Geschäfte entzogen worden ist?

HGB. § 88 Abs. 2. KO. § 23 Abs. 2 §§ 26, 27.

III. Zivilsenat. Urt. v. 16. März 1906.

I. Landgericht Görlitz. II. Oberlandesgericht Breslau.

Am 30. Dezember 1902 war der Kläger von der P.er Glashüttenaktiengesellschaft auf die beiden Jahre 1903 und 1904 unter Zusicherung einer Provision von 3 Prozent als Agent zum Vertrieb ihrer Fabrikate in einem bestimmten Bezirk bestellt worden und hatte auch in der Zeit vom 1. Januar bis 9. Mai 1903 eine größere Anzahl von Geschäften vermittelt. Als die Gesellschaft am letztgenannten Tage in Konkurs geriet, beanspruchte er der Konkursmasse gegenüber u. a.

a) Provision für die bis zur Konkurseröffnung von ihm vermittelten, von der Gesellschaft aber nicht ausgeführten Geschäfte;

b) Schadensersatz wegen der ihm entgangenen Provision für die Geschäfte, die er in der Zeit vom 9. Mai 1903 bis zum Ende des Jahres 1905 weiter hätte vermitteln können.

Beide Vorinstanzen haben diese, vom Konkursverwalter bestrittenen Ansprüche abgewiesen, und auch die vom Kläger eingelegte Revision wurde vom Reichsgericht zurückgewiesen aus folgenden

Gründen:

. . . „2. Der Kläger hat ferner einen Provisionsanspruch von 4050 M. darauf gestützt, daß er bis zur Konkurseröffnung Geschäfte im Betrage von 135 000 M., woraus sich nach dem Satze von 3 Prozent die erwähnte Provision ergebe, vermittelt, die P.er Glashüttenaktiengesellschaft zwar diese Geschäfte nicht ausgeführt, und auch der Konkursverwalter sich nach § 17 KO. für deren Nichterfüllung entschieden habe, daß aber gleichwohl nach § 88 Abs. 2 HGB. sein Anspruch auf die von ihm verdiente Provision begründet sei.

Das Berufungsgericht hat diesen Anspruch um deswillen abgewiesen, weil nach dem vorliegenden Agenturvertrage die Provision dem Kläger nur für effektuierte, d. h. zur Ausführung gelangte Geschäfte zustehe, der Kläger aber sich nicht darauf berufen könne, daß die Ausführung in einer den Geschäftsherrn nach § 88 Abs. 2 HGB. gleichwohl haftbar machenden Weise unterblieben sei. Denn einmal habe der Kläger den ihm obliegenden Beweis nicht erbracht, daß dem Konkursverwalter bei seiner Ablehnung der Ausführung wichtige Gründe in der Person derjenigen, mit welchen die Geschäfte abgeschlossen seien, nicht zur Seite gestanden hätten. Sodann aber sei die Ausführung der Geschäfte nicht, wie § 88 Abs. 2 voraussetze, infolge eines unberechtigten willkürlichen Verhaltens der nachmaligen Gemeinschuldnerin, als der ursprünglichen Geschäftsherrin, sondern infolge der Entschließung des Konkursverwalters unterblieben, welcher auf Grund gesetzlichen Auftrages, nicht aber als Vertreter der Gemeinschuldnerin, tätig geworden und in seiner Entschließung von deren Willen oder Anweisung nicht abhängig gewesen sei.

Dem Berufungsgericht ist im Ergebnis, wenn auch nicht durchweg, in der Begründung beizutreten.

Nach dem vorliegenden Agenturvertrage und nach § 88 Abs. 1 HGB. gebührt dem Agenten eine Provision für jedes zur Ausführung gelangte Geschäft, welches durch seine Tätigkeit zustandegekommen ist. Nach dem vom Kläger angezogenen Abs. 2 soll dem Agenten jedoch auch im Falle der Nichtausführung eine Provision dann zukommen, wenn die Ausführung eines Geschäfts infolge des Verhaltens des Geschäftsherrn ganz oder teilweise unterblieben ist, ohne daß hierfür wichtige Gründe in der Person desjenigen vorlagen, mit welchem das Geschäft abgeschlossen war. Nun kann zwar der Vorinstanz nicht darin beigetreten werden, daß der Nachweis des Nichtvorhandenseins der letzterwähnten wichtigen Gründe dem klagenden Agenten obliege; vielmehr ist das Vorhandensein derartiger Gründe vom beklagten Geschäftsherrn, als ein Grund seiner Befreiung von der Verpflichtung zur Zahlung der Provision, nachzuweisen. Immerhin aber hat nach dem Eingange des angeführten Abs. 2 der Agent als Voraussetzung seines Provisionsanspruches darzutun, daß die Ausführung infolge des Verhaltens des Geschäftsherrn unterblieben sei. Als „Geschäftsherr" kann hier — wie die Vorinstanz zutreffend ausführt — allein die P.er Glashüttenaktiengesellschaft in Betracht kommen, für welche der Kläger die in Frage stehenden Geschäfte vermittelt hat, nicht aber der Konkursverwalter, der erst nach der Konkurseröffnung an Stelle der Gemeinschuldnerin die Verfügung über deren Vermögen erlangt hat, und nach der Rechtsprechung des Reichsgerichts (Entsch. in Zivils. Bd. 29 S. 29) nicht als deren Vertreter anzusehen ist. Unter dem erwähnten „Verhalten des Geschäftsherrn" aber ist — entsprechend dem Zwecke dieser Vorschrift im Abs. 2 des § 88, den Agenten vor dem Verluste seiner Provision infolge willkürlicher oder ungerechtfertigter Ablehnung der Geschäftserfüllung seitens des Geschäftsherrn zu bewahren — ein solches zu verstehen, durch welches die Nichtausführung vom Geschäftsherrn verschuldet oder wenigstens in freier Entschließung herbeigeführt worden ist.

Vgl. Staub, Kommentar zum Handelsgesetzbuch 6./7. Aufl. Bd. 1 S. 316 § 88 Anm. 6; Goldmann, Handelsgesetzbuch Bd. 1 S. 417.

Dahin gehört aber nicht ohne weiteres der Fall, wenn durch die Eröffnung des Konkurses über das Vermögen des Geschäftsherrn die Nichtausführung der vom Agenten vermittelten Geschäfte veranlaßt worden ist. Wie der Agent keinen Anspruch auf Provision oder auf Schadensersatz hat, wenn der Geschäftsherr, durch äußere Umstände hierzu genötigt, vor Ablauf der Vertragsfrist die Produktion einstellt (vgl. Entsch. des RG.s in Zivils. Bd. 31 S. 61), so ist der gleiche Erfolg auch im Falle einer durch äußere Umstände, ohne

Verschulden des Geschäftsherrn herbeigeführten Konkurseröffnung über ihn anzunehmen. Die Revision hat zwar hierzu das vom Kläger in der Berufungsinstanz zum letzten Klaganspruch von 18 000 M. geltend gemachte Vorbringen wiederholt, daß der Konkurs der Gemeinschuldnerin, wie die Konkursakten ergeben würden, durch ihre Mißwirtschaft und ihre verkehrten Geschäftsdispositionen verursacht sei. Allein dieses Vorbringen muß schon aus dem von der Vorinstanz ausgeführten Grunde unbeachtet bleiben, weil der Kläger die einzelnen verkehrten Maßnahmen, auf welche das Verschulden der Gemeinschuldnerin gestützt wird, ungeachtet der ihm hierzu gewordenen Veranlassung nicht angegeben hat, und dieser Mangel durch die bloße Bezugnahme „auf die Konkursakten" nicht ersetzt werden kann.

Der Provisionsanspruch von 4050 M. scheitert hiernach an dem Mangel des vom Kläger zu erbringenden Nachweises, daß die Ausführung der von ihm vermittelten Geschäfte infolge des Verhaltens des Geschäftsherrn unterblieben sei.

....

RGZ. 65, 86

1.—2. . . . . .

3. Agenturvertrag mit der Verpflichtung des Handlungsagenten, mindestens einen bestimmten Umsatz zu erzielen. Wichtiger Grund zum Rücktritt.

HGB. §§ 84, 92.

I. Zivilsenat. Urt. v. 12. Januar 1907.

Die Entscheidung ist abgedruckt unter „Bürgerliches Recht, Allgemeiner Teil 2."

RGZ. 69, 363

1. Findet auf den sog. Kommissionsagenten der § 92 HGB. entsprechende Anwendung?

2. Kann auf das in § 627 BGB. statuierte Recht willkürlicher Kündigung verzichtet werden?

I. Zivilsenat. Urt v. 24. Oktober 1908.

I. Landgericht Düsseldorf, Kammer für Handelssachen. II. Oberlandesgericht daselbst.

Der Beklagte war durch Vertrag vom 17. Mai 1904 auf die Dauer von 5 Jahren von der Klägerin engagiert, um ihre Fabrikate für ihre Rechnung, aber im eigenen Namen, zu verkaufen. Am 27. September 1905 wurde er entlassen. Die Parteien stritten darüber, ob er durch sein Verhalten wichtige Gründe hierzu geboten habe. Die auf Feststellung der Berechtigung der Entlassung gerichtete Klage wurde in allen Instanzen abgewiesen. Daß es auf die streitige Frage ankomme, wurde vom Reichsgericht anerkannt aus folgenden

Gründen:

. . . „Im Gegensatze zum Landgerichte, das dem Beklagten nach dem Vertrage vom 17. Mai 1904 die Stellung eines Handlungsagenten zuerkennt, erklärt ihn der Berufungsrichter für einen Kommissionär. Das ist insofern richtig, als der Beklagte es gewerbsmäßig übernommen hat, Waren für Rechnung der Klägerin im eigenen Namen zu verkaufen (§ 383 HGB.). Aber gerade von diesem Ausgangspunkte aus wäre Veranlassung gewesen, zu prüfen, ob die Entlassung des Beklagten nicht auch ohne wichtigen Grund jederzeit zulässig war. In Übereinstimmung mit der Denkschrift zum neuen Handelsgesetzbuch S. 232 hat das Reichsgericht (Jurist. Wochenschr. 1905 S. 20 Nr. 17) allgemein ausgesprochen, daß auf den Kommissionsvertrag die Vorschrift des § 627 BGB. Anwendung finde. In dem hier zu entscheidenden Falle, in dem das Verhältnis der Parteien auf längere Dauer berechnet war, ist die erste Voraussetzung dieser Vorschrift, der Abschluß eines Dienstvertrages, einem Zweifel überhaupt nicht unterworfen. Aber auch die übrigen Voraussetzungen sind gegeben. Es handelt sich um Dienste höherer Art, die auf Grund besonderen Vertrauens übertragen zu werden pflegen. Und das Entgelt für die Dienste bestand nicht in festen Bezügen, sondern in einer Provision. Daran wird durch die Vertragsbestimmung, wonach der Beklagte auf sein Guthaben „monatlich 500 M. à conto ausgezahlt und fest zugesichert" erhielt, nichts geändert. Auch wenn diese Bestimmung als Garantie eines Mindesteinkommens — nicht nur, wie die Klägerin will, als Vorschußzusage — aufzufassen sein sollte, würden feste Bezüge nicht gegeben sein.

Nichtsdestoweniger muß der Standpunkt der Vorinstanzen, die das Urteil auf das Vorhandensein eines wichtigen Grundes der Kündigung abstellen, gebilligt werden. Das Landgericht ging von zutreffenden Erwägungen aus, wenn es das interne Verhältnis des Beklagten zur Klägerin wie das eines Handlungsagenten ansah. Nach der Gestaltung des modernen Handelsverkehrs sind der Kommissions- und der Agenturvertrag keine einander ausschließende Typen. Es gibt Kaufleute, die ständig damit betraut sind, im eigenen Namen für Rechnung eines andern Handelsgeschäfte abzuschließen. Diese sog. „Kommissionsagenten" unterscheiden sich, was die Stellung zum Geschäftsherrn betrifft, in nichts von den Handlungsagenten der in § 84 HGB. definierten Art. Für die Handlungsagenten hat das Gesetz aus Gründen sozialer Fürsorge die Vorschrift getroffen, daß sie, abgesehen von dem Falle eines wichtigen Grundes, mit sechswöchiger Frist zu kündigen sind (§ 92 HGB.). Es wäre nicht zu verstehen, wenn die Kommissionsagenten nur deshalb, weil sie Dritten gegenüber im eigenen Namen auftreten, jederzeit entlassen werden könnten. Für die Frage der Kündigung kommt das Verhältnis nach außen nicht in

Betracht. Daher erscheint es geboten, den § 92 HGB. analog auf den Kommissionsagenten anzuwenden. Eine analoge Anwendung des Abs. 2 dieses Paragraphen hat der Senat schon in dem im Bd. 65 S. 37 der Entsch. in Zivils. abgedruckten Urteile vorgenommen, wo es sich um einen sog. Generalvertreter handelte, der die Waren des Lieferanten für eigene Rechnung, aber innerhalb eines bestimmten Bezirks vertragsmäßig als einziger absetzte und daher zugleich das Interesse des Lieferanten wahrnahm.

Der vorliegende Fall bietet noch einen anderen Weg, dasselbe Ergebnis zu gewinnen. Indem die Parteien eine fünfjährige Dauer des Vertrages verabredeten, brachten sie zum Ausdrucke, daß der Rechtssatz des § 627 BGB. für ihr Verhältnis nicht gelten solle. Freilich ist die dispositive Natur dieser Vorschrift nicht unbestritten. L o t m a r, Arbeitsvertrag Bd. 1 S. 615, sowie die Kommentare zum BGB. von O e r t m a n n und v. S t a u d i n g e r halten das Recht willkürlicher Kündigung beim Vertrauensdienstverhältnis für so wichtig, daß sie einer gegenteiligen Abrede die Wirkung versagen. Aber dieser Meinung kann im Hinblick auf § 626 nicht beigepflichtet werden. Die letztere Vorschrift bleibt immer bestehen. Auf das Recht, jedes unter das Bürgerliche Gesetzbuch fallende Dienstverhältnis fristlos aus wichtigem Grunde zu kündigen, kann nicht im voraus verzichtet werden; der § 626 muß absolut sein, wenn ihm überhaupt eine Bedeutung zukommen soll. Gerade darum ist aber für § 627 die gleiche Unverzichtbarkeit nicht anzunehmen. Wurde doch schon in der zweiten Kommission für Beratung des Bürgerlichen Gesetzbuchs, der der § 627 seine Entstehung verdankt, das Bedürfnis für eine solche Bestimmung mit Rücksicht auf § 626 bezweifelt (Prot. Bd. 2 S. 303). Jedenfalls wird es nicht selten beiden Parteien eines Vertrauensdienstverhältnisses zum Vorteile gereichen, wenn sie sich auf die Möglichkeit der Kündigung aus wichtigem Grunde beschränken." . . .

RGZ. 74, 167

Kann ein Fabrikant, der sich zum Vertriebe seiner Waren eines Handlungsagenten bedient, dessen Provisionsanspruch gemäß § 88 Abs. 1 HGB. mit der Begründung bestreiten, daß die Geschäfte nicht zur Ausführung gelangt sind, wenn der Grund der Nichtausführung darin bestand, daß die Fabrik zu der Zeit, wo die Lieferung erfolgen sollte, mit Bestellungen überhäuft war?

II. Z i v i l s e n a t. Urt. v. 4. Oktober 1910.

I. Landgericht Köln, Kammer für Handelssachen. II. Oberlandesgericht daselbst.

Gemäß einem Vertrage vom 26. September 1902 stand der Beklagte mehrere Jahre mit der Klägerin in der Weise in geschäftlicher

Verbindung, daß ihm die Vertretung der Klägerin zum Vertriebe der von ihr hergestellten Öfen übertragen war, die Klägerin ihm auch ein Konsignationslager zur Verfügung gestellt und für alle durch ihn abgeschlossenen Verkäufe eine Provision zugesichert hatte. Aus diesem Verhältnis und teilweise aus der festen Übernahme der konsignierten Waren behauptete die Klägerin, eine Forderung gegen den Beklagten in Höhe von 6223,01 M. zu haben, und klagte diesen Betrag ein. Der Beklagte erhob mehrere Gegenforderungen, unter diesen eine Provisionsforderung für Lieferungsgeschäfte, die er zwischen der Klägerin einerseits sowie einer Firma L. & B. und der Rheinischen Metallindustrie anderseits vermittelt hatte. Die Klägerin bestritt diesen Gegenanspruch unter Hinweis auf § 88 HGB. u. a. mit der Behauptung, daß die betreffenden Geschäfte nicht zur Ausführung gekommen seien. Das Berufungsgericht erklärte in einem gleichzeitig mit der Revision gegen das Endurteil angefochtenen Zwischenurteile den Anspruch für nicht begründet. Diese Entscheidung wurde vom Reichsgerichte aufgehoben.

Aus den Gründen:

. . . „Die Revision greift die Entscheidung des Zwischenurteils insofern an, als die Provisionsforderung des Beklagten für die nach seiner Behauptung von ihm vermittelten Lieferungsgeschäfte mit der Firma L. & B. und der Rheinischen Metallindustrie, Ges. m. b. H., für unbegründet erklärt worden ist. Der Beklagte erhebt insoweit den Anspruch auf Provision für solche Geschäfte, die nicht zur Ausführung gelangt sind, und beruft sich dafür auf § 88 Abs. 2 HGB. Das Oberlandesgericht erwägt in dieser Hinsicht, diese Bestimmung solle verhüten, daß ein Agent, der für den Abschluß eines Geschäfts seine Schuldigkeit getan, „lediglich infolge des Verhaltens des Geschäftsherrn" um den Lohn seiner Tätigkeit gebracht werde; er solle aber doch nur gegen ein schuldhaftes oder doch willkürliches Verhalten des Geschäftsherrn in bezug auf die Behandlung der vermittelten Geschäfte geschützt werden. Ein solches Verhalten der Klägerin sei aber im gegebenen Falle nicht anzunehmen, weil nach der eigenen Behauptung des Beklagten der Grund der Nichtausführung der fraglichen Bestellungen darin zu finden sei, daß die Klägerin um die in Frage stehende Zeit wegen allzu großer Bestellungen nicht lieferungsfähig gewesen sei.

Diese Ausführungen sind in ihrem ersten Teile grundsätzlich nicht zu beanstanden; sie entsprechen mehrfachen Entscheidungen des Reichsgerichts über die vorliegende Frage und werden auch von der Mehrzahl der Kommentare gebilligt. Dagegen ist ihre Anwendung auf den vorliegenden Fall rechtlich verfehlt. Die Annahme zu großer Bestellungen von seiten eines Fabrikanten, die er dann nur zum Teil ausführen kann, ist an sich auf sein eigenes Verhalten zurückzuführen und insoweit von ihm selbst verschuldet. Jedenfalls müßten ganz besondere Umstände vorliegen, wenn im Einzelfalle diese Annahme beseitigt werden könnte. Solche Umstände sind vom Oberlandesgerichte nicht festgestellt und, soweit ersichtlich, auch nicht behauptet.

Danach kann die Entscheidung des Oberlandesgerichts über diesen Gegenanspruch so, wie sie begründet ist, nicht aufrechterhalten werden." . . .

RGZ. 78, 252

Steht dem Handlungsagenten eine Provision für die erst nach Beendigung des Agenturverhältnisses abgeschlossenen Geschäfte zu, wenn der Abschluß auf Grund eines Vertretungsverhältnisses (Unteragentur) erfolgt ist, das der Agent selbst noch während des Agenturverhältnisses zustande gebracht hat?

HGB. §§ 84, 88, 89.

III. Zivilsenat. Urt. v. 12. Januar 1912.

I. Landgericht Elberfeld. II. Oberlandesgericht Köln.

Aus den Gründen:

„Der Kläger war vom 1. Oktober 1900 bis zum 1. Oktober 1902 als Handlungsagent (Reisevertreter) gegen Gehalt, Provision und Reisespesen für die Beklagte in deren Abteilung für Elektromotoren tätig. Die Beklagte hatte ihm monatliche Aufstellungen über die provisionspflichtigen Geschäfte erteilt und in die letzte Aufstellung auch die Geschäfte aufgenommen, die am 1. Oktober 1902 bereits abgeschlossen, aber noch nicht ausgeführt waren. Der Kläger hat die Aufstellungen als unvollständig bezeichnet und Rechnungslegung verlangt. Nach der in der Revisionsinstanz eingetretenen Beschränkung begründet der Kläger die Unvollständigkeit durch die Behauptung, er habe während der Dauer des Agenturverhältnisses größere Abschlüsse mit den Firmen H. & S. in H. und B. & S. in C. zustandegebracht und infolgedessen ohne Rücksicht auf die Dauer des Agenturverhältnisses Provision für alle auf Grund jener Abschlüsse erfolgten Lieferungen von Elektromotoren zu beanspruchen. Der Streit dreht sich dabei nur um solche Lieferungen, deren Bestellung erst nach dem 1. Oktober 1902 erfolgte. Daß die Beklagte auch frühere Bestellungen nicht verrechnet habe, ist nicht behauptet.

Das Berufungsgericht hat den Anspruch des Klägers auf Rechnungslegung für unbegründet erklärt und seine gegen das abweisende Urteil der ersten Instanz eingelegte Berufung zurückgewiesen. Seine Revision ist unbegründet.

Bezüglich der Lieferungen an die beiden Firmen H. & S. und B. & S. erwägt das Berufungsgericht, durch die zwischen der Beklagten und den beiden Firmen abgeschlossenen Verträge sei den Firmen die Vertretung der Beklagten im Verkauf ihrer Elektromotoren für einen bestimmten Bezirk übertragen und eine Art Untervertretung, die die Provisionsansprüche des Klägers unberührt lasse, also ein Rechtsverhältnis begründet worden, das den Abschluß provisionspflichtiger Geschäfte herbeiführen sollte, aber nicht selbst die Provisionspflicht begründe. Die Beurteilung der Verträge beruht auf einer zutreffenden Würdigung des Inhalts der Vertragsurkunden und des zwischen der Beklagten, den beiden Firmen und dem Kläger geführten Briefwechsels und läßt einen Rechtsirrtum nicht erkennen." (Wird näher ausgeführt.)

„Sind aber durch die Verträge mit den Firmen H. & S. und B. & S. nur Vertretungsverhältnisse nach Art von Unteragenturen begründet worden, dann ist dem Berufungsgericht auch darin beizutreten, daß durch den Abschluß dieser Verträge ein Anspruch auf Provision für den Kläger nicht begründet wurde. Nach Nr. 1 b des Agenturvertrages vom 7. September 1900 stand dem Kläger, abgesehen von gewissen, hier nicht in Betracht kommenden Aufträgen eine Provision von 3 v. H. zu von den Nettobeträgen aller direkten und indirekten nach dem Tage seines Eintrittes zustandegekommen und bezahlten Geschäften. Das Berufungsgericht versteht darunter nur die einzelnen Kaufabschlüsse. Diese Auslegung ist im wesentlichen zutreffend und keineswegs rechtsirrig. Wenn auch das Wort „Geschäfte" eine Beschränkung auf Kaufverträge nicht gebietet, der Abschluß von Kaufverträgen vielmehr nur die Regel bildet, so kann doch die Vertragsbestimmung, die von Aufträgen und bezahlten Geschäften spricht, dabei nur solche Geschäfte im Auge haben, die den Umsatz von Elektromotoren zum unmittelbaren Gegenstande haben. Dazu gehören nicht bloß Verträge auf Einzellieferungen, sondern auch Sukzessivlieferungsgeschäfte, nicht aber Geschäfte, die, wie hier, die Übertragung einer Vertretung im Verkaufe von Motoren zum Gegenstande haben und infolgedessen zwar den Umsatz von Motoren anbahnen und fördern sollen, aber selbst ein Umsatzgeschäft nicht bilden. Nach dem unzweideutigen Inhalte des Agenturvertrages hat daher der Kläger auf Grund der mit den Firmen H. & S. und B. & S. abgeschlossenen Verträge eine Provision nicht zu beanspruchen. Der Anspruch auf Provision war auch nicht etwa unter der Bedingung, daß später einzelne Umsatzgeschäfte abgeschlossen wurden, bereits entstanden, sondern entstand erst mit dem Abschlusse solcher Umsatzgeschäfte.

Daß die Verträge mit den beiden Firmen auf bestimmte Zeit geschlossen waren, ändert hieran ebensowenig etwas wie der Umstand, daß die Firma B. & S. der Beklagten sogar einen bestimmten Umsatz garantiert hatte. Die Zeitbestimmung berührt nur die Dauer des

Vertragsverhältnisses, nicht seinen Inhalt und kann daher einen Provisionsanspruch nicht begründen, der beim Abschlusse auf unbestimmte Zeit nicht begründet wäre. Die Übernahme einer Garantie aber mochte für die Firma B. & S. eine Verpflichtung zum Ersatze begründen, falls der Umsatz die garantierte Höhe nicht erreichte, eine Verpflichtung zur Abnahme von Motoren war damit nicht begründet, ein provisionspflichtiges Geschäft also nicht gegeben. Da die Provision eine Vergütung für die Tätigkeit des Handlungsagenten bildet, die Entstehung von Provisionsansprüchen folglich auf die Dauer des Agenturverhältnisses beschränkt ist, so hatte der Kläger Provision nur dann zu beanspruchen, wenn noch während der Dauer des Agenturverhältnisses einzelne Umsatzgeschäfte mit den beiden Firmen zustande kamen, unter dieser Voraussetzung allerdings auch dann, wenn die Ausführung dieser Geschäfte, die Lieferung und Bezahlung der Elektromotoren, erst nach der Beendigung des Agenturverhältnisses erfolgte, da der Provisionsanspruch in diesem Falle als bedingter schon vorher entstanden war.

Vgl. Urt. des erkennenden Senats in der Jur. Wochenschr. 1911 S. 105 Nr. 39; Staub, Handelsgesetzbuch, 8. Aufl. § 92 Anm. 1.

Solche Fälle kommen aber hier nicht in Frage. Aus dem in dem Agenturvertrage erklärten Willen der Vertragsteile läßt sich also ein Provisionsanspruch des Klägers nicht ableiten.

Da der hier vorliegende Fall im Vertrage nicht ausdrücklich geregelt ist, könnte es sich noch fragen, ob nicht nach Treu und Glauben mit Rücksicht auf die Verkehrssitte der Agenturvertrag ausdehnend oder ergänzend

vgl. BGB. § 157; Kommentar von Reichsgerichtsräten § 157 Anm. 1; von Staudinger BGB. § 157 Anm. 3,

dahin auszulegen ist, daß dem Agenten eine Provision für die erst nach dem Ablaufe des Agenturverhältnisses bestellten Lieferungen wenigstens dann zustehen solle, wenn die Bestellung auf Grund eines für längere Dauer bestimmten Vertretungsverhältnisses erfolgt ist, das der Agent selbst noch während des Agenturverhältnisses zustande gebracht hat. Zu einer solchen Auslegung besteht jedoch kein Anlaß. Die Aufgabe des Handlungsagenten besteht darin, daß er für das Handelsgewerbe des Geschäftsherrn Geschäfte vermittelt oder im Namen des Geschäftsherrn abschließt (§ 84 HGB.). Dieser Aufgabe entspricht es, daß er auch nur für das Zustandekommen solcher Geschäfte Provision erhält, und zwar gleichviel ob die Entstehung des Provisionsanspruches davon abhängt, daß das Geschäft durch seine Tätigkeit zustandegekommen ist (§ 88 HGB.) oder ob sie nach Gesetz (§ 89 HGB.) oder Vertrag hiervon unabhängig ist. Auf welche Weise er das Zustandekommen solcher Geschäfte fördert, ist Sache des Agenten. Auch die Begründung von Unteragenturen und ähnlichen

Vertretungsverhältnissen kommt nur als Mittel zur Förderung des Abschlusses von Geschäften in Betracht, deren Abschluß oder Vermittlung Aufgabe des Agenten ist. Der Agent ist zur Vermittelung solcher Vertretungsverhältnisse nicht verpflichtet. Bringt er sie gleichwohl zustande, so handelt er dabei nicht bloß im Interesse des Geschäftsherrn, sondern vor allem in seinem eigenen Interesse, da er hieraus den Abschluß neuer provisionspflichtiger Geschäfte zu erwarten hat. Es ist daher auch durch Treu und Glauben nicht geboten, ihm einen Provisionsanspruch über die Dauer des Agenturverhältnisses hinaus bloß deshalb zuzusprechen, weil er bei der Begründung solcher Vertretungsverhältnisse mitgewirkt hat. Die hierbei aufgewendete Mühe ist vielmehr durch die im Vertrage vorgesehene, an das Zustandekommen von einzelnen Umsatzgeschäften während der Dauer des Agenturverhältnisses geknüpfte Provision mitvergütet. Wird dem Agenten durch eine unerwartete Lösung des Agenturverhältnisses die Aussicht auf weitere Provisionsansprüche entzogen, so mag das im einzelnen Falle unbillig sein. Die Unbilligkeit hat aber — von einem arglistigen Vorgehen des Geschäftsherrn, das hier nicht behauptet wird, abgesehen — ihren Grund in der Natur des Agenturverhältnisses und könnte nur durch besondere Vereinbarung vermieden werden.

Mit dem Anspruche auf Provision entfällt auch der Anspruch auf Rechnungslegung."

RGZ. 78, 385

Kann bei langdauernden Bezugsverpflichtungen der Verpflichtete im Falle der Zerstörung des guten Einvernehmens oder des Vertrauens die Erfüllung verweigern oder sich von seiner Verpflichtung für die Zukunft lossagen?

BGB. §§ 242, 626, 723. HGB. §§ 92, 133.

I. Zivilsenat. Urt. v. 27. Februar 1912.

Das Urteil ist abgedruckt unter „Bürgerliches Recht, Recht der Schuldverhältnisse 1".

RGZ. 87, 10

Steht dem Handlungsagenten das Recht zu, die Gestattung der Einsicht in die Handelsbücher des Geschäftsherrn zu verlangen?

BGB. § 810. HGB. § 91.

III. Zivilsenat. Urt. v. 14. Mai 1915.

I. Landgericht II Berlin. II. Kammergericht daselbst.

Die Frage ist bejaht aus folgenden

Gründen:

„Der Kläger war vom 1. April 1904 ab, bis ihm am 29. Juni 1910 auf den 30. September 1910 gekündigt wurde, auf Grund mehrerer aufeinanderfolgender schriftlicher Verträge als für einen bestimmten Bezirk bestellter Agent für die Beklagte tätig gewesen und hatte monatliche Provisionsaufstellungen erhalten. In einem durch Urteil des jetzt erkennenden Senats vom 4. April 1913 erledigten Vorprozesse wurde seine Klagforderung auf Mitteilung eines erneuten Buchauszugs bis 31. Dezember 1910 über die durch seine Tätigkeit zustandegekommenen Geschäfte und über die in seinem Geschäftsbezirke bewirkten Lieferungen in sämtlichen Instanzen abgewiesen.

Im gegenwärtigen Rechtsstreite hat der Kläger (neben Eventualanträgen) in erster Linie den Antrag gestellt, „die Beklagte zu verurteilen, dem Kläger die Einsicht ihrer sämtlichen Geschäftsbücher vom Jahre 1904 ab durch einen gerichtlichen Sachverständigen zu gestatten." Auch diese Klage ist abgewiesen und die Berufung — abgesehen von noch nicht beschiedenen Sonderanträgen betreffend den Posten „Automaten-Franke" — zurückgewiesen worden.

Das Landgericht meint, das HGB. versage durch § 91 dem Handlungagenten das Recht auf Büchereinsicht. Der Berufungsrichter tritt dem bei und fügt an, § 810 BGB. sei gleichfalls nicht anwendbar, da die Geschäftsbücher nicht ein Rechtsverhältnis zwischen dem Kläger und der Beklagten, sondern nur die Rechtsverhältnisse zwischen der Beklagten und ihren Kunden beurkundeten. Dieser Rechtsanschauung der Instanzen kann nicht beigepflichtet werden; das Berufungsurteil ist vielmehr als rechtsirrig aufzuheben.

Die Denkschrift zum EG. z. HGB. bemerkt zu § 91: „Hierdurch ist der Agent gegen Benachteiligungen von seiten des Geschäftsherrn in ausreichendem Maße geschützt." Diese Annahme der Denkschrift ist durch die Erfahrung widerlegt: der Handlungsagent wird durch das Recht auf Mitteilung eines Buchauszugs gegen Unordnung, Nachlässigkeit und bösen Willen des Geschäftsherrn nicht hinreichend geschützt, wie die zahlreichen literarischen Abhilfevorschläge, insbesondere zu direkter oder entsprechender Anwendung der §§ 259, 260 BGB. bestätigen. § 91 HGB. gibt dem Agenten keinerlei Rechtsbehelf, kraft dessen er den Abschluß der von ihm etwa nur vermittelten Geschäfte, den Abschluß der ohne seine Mitwirkung vom Geschäftsherrn direkt geschlossenen Geschäfte (§ 89 HGB.) sowie den Eingang der Zahlungen (§ 88 Abs. 1 HGB.) feststellen und also den ihm mitgeteilten Buchauszug nachprüfen könnte. Dies würde, falls es bei § 91 als der abschließenden Gesetzesnorm sein Bewenden haben müßte, gegenüber bewiesener Unordnung und Nachlässigkeit oder gar gegenüber bewiesenem bösen Willen des Geschäftsherrn eine völlige Rechtlosigkeit des Agenten bedeuten, darf also als Sinn oder gar als Zweck der einheitlichen Kodifikation des Handelsgesetzbuchs und des Bürgerlichen Gesetzbuchs nicht angenommen werden.

In der Tat steht dem Handlungsagenten ein weiterer Rechtsbehelf zu, wie das vorerwähnte Urteil dieses Senats vom 4. April 1913 bereits andeutete: der Agent hat das Recht auf Einsicht in die Geschäftsbücher des Geschäftsherrn gemäß und im Rahmen des § 810 BGB. Dem steht Art. 2 EG. z. HGB. nicht entgegen. Allerdings sind die Rechtsbeziehungen zwischen Handlungsagenten und Geschäftsherrn im Sinne dieses Artikels „Handelssachen", welche das Handelsgesetzbuch neu und eigentümlich geordnet hat (Denkschrift S. 2/3). Es kommt aber darauf an, ob das Handelsgesetzbuch in seinen Vorschriften über Handlungsagenten, insbesondere im § 91 „etwas anderes" als § 810 BGB. vorschreibt, „bestimmt", nämlich den § 810 zwischen Handlungsagenten und Geschäftsherrn ausgeschlossen hat. Dies ist zu verneinen. Zwar sagt die Denkschrift S. 79: „Ihm (dem Agenten) außerhalb eines Rechtsstreits den Anspruch auf Vorlegung der Geschäftsbücher zu gewähren, ist nicht erforderlich; dem Geschäftsherrn kann auch nicht wohl zugemutet werden, ohne richterliche Anordnung und Mitwirkung dem Agenten seine Bücher zur Einsicht offen zu legen"; und in diesen Worten mag die Neigung oder Absicht, den Handlungsagenten auf das Recht des § 91 zu beschränken, gefunden werden. Jedoch ist die Denkschrift nicht maßgebend, vielmehr ist das Gesetz aus sich selbst zu erklären (RGZ. Bd. 72 S. 351).

Der demnach entscheidende Wortlaut des Gesetzesabschnitts „Handlungsagenten" und insbesondere des § 91 lassen nun nicht entfernt erkennen weder, daß für das Handlungsagenturverhältnis das Recht des Bürgerlichen Gesetzbuchs überhaupt außer Anwendung zu bleiben habe, noch, daß der Tatbestand des § 810 BGB. für den Handlungsagenten kein Recht erzeuge. Das erstere wäre sogar unausführbar gewesen; und es ruhen denn auch alle Normen des Handlungsagenturrechts offensichtlich auf den allgemeinen Rechtsbegriffen und Rechtsgrundsätzen des Bürgerlichen Gesetzbuchs: die Denkschrift selbst bezeichnet S. 74 die Vorschriften der §§ 665, 668 BGB. als einschlägig. Ebenso widerlegt sich das letztere, da der § 91 keineswegs auf dem Tatbestande des von der Denkschrift hier nicht erwähnten § 810 BGB. aufgebaut ist, vielmehr eine billigerweise nicht zu verweigernde Aufklärungspflicht des Geschäftsherrn verwirklichen will und darum und weil eine Pflicht des Geschäftsherrn zur Rechenschaftsablage im Sinne des § 259 BGB. mangels der Voraussetzungen dieses Paragraphen (nicht etwa wegen Unanwendbarkeit des Bürgerlichen Gesetzbuchs) außer Frage sei, dem Agenten das Recht auf Mitteilung eines Buchauszugs gewährt (Denkschrift S. 78/79). Zudem ist das Recht des § 91 HGB. gegenüber dem des § 810 BGB. nicht ein Mehr oder Weniger, sondern es ist ein anderes, ein dem Wesen nach verschiedenes: § 91 legt dem Geschäftsherrn ein positives Tun auf, die

Fertigung und Mitteilung des Buchauszugs behufs Aufklärung des Agenten, während nach § 810 dem Besitzer der Urkunde lediglich die Gestattung der Einsicht durch den Interessenten, damit dieser sich selbst aufkläre, obliegt.

Übrigens erwähnt die Denkschrift den § 810 auf S. 51 zu §§ 45/47 HGB.; sie bemerkt, daß § 45 Abs. 2 die „nach §§ 387, 388 (a. F.) ZPO. in Verbindung jetzt mit § 810 BGB." vom richterlichen Ermessen unabhängige Pflicht zur Vorlegung der Handelsbücher aufrechterhalte, und fährt fort: „Die entgegengesetzte Regelung, wonach im Prozeß ausschließlich die Vorschrift des Handelsgesetzbuchs Anwendung zu finden hätte, würde zu dem unangemessenen Ergebnisse führen, daß der Anspruch auf Vorlegung der Handelsbücher im Prozeß unter Umständen beschränkter wäre als außerhalb eines solchen; denn das vom richterlichen Ermessen unabhängige Recht auf die Vorlegung gemeinschaftlicher Urkunden ist nicht nur im Falle des Prozesses begründet." Nach dieser Ausführung hätte es nahe gelegen, den § 422 ZPO. und den darin angezogenen § 810 BGB. bei der Begründung des § 91 als für den Agenten und die Handelsbücher nicht anwendbar, weder im Laufe noch außerhalb des Laufes eines Rechtsstreits, ausdrücklich auszuschließen, falls dies die Absicht war. Die Denkschrift begnügt sich jedoch mit den schon herausgehobenen Worten S. 79 „dem Agenten außerhalb eines Rechtstreits den Anspruch auf Vorlegung der Handelsbücher zu gewähren, ist nicht erforderlich", ohne an dieser Stelle den § 810 auch nur zu erwähnen, und zwar, nachdem sie S. 51 zu § 45 Abs. 1 dargelegt hatte: die Beibehaltung der vom Handelsgesetzbuche dem Richter eingeräumten allgemeinen Befugnis, die Vorlegung der Handelsbücher einer Partei anzuordnen, „ist schon aus dem Grunde angezeigt, weil in Wissenschaft und Praxis Zweifel darüber bestehen, in welchem Umfange die Handelsbücher eines Kaufmanns als für ihn und den Gegner gemeinschaftliche Urkunden anzusehen sind". Diese Zweifel wollte die Denkschrift offensichtlich nicht durch das Handelsgesetzbuch entscheiden, auch nicht zu § 91, wo sie die Gewährung des an selbständig zu normierende Voraussetzungen zu knüpfenden) Anspruchs auf Vorlegung der Handelsbücher ablehnt, nichts aber über Vernichtung und Entziehung eines solchen Anspruchs redet, falls er dem Agenten durch § 810 BGB. schon gewährt war. Ebensowenig erwähnt die Denkschrift zu § 45 Abs. 2 oder zu § 91, daß der § 45 Abs. 2 mit Bezug auf den Agenten und die Handelsbücher nur noch die Bedeutung habe, dem Agenten die Rechte aus § 423 ZPO. zu wahren.

Demnach bleibt zu prüfen, ob der Tatbestand des § 810 vorliegt, nämlich, ob die Handelsbücher in dem Eintrage der provisionspflichtigen Geschäfte ein zwischen dem Geschäftsherrn und dem Handlungsagenten bestehendes Rechtsverhältnis beurkunden, und ob der

Agent ein rechtliches Interesse an der Einsicht in die Handelsbücher hat. Mit § 810 sind nicht nur solche Urkunden gemeint, die das ganze Rechtsverhältnis umfassend beurkunden, vielmehr genügt die rechtliche Beziehung der Beurkundung auf ein solches (RGZ. Bd. 56 S. 112). Belanglos ist also, daß der zwischen den Parteien bestehende Agenturvertrag außerhalb der Handelsbücher des Geschäftsherrn steht. Nach seinem Abschluß aber und kraft des Abschlusses stellt jeder Eintrag eines provisionspflichtigen Geschäfts in die Handelsbücher ein Rechtsverhältnis fest, laut dessen, wie der Geschäftsherr gegen den Kunden, so der Agent gegen den Geschäftsherrn gewisse Ansprüche hat. Jedes mit dem Kunden geschlossene provisionspflichtige Geschäft verwirklicht das im Agenturvertrage rechtlich bedungene Provisionsrecht des Agenten (vgl. Kohler im Archiv für ziv. Pr. Bd. 79 S. 32). Das betreffende Kundengeschäft des Geschäftsherrn ist für den betreffenden Provisionsanspruch des Agenten nicht eine bloße Tatsache, sondern es ist recht eigentlich der rechtliche Grund, durch den der Provisionsanspruch erzeugt, nämlich sein im Agenturvertrage rechtlich vorgesehener Tatbestand vollendet wird. Gerade diese offensichtliche rechtliche Beziehung des Büchereintrages zu dem Provisionsrechte des Agenten prägt sich aus in § 91 HGB.: durch das Recht des Agenten auf Mitteilung eines Buchauszugs über die durch seine Tätigkeit zustandegekommenen und die ohne seine Mitwirkung in seinem Bezirke geschlossenen Geschäfte wird die Beurkundung dieser Geschäfte in den Handelsbüchern als eine solche anerkannt und bestätigt, die das zwischen dem Agenten und dem Geschäftsherrn bestehende Rechtsverhältnis mitbetrifft.

Bei der Bejahung dieses Tatbestandsmerkmals müßte es verbleiben, auch wenn gegen das direkte Zutreffen der Gesetzesworte (Beurkundung eines zwischen dem Geschäftsherrn und dem Handlungsagenten bestehenden Rechtsverhältnisses) Bedenken erhoben werden könnten. Dann müßte jedenfalls die analoge Anwendung des in der Vorschrift des § 810 erkennbaren Prinzips, welche die II. Kommission von der Praxis erwartete (Prot. Bd. II S. 775), als zulässig und als nötig anerkannt werden. Der I. Zivilsenat des Reichsgerichts hat im Urteil vom 8. April 1908 (Rep. I 599/07, Warneyer 1908 Nr. 465) den § 810 direkt angewendet auf einen Sachverhalt, in welchem die rechtliche Beziehung des Klägers zur Beurkundung in den Handelsbüchern eine um vieles losere und entferntere war, als es die rechtliche Beziehung des Agenten zur Beurkundung der einzelnen provisionspflichtigen Geschäfte in den Handelsbüchern ist. Dort war der auf Gestattung der Büchereinsicht klagende, von den Instanzen abgewiesene Kläger von der beklagten Aktiengesellschaft und von einzelnen Aktionären als ehemaliger Vorstand wegen angeblicher

Verletzung seiner aktienrechtlichen Verpflichtungen in Anspruch genommen. Der I. Zivilsenat mißbilligte die zu enge Auslegung des § 810 durch die Instanzen und begründete die Verurteilung der Beklagten lediglich mit dem Satze:

„Es muß ... anerkannt werden, daß in diesen Büchern das zwischen dem Kläger und der Aktiengesellschaft in den einzelnen Jahren jeweils bestandene Rechtsverhältnis beurkundet ist, insofern sie die urkundliche Unterlage für die Darlegung der ganzen Geschäftsführung des Vorstandes, für die Erfüllung seiner aktienrechtlichen Verpflichtungen und seine Verantwortung hierfür bilden."

Das zweite Tatbestandsmerkmal des § 810: „Wer ein rechtliches Interesse daran hat" ist abgestellt auf die Umstände des einzelnen Falles und gibt die billige Würdigung und ausgleichende Wahrung der beiderseitigen Rechtsinteressen der freien richterlichen Entscheidung anheim Dem Interesse des Handlungsagenten steht entgegen das ernste und berechtigte Interesse des Geschäftsherrn an Geheimhaltung seiner Handelsbücher sowie die Gesetzesnorm des § 91 HGB., laut welcher dem Interesse des Agenten normalerweise und in erster Linie durch Mitteilung des Buchauszugs genügt werden soll. Wo und soweit aber dieser Rechtsbehelf des § 91 durch besondere vom Geschäftsherrn zu vertretende oder doch in seinem Geschäftsbetriebe liegende Umstände versagt, der Buchauszug nämlich nicht nur eine vereinzelte, eine Ausnahme bildende Unrichtigkeit, sondern durchschnittliche oder durchgängige Unzuverlässigkeit aufweist, muß das rechtliche Interesse des Agenten im Sinne des § 810 anerkannt werden. Gegenüber dem, was der Berufungsrichter unter dem Gesichtspunkte des § 260 BGB. über die Sorgfalt der Beklagten bei Aufstellung der dem Kläger mitgeteilten Buchauszüge ausgeführt hat, muß für den Gesichtspunkt des § 91 HGB. grundsätzlich folgendes betont werden. Der § 91 legt dem Geschäftsherrn die Mitteilung eines ordnungsmäßigen Buchauszuges aus ordnungsmäßig geführten Handelsbüchern auf. Das ist eine schlechthin einseitige, vom Geschäftsherrn allein zu bewirkende Leistung. Soweit also die dem Kläger mitgeteilten monatlichen Buchauszüge erst auf die häufigen Bemängelungen des Klägers hin, denen allen die Beklagte sorgsam nachgegangen sein soll, korrigiert worden sind, waren alle diese Buchauszüge in ihrer ursprünglichen Form fehlerhaft, dem § 91 nicht entsprechend. Ihre jetzige, etwa der Bemängelung des Klägers entsprechende Form beseitigt nicht die Tatsache, daß in allen diesen Fällen auf die Handelsbücher oder die Buchauszüge kein Verlaß war, und beseitigt nicht den durch ihre ursprüngliche Fehlerhaftigkeit dringend gemachten Verdacht, daß die Buchauszüge auch insoweit unzuverlässig sein könnten, als der Kläger ein Material zur Bemängelung nicht besaß, noch ausfindig machte. Nicht erst auf die Einwände des Agenten hin, deren Unterlagen zu erlangen dem Agenten zufällig möglich und zufällig nicht möglich sein kann, sollen die Buchauszüge berichtigt werden, sondern sie sollen von Anfang an ohne jede Mitwirkung, ohne Einwand und Bemängelung des Agenten richtig sein: andernfalls ging der Schutz des § 91 nur insoweit, als der Agent anderweit Einblick in die Abwickelung der betreffenden Geschäfte gewinnen konnte, statt daß ihm gerade der Buchauszug vollständigen und richtigen Einblick geben soll. Weiter kommt es für § 91 HGB. und § 810 BGB. auf ein Verschulden der Beklagten nicht an. Dadurch, daß der Beklagten etwa Entschuldigungsgründe wegen der Fehlerhaftigkeit vieler Posten in den Büchern oder Buchauszügen zur Seite stehen könnten, wird das rechtliche Interesse des Klägers im Sinne des § 810 keineswegs gemindert oder gar in Frage gestellt; auch die etwa schuldlosen Irrtümer der Beklagten bringen für den Kläger die Rechtswirkung hervor, daß der Schutz des § 91 versagt hat. Endlich können häufige Differenzen durch die Fülle der zu verbuchenden kleinen Posten, durch die Zusammensetzung des klägerischen Bezirks aus weit mehr als 100 Orten und durch die demnach von der Beklagten zu bewältigende umfangreiche Arbeit überhaupt nicht entschuldigt werden. Je größer die von einem Kaufmanne zu bewältigende Einzelarbeit ist, desto umfassender und leistungsfähiger muß die Organisation der Buchführung sein. Andernfalls würde aus der größeren Zahl und dem weiteren Umfange der Geschäfte eine geringere Verantwortlichkeit des Geschäftsherrn in der Buchführung gefolgert werden und eine solche geringere Verantwortlichkeit des Geschäftsherrn würde gefolgert werden gegenüber dem Agenten, dessen Provisionsanspruch mit jedem einzelnen Geschäfte wächst, sich also richtig zusammenrechnen läßt nur durch die richtige, ordnungsmäßige Buchung der ganzen Fülle der kleinen Posten.

Nach diesen Richtlinien ist zu prüfen, ob die Behauptungen des Klägers für sein rechtliches Interesse im Sinne des § 810 schlüssig sind. Das muß unbedenklich bejaht werden. Nicht nur hat der Kläger unter Zeugenbenennung behauptet, daß seit dem Jahre 1906 bis zu seiner Entlassung von den ihm erteilten Aufstellungen kaum eine richtig gewesen sei, vielmehr fast jede habe bemängelt werden müssen, sondern er hat nach Ausweis der Berufungsurteils und des landgerichtlichen Urteils auch die im Vorprozesse verhandelten Schriftsätze vom 1. April 1912 und vom 6. Juli 1912 dem Berufungsrichter vorgetragen. Nach allen diesen Behauptungen handelt es sich nicht um einmalige gelegentliche Unrichtigkeiten der Buchauszüge, sondern um deren durchgängige und fast völlige Unzuverlässigkeit."

RGZ. 87, 440

Kann der Handlungsagent bei Beendigung des Agenturverhältnisses ein schriftliches Zeugnis über die Art und die Dauer seiner Tätigkeit fordern?

HGB. §§ 73, 84. BGB. § 630.

III. Zivilsenat. Urt. v. 7. Januar 1916.

I. Landgericht Chemnitz. II. Oberlandesgericht Dresden.

Die Klägerin hatte durch Vertrag vom 27. Juli 1909 dem Beklagten als Handlungsagenten ihre Vertretung bei dem Vertriebe von Registrierkassen für Österreich-Ungarn übertragen. Er sollte ausschließlich für die Klägerin tätig sein und sich während zweier Jahre nach der Auflösung des Vertragsverhältnisses der Konkurrenz enthalten. Seine Tätigkeit war im Vertrag eingehend geregelt und an die Weisungen der Klägerin gebunden. Er hatte die Verpflichtung, seinen Bezirk regelmäßig zu besuchen, ihm aufgegebene Interessenten auf Verlangen der Klägerin auch außerhalb der Tour sofort aufzusuchen, für richtige Aufstellung der Apparate und genaue Unterweisung der Käufer zu sorgen, kleinere Reparaturen ohne Entschädigung auszuführen und der Klägerin darüber einen Montagebericht zu senden, die Tätigkeit der Konkurrenz zu überwachen, seine Beobachtungen mitzuteilen, Annoncen und ihm zugängliche Drucksachen der Konkurrenz einzusenden, monatliche Verzeichnisse der in seinem Besitze befindlichen Apparate und sonstigen Sachen der Klägerin einzureichen und mindestens zweimal monatlich eine Liste der von ihm besuchten Personen mitzuteilen. Das Vertragsverhältnis endigte im Dezember 1912. Im März 1914 erhob der Beklagte Ansprüche aus dem Vertrag und verlangte u. a. ein Zeugnis über seine Tätigkeit im Dienste der Klägerin sowie Schadensersatz wegen Unterlassung der Ausstellung. Die erste Instanz stellte der Klage entsprechend fest, daß die Klägerin weder zur Ausstellung eines Zeugnisses noch zum Schadensersatze verpflichtet sei. Das Berufungsgericht erklärte den Anspruch auf Ausstellung eines Zeugnisses für begründet. Auf die Revision der Klägerin wurde die Entscheidung der ersten Instanz wiederhergestellt.

Gründe:

„Das Vertragsverhältnis ist dem Inhalte des Vertrages entsprechend, wie das Berufungsgericht zutreffend annimmt, nach deutschem Rechte zu beurteilen. Ob dem Handlungsagenten das Recht auf ein Zeugnis zusteht, ist bestritten. Das Berufungsgericht lehnt eine grundsätzliche Entscheidung ab. Es hält die Umstände des Falles für maßgebend und kommt danach zu dem Ergebnis, daß die Stellung des Beklagten der eines Handlungsgehilfen nahe komme, und daß ihm daher bei einer Auslegung des Vertrags nach § 157 BGB der Anspruch auf ein Zeugnis zuerkannt werden müsse. Diese Rechtsauffassung ist jedoch nicht begründet.

Zunächst kann von einer Auslegung nach § 157 BGB. jedenfalls nicht in dem Sinne gesprochen werden, als ob die Ausstellung eines Zeugnisses stillschweigend vereinbart worden sei. Gegenstand der Auslegung ist hier nur der Vertragsinhalt im allgemeinen. Ob aus einem Vertragsverhältnis dieses Inhalts der Anspruch auf ein Zeugnis abgeleitet werden kann, ist eine reine Rechtsfrage.

Ferner rechtfertigt der Inhalt des Vertrages nicht die Annahme, daß es sich um eine für einen Agenten ungewöhnliche, der eines Handlungsgehilfen vergleichbare Stellung handle. Auch der Handlungsagent wirkt, wie schon § 84 HGB. ergibt, im Interesse des Geschäftsherrn. Er hat dieses Interesse bei seinen Verrichtungen mit der Sorgfalt eines ordentlichen Kaufmanns wahrzunehmen und ist auch verpflichtet, sachliche Weisungen seines Auftraggebers zu befolgen. Welche Verrichtungen dem Handlungsagenten obliegen, und inwiefern er dabei an die Weisungen des Geschäftsherrn gebunden sein soll, ist Sache der vertragsmäßigen Regelung. Diese Regelung kann mehr oder weniger eingehend sein, den Handlungsagenten mehr oder weniger binden. Daraus, daß strenge und ins einzelne gehende Anforderungen gestellt werden, folgt aber nicht, daß es sich um Verpflichtungen handelt, die über den gewöhnlichen Pflichtenkreis eines Handlungsagenten hinausgehen, solange nur die persönliche Selbständigkeit gewahrt bleibt. Danach können die schon erwähnten Vertragsbestimmungen, auf die sich das Berufungsgericht stützt, dessen Annahme nicht rechtfertigen. Denn überall handelt es sich nur um die jeden Handlungsagenten treffende geschäftliche Abhängigkeit, nicht um eine persönliche Unterordnung, wie es die Stellung des Handlungsgehilfen kennzeichnet. Auch der Umstand, daß der Beklagte ausschließlich für die Klägerin tätig sein sollte, was allerdings ausdrücklicher Vereinbarung bedurfte, ändert nichts an der rechtlichen Natur seiner Stellung.

Selbst wenn man aber mit dem Berufungsgericht annehmen wollte, daß der Beklagte nicht die gewöhnliche Stellung eines Handlungsagenten, sondern gewissermaßen eine Mittelstellung zwischen einem solchen und einem Handlungsgehilfen einnahm, wäre der Anspruch auf ein Zeugnis nicht als begründet anzuerkennen. Die für Handlungsgehilfen gegebene Vorschrift in § 73 HGB. läßt sich auf den Handlungsagenten nicht übertragen, da der letztere schon nach der Begriffsbestimmung des § 84 HGB. in einem gewissen Gegensatze zum Handlungsgehilfen steht, und auch aus den folgenden Vorschriften nichts dafür zu entnehmen ist, daß beide in diesem Punkte einander gleichgestellt werden sollten. Daß das Handelsgesetzbuch dem Handlungsgehilfen den Anspruch auf ein Zeugnis ausdrücklich gewährt, eine gleiche Bestimmung für den Handlungsagenten aber nicht trifft, spricht dafür, daß dieser einen solchen Anspruch nicht haben sollte. Auch § 630 BGB. ist nicht anwendbar. Der Agenturvertrag bildet allerdings, wie in der Rechtsprechung des Reichsgerichts anerkannt ist, eine Unterart des Dienstvertrags und läßt daher eine Anwendung der §§ 611 flg. BGB. an sich zu. Diese Anwendung kann aber immer nur eine entsprechende sein und ist da ausgeschlossen, wo das Wesen des Agenturverhältnisses, insbesondere die Selbständigkeit des Agenten, entgegensteht. Ferner bezieht sich § 630 BGB. zwar seinem Wortlaut nach auf alle dauernden Dienstverhältnisse. Daraus ist aber nicht zu folgern, daß die Vorschrift auf Dienstverträge jeder Art angewendet werden kann. Sie soll dem Dienstpflichtigen, der seine Arbeitskraft einem bestimmten Arbeitgeber überlassen hat, das Fortkommen in einer anderen dienenden Stellung erleichtern und eignet sich nur für Personen, die in einer gewissen Unterordnung zum Arbeitgeber stehen. Daß sie auch nur für solche Personen berechnet war, wird durch die Entstehung der Vorschrift bestätigt. Zu ihrer Rechtfertigung wurde auf § 113 GewO., der von dem Rechte des Arbeiters auf ein Zeugnis handelt, und auf die ähnliche Bestimmungen enthaltenden Gesindeordnungen hingewiesen (Prot. Bd. 2 S. 307 ff.). Daraus ergibt sich deutlich, daß man nur solche Dienstverhältnisse im Auge hatte, bei denen der Dienstberechtigte über Zeit und Arbeitskraft des Dienstpflichtigen unmittelbar verfügt, und die infolgedessen eine persönliche Abhängigkeit und Unterordnung begründen. Das Wesen des Agenturverhältnisses aber besteht darin, daß der Agent unbeschadet seiner Pflicht, sachlichen Weisungen Folge zu leisten, dem Geschäftsherrn als selbständiger Kaufmann persönlich unabhängig gegenübersteht. Eine entsprechende Anwendung des § 630 auf dieses Rechtsverhältnis ist daher ausgeschlossen. Daran kann es auch nichts ändern, wenn im einzelnen Falle Bestimmungen vereinbart werden, die die Stellung des Handlungsagenten der eines Handlungsgehilfen ähnlich erscheinen lassen. Vielmehr bestehen nur zwei Möglichkeiten. Entweder führen diese Bestimmungen dahin, daß zu der sachlichen Abhängigkeit auch eine persönliche Unterordnung tritt, die mit der Stellung eines selbständigen Kaufmanns nicht mehr vereinbar ist; dann ist der Dienstpflichtige in Wahrheit nicht Handlungsagent, auch wenn er so genannt wird, sondern Handlungsgehilfe und hat in dieser Eigenschaft nach § 73 HGB. (nicht § 630 BGB.) den Anspruch auf ein Zeugnis. Oder der Dienstpflichtige bleibt trotz jener Bestimmungen, wie für den vorliegenden Fall auch das Berufungsgericht annimmt, Handlungsagent und selbständiger Kaufmann; dann steht ihm ein solcher Anspruch weder nach § 73 HGB. noch nach § 630 BGB. zu. Damit ist auch der Rechtsanwendung eine klare, feste Grundlage gegeben." ...

RGZ. 94, 166

Sind bei der Prüfung der Rechtmäßigkeit einer fristlosen Kündigung nach § 626 BGB., § 92 HGB. auch die vermögensrechtlichen Folgen der Auflösung des Vertragsverhältnisses zu berücksichtigen?

III. Zivilsenat. Urt. v. 26. November 1918.

Die Entscheidung ist abgedruckt unter „Bürgerliches Recht, Recht der Schuldverhältnisse 7".

RGZ. 95, 134

1. Rechtliche Natur des Handlungsagenturvertrags im Unterschiede vom Mäklervertrage.

2. Kann der Mäkler, dessen Provisionsanspruch zufolge besonderer Vereinbarung von der Ausführung des Geschäfts abhängt, die Provision verlangen, wenn das Unterbleiben der Ausführung auf das Verhalten des Geschäftsherrn zurückzuführen ist, ohne daß wichtige Gründe in der Person des Geschäftsgegners vorliegen?

HGB. § 84, § 88 Abs. 2; BGB. § 652.

V. Zivilsenat. Urt. v. 12. März 1919.

I. Landgericht III Berlin, Kammer für Handelssachen.
II. Kammergericht daselbst.

Die Beklagte suchte im August 1917 Heeresaufträge für ihren Fabrikationsbetrieb zu erlangen, Die Klägerin erklärte ihr in einem Schreiben vom 7. August 1917, daß ein Herr Gr. ihr größere, in ihren Fabrikrahmen passende Heeresaufträge beschaffen bzw. dafür sorgen könne, daß ihr die Aufträge durch seine oder der Klägerin Vermittelung zugingen. Es heißt in diesem Schreiben weiter:

„Herr Gr. beansprucht dafür natürlich eine Provision, und wäre es der Einfachheit wegen am zweckmäßigsten, wenn Sie uns eine schriftliche Provisionszusicherung — wir denken etwa 5 % — für alle perfekt gewordenen Geschäfte von der Bruttokalkulation zusenden würden, und zwar für solche Geschäfte, die durch unser bzw. sein Zutun zustande kommen. Wir würden dann mit ihm auf dieser Basis ein gesondertes Abkommen treffen."

Die Beklagte entgegnete in ihrem Schreiben vom 13. August 1917, sie erteile die Provisionszusage von 5 %, und dies sei so zu verstehen, „daß sie durch Herrn Gr. Aufträge erhalte und auch weiter darauf reflektiere." Zum Schluß heißt es dann: „die 5 % Provision wird von uns an Sie ausbezahlt, sobald wir den Betrag von den M.-R.-Werken erhalten haben."

Die M.-R.-Werke haben der Beklagten einen Auftrag zum Gesamtpreise von 96 000 M. erteilt. Die Beklagte hat aber nur einen geringen Teil der Bestellung ausgeführt. Die hierauf entfallende Provision hat sie der Klägerin bezahlt. Die Klägerin verlangt den Restbetrag, berechnet auf Grund des Gesamtpreises.

Das Landgericht gab dem Klagantrag statt. Dagegen erkannte das Kammergericht auf Abweisung der Klage.

Die Revision der Klägerin ist zurückgewiesen worden.

Gründe:

Der Berufungsrichter erachtet die Annahme des ersten Richters, daß die Klägerin Handlungsagentin der Beklagten im Sinne des § 84 HGB. gewesen sei und deshalb § 88 das. zur Anwendung zu kommen habe, rechtswidrig, da die Klägerin nicht ständig damit betraut gewesen sei, für die Beklagte Geschäfte zu vermitteln. Es liegt nach Ansicht des Berufungsrichters vielmehr ein Mäklervertrag im Sinne des § 652 BGB. vor. Die Klägerin habe sich bereit erklärt, der Beklagten Aufträge auf Heereslieferungen durch einen gewissen Gr., der anscheinend Einfluß auf die Vergebung dieser Lieferungen hatte, zukommen zu lassen; eine ständige Vereinbarung sei insbesondere auch nicht daraus zu folgern, daß die Beklagte in ihrem Schreiben vom 11. August 1917 um Überweisung weiterer Aufträge gebeten habe.

Diese Ausführungen lassen einen Rechtsirrtum, insbesondere eine Verletzung des Rechtsbegriffs des „ständigen Betrautseins" in § 84 HGB. nicht erkennen. Dazu genügt nicht, daß die Vermittelung einer Mehrzahl von Verträgen innerhalb einer nicht fest bestimmten Frist in Aussicht genommen ist. Vielmehr ist erforderlich ein auf die Dauer berechnetes Verhältnis zu dem Geschäftsherrn, auf Grund dessen, der Agent verpflichtet ist, in dessen Interesse für den Abschluß von Geschäften als Vermittler tätig zu sein (vgl. Denkschrift zum Entwurf des HGB. S. 73). Der Agent steht zu dem Geschäftsherrn im Verhältnis des Dienstverpflichteten zu dem Dienstberechtigten, obwohl er nicht als Handlungsgehilfe angestellt ist, sondern als selbständiger Gewerbetreibender tätig wird (vgl. Staub zu § 84 Anm. 3, 4 und 5; Wüstendörfer in Zeitschr. f. Handelsrecht Bd. 58 S. 123, OLG. Karlsruhe in Rechtspr. d. OLG. Bd. 12 S. 423, RGZ. Bd. 31 S 60). Ein solcher Dienstvertrag (Agenturvertrag) ist hier nicht festgestellt; es liegt vielmehr nur das einseitige Provisionsversprechen der Beklagten vor, das abgegeben ist auf Grund der bloßen Mitteilung der Klägerin, daß sie oder Gr. ihr Heeresaufträge verschaffen könne...

Sonach ist die Annahme des Berufungsrichters, daß nicht ein Handlungsagenturvertrag, sondern ein Mäklervertrag im Sinne des § 652 BGB. vorliege, rechtlich nicht zu beanstanden. Durch diese Annahme wird übrigens die Klägerin an sich günstiger gestellt, als sie bei Annahme eines Handlungsagenturvertrags stehen würde, da nach § 652 BGB. die Mäklergebühr schon verdient ist, wenn das Geschäft zustandegekommen ist, während nach § 88 HGB. der Handlungsagent im Zweifel bei Verkäufen den Anspruch auf Provision erst nach der

Ausführung des Geschäfts und dem Eingange der Zahlung und nur nach dem Verhältnis des eingegangenen Betrags erwirbt. Der Berufungsrichter ist aber durch Auslegung des unter den Parteien abgeschlossenen Vertrags dazu gelangt, anzunehmen, daß eine dieser Bestimmung entsprechende Vereinbarung unter den Parteien getroffen worden ist. Diese Vereinbarung findet er in dem Satze, der besagt, daß die Provision ausgezahlt werde, sobald die Beklagte den Betrag von den M.-R.-Werken erhalten habe. Der Berufungsrichter entnimmt hieraus, daß — wie es bei Kriegslieferungen die Regel geworden sei — die Provision erst mit der Durchführung des Geschäfts, insbesondere der Zahlung des Kaufpreises durch die M.-R.-Werke, verdient sein sollte. „Zur Vollendung geführte" Geschäfte seien solche gewesen, welche durch gegenseitige Vertragserfüllung erledigt waren. Die Provision habe nicht etwa bis zur Zahlung gestundet, sondern erst mit der Zahlung verdient sein sollen; in diesem Sinne habe das Berufungsgericht Provisionen ähnlichen Inhalts stets dann ausgelegt, wenn es sich um Vermittelung von Kriegslieferungen und um Provisionen von so erheblicher Höhe wie vorliegend gehandelt habe. Hiervon ausgehend gelangt der Berufungsrichter dazu, daß die Beklagte nicht verpflichtet sei, für den nicht ausgeführten Teil der Bestellung Provision zu zahlen. Es komme nicht darauf an, ob die Beklagte der Bestellerin gegenüber die Nichtlieferung zu vertreten habe; der Klägerin gegenüber sei sie Herrin des Geschäfts geblieben. Nur dann würde sie der Klägerin gegenüber sich nicht auf die Nichtausführung des Geschäfts berufen können, wenn sie dabei die Absicht verfolgt hätte, den Provisionsanspruch der Klägerin zu vereiteln. Das behaupte aber die Klägerin selbst nicht; sie trage lediglich vor, daß die Beklagte die Lieferung an die M.-R.-Werke schuldhaft verzögert und die Bestellerin darauf hin den Vertrag für aufgehoben erklärt habe.

Auch diese Ausführungen lassen einen Rechtsirrtum nicht erkennen. Der zweite Absatz des § 88 HGB., dessen Nichtanwendung die Revision rügt, kann zunächst keinesfalls unmittelbare Anwendung finden, da ein Fall des Handlungsagenturvertrags, für welchen die Vorschrift gegeben ist, nicht vorliegt. Es könnte nur in Frage kommen, ob etwa diese Vorschrift einen allgemeinen Rechtssatz, der auch auf den Provisionsanspruch des Mäklers entsprechende Anwendung finden dürfte, zum Ausdrucke bringt des Inhalts, daß, wenn der Provisionsanspruch, sei es auf Grund Gesetzes (wie nach § 88 Abs. 1 beim Handlungsagenten) oder auf Grund besonderer Vereinbarung (wie im vorliegenden Falle), davon abhängig ist, daß das vermittelte Geschäft zur Ausführung gelangt, ein gänzliches oder teilweises Unterbleiben der Ausführung, das auf das Verhalten des Geschäftsherrn zurückzuführen ist, ohne daß hierfür wichtige Gründe in der Person des Geschäftsgegners vorliegen, die Entstehung des Provisionsanspruchs in voller Höhe nicht ausschließt. Der Senat nimmt aber, wie schon in seinem kürzlich ergangenen Urteile V 312/1918 vom 18. Januar 1919, in Übereinstimmung mit der bisherigen Rechtsprechung des Reichsgerichts (vgl. Bolze, Praxis Bd. 6 Nr. 491; JW. 1916 S. 1585 Nr. 4) an, daß bei dem Mäklervertrage, wenn durch besondere Vereinbarung der Anspruch auf Provision von der Ausführung des Geschäfts abhängig gemacht worden ist, der Geschäftsherr gegenüber dem Mäkler keine Verpflichtung hat, das Seinige zur Ausführung des Geschäfts zu tun, daß er vielmehr in dieser Beziehung freie Hand hat und daß der Provisionsanspruch nicht entsteht, wenn aus irgendeinem Grunde, sei es auch durch ein gegenüber dem Geschäftsgegner schuldhaftes Verhalten des Geschäftsherrn, das Geschäft nicht zur Ausführung gelangt, mit der einzigen schon aus § 162 BGB. sich ergebenden Einschränkung, daß der Geschäftsherr die Ausführung des Geschäfts nicht in einer gegenüber dem Mäkler wider Treu und Glauben verstoßenden Weise, also insbesondere nicht in der Absicht, diesem den Provisionsanspruch zu entziehen, vereiteln darf. Die Vorschrift des § 88 Abs. 2 beruht auf den besonderen, zwischen dem Geschäftsherrn und dem Handlungsagenten bestehenden gegenseitige Verpflichtungen erzeugenden Vertrauensverhältnissen und kann deshalb auf das nicht wesensgleiche oder rechtsähnliche Verhältnis zwischen dem Geschäftsherrn und dem Mäkler nicht entsprechend angewendet werden."

RGZ. 109, 254

Darf ein für einen bestimmten örtlichen Bezirk bestellter Handlungsagent auch für solche zur Ausführung gelangten Geschäfte Provision fordern, die im Laufe der Zeit, in der er durch Kriegsdienst an der Ausübung der Agententätigkeit verhindert war, durch den Geschäftsherrn oder für diesen mit den im Agenturbezirk ansässigen Kunden abgeschlossen wurden?

§ 157 BGB. § 89 HGB.

VI. Zivilsenat. Urt. v. 28. November 1924.

I. Landgericht Leipzig, Kammer für Handelssachen.
II. Oberlandesgericht Dresden.

Durch Vertrag vom 16. Januar 1909 hatte die Beklagte dem Kläger als Bezirksagenten die Vertretung ihrer Fabrikate an Weißstickereien, Besätzen, Spitzen, Roben und Blusen in den Bezirken Thüringen, Königreich Sachsen und Provinz Sachsen unter Zusicherung gewisser Provisionssätze „für alle direkten und indirekten Geschäfte" übertragen. Das Vertragsverhältnis ist auf Kündigung der Beklagten vom 13. November 1920 am 31. Dezember desselben Jahres zur Lösung gekommen. Nachdem der Kläger im September 1915 zum Heere eingezogen worden war, sind von der Beklagten in den Jahren 1916 bis 1920 eine Reihe von Geschäften über Lieferung ihrer Fabrikate mit Kunden aus den Agenturbezirken des Klägers ohne seine besondere Vermittlung geschlossen und ausgeführt worden. Der Kläger machte geltend, an solchen Geschäften seien ihm bekannt geworden Lieferungsaufträge von sechs bestimmten Firmen A. S., E. G., J. & S., Sp. & G., P. & F., F. & M. in Plauen; diese Firmen seien früher von ihm als Kunden der Beklagten geworben worden, deshalb habe er auch für die betreffenden Geschäfte Provision zu beanspruchen; er brachte hinsichtlich der Geschäfte eine Aufstellnug der Lieferungspreise und seiner nach dem Satze von 10 % berechneten Provision bei und beanspruchte von der Beklagten Zahlung dieser Provision sowie Erteilung eines Buchauszugs für die Zeit von Anfang Januar 1916 bis zur Klagezustellung über die direkten und indirekten mit Kunden in den genannten Bezirken abgeschlossenen Geschäfte.

Die Vorinstanzen gaben den Klagansprüchen im wesentlichen statt. Die Revision der Beklagten blieb erfolglos.

Aus den Gründen:

. . ..Das Bezirksagenturverhältnis des Klägers hat während der von ihm im Weltkriege ausgeübten militärischen Dienstpflicht fortbestanden. Er war aber durch seine Beschäftigung im Heeresdienste verhindert, die ihm zugewiesenen Agenturbezirke zu bereisen, neue Bestellungen einzuholen und aus eigenen indirekten Abschlüssen für die Beklagte Provision zu verdienen. Hauptsächlich steht in Frage, ob der Kläger von den zur Ausführung gelangten Lieferungsabschlüssen, die im Laufe des vorbezeichneten Zeitraums von der Beklagten entweder direkt oder unter Beihilfe eines anderen Vermittlers als des Klägers und mithin indirekt mit Kunden aus den Agenturbezirken des letzteren getätigt worden sind, Provision beanspruchen darf (vgl. §§ 88, 89 HGB.). Der Berufungsrichter hat die Frage mit den einschränkenden Voraussetzungen bejaht, daß es sich um Abschlüsse mit früher vom Kläger selbst angeworbenen Kunden der Beklagten handle, und die betreffenden Lieferungsaufträge nicht etwa durch andere von der Beklagten zum Ersatz des Klägers bestellte Agenten, die dafür Provision zu beanspruchen haben, hereingebracht sind. Von dieser Grundauffassung aus ist der Berufungsrichter an die Prüfung der Lieferungsaufträge herangetreten, für welche vom Kläger schon bezifferte Provisionsforderungen erhoben und aufrecht erhalten sind. Insofern ist in den angefochtenen Urteilen vornehmlich ausgeführt: Alle die in Betracht kommenden Firmen habe der Kläger vor seiner Einberufung zum Heeresdienste als Kunden der Beklagten gewonnen. Während seiner persönlichen Behinderung seien die Firmen A. S. und E. G. nicht etwa von anderen Vertretern der Beklagten besucht worden. Beide hätten im Laufe dieser Zeit ihre Bestellungen in Berlin oder St. Gallen gemacht.

Gegenüber den Firmen Sp. & G. und P. & F. sei eine Werbetätigkeit der Beklagten nur insofern zu ermitteln gewesen, als in jener Zeit dauernd Offerten der Beklagten an ihre Kunden versandt worden seien. Zu den Aufträgen von J. & S. aus jener Zeit habe noch eine Anregung des Berliner Lagerangestellten der Beklagten namens Fr. gegenüber einem Einkäufer der bezeichneten Firma mitgewirkt. Weder die Versendung von Offerten noch das Tätigwerden eines Lagerangestellten habe aber den Wegfall der den Bezirksvertretern verbrieften Rechte auf Provision nach sich ziehen können. Im übrigen sind vom Berufungsrichter die wesentlichen Abschlüsse mit den genannten Firmen des näheren festgestellt.

In alledem ist dem Berufungsrichter nicht entgegenzutreten. Insbesondere ist er mit der Auslegung des Agenturvertrags der Parteien den Anforderungen des § 157 BGB. gerecht geworden. Solange das Bezirksagenturverhältnis besteht, darf der Bezirksagent, auch wenn er durch Kriegsdienst an Ausübung einer Agententätigkeit verhindert ist, für die in seinem Bezirke ohne seine Mitwirkung durch den Geschäftsherrn oder für diesen geschlossenen Geschäfte Provision fordern, sofern nicht solche Forderung nach Lage des Einzelfalls dem Gebote der Wahrung von Treu und Glauben zuwiderläuft. Die letztbezeichneten Maßgabe hat der Berufungsrichter mit seinen für Provisionsansprüche des Klägers aufgestellten einschränkenden Voraussetzungen vollauf Rechnung getragen, wobei ersichtlich berücksichtigt wurde, daß in der ersten Kriegszeit der Kläger selbst als Stellvertreter anderer, zum Heere einberufener Agenten der Beklagten in deren Bezirke Geschäfte vermittelt und dafür die Agentenprovision bezogen hat. Wenn die Revision mit Hinweis auf den hohen mit dem Kläger vereinbarten Provisionssatz geltend macht, die Provisionen seien offenbar zum großen Teil zur Deckung laufender Auslagen des Klägers bestimmt gewesen, während der für die Klagansprüche in Betracht kommenden Zeit habe aber der Kläger keinen Pfennig Auslagen gehabt, so ist ihr entgegenzuhalten, daß der Bezirksagent nach der Auslegungsregel des § 89 HGB. auch Anspruch auf Provision für Geschäfte hat, bei denen seinerseits keine Mühewaltung und keine Kosten aufgewendet worden sind. Mit den Provisionen, die dieser auch hier bedeutsame § 89 behandelt, werden nicht Arbeiten und Auslagen des Bezirksagenten zur Herbeiführung des betreffenden Geschäfts entgolten, der Rechtfertigungsgrund solcher Provisionen liegt vielmehr darin, daß der mit dem Agenturvertrag im allgemeinen bezielte Erfolg des Zustandebringens geschäftlicher Abschlüsse auch bei den in jener Vorschrift bezeichneten Geschäften, wenn auch ohne besonderes Zutun des Bezirksagenten, erreicht ist (vgl. auch Albrecht und Tentler: Das Recht des Agenten S. 139). Die Revision will als ausschlaggebend für die Auslegung des Parteiwillens ansehen, daß der Kläger weder bei noch alsbald nach seinem Wiedereintritt in die Tätigkeit als Agent irgendwelche Provisionsforderung erhoben habe, sondern damit erst nach fast zwei Jahren hervorgetreten sei, als seine Kündigung bevorgestanden habe. Dies Vorbringen muß jedoch ausscheiden. Es findet in dem vom Berufungsrichter behandelten Tatbestande keine Grundlage und ist unvereinbar mit der Behauptung des Klägers, daß er seine Provisionsansprüche anfangs 1919 in der Filiale in Berlin persönlich geltend gemacht habe. Die Revision versucht auszuführen: Während der Wirksamkeit des mit der Kundschaft in ständiger Fühlung bleibenden Bezirksagenten werden direkte Bestellungen nur ausnahmsweise vorkommen; ein stärkerer direkter Geschäftsverkehr des Geschäftsherrn mit der Kundschaft werde sich aber herausbilden, wenn der Agenturbezirk verwaist sei. Das mag als Erfahrungssatz zuzugeben sein. Daraus folgt aber nur, daß dem an persönlicher Tätigkeit verhinderten Bezirksagenten in höherem Maße als in der vorangegangenen Zeit der persönlichen Bearbeitung seines Bezirks Provisionen aus direkten Abschlüssen zukommen. Die Beklagte hatte es in der Hand, diesem Zustande durch Aufkündigung des Agenturverhältnisses ein Ende zu bereiten. Solange sie aber hiervon keinen Gebrauch machte und das Agenturverhältnis bestehen ließ, mußte sie den vertragsmäßigen Ansprüchen des Bezirksagenten gerecht werden. Die Revision macht freilich geltend: Die Provisionsabrede könne nicht mehr Anwendung finden, wenn der Geschäftsherr, wie bei dem Agentenausfall unabweislich, mit der Kundschaft durch Einsendung von Preislisten, Mustern und Reklamen oder durch persönliche Verhandlungen am Geschäftssitze in direkten Verkehr trete, damit habe der Geschäftsherr einen Teil der Tätigkeit des Agenten in anderer, unvollkommener Weise selbst übernommen. Dazu komme noch, daß die Beklagte für die zur Ausführung gebrachten Auslandsgeschäfte Ausfuhr- und Einfuhrbewilligungen habe erwirken müssen. Allein in alledem ist im Gegensatze zur Revision unbedenklich den Erwägungen der Vorinstanz beizutreten, die in der Werbetätigkeit durch Versendung von Offerten, Verzeichnissen und Mustern, in den an den Geschäftssitzen der Beklagten erfolgten Verhandlungen ihrer Lagerangestellten mit Kunden, sowie in der Erwirkung von Ausfuhr- und Einfuhrbewilligungen nicht Bemühungen erblickt, die in den Kreis der Wirksamkeit eines Agenten fielen, sondern Maßnahmen, die zum Bereich der Tätigkeit des Geschäftsherrn gehörten....

RGZ. 113, 261 +

1. Findet § 85 HGB. auf den Handlungsagenten Anwendung, der unter Vorbehalt der Genehmigung des Geschäftsherrn abschließen darf?

2. Über die Voraussetzungen, unter denen das Berufungsgericht im Falle des § 538 Abs. 1 Nr. 3 ZPO. n. F. über den Betrag des Anspruchs entscheiden darf.

I. Zivilsenat. Urt. v. 24. April 1926.

I. Landgericht Düsseldorf. II. Oberlandesgericht daselbst.

Ende 1919 bestellte der Beklagte den H. in B. zu seinem Einkäufer von Holz gegen Provision. Dieser kaufte durch schriftlichen Vertrag vom 30. März 1920 vom Kläger 10 Wagen Bretter und Dielen zum Preise von 1100 M. den Kubikmeter für den Beklagten und teilte den Vertrag dem Beklagten mit, der indessen weder darauf, noch auf mehrere Depeschen und Abrechnungen des Klägers antwortete. Am 15. und 27. Mai 1920 setzte der Kläger darauf dem Beklagten eine Frist zur Zahlung des Kaufpreises bis zum 7. Juni, widrigenfalls er die Annahme der Leistung ablehnen und die Rechte aus § 326 BGB. geltend machen werde. Der Beklagte verweigerte die Annahme und Bezahlung des Holzes. Der Kläger verkaufte es im Juli 1920 anderweit für 450 M. je Kubikmeter. Er verlangt mit der Klage Zahlung des Preisunterschieds. Das Landgericht erklärte diesen Anspruch dem Grunde nach für gerechtfertigt und erhob dann über die Höhe Beweis. Der Beklagte legte gegen das landgerichtliche Zwischenurteil Berufung ein unter Wiederholung des Antrags auf Klagabweisung. Der Kläger schloß sich der Berufung an und beantragte, die gegnerische Berufung mit der Maßgabe zurückzuweisen, daß der Beklagte zur Zahlung von 5000 GM. nebst Zinsen verurteilt werde. Das Oberlandesgericht hat den Beklagten zur Zahlung von 3437 RM. nebst Zinsen verurteilt und im übrigen die Anschlußberufung des Klägers ebenso wie die Berufung des Beklagten zurückgewiesen. Die Revision des Beklagten ist zurückgewiesen worden.

Aus den Gründen:

Nach den vom Oberlandesgericht getroffenen Feststellungen hat H. als Einkäufer des Beklagten mit dem Kläger fest abgeschlossen, obwohl er grundsätzlich nur unter Vorbehalt der Genehmigung des Beklagten verkaufen durfte. Er hat dann dem Beklagten den Wortlaut des über den Abschluß errichteten Vertrags mitgeteilt, der von einem Vorbehalt der Genehmigung nichts enthält, sondern einen festen Kauf klar erkennen läßt. Trotzdem hat der Beklagte dem Kläger nicht erklärt, daß er das Geschäft ablehne, auch nicht, nachdem er am 8. April 1920 die Übernahmenachricht und Rechnung über die ersten 5 Wagen erhalten hatte.

Ein solcher Fall wird durch den vom Oberlandesgericht angewendeten § 85 HGB. nicht unmittelbar getroffen. Denn diese Bestimmung bezieht sich auf den Handlungsagenten, der nur mit der Vermittlung von Geschäften betraut ist, nicht auch auf den, der im Namen des

Geschäftsherrn abschließen darf, wenn auch, wie H., bloß unter dem Vorbehalt der Genehmigung des Geschäftsherrn. Es wird zwar im Schrifttum die Ansicht vertreten, im Sinne des § 85 gelte als Vermittlungsagent jeder Agent, der nicht Vollmacht zum festen Abschluß namens des Geschäftsherrn habe (so Staub HGB. § 85 Anm. 1). Aber das ist mit dem Sprachgebrauch des Gesetzes nicht vereinbar. Auch besteht zwischen dem Agenten, der nur zur Geschäftsvermittlung Vollmacht hat, und dem, der auch abschließen darf, aber nur unter Vorbehalt der Genehmigung des Geschäftsherrn ein rechtlicher Unterschied insofern, als das vom Agenten vermittelte Geschäft mit dem Abschluß durch den Geschäftsherrn ohne Rückwirkung, dagegen das vom Agenten mit Vorbehalt der Genehmigung abgeschlossene Geschäft gemäß § 184 BGB. mit der Genehmigung rückwirkend auf den Zeitpunkt der Vornahme Rechtswirksamkeit erlangt.

Gleichwohl liegt die von der Revision gerügte Verletzung des § 85 HGB. nicht vor. Denn das die Grundlage dieser Vorschrift bildende Bedürfnis nach Schutz des Dritten, mit dem der Agent unter Überschreitung seiner Vollmacht fest abgeschlossen hat, rechtfertigt ihre entsprechende Anwendung auf den festgestellten Sachverhalt.

Die von der Revision ferner berührte Frage, ob im Sinne des § 85 HGB. das Kennenmüssen der Kenntnis gleich steht, wie das Oberlandesgericht annimmt, bedarf keiner Erörterung, weil der Beklagte nach dem Zusammenhang der Entscheidungsgründe von dem Abschluß des Geschäfts tatsächlich Kenntnis erlangt hat. H. hat ihm die die Abreden vollständig und richtig wiedergebende Vertragsurkunde mitgeteilt, und Umstände, welche ihn zu der Annahme hätten führen können, seine Genehmigung sei mündlich vorbehalten worden, waren nicht vorhanden.

RGZ. 140, 80

Steht dem Bezirksagenten eine Provision auch für solche Geschäfte zu, die ohne seine Mitwirkung von dem in finanzielle Schwierigkeiten geratenen Geschäftsherrn nur zwecks außergerichtlicher Schuldenabwicklung geschlossen worden sind?

HGB. § 89.

II. Zivilsenat. Urt. v. 3. März 1933.

I. Landgericht Düsseldorf. II. Oberlandesgericht daselbst.

Im Oktober 1925 übernahm die Klägerin den Vertrieb der von der Beklagten hergestellten Lastkraftwagen im Bezirk Frankfurt a. M Eine von beiden Parteien unterzeichnete Vertragsurkunde wurde erst im Juni 1926 aufgesetzt, als der Agenturvertrag bis zum 31. Dezember 1926 verlängert wurde. In dieser Urkunde ging die Beklagte die Verpflichtung ein, während der Dauer des Vertrages D.-Lastkraftwagen im Bezirk der Klägerin, abgesehen von einer hier nicht in Betracht kommenden Ausnahme, nur durch diese zu verkaufen und alle aus diesem Bezirk einlaufenden Anfragen an die Klägerin zur Bearbeitung zu übergeben. Die regelmäßige Provision der Klägerin war auf 10 % vom Fabrikpreise festgesetzt. In der Zeit vom Dezember 1925 bis zum Frühjahr 1926 hat die Beklagte infolge finanzieller Schwierigkeiten an eine Reihe ihrer Lieferanten Lastkraftwagen in Gegenrechnung gegeben. So sind auch 17 Wagen an Gläubiger der Beklagten geliefert worden, die ihren Sitz in Frankfurt a. M. hatten. Diese Firmen behielten die Wagen zum Teil selbst, zum Teil gaben sie sie an auswärtige Filialen weiter oder veräußerten sie anderweit. Für drei dieser Wagen, die im Bezirk Frankfurt verblieben waren, zahlte die Beklagte der Klägerin einen Betrag von 3680 RM. als Provision in Höhe von 10 % des Rechnungsbetrages.

Die Klägerin ist der Ansicht, daß ihr auch von dem Preise der weiteren an Frankfurter Firmen gelieferten Wagen eine Provision von 10 % zustehe. Demgemäß nimmt sie die Beklagte jetzt noch auf Zahlung von 18 230 RM. nebst Zinsen in Anspruch. Das Landgericht hat antragsgemäß verurteilt, während das Oberlandesgericht die Verurteilung nur in Höhe von 8437,50 RM. nebst Zinsen hat bestehen lassen. Auf die Revision der Beklagten wurde die Klage in vollem Umfange abgewiesen.

Gründe:

Wie der Eingang des angefochtenen Urteils erkennen läßt, ist es jetzt unter den Parteien unstreitig, daß zwischen ihnen bereits seit Oktober 1925 ein Agenturverhältnis bestand, das in seinen Einzelheiten den Abmachungen entsprach, die später in der Vertragsurkunde vom 9./14. Juni 1926 niedergelegt sind. Wenn in dieser Urkunde davon die Rede ist, daß sich die Beklagte verpflichte, während der Vertragsdauer ihre Lastkraftwagen im Bezirk der Klägerin nur durch diese verkaufen zu lassen, und wenn auch sonst mehrfach von Verkauf und Kaufvertrag die Rede ist, so ergibt der Gesamtinhalt der Vereinbarungen doch, daß die Provisionspflicht der Beklagten nicht nur auf reine Verkaufsgeschäfte beschränkt sein sollte. An sich ist es deshalb zutreffend, daß, wie das Berufungsgericht betont, auch andere Geschäfte den Provisionsanspruch der Klägerin begründen konnten, wie denn auch § 89 HGB. allgemein von „Geschäften" spricht. Aber nicht jedes beliebige Geschäft kommt dabei in Frage. Wenn § 84 HGB. den Aufgabenkreis des Handlungsagenten dahin umschreibt, daß er ständig damit betraut ist, für das Handelsgewerbe eines anderen Geschäfte zu vermitteln oder abzuschließen, und wenn § 89 die Provisionsberechtigung des Bezirksagenten auf solche Geschäfte ausdehnt, die in dem Bezirk „ohne seine Mitwirkung" geschlossen sind, so folgt daraus, daß in den Aufgabenkreis des Agenten in der Regel nur Geschäfte fallen, bei denen eine vermittelnde

Tätigkeit an sich möglich und sinnvoll ist, und daß auch der Provisionsanspruch des § 89 nur für solche unmittelbare Geschäfte erwächst, bei denen üblicherweise eine Mitwirkung des Bezirksagenten hätte erfolgen können. Dem entspricht auch der Inhalt des zwischen den Parteien geschlossenen „Vertretungsvertrages". Dadurch, daß dieser in seinen verschiedenen Bestimmungen immer wieder auf Kaufverträge abstellt, ist das Verhältnis der Parteien aufgebaut und zugeschnitten auf den typischen, sich in der Form des Kaufvertrags abspielenden kaufmännischen Güterumsatz und Warenvertrieb, auf einen Geschäftsverkehr, in dessen Rahmen im allgemeinen für die Hilfstätigkeit des Agenten Raum und der Agent deshalb zu solcher Tätigkeit berufen ist.

Aus dem so gekennzeichneten, in gleicher Weise im Gesetz wie im Vertrag der Parteien vorgesehenen Rahmen fallen jedoch die hier streitigen Geschäfte der Beklagten heraus. Sie hat mit ihren Gläubigern ein Abkommen geschlossen, wonach sie ihnen zur Verrechnung auf die geschuldeten Beträge eine Anzahl Lastkraftwagen lieferte. Der Vorderrichter stellt fest, daß die Beklagte nicht hätte weiterbestehen können, wenn sie ihre Gläubiger damals nicht sofort befriedigt hätte. Ihr Angebot erfolgte also zur Abwendung des Konkurses unter dem Druck finanzieller Nöte, und es wurde von den Gläubigern angenommen aus der Furcht heraus, sonst überhaupt nichts oder sehr viel weniger von ihren Forderungen retten zu können. Solche Geschäfte, die nur der außergerichtlichen Abwicklung der Verbindlichkeiten des Geschäftsherrn dienen, stellen sich nicht mehr als kaufmännischer Güterumschlag und Warenvertrieb dar, zu dem der Agent dem Geschäftsherrn mitverhelfen soll, indem er für dessen Waren wirbt und Absatz schafft. Derartige Abkommen mit den Gläubigern richten sich nicht nach Angebot und Nachfrage, sollen nicht der Kette der kaufmännischen Umsatzgeschäfte neue Glieder hinzufügen, sondern sie sollen bestehende Interessenverknüpfungen lösen unter dem Druck des sonst bevorstehenden offenen Zusammenbruchs des Schuldners. Die Interessenlage ist hier eine völlig andere als im typischen Warenverteilungsgeschäft, wo der Agent seine Tätigkeit zum Nutzen des Geschäftsherrn entfalten soll und kann. Die Erklärung, nicht mehr zahlen zu können und deshalb Vorschläge zur anderweitigen Abwicklung bestehender Verpflichtungen machen zu müssen, ist Sache des Geschäftsherrn oder seiner gesetzlichen Vertreter; nicht anders verhält es sich mit der Führung und Beendigung der anschließenden Verhandlungen. All dies fällt ganz aus dem gesetzlichen, verkehrsüblichen und hier auch aus dem vertraglichen Aufgabenkreis des Bezirksagenten heraus. Ist dem aber so, dann kann der Bezirksagent auch keine Provision verlangen, wenn diese Verhandlungen damit endigen, daß der Geschäftsherr seinen Gläubigern zur außerkonkursmäßigen Abgeltung ihrer Ansprüche Waren abläßt, gleichviel, ob der ihm gutgebrachte Betrag über oder unter dem Herstellungspreis liegt.

Gewiß können auch Gegengeschäfte des Geschäftsherrn unter § 89 HGB. fallen. Hätte die Beklagte, um weiter arbeiten zu können, Halbfabrikate oder Rohstoffe in der Weise erworben, daß sie dem Hersteller oder Händler dafür Kraftwagen lieferte, so wäre das ein neues und daher provisionspflichtiges Geschäft gewesen. Entscheidend ist eben, ob das Geschäft einen Akt des Weiterbetriebes bildet oder ob es sich als Abwicklungsmaßnahme darstellt. Bei den hier in Betracht kommenden Geschäften der Beklagten handelt es sich nach dem festgestellten Sachverhalt um reine Abwicklungsmaßnahmen, die deshalb keine Provisionspflicht begründen.

Die Versagung der Provision stellt sich auch nicht als eine Unbilligkeit gegenüber dem Agenten dar. Hätte die Beklagte das Abkommen mit ihren Gläubigern nicht getroffen, so würde die Gefahr bestanden haben, daß sie in Konkurs ging und der Agenturvertrag so sein Ende fand (§ 23 Abs. 2 KO.). Oder aber es war mit der Notwendigkeit zu rechnen, daß die Beklagte ihren Betrieb wegen mangelnden Ertrages einstellen mußte und daß sie dann nach ständiger Rechtsprechung befugt war, den Agenturvertrag nach § 92 HGB. fristlos zu kündigen (RG. in JW. 1911 S. 158 Nr. 21, 1912 S. 250 Nr. 20). In jedem Falle würde die Beendigung des Vertragsverhältnisses der Klägerin die Möglichkeit genommen haben, Provisionsansprüche zu erwerben.

Handelsmakler

RGZ. 76, 250

1. Begriff und Haftung des Handelsmaklers. Ist insbesondere jemand, der gewerbsmäßig Bankkredite für hypothekarische Darlehne auf Grundstücke vermittelt, ein Handelsmakler?

HGB. §§ 93, 98.

2. Haftet derjenige, welcher durch einen Maklervertrag eine Geschäftsvermittlung, und sodann von einem als Gegenkontrahenten in Aussicht Genommenen einen Auftrag zu vorgängigen Erkundigungen übernommen hat, dem letzteren als Beauftragter?

VI. Zivilsenat. Urt. v. 8. Mai 1911.

I. Landgericht Bochum. II. Oberlandesgericht Hamm.

Ein klagabweisendes Urteil wurde aufgehoben, und die Sache in die Instanz zurückverwiesen, aus den folgenden

Gründen:

„Die Klägerin hatte unter Vermittlung des Beklagten der Firma Schl. & Kl. in V. im Jahre 1906 einen größeren Bankkredit gewährt. Sie behauptete durch diese Geschäftsverbindung einen bedeutenden

Verlust erlitten zu haben und machte aus verschiedenen Gründen den Beklagten dafür verantwortlich. Sie wurde mit diesen Ansprüchen abgewiesen. Das Berufungsgericht verneint, daß ein Vertrags-, insbesondere ein Auftragsverhältnis zwischen den Parteien bestanden habe; es würde allein den § 826 BGB. als Grundlage des erhobenen Anspruches gelten lassen und findet nicht, daß hierfür die Voraussetzungen gegeben seien.

Die hiergegen erhobenen Revisionsangriffe verdienen Beachtung. Zunächst ist die Annahme des Oberlandesgerichts, daß beim Wegfall eines Vertragsverhältnisses zwischen den Parteien der Beklagte höchstens aus § 826 BGB. haften könne, nicht gerechtfertig. Dabei kommt es weniger darauf an, ob etwa auch § 823 Abs. 2 BGB. in Verbindung mit § 263 StGB. zur Anwendung gebracht werden könnte; denn das würde in diesem Falle praktisch kaum einen großen Unterschied machen. Mit Grund hat aber die Klägerin in Nichtanwendung der §§ 93 ff. HGB. über die Handelsmakler gerügt. Es handelt sich dabei hauptsächlich um den § 98, nach welchem ein Handelsmakler, der zwischen zwei Kontrahenten vermittelt hat, schon aus diesem Grunde allein jeder der beiden Parteien für den durch sein Verschulden entstandenen Schaden, also keineswegs nur für den in einer gegen die guten Sitten verstoßenden Weise vorsätzlich zugefügten Schaden, haftet. Das Berufungsgericht leugnet, daß der Beklagte hier als Handelsmakler tätig gewesen sei, und zwar deshalb, weil seine Vermittlung weder einen Gegenstand des Handelsverkehrs betroffen habe, noch festgestellt sei, daß er sich bereits damals gewerbsmäßig mit der Vermittlung derartiger Geschäfte befaßt habe. Was zunächst den letzteren Punkt anlangt, so ist es zwar richtig, daß dies im Prozesse nicht gerichtsseitig „festgestellt" ist; allein das war auch nicht nötig, da — wie im einzelnen dargelegt wird — diese Tatsache zwischen den Parteien feststeht. Ferner aber beruht es auf einer unrichtigen Auffassung des § 93 Abs. 1 HGB., und des § 1 Abs. 2 Nr. 4 das., wenn das Oberlandesgericht den Gegenstand einer solchen Vermittlung wie der hier vorliegenden nicht zu den „Gegenständen des Handelsverkehrs" rechnen will. Diese Vermittlung betraf die Gewährung eines Bankkredites, und eine solche gehört zu den Bankiergeschäften, die nach § 1 Abs. 2 Nr. 4 HGB. zu den Gegenständen des Handelsgewerbes, also auch des Handelsverkehrs gehören.

Vgl. Düringer und Hachenburg, HGB. (2. Aufl.) Bd. 1 Anm. 7 zu § 93 S. 533.

Wer sich gewerbsmäßig mit solchen Vermittlungen befaßt, ist daher Handelsmakler, auch wenn die von ihm vermittelten Geschäfte wesentlich nur der Erlangung von hypothekarischen Darlehen auf Grundstücke dienen. Die etwas abweichende Ansicht von Staub

(Kommentar zum HGB., in der 8. Aufl. Exkurs vor § 93, Anm. 1 S. 381 ff., und Anm. 4 zu § 93 S. 398) kann insoweit nicht gebilligt werden; vgl. übrigens auch ebenda, Anm. 67 zu § 1 S. 48. Schon aus diesem Grunde war, soweit der Revisionsantrag reicht, das Berufungsurteil aufzuheben, das die Frage, ob nicht etwa der Beklagte durch sein Verhalten fahrlässig das Vermögen der Klägerin beschädigt habe, gar nicht erörtert hat.

Übrigens gelangt man zu diesem Ergebnis auch aus dem andern Grunde, daß das Oberlandesgericht das Zustandekommen eines Auftragsverhältnisses zwischen den Parteien aus teilweise rechtlich unhaltbaren Erwägungen verneint hat. Zu einem Teile handelt es sich dabei allerdings um tatsächliche Würdigung, die der Nachprüfung in der Revisionsinstanz entzogen ist. Rechtsirrig ist aber zuvörderst das Gewicht, welches darauf gelegt wird, daß man nicht genau wisse, welche Ausdrücke H. (Prokurist der Klägerin) gebraucht hat, indem er den Beklagten beauftragte, für die Klägerin gewisse Erkundigungen einzuziehen; denn dies würde für die Rechtswirkung des angenommenen Auftrages unerheblich sein. Weiter würde, wenn der Beklagte den fraglichen Auftrag der Klägerin übernommen hat, nichts darauf ankommen, daß er außerdem dabei als Makler (und wäre es auch als sog. Zivilmakler) für Sch. & Kl. tätig war. Wenn das nicht miteinander vereinbar war, so mußte der Beklagte den Auftrag der Klägerin nicht annehmen; tat er es doch, so haftet er der Klägerin auch daraus, zumal da letztere, wie das Berufungsgericht selbst annimmt, nichts von seiner Stellung zu Schl. & Kl. wußte. Auch hier kann der etwas abweichenden Meinung von Staub (a. a. O., Exkurs vor § 93, Anm. 35 S. 392 ff.), insoweit nicht beigestimmt werden." . . .

RGZ. 101, 209

Ist der einem Handelsmakler erteilte Auftrag in der Regel mit der Wirkung frei widerruflich, daß der Anspruch auf die Provision fortfällt?

V. Zivilsenat. Urt. v. 12. Januar 1921

I. Landgericht Erfurt. II. Oberlandesgericht Naumburg a. S.

Die Beklagte übertrug im April 1918 dem Kläger, der gewerbsmäßig Holzgeschäfte vermittelt, die Übernahme der Eindecknug mit zirka 400 Waggons Brettern ab preußische Station zu 92,50 M., wofür der Kläger 1 % Provision erhalten sollte. Der Kläger hat hierauf den Ankauf von 55 Wagenladungen vermittelt. Zwischen den Parteien entstanden Unstimmigkeiten, indem die Beklagte parallel gesäumte Bretter verlangte, zu deren Lieferung an die Heeresverwaltung sie verpflichtet sei, während in den übersandten Bestätigungsschreiben der Lieferanten immer von konischen Brettern die

Rede sei. Dies führte zu einem Abbruch der geschäftlichen Beziehungen im Juni 1918. Der Kläger verlangt mit der Behauptung, daß die Beklagte ihm grundlos weitere Vermittlertätigkeit verboten habe, Schadensersatz. Das Landgericht verurteilte die Beklagte zur Zahlung von 10 978,50 M. nebst Zinsen und machte die Verurteilung im übrigen von einem dem Kläger zugeschobenen Eide abhängig. Auf die Berufung des Beklagten wies das Oberlandesgericht die Klage ab. Die Revision des Klägers wurde zurückgewiesen aus folgenden

Gründen:

Daß es sich um einen Maklervertrag des Handelsrechts handelt, hat das Berufungsgericht zutreffend angenommen. Dies wird auch von der Revision nicht angezweifelt. Sie wirft dem Berufungsgericht vor, daß es die freie Widerruflichkeit des handelsrechtlichen Maklervertrages angenommen hat. Es könne diese Ansicht, so führt sie aus, nicht gebilligt werden, wenn ein Kaufmann einem anderen Kaufmann, wie hier geschehen, einen Einkaufsauftrag ganz bestimmten Inhalts gebe, denn in einem solchen Falle müsse jedenfalls angenommen werden, daß das Widerrufsrecht durch den Vertrag ausgeschlossen worden sei. Die Beklagte habe denn auch, sofern man ihren Brief vom 8. Juni 1918 überhaupt als Widerruf ansehe, den Widerruf nicht deshalb erklärt, weil sie ein freies Widerrufsrecht habe, sondern weil der Kläger vertragswidrige Ware für sie eingekauft haben sollte.

Die Ausführungen des Urteils dahin, daß das Schreiben vom 8. Juni 1918 einen Widerruf enthalte und von beiden Parteien in diesem Sinne verstanden worden sei, sind nicht zu beanstanden.

Das HGB., das die Rechte und Pflichten der Privathandelsmakler in den §§ 93 ff. regelt, bestimmt über die Frage der Widerruflichkeit des Auftrags nichts. Jedenfalls darf, soweit es sich um dort nicht geregelte Verpflichtungen des Geschäftsherrn gegenüber dem Handelsmakler handelt, angenommen werden, daß die Ausfüllung der Lücke auf Grund der Bestimmungen über den Maklervertrag des BGB. (§§ 652 ff.) zu erfolgen hat, wie denn der Staubsche Kommentar allgemein diese Bestimmung ergänzungsweise angewendet wissen will „sofern nicht etwa die Verschiedenheit der rechtlichen Konstruktion der beiden Arten von Maklertätigkeit solche Ergänzungsanwendung ausschließt" (Staub, HGB. § 93 Einl. Abs. 3). Ebenso erklären Düringer-Hachenburg (HGB. Vorbem. vor § 93 V 1 und 2) den Handelsmaklervertrag für eine Unterart des den §§ 652 ff. BGB. unterstehenden Maklervertrags, und auch Oertmann (BGB. Vorbem. 2 Abs. 1 vor § 652) bezeichnet die Vorschriften der §§ 652 ff. BGB. als maßgebend für die Handelsmakler. Auch die Denkschrift zum Entwurf eines HGB. (S. 76) steht auf demselben

Standpunkt, indem sie die Bestimmungen des bisherigen Art. 82 über die Bedingungen des Anspruchs auf den Maklerlohn und über dessen Höhe wegen der Vorschriften des BGB. über den Maklervertrag als entbehrlich erklärt, wobei sie auf den § 642 des Entwurfs (§ 652 BGB.) verweist.

Für den Maklervertrag des BGB. wird nun von der herrschenden Meinung angenommen, daß der Regel nach der Auftraggeber zu jederzeitigem Widerruf des noch nicht ausgeführten Auftrags befugt ist (Rospatt in Gruchot Bd. 45 S. 546; Komm. von RGR. § 652 Anm. 1; Staudinger, BGB. § 652 II 2 a; Oertmann, BGB. Vorbem. vor § 652 Nr. 5; Planck, BGB. Vorbem. vor § 652 IV 5; Enneccerus, Lehrb. Bd. 1 § 378 III 1; Urt. des III. ZS. vom 7. April 1905, JW. 1905 S. 339 Nr. 9). Dem hat sich auch der erkennende Senat in RGZ. Bd. 95 S. 136 insofern angeschlossen, als er dem Geschäftsherrn auch dann, wenn durch besondere Vereinbarung der Provisionsanspruch von der Ausführung des Geschäfts abhängig gemacht worden ist, die freie Entscheidung über die Ausführung zubilligt, allerdings mit der Maßgabe, daß der Geschäftsherr die Ausführung des Geschäfts nicht in einer gegenüber dem Makler wider Treu und Glauben verstoßenden Weise, also insbesondere nicht in der Absicht, ihm den Provisionsanspruch zu entziehen, vereiteln darf. Dies kommt aber dem freien Widerrufsrechte grundsätzlich gleich. Ob auch bei ihm die eben erwähnte Einschränkung zu gelten hätte, kann unerörtert bleiben, da hier ein gegen Treu und Glauben verstoßendes Verhalten der Beklagten nicht in Frage steht. Auch Düringer-Hachenburg (Vorbem. vor § 93 V 4 c) vertreten für den Handelsmaklervertrag die Auffassung, daß der Auftraggeber den Vertrag in der Regel frei widerrufen könne, wie es auch in seinem Belieben stehe, das vom Makler angebotene Geschäft nicht abzuschließen und dadurch dem Makler den Anspruch auf Maklerlohn zu entziehen. Ebenso kommt Goldmann (HGB. § 93 S. 437), obschon er den Handelsmaklervertrag als „regelmäßig unter die große Klasse der Dienstverträge" des BGB. fallend bezeichnet, zu demselben Ergebnis.

Hat man daher von der freien Widerruflichkeit des Auftrags durch den Geschäftsherrn auszugehen, so schließt dies doch selbstverständlich nicht die Zulässigkeit einer — sei es ausdrücklichen, sei es aus den Umständen sich ergebenden — Vereinbarung aus, die dem Auftraggeber die Freiheit des Widerrufs entzieht oder beschränkt, wie dies in dem erwähnten Urteile des III. Zivilsenats (JW. 1905 S. 339 Nr. 9) ausgeführt ist. Das Berufungsgericht hat im gegebenen Falle das Vorhandensein einer solchen Vereinbarung verneint, und der Revision kann bei dem Angriffe hiergegen zu einem Erfolge nicht verholfen werden. Ist aber für den vorliegenden Fall der Beklagten die Freiheit des Widerrufes zuzugestehen, dann kann es auch von keiner Bedeutung sein, aus welchem Grunde sie von dieser Befugnis Gebrauch gemacht und ob sie etwa die Geschäftsverbindung deshalb abgebrochen hat, weil nach ihrer Annahme der Kläger vertragswidrige Ware für sie eingekauft hat. Damit versagt auch diese Rüge der Revision.

RGZ. 103, 68

1. Kann die Partei den Handelsmakler, der sich die Bezeichnung der anderen Partei vorbehalten, diese danach aber nicht bezeichnet hat, auf Erfüllung auch dann in Anspruch nehmen, wenn keine Schlußnote ausgestellt und angenommen worden ist?

2. Hat der Handelsmakler, der dem Käufer nach dem Abschluß des Geschäfts den vorbehaltenen Namen des Verkäufers nennt, damit die andere Partei bezeichnet, wenn diese nicht Verkäufer zu den Bedingungen war, zu denen der Makler abgeschlossen hat?

VI. Zivilsenat. Urt. v. 24. Oktober 1921

I. Landgericht Hamburg, Kammer für Handelssachen.
II. Oberlandesgericht daselbst.

Die Klägerin behauptet, sie habe am 31. März 1916 durch Vermittlung der drei Beklagten von der Firma B. & Co. einen Waggon Oranienburger Seife, von Würzburg auf Hamburg rollend, gekauft und sofort weiterverkauft, sich aber von diesem Verkauf, weil ihr die Ware nicht geliefert worden sei, mit einer Abfindung von 5000 M. lösen müssen. In einem Vorprozeß gegen B. & Co. ist sie mit ihrem Schadensersatzanspruch abgewiesen worden, da diese die Ware endgültig nicht auf Hamburg rollend, sondern mit dem Vorbehalt abgegeben hatte, daß ihr selbst geliefert werde. Die Klägerin verlangt nunmehr von den Beklagten Zahlung der 5000 M. und der Kosten des Vorprozesses, weil sie ihr durch die unrichtige und schuldhafte Übermittlung des Verkaufsauftrags den Schaden verursacht hätten.

Das Landgericht hat gegen alle drei Beklagten, das Oberlandesgericht nur gegen die Beklagte J. die Klage dem Grunde nach für gerechtfertigt erklärt.

Auf die Revision beider Parteien wurde das landgerichtliche Urteil wieder hergestellt.

Aus den Gründen:

Das Reichsgericht hat folgenden Sachverhalt als feststehend erachtet: Die Firma B. & Co. hatte den Waggon Seife als von Würzburg nach Hamburg abgegangen gekauft. Mit dieser Angabe stellte sie die Seife dem Beklagten J. zum Weiterverkauf an. Dieser wandte sich an den Beklagten W., der mit dem Beklagten R. arbeitete. R. machte die Klägerin als Abnehmerin ausfindig. Nun stellte sich heraus, daß die Seife noch nicht von Würzburg abgerollt war, weshalb der Prokurist der Verkäuferin S. am Vormittag des 31. März 1916 dem J. erklärte, daß die Seife nicht auf Hamburg rollend, sondern nur mit dem Vorbehalt verkauft werden könne, daß an B. & Co. selbst geliefert werde. J. setzte hiervon den W. in Kenntnis, der den Vorbehalt als unkaufmännisch scharf zurückwies. Am Nachmittag desselben Tages gab S., ohne den Vorbehalt nochmals zu erwähnen, die Seife dem J. fest an die Hand, und R. verkaufte sie nun auf Weisung des W., der von J. verständigt worden war, ohne die Verkäuferin zu nennen, an die Klägerin, die die Seife sofort weiter veräußerte. Nach Abschluß des Geschäfts wurde der Klägerin die Firma B. & Co. als Verkäuferin aufgegeben.

Das Landgericht nimmt an, daß J. und W. gegen die Pflichten eines Maklers verstoßen hätten. J. habe, nachdem er durch S. von dem Vorbehalt der Verkäuferin erfahren hatte, dafür Sorge tragen müssen, daß dem andern Teil diese Änderung in den Bedingungen mitgeteilt wurde. Ebenso liege die Sache bei W. Den R., der von dem Vorbehalt nichts gewußt habe, treffe kein Verschulden; er hafte aber nach § 95 HGB., da er mit der Klägerin abgeschlossen habe, ohne zunächst den Verkäufer zu bezeichnen, und die von ihm nachher benannte Firma B. & Co. zu den von ihm mitgeteilten Bedingungen gar nicht Verkäuferin war, so daß er sie ohne Berechtigung als Gegenpartei angegeben habe.

Das Berufungsgericht verneint ein Verschulden des W. und die Anwendbarkeit des § 95 HGB. . . . (Nach Zurückweisung einer Anzahl hier nicht in Betracht kommender Rügen wird fortgefahren:) Der Senat pflichtet der von S t a u b Anm. 6 und D ü r i n g e r - H a c h e n b u r g Anm. 15 zu § 95 HGB. vertretenen Ansicht mindestens insoweit bei, daß die Partei den Handelsmakler, der die andere Partei nicht bezeichnet hat, im Fall des Abs. 3 auf Erfüllung in Anspruch nehmen kann, auch wenn keine Schlußnote ausgestellt und angenommen worden ist.

Der Grundsatz, der den § 95 beherrscht, daß der Handelsmakler, der mit einer Partei abschließt, ohne die Gegenpartei zu nennen, für die Wirksamkeit des Abschlusses einstehen muß, trifft gleichermaßen zu, ob eine Schlußnote ausgestellt worden ist oder nicht. Die Partei darf nicht darunter leiden, daß sie sich mit der Gegenpartei nicht ins Benehmen setzen kann, ob der von dem Makler vermittelte Abschluß in Ordnung gehe. Trifft selbst den Makler keine Schuld an der unrichtigen Vermittlung, so ist es nur billig, daß er, der einem Irrtum unterlegen ist oder sich an seinen Hintermann halten kann, die Haftung trägt, und nicht die Partei, die sich darauf verläßt, daß in jedem Fall der Makler ihr hafte. Würde der Vertrag zwischen dem Makler und der Partei nur nach allgemeinen Grundsätzen zu beurteilen sein, der Makler also nur im Falle des Verschuldens haften, so wäre die Partei schutzlos, wenn ihm kein Verschulden nachzuweisen wäre. Das Gesetz geht von der Regel aus, daß der Handelsmakler, der sich die Bezeichnung der andern Partei vorbehält, eine Schlußnote ausstellt. Es will aber diese Förmlichkeit nicht als unabweisliches Erfordernis für die Haftung des Maklers vorschreiben; es hätte solchenfalls wohl auch eine strengere Fassung gewählt (vgl. hierzu RGZ. Bd. 90 S. 168, Bd. 97 S. 262). Der § 95 ist ein Niederschlag der durch die reichsgerichtlichen Urteile Bd. 20 S. 37, Bd. 24 S. 64 begründeten Rechtsprechung. In den Fällen, die diesen Urteilen zugrunde lagen, waren allerdings Schlußnoten ausgestellt. Das Reichsgericht hat aber hierauf kein für die rechtliche Beurteilung irgendwie maßgebendes Gewicht gelegt.

Hiernach kommt es auf ein Verschulden des R. nicht an. Sodann fragt es sich, ob R., indem er der Klägerin die Firma B. & Co. aufgab, die andere Partei wirksam bezeichnet hat. Auch in diesem Punkt geht das Berufungsgericht fehl. Gewiß hatte die Klägerin gegen diese Firma oder gegen ihre Verlässigkeit nichts einzuwenden. Aber B. & Co. war dann nicht Verkäuferin, wenn sie die Seife zu andern Bedingungen verkaufen wollte, als zu welchen R. abgeschlossen hat. Sie wollte nur mit dem Vorbehalt verkaufen, daß ihr selbst geliefert werde. R. schloß aber ohne den Vorbehalt ab. Hierzu war er nicht ermächtigt. Benannte er nachträglich B. & Co. als Verkäuferin, so war diese Bezeichnug unwirksam, weil B. & Co. nicht Verkäuferin ohne den Vorbehalt war. Die Bezeichnung der andern Partei ist somit unterblieben; R. haftet der Klägerin gemäß § 95 Abs. 3 auf Erfüllung, und da diese, worüber kein Streit herrscht, unmöglich geworden ist, auf Schadensersatz.

Das gleiche gilt für den Beklagten W. Er hat als Handelsmakler durch R. die Klägerin aufsuchen und mit ihr ohne Aufgabe der Verkäuferin abschließen lassen. In der Berufungsbegründung wird für ihn vorgetragen, daß R. den Namen der Verkäuferin zunächst nicht genannt habe, weil er ihn selbst noch nicht kannte. Daraus ergibt sich, daß W., gleichviel ob er die Verkäuferin damals gekannt hat oder nicht, dem R. die Weisung gegeben hat oder damit einverstanden war, daß er unter Vorbehalt der Aufgabe abschließe. W. hat mit R. „gearbeitet". Mag es sich um eine Gesellschaft gehandelt haben oder R. Beauftragter oder Geschäftsbesorger des W. im Sinne von § 675 BGB. gewesen sein, so hat W. es zu vertreten, daß die Verkäuferin beim Abschluß nicht aufgegeben und nachmals nicht wirksam bezeichnet wurde. Er haftet also mit R. aus § 95. Hingegen hat das Berufungsgericht ohne Rechtsirrtum aus wesentlich tatsächlichen Gründen verneint, daß dem W. ein Verschulden zur Last falle. Auch kann er nicht als Vertreter ohne Vertretungsmacht in Anspruch genommen werden. Denn es ist nicht festgestellt, daß er vor dem Abschluß mit der Klägerin als Vertreter von B. & Co. und nicht nur von J. tätig geworden ist. Nach seiner Angabe im Vorprozeß scheint er erst nach dem Abschluß durch J. erfahren zu haben, daß B. & Co. Verkäuferin der Seife sei. Insoweit versagt die Revision....

RGZ. 105, 205

Vorbehaltlose Annahme der von dem Handelsmakler ausgestellten Schlußnote durch die Vertragspartei als Genehmigung des Geschäfts mit dem aus der Schlußnote sich ergebenden Inhalt. Schließt ein nur dem Handelsmakler gegenüber erklärter Vorbehalt die Genehmigung aus?

II. Zivilsenat. Urt. v. 29. September 1922.

I. Landgericht Bremen, Kammer für Handelssachen.

II. Oberlandesgericht Hamburg.

Die Klägerin will im Juni 1919 durch Vermittlung des Maklers W. von dem Beklagten Torf gekauft haben. Die Schlußnote, auf die sie sich beruft, lautet über „100 Waggon à etwa 10 000 kg besten, schwarzen, trockenen ostfriesischen Stichtorf zur Lieferung Anfang Juli anfangend, sukzessive bis Oktober, mit 950 M. per 10 000 kg, nach Wahl des Käufers entweder frei Waggon oder frei Seekahn ab Haren a. Ems." Der Beklagte ließ wiederholte Mahnungen unbeachtet und erklärte schließlich endgültig, nicht liefern zu können. Gegenüber der Klage, womit 5000 M. Schadensersatz wegen Nichterfüllung gefordert werden, wandte er ein, der Vertrag sei nicht zustandegekommen, da die Bestimmung der Schlußnote über die Art der Verladung der mündlichen Vereinbarung nicht entspreche. Er habe sich nur bereiterklärt, frei Seekahn zu liefern und gegen die Worte „nach Wahl des Käufers entweder frei Waggon oder" alsbald Widerspruch erhoben.

Das Landgericht gab der Klage statt. Dagegen machte das Oberlandesgericht die Entscheidung von einem Eide der Inhaber der Klägerin darüber abhängig, ob der Beklagte ihnen unverzüglich nach Empfang der Schlußnote erklärt habe, es liege ein Mißverständnis vor, es komme nur Wasserverladung in Frage.

Die Revision des Beklagten wurde zurückgewiesen.

Aus den Gründen:

Wie festgestellt ist, hat der Makler W. die Worte „nach Wahl des Käufers" selbständig ohne Berechtigung in die Schlußnote aufgenommen. Es kommt somit darauf an, ob die Schlußnote vom Beklagten genehmigt worden ist. Bei Prüfung dieser Frage sieht das Berufungsgericht lediglich darauf, ob der Beklagte der Klägerin gegenüber widersprochen hat; einen Widerspruch gegenüber W. hält es für unerheblich, falls letzterer die Erklärung nicht an die Klägerin weitergegeben haben sollte. In dieser von der Revision bekämpften

Ansicht kann dem Berufungsgericht nur beigetreten werden. Die Schlußnoten des Maklers haben denselben Zweck, wie Bestätigungsschreiben der Vertragschließenden selbst; sie sollen das Vereinbarte zusammenfassen. Nimmt eine Partei eine Schlußnote entgegen, ohne alsbald Widerspruch dagegen zu erklären, so wird die andere Partei nach § 346 HGB. nicht umhin können, darin eine Zustimmung zu dem Inhalte der Note zu erblicken (vgl. RGZ. Bd. 90 S. 168 mit Nachw.). Erklärungen, die einem Dritten gegenüber geäußert werden, können daran nichts ändern, und ein Dritter in diesem Sinne ist jedenfalls der Regel nach auch der Makler. Der Makler als solcher hat den Vertragsschluß nur zu vermitteln; mit der Erteilung der Schlußnoten ist seine Tätigkeit zu Ende, eine Vertretungsmacht zur Entgegennahme von Widersprüchen kommt ihm nicht zu. Im vorliegenden Falle ist nicht behauptet worden, daß W. eine abweichende Stellung eingenommen hätte. . . .

RGZ. 123, 97

1. Welche Bedeutung hat für die Beurteilung eines durch einen Handelsmakler abgeschlossenen Vertrags der Umstand, daß die vom Makler an beide Teile gemachten Mitteilungen nicht einen völlig übereinstimmenden Inhalt hatten?

2. Inwieweit werden Vorbehalte über Entbindung von der Leistungspflicht bei Lieferungsschwierigkeiten dadurch beeinflußt, daß dem Vertrag die fob-Klausel beigefügt wird?

HGB. §§ 93, 94, 346.

II. Zivilsenat. Urt. v. 14. Dezember 1928.

I. Landgericht Hamburg, Kammer für Handelssachen.
II. Oberlandesgericht daselbst.

Die Klägerin hat mit der Beklagten zur Zeit des englischen Kohlenstreiks im September 1926 durch Vermittlung des Handelsmaklers U. in Hamburg zwei Abschlüsse über Lieferung oberschlesischer Staubkohlen fob Hamburg ohne Trimmen, 5000 Tonnen gewaschen und 5000 Tonnen ungewaschen, zum Preise von 26 sh für die Tonne gemacht. Die Verladung sollte gegen den 27./28. September in Hamburg mit 500 Tonnen täglich beginnen. Die Beklagte hat 3620 Tonnen geliefert, den Rest dagegen im Oktober 1926 gemäß den nach ihrer Behauptung den Abschlüssen zugrundegelegten Lieferungsbedingungen wegen Wagenmangels und Bahnsperre „annulliert". Die Klägerin bestreitet der Beklagten das Recht hierzu und verlangt konkret und abstrakt berechneten Schadensersatz im Betrag von 153 120 sh nebst Zinsen. Das Landgericht hat den Klaganspruch dem Grunde nach für berechtigt erklärt. Auf die Berufung der Beklagten hat das Oberlandesgericht durch Teilurteil das landgerichtliche Zwischenurteil aufgehoben und die Klage in Höhe von 5000 M. nebst

Zinsen abgewiesen. Die Revision der Klägerin ist mit einer hier nicht interessierenden Maßgabe zurückgewiesen worden.

Aus den Gründen:

Für das Rechtsverhältnis der Parteien gilt deutsches Recht, wie von keiner Seite in Zweifel gezogen worden ist.

Das Berufungsgericht hat festgestellt, daß die Lieferungsbedingungen der Oberschlesischen Kohlenkonvention und die Bedingungen der Stockholmer Konferenz vom 3. Oktober 1908 gemäß dem von der Klägerin widerspruchslos angenommenen Bestätigungsschreiben des Essener Stammhauses der Beklagten vom 25. September 1926 zur Grundlage beider Abschlüsse, d. h. zum Vertragsinhalt gemacht worden seien. Dagegen kämpft die Revision vergeblich an. Wohl hat der zu Abschlüssen nicht ermächtigte Handelsmakler U. jedesmal nach dem von ihm angenommenen Abschluß eines Verkaufsgeschäfts, nämlich am 15. und am 17. September 1926, jeder Vertragspartei ein Bestätigungsschreiben (Schlußnote) zugehen lassen, und damit sieht die Revision gleich dem ersten Richter den Vertrag jeweils als geschlossen an. Allein die gesetzliche Stellung des Handelsmaklers, der nach § 93 HGB. Verträge nur vermittelt, und die ihm nach § 94 HGB. zugewiesene Aufgabe, unverzüglich nach Abschluß des Geschäfts jeder Partei eine von ihm unterzeichnete Schlußnote zuzustellen, bringen es mit sich, daß dieser Schlußnote zunächst nur die Eigenschaft eines Beweismittels für das abgeschlossene Geschäft zukommt. Der Vertrag muß dadurch zustandegebracht werden, daß die Parteien einander unmittelbar oder durch Vermittlung des Maklers übereinstimmend bindende Willenserklärungen abgeben. Hierüber ist im vorliegenden Fall für die Zeit vor Erteilung der Schlußnote nichts festgestellt und von der Revision auch nichts behauptet. Nun kann ein Vertrag auch dadurch zustandekommen, daß die Bestätigung des Maklers von der Partei widerspruchslos angenommen wird (RGZ. Bd. 105 S. 206, Bd. 90 S. 108). Das hat aber zur Voraussetzung, daß den Parteien Bestätigungen gleichen Inhalts zugegangen sind und daß nicht die Bestätigung selbst einen Vorbehalt wegen des Zustandekommens des Vertrags enthält. Betrachtet man die Bestätigung des U., so zeigt sich, daß sie nach der einen Seite einen anderen Inhalt haben, als nach der andern. Der Klägerin erklärt er am 15. September, daß verkauft sei „under the usual conditions", am 17., daß verkauft sei „under the general conditions of the collieries", und in beiden Fällen sagt er, daß der Klägerin Bestätigung des Verkaufs durch die „Herren H." zugehen werde. Der Beklagten gegenüber läßt er jene Bedingungen weg und nur im zweiten Schreiben vom 17. September bittet er, sie möge ihm Abschrift ihrer Verkaufsbestätigung an die Klägerin einsenden. Auf Grund der Zeugenaussagen von Hamburger Angestellten, welche die Beklagte dort vertreten, hat der Vorderrichter festgestellt, U. habe gewußt, daß diese Vertreter der Beklagten keine bindenden Verpflichtungen ohne Genehmigung des Essener Stammhauses eingehen konnten und daß die Wirksamkeit der Abschlüsse von dieser Genehmigung abhängig war. In diesem Sinne ist nach der weiteren Ausführung des Vorderrichters die Verkaufsbestätigung durch die Zentrale vorbehalten und bis dahin das Zustandekommen des Abschlusses aufschiebend bedingt gewesen. Auch das ist eine tatsächliche Feststellung, jedenfalls im ersten Teil. Hiernach konnte durch bloße widerspruchslose Annahme der Bestätigungen des Maklers ein Vertrag im gegebenen Fall nicht zustandekommen. Rechtlich wäre das deshalb nicht möglich gewesen, weil die Bestätigungen sowohl hinsichtlich der Geschäftsbedingungen als auch in Ansehung des Vorbehalts der Verkaufsbestätigung durch die Zentrale nicht übereinstimmten. Aus letzterem Grunde spielt es auch für das Ergebnis keine Rolle, ob die Annahme einer aufschiebenden Bedingung rechtlich haltbar ist und ob der Klägerin die festgestellte Bedeutung der Verkaufsbestätigung durch die „Herren H." hinreichend erkennbar gemacht war. Ebenso unerheblich ist, ob die Beklagte, die erst am 27. September die Bestätigung des Stammhauses einsandte, zu lange geschwiegen hat. Eine bindende Willensübereinstimmung der Parteien ist mit dem Berufungsgericht erst darin zu erkennen, daß die Klägerin das Bestätigungsschreiben vom 25. widerspruchslos angenommen hat. Damit sind an Stelle der von U. verwendeten „üblichen Bedingungen" oder „allgemeine Bedingungen der Kohlenbergwerke" (wenn damit etwas anderes gemeint war) die von der Beklagten bezeichneten Bedingungen der Oberschlesischen Kohlenkonvention und der Stockholmer Konferenz getreten, die nach der Feststellung des Vorderrichters unter sich nicht im Widerspruch stehen. Nur so ist die Annahme, daß ein Vertrag zustandegekommen sei, zu halten. Daß die Parteien schon vor der Vollendung des Vertrags zur Ausführung geschritten sind, kann daran nichts ändern. Das ist dann eben in Erwartung der Vollendung oder in der irrtümlichen Annahme seiner Vollendung geschehen. Inwiefern die von U. bezeichneten Bedingungen, namentlich die der Kohlenbergwerke, etwas anderes sein sollten als die von der Beklagten genannten Konventionen, ist eine von der Klägerin und der Revision nicht beantwortete Frage. Sie hätte gerade unter den von der Revision betonten Umständen, daß erstmals in der deutsch-englischen Wirtschaftsgeschichte englische Firmen deutsche Kohlen einführten, der Lösung bedurft.

Für den Fall, daß diese Lieferungsbedingungen der Oberschlesischen Kohlenkonvention gelten sollen, bezeichnet die Revision die Annahme als rechtsirrtümlich, daß der § 14, auf den die Beklagte die Annullierung des Lieferungsrestes gestützt hat, in diesem Vertragsverhältnis wirksam sein könne. Sie meint, weil die §§ 8—10, die auf

Gruben und Zechen als Lieferschuldner zugeschnitten sind, hier durch besondere Vertragsbestimmungen (die fob-Klausel und das Garantieversprechen der Verladung von etwa 500 Tonnen täglich) außer Kraft gesetzt seien, könne auch § 14, der die §§ 8—10 zur Voraussetzung habe, keine Anwendung finden. § 14 sagt, daß Betriebsstörungen, Betriebseinschränkungen, Wagenmangel, Arbeitermangel, Arbeitsniederlegungen auf den liefernden Gruben, ferner elementare Störungen jeder Art, Mobilmachung und Kriegsfall sowie deren Folgen, welche die Gewinnung oder den Versand der verkauften Brennstoffe hindern oder verzögern, von der Lieferung im Verhältnis des Erzeugungsausfalls bzw. der Verminderung des Versandes entbinden und daß zur Nachlieferung der durch solche Hindernisse ausgefallenen Mengen keine Verpflichtung besteht. Behördliche Anordnungen, wodurch die Lieferungen beschränkt werden oder die freie Verfügung über die zu liefernden Brennstoffe entzogen wird, werden den genannten Ereignissen gleichgestellt. Krieg, Mobilmachung und Aufruhr sollen zum Rücktritt vom Vertrag berechtigen. Diese Bestimmung ist ihrem Inhalt nach auf jeden Lieferer im großen übertragbar. Wenn die Beklagte, welche die verkaufte Ware mittelbar von Kattowitzer Gruben bezogen hat, sich deren Vorkehrungen gegen die Haftung in außergewöhnlichen Fällen für den Vertrag mit der Klägerin zu eigen gemacht hat, so war dies für einen vorsichtigen Kaufmann ein Gebot der Zeitumstände. Damals war ein Übergreifen des Streiks auf deutsche Gebiete oder eine Überbelastung der deutschen Gruben und Bahnen keineswegs ausgeschlossen; deshalb ist mit dem Vorderrichter anzunehmen, daß gerade diese Bestimmung nach dem Inhalt des Vertrags zur Anwendung zu kommen hatte. Ein derartiger Vorbehalt für die Leistungspflicht war der Beklagten auch sonst angelegen; der Vorderrichter führt ein Bestätigungsschreiben von ihr vom 8. September 1926 an einen anderen englischen Käufer an, worin gesagt ist, daß, falls infolge höherer Gewalt oder Kontingentierung der Versand nach Hamburg zeitweilig gesperrt sei, dadurch entstehende Liegegelder nicht zu ihren Lasten gingen. Für das Vertragsverhältnis der Parteien konnten natürlich nur die ihrem Inhalt nach passenden und nicht durch besondere Bedingungen ausgeschlossenen Bestimmungen der Übereinkünfte in Betracht kommen.

Endlich hält die Revision den § 14 durch Aufnahme der fob-Klausel für ausdrücklich ausgeschlossen. Der Vorderrichter stellt fest, die Klausel sei hier eine reine Spesenklausel. Er stützt sich dabei auf eine Erklärung, die der Angestellte B. dem Mäkler U. gegenüber abgegeben habe, und erklärt, nach U. habe offenbar nur diesen Sinn mit der Klausel verbunden. An dieser Feststellung scheitert jede Erweiterung der Bedeutung der Klausel für diesen Vertrag. Daß die Auslegung des Vorderrichters von irgendeinem Rechtsirrtum beeinflußt wäre, ist nicht erkennbar. Im übrigen erklärt der Vorderrichter mit Recht, daß die Übernahme der Transportgefahr mit der fob-Klausel, wie sie in RGZ. Bd. 106 S. 212 behandelt werde, d. h. der Gefahr des Untergang der Sache, nicht ohne weiteres die Gefahr der Verzögerung der Lieferung in sich schließe. Noch weniger könnte der Klausel nach ihrer typischen Bedeutung die von der Revision gewollte, viel weiter greifende Wirkung beigelegt werden, daß durch sie jeder zum Vertragsinhalt gemachte Vorbehalt für die Leistungspflicht ausgeschlossen werde. Es versteht sich, daß jeder Käufer, nicht bloß die englischen Kohlenbezieher in der Streikzeit, des Willens ist, die Leistung des Vertragsgegners solle sich ungehemmt vollziehen und seine Schuldverpflichtung solle allein ihm — dem Käufer — zu dem erstrebten wirtschaftlichen Erfolg verhelfen. Aber überall im Handel ist es gebräuchlich, daß der Lieferer sich gegen die Einwirkung von Umständen vorsieht, die außerhalb seiner Macht liegen. Wenn er in dieser Richtung eine Geschäftsbedingung vorsieht, so kann die typische fob-Klausel in ihrer in RGZ. Bd. 106 S. 212 festgestellten weiteren Bedeutung nicht zur Außerkraftsetzung jener Bedingung dienen; auch nicht im Zusammenhalt mit einer Garantie für die tägliche Verladung, die eben ihrerseits wieder durch jene Bedingung auf die Zeit normalen Geschäftsablaufs eingeschränkt wird. Soll die Klausel eine so weitgehende Wirkung haben, so muß der Käufer dies erklären. Daran fehlt es hier. Nicht gefolgt werden kann dem Vorbringen der Revision, die englischen Käufer hätten unter den obwaltenden Umständen Bestimmungen wie den § 14 mit der Klausel erkennbar ausschließen wollen. Viel eher war zu erkennen, daß die Beklagte mit der Einfügung von Grubenbedingungen oder allgemeinen Bedingungen, wie sie schon von U. vorgenommen worden ist, sich nicht schlechthin einer Haftung für die Abladung unterwerfen wollte. . . .

RGZ. 172, 187

Hat derjenige, der einem Makler für bestimmte Zeit einen Alleinauftrag zur Vermittlung des Verkaufs einer fremden, der Verfügung des Auftraggebers nicht unterliegenden Sache erteilt, dafür einzustehen, daß während dieser Zeit auch der Verfügungsberechtigte nicht selbständig verkauft? Schuldet der Auftraggeber im Fall eines solchen anderweitigen Verkaufs dem Makler die vertragsmäßige Vergütung?

Gesetz über die Rechtsverhältnisse der Handelsagenten vom 24. Juni 1921 (BGBl. Nr. 348) § 29.

VII. Zivilsenat. Beschl. v. 15. Dezember 1943

Landgericht Graz. II. Oberlandesgericht daselbst.

Der Beklagte hat mit dem Kläger einen Mäklervertrag abgeschlossen. Er suchte durch eine Anzeige in der Frankfurter Zeitung für eine Liegenschaft mit Ziegelwerk einen Käufer. Der Kläger bot ihm seine Dienste als Makler an und schrieb, er werde einen Verkaufauftrag in längstens vier Wochen durchführen, wenn ihm für diese Zeit ein Alleinauftrag erteilt werde. Der Beklagte erklärte darauf, daß er dem Kläger vier Wochen freie Hand lasse und andere ihm zugegangene Zuschriften zwar prüfen, aber nicht eingehend behandeln wolle. Auf diesen Brief antwortete der Kläger, er nehme den ihm erteilten Alleinauftrag dankend an. Während der vier Wochen wurde die Liegenschaft anderweit verkauft. Der Klage auf Zahlung des Maklerlohnes gab das Landgericht zum Teil, das Oberlandesgericht ganz statt. Die Revision des Beklagten führte zur Aufhebung und Zurückverweisung.

Aus den Gründen:

Richtig ist, daß der Beklagte in seinen Briefen das Wort „Alleinauftrag" ebensowenig gebraucht, wie die Worte „fest an die Hand geben", sondern davon spricht, daß er dem Makler vier Wochen freie Hand geben wolle. Dies war aber die Antwort auf die Bemerkung im Briefe des Klägers, die Heranziehung mehrerer Mäkler könne sich schädlich auswirken und die Erteilung eines Alleinauftrages sei am Platze. Der Beklagte bespricht in seinen Antwortbriefen diese Anregung und erklärt auf den Vorschlag, dem Kläger den Alleinauftrag zu erteilen und ihm die Liegenschaft fest an die Hand zu geben, daß er während vier Wochen die „anderen laufenden Offerten" nicht eingehend behandeln und in keine nähere Beziehungen zu „Interessenten" treten wolle. Dieser Inhalt seiner Briefe läßt erkennen, daß er wußte, was der Kläger wollte, und daß er grundsätzlich damit einverstanden war. Nicht bloß von anderen Vermittlern ist die Rede; der Beklagte spricht von Offerten und von Interessenten und erklärt, daß er zu diesen nicht in Beziehung treten wolle. Daraus geht hervor, daß nicht nur die Vermittlung durch andere Mäkler, sondern auch der unmittelbare Verkehr mit Interessenten während der Frist unterbleiben sollte. Das ist aber dasselbe, was der Kläger wollte und durch den Ausdruck „Alleinverkauf" zum Ausdruck brachte. Der Inhalt der Vereinbarung war somit, daß der Beklagte dem Kläger den Verkauf während vier Wochen überlassen hat.

Bevor noch die vier Wochen abgelaufen waren, haben die Eigentümer Liegenschaft und Ziegelei an einen nicht vom Kläger beigebrachten Käufer verkauft. Infolgedessen verlangt der Kläger vom Beklagten den Betrag, den bei einem von ihm herbeigeführten Verkauf der Käufer und der Verkäufer zu zahlen gehabt hätten.

Der Regelfall des Mäklervertrages besteht darin, daß der Makler ein bestimmtes Ereignis, den Abschluß eines Vertrages, verursacht und in diesem Fall eine bestimmte Vergütung erhält. Die Parteien können — innerhalb der Grenzen des redlichen Verkehrs und der guten Sitten — auch anderes vereinbaren, so z. B., daß der Mäkler die Vergütung auch erhalten soll, wenn der Verkauf nicht durch ihn verursacht worden ist. Eine solche Vereinbarung wird anzunehmen sein, wenn der Auftraggeber für eine bestimmte Zeit dem Mäkler die ausschließliche Möglichkeit überläßt, einen Verkauf zustande zu bringen; schließt der Auftraggeber dann doch einen anderen, vom Makler nicht herbeigeführten Vertrag ab, so soll der Makler die gleiche Vergütung erhalten, die er vom Auftraggeber bei einem von ihm zustandegebrachten Vertrag erhalten hätte. Dieses Versprechen kann sowohl den Fall, daß der andere Vertragsschluß eine schuldhafte Verletzung des Mäklervertrags ist, als auch den Fall treffen, daß den Auftraggeber kein Verschulden trifft. Im ersten Falle wird sich die Zusage des Vergütungsbetrags dem Wesen einer Vertragsstrafe nähern; im zweiten Falle wird sie mehr einer Gewährleistung für einen Umstand gleichen, der ohne Verschulden einer Vertragspartei eintritt. Eine derartige Gewähr wird insbesondere dann anzunehmen sein, wenn der Auftraggeber weder Eigentümer noch verfügungsberechtigt ist. In diesem Falle kann ein selbständiger Vertragsabschluß durch den Eigentümer keine schuldhafte Verletzung des Mäklervertrages sein, da der Eigentümer diesen nicht geschlossen hat. Er kann aber auch keine Vertragsverletzung des Auftraggebers sein, da nicht dieser, sondern der am Mäklervertrage unbeteiligte Eigentümer den Verkauf vornimmt. Der Sinn des Mäklervertrages verlangt aber in einem solchen Falle die Auslegung, daß der Auftraggeber für einen Umstand einsteht, der eine erfolgreiche Tätigkeit des Maklers ausschließt und eine Vertragsverletzung sein könnte, wenn der Auftraggeber selbst den Umstand herbeigeführt hätte. Hier gilt der Vergütungsbetrag als für den Fall versprochen, daß ohne Verschulden des Auftraggebers der Verfügungsberechtigte den Kaufvertrag selbständig abschließt. Der Auftraggeber leistet für eine Tatsache Gewähr.

Im vorliegenden Falle haben Kläger und Beklagter dies nicht ausdrücklich hervorgehoben. Der Beklagte hat aber dem Kläger für eine bestimmte Zeit die ausschließliche Möglichkeit eingeräumt, den Verkauf herbeizuführen. Sollte diese Möglichkeit gewahrt bleiben, so mußte es ausgeschlossen sein, daß der Eigentümer sie vereitelt. Infolgedessen ist der Vertrag dahin auszulegen, daß der Beklagte dafür eintritt, daß der Eigentümer nichts tue, was diese Möglichkeit vernichtet, und daß, falls dies doch geschehen sollte, der Beklagte die Vergütung zu bezahlen hat. Bei dieser Auslegung des Vertrages ist es gleichgültig, ob der Beklagte im Auftrage des Eigentümers oder als Geschäftsführer ohne Auftrag den Mäklervertrag mit dem Kläger abschloß. Die Ansicht der Revision, er habe für das Verhalten des Eigentümers nicht einzustehen, weil er nur Geschäftsführer ohne Auftrag gewesen sei, kann nicht geteilt werden.

Eine andere Frage ist jedoch, wie weit die vertragliche Haftung des Beklagten reicht. (Es folgen Erörterungen darüber, welche Vergütungssätze maßgebend sein können. Dann wird fortgefahren:) Zum Regelfalle des Mäklervertrages gehört, daß der Auftraggeber die auf ihn entfallende Vergütung zu bezahlen hat. Das er nach dem Vertrag auch die Vergütung leisten müßte, die bei einem vom Makler herbeigeführten Vertragsschluß sein Vertragspartner zu zahlen hätte, liegt so sehr außerhalb des üblichen Rahmens, daß dies, sofern es überhaupt zulässig ist, ausdrücklich bedungen sein müßte. Weder aus dem Sachverhalt noch aus dem Begriffe des Alleinauftrags läßt sich eine derartige vertragliche Verpflichtung ableiten. Die entgegengesetzte Ansicht des Berufungsgerichts kann nicht geteilt werden. In den „Allgemeinen Geschäftsbedingungen" ist eine solche ausdrückliche Bestimmung zwar enthalten. Es ist aber unbestritten, daß diese Bedingungen dem Beklagten nicht zugesandt und nicht bekanntgemacht wurden; sie wurden daher nicht Gegenstand des Vertrages. Da es der Kläger zu vertreten hat, daß diese Bedingungen dem Beklagten nicht bekanntgegeben wurden, kann er aus seiner Unterlassung nicht eine Verpflichtung des Beklagten ableiten, diese Bedingungen einzuhalten. Eine vertragliche Verpflichtung des Beklagten zur Zahlung der Vergütung, die ein vom Makler zugebrachter Käufer zu zahlen gehabt hätte, liegt somit nicht vor.

Etwas anderes als eine solche vertragliche Verpflichtung ist aber eine Pflicht zum Ersatz des Schadens, den der Beklagte durch schuldhafte Verletzung des Maklervertrages dem Makler zugefügt haben kann. Ein solcher Schadensersatzanspruch könnte auch die Vergütung umfassen, die der Makler dem Käufer hätte erhalten sollen. Ein derartiger Schadensersatzanspruch setzt ein schuldhaftes vertragswidriges Vorgehen des Beklagten voraus. Ob dieser den Abschluß des Vertrages zwischen den Eigentümern und dem Käufer veranlaßt oder begünstigt und dadurch gegen seine Pfliflcht aus dem Maklervertrage verstoßen hat, ist noch nicht erörtert und nicht festgestellt.

Für den Kläger wird sich eine Beweisschwierigkeit insofern ergeben, als der Eigentümer zum Abschluß eines Vertrages mit dem vom Makler zugebrachten Käufer nicht verpflichtet war. Dazu kann jedoch auf die Entscheidung RGZ. Bd. 76 S. 361 verwiesen werden, in der ausgesprochen ist, es genüge zur Begründung der Schadensersatzpflicht, „wenn der Mäkler nachweist, daß er innerhalb der gegesetzten Frist einen zum Ankauf unter sachgemäßen Bedingungen bereiten und fähigen Vertragschließenden gestellt haben würde". Dieser Grundsatz wird auch im vorliegenden Fall anzuwenden sein. Mit der Erörterung und Feststellung dieses Sachverhalts wird auch die Frage gelöst werden können, ob und was der Kläger bereits getan und eingeleitet hatte; denn für die Zuerkennung eines Schadensersatzbetrages genügt nicht, daß bloß die Voraussetzung einer vertraglichen Gewährverpflichtung gegeben ist. Wäre der Kläger untätig gewesen oder hätte er keinen tauglichen Käufer an der Hand gehabt, so könnte er aus der Tatsache des Verkaufs durch den Eigentümer keinen Schadensersatzanspruch ableiten.

Handelsgeschäfte

Allgemeine Vorschriften

RGZ. 6, 4

Pachtung eines Steinbruches oder Kauf der zu brechenden Steine? Ist die Pachtung eines Steinbruches zum Zwecke der Veräußerung der zu brechenden Steine ein Handelsgeschäft? Ist die Gewinnung von Steinen aus einem gepachteten Steinbruche eine Anschaffung derselben im Sinne des Art. 271 Ziff. 1 HGB.?

III. Zivilsenat. Urt. v. 19. November 1881

I. Kreisgericht Limburg. II. Oberlandesgericht Frankfurt a. M.

Die Gemeinde B. hatte mit W. und N. einen als „Pachtvertrag" bezeichneten schriftlichen Vertrag abgeschlossen, welcher im wesentlichen besagte: die Gemeinde verpachte an W. und N. einen ihr gehörigen, aus zwei bezeichneten Felsen bestehenden Kalksteinbruch auf die Dauer von 20 Jahren für einen jährlichen Pachtzins von 450 M.; die Seitengrenzen des verpachteten Steinbruches sollen durch das Feldgericht unter Zuziehung beider Teile festgestellt werden; den Pächtern stehe das Recht zu, während der Pachtzeit nach Belieben die Gewinnung von Steinen aus den beiden Felsen und überhaupt innerhalb der zu ziehenden Grenzen zu betreiben und den Steinbruch innerhalb dieser Grenzen voranzutreiben; sie dürfen namentlich auch das auf diesem Areale stehende und der Verpächterin verbleibende Holz wegräumen, soweit dies zum Zwecke der Anlage und des Betriebes des Steinbruches erforderlich sei; wenn während der Pachtzeit die Steine auf dem verpachteten Areale sich verlieren oder nicht mehr bauwürdig anstehen würden, so solle der Pachtvertrag fortan aufgehoben sein.

Nachdem W. und N. den gedachten Steinbruch einige Jahre auf gemeinschaftliche Rechnung betrieben hatten, blieben sie mit der Bezahlung des Pachtzinses im Rückstand. Die Gemeinde klagte den ganzen rückständigen Betrag gegen W. ein, indem sie auszuführen suchte, daß die Vereinigung des W. und des N. zur Pachtung und zum Betriebe des Steinbruches für gemeinschaftliche Rechnung eine handelsübliche sog. Gelegenheitsgesellschaft (Art. 266 HGB.) und folglich W. gemäß Art. 269 HGB. für den Pachtzins solidarisch verhaftet sei. Die zweite Instanz verurteilte den Beklagten nach dem Klagantrage; sie ging davon aus, daß man in dem obigen Vertrage nicht eine Pachtung des Steinbruches, sondern einen Kauf der zu brechenden Steine zu erblicken habe, und daß somit der in der Absicht der Weiterveräußerung abgeschlossene Vertrag gemäß Art. 271 Ziff. 1 HGB. ein Handelsgeschäft sei. Zur Begründung dieser Entscheidung sagte sie: da der Beklagte und N. durch den Vertrag das Recht erlangt hätten, von den beiden Felsen nach freiem Belieben Steine zu brechen, so seien nicht die beiden Felsen, als Teil des Grund und Bodens, sondern die zu brechenden Steine als Gegenstand des Vertrages anzusehen. Durch Urteil des Reichsgerichtes wurde das zweitinstanzliche Erkenntnis vernichtet, die Verurteilung des Beklagten auf die Hälfte des eingeklagten Betrages beschränkt und hinsichtlich der anderen Hälfte abgewiesen aus folgenden

Gründen:

„Rechtsirrtümlich ist die Meinung der Vorinstanz, daß in dem vorliegenden Vertrage nicht ein Pachtvertrag, sondern ein Kauf der zu brechenden Steine abgeschlossen worden sei.

Da das gemeine Recht die aus einem Grundstück zu gewinnenden Mineralien, insbesondere auch die zu brechenden Steine als Früchte des Grundstückes ansieht,

l. 77 Dig. de V. S. 50, 16; l. 7 § 14, l. 8 Dig. sol. matr. 24, 3. l. 9 §§ 2. 3, l. 13 § 5 Dig. de usufr. 7, 1. Der vereinzelte Ausspruch der l. 7 § 13 Dig sol. matr. 24, 3: „nec in fructu marmar est, nisi talis est, ut lapis ibi renascatur“, ist daraus zu erklären, daß es sich an dieser Stelle nur um den Anspruch auf Ersatz der Kosten der Anlage des Marmorbruches handelt; vgl. Schröder, Archiv für ziv. Praxis Bd. 49 S. 360 ff.; Czyhlarz, Dotalrecht S. 238 Anmerkung 7; Windscheid, Pandekten Bd. 1 § 144 Anm. 8,[1])

[1]) Die auf Grund der l. 7 § 13 Dig. sol. matr. 24, 3 aufgestellte Ansicht, daß nur renascierende Mineralien zu den Früchten des Grundstückes zu zählen seien, ist noch vertreten von Heimbach, Die Lehre von den Früchten S. 21 und Förster, Preuß. Privatrecht Bd. 1 § 21 Anm. 26; aber die gemeine Meinung sieht alle aus einem Grundstücke gewonnenen Mineralien als Früchte desselben an; vgl. außer den obigen Zitaten auch noch z. B. Sintenis, Civilrecht Bd. 1 § 59 Anm. 13; Seuffert, Pandekten Bd. 1 § 65 Anm. 1; Wächter, Pandekten Bd. 1 S. 306. Ebenso u. a. Glück, Kommentar Bd. 25 S. 111 ff., welcher den Ausspruch der l. 7 § 13 über das Renascieren aus einer von den Römern nur dem Marmor zugeschriebenen Eigentümlichkeit erklärt. Eine Entscheidung des preuß. Obertribunales vom 20. November 1857 (Striethorst, Archiv Bd. 27 S. 149),

so ist auch zulässig, das Recht, auf den Bezug dieser Früchte einem anderen im Wege einer Verpachtung des Grundstückes zu übertragen. Es können aber auch die noch zu gewinnenden Mineralien als künftige, bewegliche Sachen gedacht und somit zum Gegenstand eines Kaufgeschäftes gemacht werden, und hierbei kann auch die Vereinbarung getroffen werden, daß der Käufer die gekauften Mineralien aus dem Grundstück des Verkäufers auszuscheiden und zu entnehmen habe. Da ein solcher Kaufvertrag nur dadurch erfüllt werden kann, daß dem Käufer eine entsprechende Verfügungsgewalt über das Grundstück selbst eingeräumt wird, so kann es unter Umständen als zweifelhaft erscheinen, ob eine Verpachtung des Grundstücks oder ein Verkauf der Mineralien abgeschlossen sei. Es mag namentlich der Zweifel aufgeworfen werden können, ob ein als Pachtvertrag sich bezeichnender Vertrag, nach dessen Bestimmungen die Höhe des Pachtzinses nach dem Betrage der in der Pachtperiode gemachten Ausbeute bemessen werden soll, nicht vielmehr als ein Kauf der Ausbeute aufzufassen sei.[2])

Der vorliegende Vertrag ist nun, wie auch die Vorinstanz anerkennt, nur darauf gerichtet, daß dem Beklagten und seinem Gesellschafter das Recht gewährt werden soll, aus den beiden Kalksteinfelsen, oder genauer: aus dem ganzen, zwischen den zu ziehenden Grenzen befindlichen, diese beiden Felsen einschließenden Terrain „nach freiem Belieben Steine zu brechen". Die Gewährung dieses Rechtes kann aber, bei dem umfassenden Inhalt desselben, nur dadurch erfolgen, daß die Klägerin ihnen für die Dauer der Vertragszeit die, innerhalb der durch den Vertragszweck gegebenen Schranken, beliebige Verfügung über das ganze Grundstück gestattet, mit anderen Worten, daß sie dieselben in den Besitz des Grundstückes einsetzt. Hieraus folgt nicht nur, daß die Klägerin mit der Einräumung dieses Besitzes alles getan hat, was ihr aus dem Vertrage obliegt, sondern auch andererseits, daß der Beklagte und N. durch die Annahme dieses Besitzes alles in Empfang genommen haben, was sie aus dem Vertrage zu fordern haben. Ob und in welchem Umfange die letzteren von dem ihnen somit gewährten Recht Gebrauch machen wollen, ist lediglich

---

nach welcher die aus einem Bergwerke zu gewinnenden Mineralien nicht als Früchte des Bergwerkes, sondern nur als Teile der Bodensubstanz angesehen werden können und daher die entgeltliche Gestattung der Ausbeutung eines Bergwerkes sich überhaupt nicht als eine Verpachtung desselben, sondern nur als ein Verkauf der Ausbeute auffassen lasse, gründet sich auf die landrechtliche Definition der Früchte § 110 ALR. I. 2 und § 220 I. 9 und der Pacht § 259 ALR. I. 21; dagegen bezeichnet aber das preuß. Allgem. Berggesetz vom 24. Januar 1865 die entgeltliche Überlassung der Ausbeute eines Bergwerkes als eine Verpachtung (§ 114).

[2]) v. Hahn, Kommentar Bd. 2 (2. Aufl.) Anm. 2 zu Art. 275 ist der Meinung, daß, wenn der Preis nach dem Ertrage der Ausbeute bestimmt sei, ein Kauf der zu trennenden Mineralien anzunehmen sein werde; ebenso Anschütz und Völderndorff, Kommentar Bd. 3 S. 57 Anm. 16.

ihre Sache; der Vertrag ist durch die Gewährung und Belassung des Besitzes des auszunutzenden Grundstückes erfüllt, einerlei ob der Beklagte und N. das in demselben vorhandene Gestein bis auf den letzten Stein ausbrechen, oder ob sie beim Ablaufe der Pachtzeit sämtliche Steine ungebrochen haben sitzen lassen. Hiermit sind offenbar alle rechtlichen Erfordernisse des Abschlusses eines Pachtvertrages gegeben. Es erhellt aber hieraus zugleich, daß der abgeschlossene Vertrag als ein Kaufvertrag nicht aufgefaßt werden kann. Denn da der Kaufvertrag darauf gerichtet sein muß, daß der Käufer von dem Verkäufer eine ihm verkaufte Sache zu erhalten hat, so kann von einem Kauf von Steinen da nicht die Rede sein, wo, wie hier, zur vollständigen Erfüllung des Vertrages es nicht erforderlich ist, daß der eine Vertragsteil von dem anderen Teil auch nur einen einzigen Stein erhält.

Ist hiernach der unter den Parteien abgeschlossene Vertrag als Verpachtung eines Grundstückes und somit als ein Vertrag über eine unbewegliche Sache anzusehen, so ergibt sich schon aus Art. 275 HGB., daß in demselben ein Handelsgeschäft nicht gefunden werden kann. Die Vereinigung des Beklagten und des N. zur Eingehung dieses Nichthandelsgeschäftes für gemeinschaftliche Rechnung ist keine handelsrechtliche Gesellschaft (Art. 266).

Zu demselben Resultat gelangt man aber auch, wenn die Frage, ob diese Pachtung ein Handelsgeschäft und ein Geschäft einer handelsrechtlichen Gesellschaft ist, aus der Natur der übrigen von dem Beklagten und N. gemeinschaftlich betriebenen Geschäfte, für welche dieselbe verwertet werden sollte, beurteilt werden müßte. Die gemeinschaftlichen Geschäfte des Beklagten und des N. bestanden nur in dem Betriebe des hier fraglichen und eines anderen, gleichfalls von der Klägerin gepachteten Steinbruches, und zwar, wie die Vorinstanz festgestellt hat, zum Zwecke der Veräußerung der gewonnenen Steine. Als Handelsgeschäfte können diese Geschäfte nicht angesehen werden, weil der Beklagte und N. weder die zu veräußernden Steine, noch auch bewegliche Sachen, aus welchen dieselben hergestellt werden sollten, sich angeschafft haben (Art. 271 Ziff. 1. 273 Abs. 2 HGB.). Wer der unbeweglichen Bodensubstanz einen Stoff entnimmt und denselben somit zu einer beweglichen Sache macht, ist der Produzent, Erzeuger der beweglichen Sache, und man kann von demjenigen, der eine Sache erzeugt hat nicht sagen, daß er dieselbe sich angeschafft habe. Deshalb sind diejenigen Gewerbe, welche auf die Gewinnung von Rohstoffen aus der Bodensubstanz und auf die Veräußerung derselben, in rohem, bearbeitetem oder verarbeitetem Zustande, sich richten, Bergbau, Betrieb eines

Steinbruches, einer Ziegelei usw. keine Handelsgewerbe. Diese durch die Wortbedeutung des Ausdruckes „Anschaffung" gebotene Auffassung ist auch in den Motiven des preußischen Entwurfes eines Handelsgesetzbuches (S. 5) und ebenso schon in den daselbst in Bezug genommenen Motiven des im Jahre 1849 im Auftrage des Reichsjustizministeriums ausgearbeiteten Entwurfes (S. 11) vertreten, auch in den Verhandlungen der zur Beratung des Handelsgesetzbuches niedergesetzten Kommission stets festgehalten worden.

Vgl. Protokolle S. 517 ff., 1273 ff., 1291 ff.

In der Literatur und Judikatur ist sie, nach früherem Schwanken der Praxis[1]), jetzt gleichfalls allgemein anerkannt. Ob bei solchen Gewerben die Rohstoffe aus einem eigenen Grundstück des Gewerbetreibenden oder aus einem fremden, insbesondere aus einem von ihm gepachteten Grundstück gewonnen werden, kann keinen Unterschied machen, denn Produzent des Rohstoffes als einer beweglichen Sache ist immer derjenige, welcher den Rohstoff aus der Bodensubstanz ausscheidet und beweglich macht. Wenn man hinsichtlich der Bestimmung des Art. 271 Ziff. 1 a. a. O. der Anschaffung die Selbstproduktion entgegensetzt, so will das „Selbst" in diesem Ausdruck nur besagen, daß der Gewerbetreibende, welcher die Veräußerung der beweglichen Sachen betreibt, zugleich der Produzent derselben ist. Wer einen gepachteten Steinbruch betreibt, hat sich allerdings für sein Gewerbe etwas angeschafft, aber was er sich angeschafft hat, das sind nicht die fertigen Steine, und das ist auch nicht ein bereits beweglich gewordenes Gestein, sondern die unbewegliche Bodensubstanz bzw. das Recht auf den Bezug derselben. Und ebenso hat auch derjenige, welcher ein Grundstück kauft, um auf demselben einen Steinbruch zu betreiben, hiermit die unbewegliche Substanz, aus welcher er die Steine herzustellen beabsichtigt, sich angeschafft. Hinsichtlich des Art. 271 Ziff. 1 kommt aber nichts darauf an, in welcher Weise der Gewerbetreibende das Recht der Disposition über die unbewegliche Substanz, aus der er die zu veräußernden beweglichen Sachen herstellt, sich verschafft hat. Auch in den angezogenen Materialien des Handelsgesetzbuches ist nirgends unterschieden zwischen der Produktion von Rohstoffen aus einem eigenen Grundstück und der Produktion aus einem fremden Grundstücke.[2])

---

[1]) Wegen der Judikatur und Literatur aus den ersten Zeiten des Handelsgesetzbuches vgl. v. Hahn, a. a. O. Anm. 6 zu Art. 271 und Makower, Kommentar Anm. 3 b zu Art. 271.

[2]) Die Motive des preußischen Entwurfes S. 5 sagen allgemein: „Dagegen ist erforderlich, daß der Kaufmann die beweglichen Sachen angeschafft und nicht selbst erzeugt habe."

Kann somit die handelsrechtliche Qualität des der Klage zugrundeliegenden Vertrages, sowie der unter dem Beklagten und N. bestandenen Sozietät auch aus dem Art. 271 Ziff. 1 HGB. nicht begründet werden, so ist die Anwendung des Handelsrechtes für den vorliegenden Fall nach allen Seiten hin ausgeschlossen. Nach dem gemeinen Recht aber kann aus einem Vertrage, welchen zwei Gesellschafter, beide in einer Person, für ihre Gesellschaftsrechnung abgeschlossen haben, eine Solidarhaft derselben nicht hergeleitet werden. Folglich ist das angefochtene Erkenntnis zu vernichten, die

---

und in den Motiven des Entwurfes von 1849 S. 11 ist ebenso allgemein gesagt: „Die Gewerbe, welche auf die Gewinnung von Urprodukten, Urstoffen gerichtet sind, sind keine Handelsgewerbe. Es gehört hierher namentlich der Ackerbau, — der Bergbau, die Gewinnung aus Torfmooren und Steinbrüchen."

Das Reichsoberhandelsgericht hat in vielfachen Entscheidungen anerkannt, daß die Selbstproduktion beweglicher Sachen keine Anschaffung derselben im Sinne des Art. 271 Ziff. 1 HGB. sei. Indessen beziehen sich die betreffenden Entscheidungen größtenteils auf Fälle, in welchen der Gewerbetreibende die beweglichen Sachen aus seinem eigenen Grundstücke produziert hatte, und dieser Umstand ist auch zum Teile in der Art betont, als ob auf denselben entscheidendes Gewicht gelegt sei.

Vgl. Entsch. des ROHG.s Bd. 9 S. 192, Bd. 11 S. 263, 342, Bd. 13 S. 143. Allein ein Grund hierfür ist nirgends angegeben worden, und in einem anderen Erkenntnisse,

vgl. Entsch. des ROHG.s Bd. 13 S. 385,

ist auch in Anwendung auf den Fall einer Bernsteingräberei, welche von den Parteien gemeinschaftlich auf den Grundstücken des Klägers, gegen eine ihm für deren Mitbenutzung vom Beklagten zu zahlende Vergütung, betrieben worden war, und wo somit seitens des Beklagten eine Produktion aus fremden Grundstücken vorlag, allgemein ausgesprochen, daß die Verwertung selbstgewonnener Produkte von dem Bereiche des Handelsgesetzbuches ausgeschlossen sei. Aber Thöl und Behrend haben unter Bezugnahme auf die erstgedachten Entscheidungen des Reichsoberhandelsgerichtes die Ansicht aufgestellt, daß nur diejenige Produktion, welche der Produzent aus seinem eigenen Grund und Boden vornimmt, keine Anschaffung sei.

Thöl, Handelsrecht 6. Aufl. Bd. 1 § 26: „Wenn der Gewerbsmann die selbstgewonnenen (d. h. aus seinem Grund und Boden durch seine Arbeit gewonnenen) beweglichen Sachen gewerbsmäßig weiter veräußert, so ist dies kein Handelsgewerbe."

Behrend, Handelsrecht Bd. 1 S. 107: „Keine Anschaffung im Sinne dieses Gesetzes sind — die Fälle der sogen. Selbstproduktion: Fruchtbezug, Herstellung beweglicher Sachen aus eigenem Grunde und Boden."

Dagegen sehen v. Hahn und Goldschmidt auch die Produktion des Pächters nicht als Anschaffung an.

v. Hahn, a. a. O. zu Art. 271 Anm. 7: „Bezahlung eines Entgeltes für die Gestattung von originären Erwerbshandlungen (Harzschorfen, Steinbrechen, Jagen usw.) ist nicht Anschaffung der zu gewinnenden Sachen."

Goldschmidt, Handelsrecht 2. Aufl. Bd. 1 S. 546: „Ausgeschlossen (nämlich von der Anschaffung) ist jeder Erwerb — durch Extraktion von Mineralien und Fossilien (mittels Bergbau, Bau von Torfmooren und Steinbrüchen, Ton-, Lehm- und Bernsteingruben)." S. 557: „Die Veräußerungen der Produzenten als solche sind nicht Handelsgeschäfte." S. 685: „Der Betrieb des Bergbaues und anderweitiger Urproduktion ist nicht Handel. Wer Bergwerke, Gruben, Steinbrüche, Torfmoore u. dgl. — kauft, pachtet oder sonst zu dinglichen oder persönlichem Rechte erwirbt, wenngleich in der Absicht, sie selbst oder die Ausbeute zu veräußern, kontrahiert über unbewegliche Sachen."

Verurteilung des Beklagten auf die Hälfte der eingeklagten Forderung zu beschränken und im übrigen die Klage abzuweisen."

RGZ. 9, 44

Steht das kaufmännische Zurückbehaltungsrecht des Art. 313 HGB. einem Kaufmanne auch wegen der mittels Indossaments von Dritten erworbenen Forderungen aus Wechseln und anderen Orderpapieren gegen den aus diesen Papieren verpflichteten Kaufmann zu, sofern letzterer die Papiere im Betriebe des Handelsgewerbes gezeichnet, ersterer sie in solchem Betriebe erworben hat?

I. Zivilsent. Urt. v. 17. März 1883

I. Landgericht Erfurt. II. Oberlandesgericht Naumburg.

Die beklagte Bank hatte Wertobjekte der Handelsgesellschaft K. & S. als Pfänder in Händen. Als K. & S. in Konkurs verfielen, verweigerte sie trotz Befriedigung der Pfandschuld deren Herausgabe, indem sie auf gedachte Objekte das kaufmännische Zurückbehaltungsrecht auf Grund von Wechseln geltend machte, welche K. & S. akzeptiert bzw. ausgestellt hatten, die aber die Bank nicht von diesen selbst, sondern aus dritter Hand mittels Giros früherer Erwerber erhalten hatte. Der Konkursverwalter bestritt die Befugnis zur Ausübung des Zurückbehaltungsrechtes wegen dieser Forderungen und erhob Klage auf Herausgabe der Pfänder. In den Instanzen wurde die Beklagte auf Herausgabe verurteilt, indem angenommen wurde, der Art. 313 HGB. greife nicht Platz. Das Reichsgericht hob das zweite Urteil auf und erkannte auf Abweisung der Klage.

Aus den Gründen:

... „Der Entscheidungsgrund des Berufungsgerichtes mußte als unrichtig und der richtigen Auslegung des Art. 313 HGB. widersprechend erachtet werden. Darüber waltet kein Bedenken ob, daß die Forderung aus einem Wechsel oder aus einem anderen Orderpapier in der Hand des dritten Inhabers nicht eine übergegangene Forderung eines früheren oder ersten Berechtigten aus einem für diesen begründeten Rechte, sondern eine dem Inhaber unmittelbar aus der in dem Papier enthaltenen Verpflichtungserklärung erwachsen ist, bei welcher die Entstehung des Gläubigerrechtes in seiner Person nur durch den Erwerb des Papiers vermittelt wird.

Nun drückt sich Art. 313 allerdings nicht dahin aus, daß das Zurückbehaltungsrecht bei Forderungen ausgeschlossen sei, welche der Sachbesitzer lediglich aus dem Recht eines anderen ableite, sondern dahin, daß für seine Geltung Forderungen aus zwischen dem Sachbesitzer und dem Sacheigentümer geschlossenen beiderseitigen Handelsgeschäften vorausgesetzt sind. Bekanntlich herrschen darüber, wie man konstruktiv den Rechtseffekt der unmittelbaren Gebundenheit der Wechselzeichner bzw. Aussteller von Orderpapieren gegenüber allen sukzessiven Nehmern zu begründen hat, verschiedene Auffassungen. Sicherlich wäre es aber ein ebenso unbefriedigendes wie dem Willen des Gesetzgebers fernliegendes Ergebnis, in engem Anschluß an den Wortlaut des Gesetzes die Anwendung des Art. 313 auf durch Giro erworbene Forderungen davon abhängig zu machen, welche der Konstruktionen man für die zutreffende erachtet, und daher die Geltung des Zurückbehaltungsrechtes zuzugeben, sofern man die Konstruktion der Vermittlung der Willensbildung durch lauter Wechsel- und Begebungsverträge der Wechselzeichner mit allen späteren Nehmern zur Perfektion durch die Zwischenmänner gebracht (vgl. Thöl, Wechselrecht 3. Aufl., § 261), billigt, die Geltung aber zu verwerfen, wenn man die Bindekraft schon in einem bloßen Kreationsakt oder einem einseitigen Versprechen (vgl. Kuntze, Lehre von den Inhaberpapieren §§ 65 ff.; Dernburg, Preußisches Privatrecht Bd. 2 § 12) oder in einem — von einem Kontrahieren verschiedenen Stichobligieren zugunsten aller späteren Nehmer, nur vermittelt durch ein Geben an den unmittelbaren Nehmer (vgl. Goldschmidt, Zeitschr. f. Handelsr. Bd. 28 S. 100 ff.) finden will.

Läßt man aber die Frage, auf welchem Wege die Bindekraft der Willenserklärung und ihr Ergriffenwerden von der Herrschaft des Wechselerwerbers konstruktiv zu erklären ist, beiseite und ermittelt das nach Willen und Vorstellung der Beteiligten Wesentliche bei den rechtsgeschäftlichen Handlungen, durch welche das Recht aus dem Wechsel oder einem sonstigen Orderpapier für den dritten Nehmer entsteht, so ergibt sich, daß der Aussteller des Orderpapieres bzw. der Wechselunterzeichner, mittels der Ausstellung bzw. Unterzeichnung des Wechsels, erklärt, zu jedem legitimierten Inhaber der Urkunde in ein direktes Schuldverhältnis treten, denselben als seinen Gläubiger anerkennen zu wollen. Diese Auffassung liegt insbesondere der Anerkennung des Orderpapieres in Art. 301 ff. HGB. zugrunde. Seite 560 der Protokolle der Nürnberger Konferenz hieß es: „Wer Orderpapiere ausgibt, erklärt damit, daß er nicht auf die Person des ersten Gläubigers Gewicht legt, sondern sich gleichsam einen fungiblen Gläubiger gefallen lassen will."

Allerdings geschieht die Bestimmung der Personen der sukzessiven Nehmer durch die selbständige Entschließung der Vormänner. Allein die Grundlage des Verhältnisses beruht immer auf dem Obligiertseinwollen des Ausstellers bzw. Wechselzeichners gegenüber unbestimmten bzw. durch den Papiererwerb Bestimmtheit erlangenden Gläubigern.

Es erscheint deshalb zulässig und gerechtfertigt, die rechtsgeschäftlichen Handlungen der Ausstellung des Orderpapiers oder

der Wechselzeichnung einerseits und des Erwerbers des Papiers seitens eines dritten Nehmers andererseits als zwischen den betreffenden Personen geschlossene Geschäfte im Sinne des Art. 313 anzusehen, sofern nicht dieser Art der Begründung von Gläubigerverhältnissen Besonderheiten anhaften, zu deren Ausschließung vom Vorteile des Zurückbehaltungsrechtes das Gesetz erweislich aus wirtschaftlichen bzw. rechtspolitischen Gesichtspunkten das gedachte Erfordernis aufgestellt hat.

Diese Auffassung wird auch durch die Entstehungsgeschichte des betreffenden Passus im Art. 313 unterstützt. Zweimal wurde bei den Beratungen der proponierte, aber von anderen Seiten lebhaft bekämpfte Ausschluß mittels Zession erworbener Forderungen von dem Zurückbehaltungsrechte durch die Stimme des Präsidenten abgelehnt. Alsdann wurde die jetzige Fassung als bloße Redaktion der gefaßten Beschlüsse vorgelegt, und trotz der Monita, daß dies nicht Redaktion, sondern Änderung der Beschlüsse sei, weil danach zedierte Forderungen vom Zurückbehaltungsrechte doch ausgeschlossen seien, auf den Versuch hin, diesen Vorwurf damit zurückzuweisen, daß zedierte Forderungen nicht unbedingt ausgeschlossen seien, insbesondere dann nicht, wenn die Veranlassung zum Erwerbe ein zwischen dem Zessionar und dem debitor cessus abgeschlossenes Handelsgeschäft gewesen, angenommen.

Vgl. S. 454—470. 1339—1357. 14202—1424.

In den Diskussionen, welche mit Verwerfung des Ausschlusses zedierter Forderungen endeten, waren unter den zedierten Forderungen die indossierten bald inbegriffen erachtet (Prot. S. 1351), bald als nicht inbegriffen ihnen entgegengestellt worden (Prot. S. 461). Es kann dahingestellt bleiben, ob nicht schon aus der schließlich behaupteten Einschränkung des Ausschlusses zedierter Forderungen, welche sich aus dem redigierten Passus ergeben solte, und in deren Sinn der schließliche Beschluß gefaßt wurde, zu folgern ist, daß jedenfalls bei Forderungen aus indossierten Papieren, weil sie schon zum Zwecke eventuellen Erwerbes seitens jedes legitimierten Inhabers ausgestellt, der Ausschluß nicht stattfinden sollte. Jedenfalls rechtfertigt der Verlauf der Entstehung des gedachten Passus, der in demselben enthaltenen Einschränkung eine möglichst limitierte, das Zurückbehaltungsrecht vor der Bedeutungslosigkeit möglichst schützende Tragweite zu geben.

Prüft man aber die Tendenz des gesetzlichen Erfordernisses von wirtschaftlichen bzw. rechtspolitischen Gesichtspunkten aus, so lassen sich entscheidende Bedenken gegen die Subsumtion der Begründung des Gläubigerverhältnisses durch Wechsel bzw. Orderpapiere gegenüber späteren Nehmern unter die „zwischen den Beteiligten geschlossenen Geschäfte" nicht aufstellen. Als solches Bedenken möchte geltend gemacht werden können, das gedachte Erfordernis bezwecke Abschluß mit einem bestimmten, dem Schuldner erkennbaren Gläubiger, indem nur bei Kenntnis der Gläubigerschaft spätere Hingabe von Sachen an die betreffende Person stillschweigende Verpfändung, nur die Inanspruchnahme von Kredit bei einer als Besitzer hingegebener Sachen bekannten Person stillschweigende Willenserklärung wäre, daß die Sachen Pfand sein sollten. Allein, obwohl von solcher Willenspräsumtion wiederholt bei den Beratungen über das Zurückbehaltungsrecht zur Rechtfertigung desselben gesprochen worden ist, so läßt sich diesem Gesichtspunkte doch eine wesentliche Bedeutung bei der Auslegung des Gesetzes nicht beimessen. Das individuelle Moment ist auch schon bei der gesetzlichen Feststellung der Erfordernisse für die Erlangung der Retentionsobjekte verwischt, denn da es genügt, daß die Sachen mit Willen des Schuldners in den Besitz des Gläubigers gelangt sind, während das Wissen nach Prot. S. 1349 gestrichen ist, genügt auch hier die allgemeine Zustimmung des Schuldners gegen den unmittelbaren Empfänger seiner Sachen, daß dieser sie beliebig weitergebe, um dieselben in dem daraufhin erlangten Besitze eines weiteren Empfängers für diesen zu Gegenständen der Ausübung des Zurückbehaltungsrechtes machen zu können. Es läßt sich kein anderer Satz aufstellen, als der einer Billigkeit, daß wer im kaufmännischen Verkehre einem Kaufmanne Sachen in Besitz gibt oder mit seiner Zustimmung geben läßt, sich gefallen lassen muß, daß dieser sich wegen der Forderungen, welche demselben aus eigenem Rechte an ihn zustehen, an die Sachen halten darf, sofern dies nicht mit der in betreff der Sachen gegebenen besonderen Bestimmung in Widerspruch steht.

Liegt dem schließlichen Ausschlusse zedierter Forderungen vom Zurückbehaltungsrechte der Gedanke zugrunde, daß der Sachenschuldner nicht durch willkürliches Ansichziehen einer Forderung die Sachen zu einem Deckungsobjekte soll machen können, so unterscheidet sich eben von der Kontrahierung einer Schuld gegenüber einer individuellen Person, deren Abtretung der Schuldner nur nicht hindern kann, die Ausstellung von Orderpapieren wesentlich darin, daß die letzteren durch Gelangung an Dritte gerade die ihnen vom Aussteller beigelegte Funktion erfüllen. Wer sie ausstellt, muß darauf gefaßt sein, daß sie an einen Sachenschuldner kommen. Er hat keine berechtigte Erwartung, daß die auf dem Papiere beruhende Forderung im Besitze eines ungedeckten Gläubigers, das zur Deckung geeignete Objekt aber im Besitze eines anderen frei bleibe. Die Möglichkeit, daß auf diese Weise der Besitzer von Deckungsobjekten das Papier vom ungedeckten Vormanne billig erwirbt, kann dabei nicht ins Gewicht fallen. Die vereinzelten Fälle möglichen Mißbrauches werden aufgewogen durch den Normalfall, daß das Vorhandensein von

Deckungsobjekten im Verkehre bei der leichten Negoziabilität des Orderpapieres auch für den selbst ungedeckten Inhaber nutzbar wird und eine gerechte und billige Ausgleichung für alle Teile eintritt, wie sie gerade der Bestimmung des Orderpapieres entspricht, mittels dessen der Aussteller von seinem nächsten Nehmer Kredit beansprucht, aber ihm auch den Kredit, den er im Verkehre genießt, zur Verfügung stellt. Eine Verhütung von Benachteiligungen anderer Gläubiger durch Erwerb von Forderungen seitens des Inhabers von Deckungsobjekten erst bei Zahlungsunfähigkeit des Eigentümers der Objekte liegt aber außerhalb der ersichtlichen Tendenz der Aufstellung der Erfordernisse des Zurückbehaltungsrechtes im Art. 313, gehört vielmehr zur Fürsorge der Konkursordnungen.

Endlich ist aber auch das Erfordernis der Beschaffenheit der Geschäfte als „beiderseitiger Handelsgeschäfte" nicht geeignet, die Anwendung des Art. 313 auf in der Person des dritten Nehmers begründete Gläubigerverhältnisse aus Wechseln und sonstigen Orderpapieren zu hindern, da diesem Erfordernisse genügt ist, wenn die in Betracht kommenden rechtsgeschäftlichen Handlungen, nämlich auf seiten des Schuldners die Ausgabe des Papieres oder, sofern schon die Niederschrift auf dem Papiere als verpflichtend anzunehmen ist, diese Niederschrift, auf seiten des Gläubigers die Erwerbshandlung, von jedem der Handelnden im Betriebe des Handelsgewerbes vorgenommen worden sind (vgl. Art. 273 HGB.). Daß jedem der beiden Beteiligten auch die handelsgeschäftliche Qualität des Handelns des anderen Beteiligten erkennbar geworden sein mußte, verlangt das Gesetz nicht.

Gemäß dieser Auffassung, welche übrigens mit den Ansichten der weitaus überwiegenden Mehrzahl der Schriftsteller im Einklange steht,

> vgl. insbesondere Goldschmidt, Handbuch Bd. 1 § 98 S. 1040; v. Hahn, Kommentar 2. Aufl. Bd. 2 S. 175; Thöl, Handelsrecht 5. Aufl. Bd. 1 T. 2 S. 124; Anschütz und Völderndorff, Kommentar Bd. 3 S. 195; Endemann in seinem Handbuche des Handels-, See- und Wechselrechtes Bd. 2 S. 101; Koch, Kommentar zum HGB. Anm. 105 zu Art. 313,

mußte das Urteil des Berufungsgerichtes aufgehoben werden. . . .

Da die Gemeinschuldnerin, wie die Beklagte, Kaufleute waren, so ergibt sich die Beschaffenheit ihrer in Betracht kommenden rechtsgeschäftlichen Handlungen als handelsgeschäftliche aus der Präsumtion des Art. 274 HGB. Welche Wirkung die Vorschriften der Reichskonkursordnung über die Anfechtung der die Konkursgläubiger benachteiligenden Rechtshandlungen auf den Fall des Erwerbes einer Forderung seitens eines Sachenschuldners des Gemeinschuldners, durch welchen Erwerb diese Forderung zu einer Deckung gelangt, welche sie in der Hand des früheren Gläubigers nicht hatte, ausüben, braucht nicht entschieden zu werden, da von der Klägerin nicht behauptet ist, daß die Beklagte die Wechsel erst nach der Zahlungseinstellung der Gemeinschuldnerin erworben habe. . . . Ob irgendeiner der Wechsel von der Beklagten nach der Behauptung der Klägerin etwa in der kritischen Zeit vor dem angeblichen Zahlungseinstellungstermine, welche § 23 Nr. 2 KO. normiert, erworben worden, ist gleichgültig. Dem § 23 Nr. 2 a. a. O. hat zu seiner Voraussetzung, daß jemand, der zur Zeit der Vornahme der anfechtbaren Rechtshandlung Gläubiger des nachmaligen Gemeinschuldners war, für seine Forderung durch die Rechtshandlung eine Sicherung oder Befriedigung erhält. Diese Bestimmung ist nicht anwendbar auf den ganz anderen Fall, daß jemand, der zur kritischen Zeit Sachenschuldner des Gemeinschuldners war, zu gedachter Zeit eine Forderung gegen ihn erwarb, die ihm einen Titel zur Behandlung der Sachen als Deckung gewährte. Der Beklagten gegenüber erschiene also § 23 Nr. 2 KO. unanwendbar."

RGZ. 12, 78

1. Wann geht das Eigentum einer von einem anderen Orte übersandten Ware auf den Käufer über?

2. Bedeutung der Übergabe eines an Order lautenden Konnossements für den Eigentumsübergang.

3. Sind die ädilitischen Rechtsmittel beim Gattungkaufe zulässig?

III. Zivilsenat. Urt. v. 19. Dezember 1884.

I. Landgericht Hannover. II. Oberlandesgericht Celle.

Die Klägerin kaufte im Jahre 1883 von der Beklagten 1000 kg Loando-Gummi. Schon vor Ankunft der Ware erhielt die Klägerin über einen Teil derselben Faktura und stellte zugunsten der Beklagten den Kaufbedingungen entsprechend ein Wechselakzept über 5/6 der Kaufsumme im Betrage von 5096 M. aus. Beklagte setzte den Wechsel in Umlauf, und Klägerin hat denselben zur Verfallzeit eingelöst. Das gekaufte Gummi traf am 30. bzw. 31. Mai 1883 in Hannover ein und wurde der Klägerin von der Eisenbahn überliefert. Mittels Schreibens vom 31. Mai 1883 zeigte Klägerin der Beklagten an, daß die Ware mangelhaft, nicht die gekaufte Sorte sei, stellte dieselbe zur Disposition und verlangte Rückgabe des Wechselakzeptes. Auf Antrag der Klägerin fand eine Untersuchung des Gummis durch gerichtsseitig ernannte Sachverständige statt, durch welche festgestellt wurde, daß die gelieferte Ware bis auf drei Fässer vertragswidrig sei. Die Klägerin erachtet sich berechtigt, wegen der Mangelhaftigkeit der Ware deren Annahme zu verweigern, das Geschäft rückgängig zu machen und Erstattung des eingelösten Wechsels nebst Zinsen, der Frachtauslagen und der Untersuchungskosten zu fordern. Sie macht für diese Forderungen das Zurückbehaltungsrecht aus Art. 313, 315 HGB. geltend, hat dieses der Beklagten durch Schreiben vom 23. Juni 1883 angezeigt und jetzt klagend beantragt: die Beklagte schuldig zu erkennen, den öffentlich meistbietenden Verkauf der in ihrem Besitz befindlichen 13 Fässer und 10 Säcke Rohgummi geschehen zu lassen, damit sie, die Klägerin, aus dem Erlöse wegen der vorgedachten drei Forderungen sich befriedigen könne.

Die Beklagte hat Abweisung der Klage beantragt und außer anderen Einwendungen:

1. die Zulässigkeit des Zurückbehaltungsrechtes aus Art. 313, 315 HGB. bestritten, weil die Klägerin ein Orderkonnossement über die Gummisendung ausgehändigt erhalten habe, auf Grund welches die Übergabe des Gummis an sie erfolgt sei; dadurch habe die Klägerin das Eigentum an dem Gummi erworben;

2. die Berechtigung der Klägerin, vom Vertrage zurückzutreten, bestritten, vielmehr behauptet, die Klägerin sei verpflichtet, die Lieferung vertragsmäßiger Waren, die noch jetzt angeboten werde, anzunehmen, weil die ädilitischen Rechtsmittel beim Gattungskaufe nicht statthaft seien.

Das Landgericht Hannover, Kammer für Handelssachen, hat diese Einwendungen verworfen und die Beklagte nach dem Klagantrage verurteilt.

Die von der Beklagten erhobene Berufung ist zurückgewiesen und ebenso die gegen das Urteil des Oberlandesgerichtes zu Celle eingelegte Revision aus folgenden

Gründen:

„Nach den Verhandlungen in der Berufungsinstanz hat es sich, während die übrigen in erster Instanz bestehenden Streitpunkte erledigt waren, nur noch darum gehandelt, ob das von der Klägerin auf Grund der Bestimmungen in Art. 313, 315 des Handelsgesetzbuches geltend gemachte Retentionsrecht begründet sei, ob die Klägerin befugt sei, vom Vertrage zurückzutreten, und ob sie berechtigt sei, auch die Annahme desjenigen Teiles der Ware zu verweigern, welcher vertragsmäßig geliefert ist. Die Entscheidung des Berufungsgerichtes über diese Streitpunkte beruht nicht auf der Verletzung des Gesetzes; es war daher die von der Beklagten eingelegte Revision zurückzuweisen.

Da die Klägerin an dem ihr von der Beklagten in Erfüllung des unter den Parteien abgeschlossenen Kaufvertrages übersandten, in ihrem Besitze befindlichen Gummi nicht lediglich ein Retentionsrecht wegen der ihr aus diesem Kaufvertrage gegen die Beklagte zustehenden Forderungen geltend gemacht, sondern, gestützt auf die Vorschriften in den Art. 313, 315 HGB., beantragt hat, die Beklagte schuldig zu verurteilen, den öffentlich meistbietenden Verkauf des in ihrem Besitze befindlichen Gummis geschehen zu lassen, damit sie sich aus dem Erlöse wegen der ihr gegen die Beklagte wegen Nichterfüllung jenes Kaufvertrages zustehenden, im einzelnen näher angegebenen Forderungen befriedigen könne, so ist das Berufungsgericht mit Recht davon ausgegangen, daß für die Frage, ob dieser Anspruch der Klägerin begründet sei, es wesentlich sei, ob die Klägerin, wie die Beklagte behauptet, das Eigentum an dem in Rede stehenden Gummi erworben habe, oder ob dasselbe sich noch im Eigentume der Beklagten befindet, da der Gläubiger das Zurückbehaltungsrecht aus Art. 313 HGB. nur an den dem Schuldner gehörigen Sachen ausüben könne, nicht an solchen Sachen, welche in seinem Eigentume stehen, welche er aber auf Grund eines persönlichen Rechtes dem Schuldner herauszugeben verpflichtet ist. Der Berufungsrichter ist der Ansicht, daß die Klägerin durch die Annahme des ihr von der Beklagten übersandten Gummis nicht Eigentümerin desselben geworden sei, erachtet in dieser Beziehung die unter Eid gestellte Behauptung der Beklagten, daß der Klägerin ein Orderkonnossement über die Gummisendung übergeben sei, für bedeutungslos und die Eideszuschiebung über die weitere Behauptung, daß die Klägerin bei der Annahme des Gummis die Absicht gehabt habe, das Eigentum desselben zu erwerben, für unstatthaft. Die hiergegen von der Revisionsklägerin erhobenen Angriffe sind unbegründet, es ist vielmehr die Entscheidung des Berufungsgerichtes zu billigen.

Die Frage, wann das Eigentum an einer von einem anderen Orte dem Käufer übersandten Ware auf den Käufer übergehe, ist in Theorie und Praxis bestritten[1]); es ist jedoch von dem Berufungsgerichte mit Recht angenommen worden, daß nach den Grundsätzen des gemeinen Rechtes, wenn der Kaufpreis bezahlt oder kreditiert ist, durch die Annahme des von dem Verkäufer einseitig ausgeschiedenen, dem Käufer in Erfüllung eines Kaufvertrages übersandten Kaufgegenstandes allein der Übergang des Eigentumes auf den Käufer nicht bewirkt wird, daß vielmehr der Wille des Käufers, das Eigentum an der ihm übersandten Ware erwerben zu wollen, ausdrücklich oder durch konkludente Handlungen erklärt sein müsse. Durch die Tradition wird das Eigentum an der tradierten Sache nur dann übertragen und erworben, wenn beim Übergange des Besitzes der Wille beider Teile auf Geben bzw. auf Erwerben des Eigentums gerichtet ist. Dieser Wille braucht nicht ausdrücklich erklärt zu werden, sondern kann auch stillschweigend erklärt werden und ist aus der Gesamtheit der die Übergabe der Sache veranlassenden

[1]) Zimmermann in der Zeitschrift für Handelsrecht Bd. 19 S. 397 ff.; Thöl, Handelsrecht § 270 Note 29; Hanausek, Die Haftung des Verkäufers für die Beschaffenheit der Ware Abt. 2 S. 106 ff.; Kierulf, Sammlung der Entscheidungen des Oberappellationsgerichtes zu Lübeck Bd. 4 Nr. 48 S. 447 ff.

und begleitenden Umstände zu folgern, insbesondere aus dem der Tradition zugrunde liegenden Rechtsgeschäfte. Läßt dieses seiner Natur nach auf den Willen, Eigentum zu übertragen bzw. zu erwerben, schließen, so wird in Ermangelung entgegenstehender Umstände anzunehmen sein, daß der Wille auf Übertragung bzw. Erwerb des Eigentums gerichtet ist. Wird auf Grund eines Kaufvertrages von dem Verkäufer die verkaufte Spezies dem Käufer tradiert und der letztere nimmt sie an, so wird darin die Erklärung des beiderseitigen Willens, Eigentum zu übertragen bzw. zu erwerben, gefunden werden müssen. Anders liegt dagegen die Sache, wenn der Gegenstand des Kaufes ein genus ist und der Verkäufer die einseitig von ihm ausgeschiedenen Sachen zum Zwecke der Erfüllung des Kaufvertrages dem Käufer übersendet. In Ermangelung besonderer, diesen Willen ausschließender Umstände wird zwar auch in diesem Falle der Wille des Verkäufers, das Eigentum an der übersandten Ware auf den Käufer zu übertragen, angenommen werden müssen, allein es kann in der Annahme der übersandten Ware durch den Käufer allein nicht der Ausdruck des Willens, das Eigentum an dieser Ware zu erwerben, gefunden werden. Wenn nicht aus den Erklärungen oder Handlungen des Käufers hervorgeht, daß er die ihm vom Verkäufer übersandte Ware mit der Absicht, Eigentum daran zu erwerben, in Besitz nehme, so wird in der bloßen Abnahme der Ware von dem mit deren Transporte Beauftragten zunächst nur der Wille des Käufers zum Ausdrucke gebracht, die Ware zu detinieren, seiner Verpflichtung zur Abnahme der Ware zu genügen, um zu konstatieren, ob dieselbe vertragsmäßig, empfangbar sei. Erklärt der Käufer sofort nach der Ablieferung der Ware oder doch rechtzeitig, daß er die Ware als nicht vertragsmäßige nicht empfangen wolle, und stellt er dieselbe dem Verkäufer zur Disposition, so gibt er damit zu erkennen, daß er nicht den Aneignungswillen habe, sondern daß er die Ware nur detinieren, für den Verkäufer aufbewahren wolle. Die zur Disposition gestellte Ware bleibt in diesem Falle im Eigentum des Verkäufers[1]). Mit Recht ist zwar geltend gemacht worden, daß die Frage, ob ein Käufer das Recht habe, das ihm vom Verkäufer zum Zwecke der Erfüllung des Kaufvertrages übersandte Kaufobjekt zurückzuweisen, und die Frage, ob er Eigentümer der ihm übersandten Ware geworden sei, voneinander unabhängig seien, daß die redhibitorische Klage auch von demjenigen, welcher bereits Eigentümer geworden sei, angestellt werden könne. Allein es ist nicht richtig, daß die Beanstandung der dem Käufer von dem Verkäufer übersandten Ware den Eigentumsübergang nicht hindere, daß stets der Käufer das Eigentum an der ihm übersandten Ware dadurch erwerbe, daß er den körperlichen Besitz derselben erlangt habe, sofern

[1]) Gareis, Das Stellen zur Disposition S. 51.

er nicht bei der Besitzergreifung erkläre, daß er das Eigentum nicht erwerben wolle. Da der Käufer die ihm vom Verkäufer übersandte Ware unter Umständen dem mit deren Transporte Beauftragten abnehmen muß, auch wenn er nicht den Willen hat, das Eigentum an derselben zu erwerben, so kann nicht angenommen werden, der Käufer habe schon durch die bloße Annahme der Ware den Willen, Besitzer oder Eigentümer derselben zu werden, betätigt; es müssen vielmehr Tatsachen nachgewiesen werden, aus denen dieser Wille zu entnehmen ist. Dieser Wille ist aber nicht allein aus der Genehmigung der gelieferten Ware durch den Käufer zu folgern, sondern jede Handlung, durch welche er seinen Willen, den Besitz als Eigentumsbesitz ausüben zu wollen, insbesondere jede eigentumsmäßige Disposition über die Ware macht ihn zum Eigentümer.

War daher im vorliegenden Falle darauf allein, daß die Klägerin die ihr von der Beklagten übersandten und von der Eisenbahn ihr abgelieferten Quantitäten Gummi in Besitz genommen hat, nicht zu folgern, daß sie das Eigentum an denselben erworben habe, vielmehr dieser Eigentumsübergang dadurch verhindert, daß sie unmittelbar nach der Ablieferung der Ware der Beklagten anzeigte, daß sie dieselbe, weil sie nicht vertragsmäßig sei, nicht empfangen wolle, vielmehr der Beklagten zur Disposition stelle, so würde, wie der Berufungsrichter mit Recht angenommen hat, die Sachlage auch dadurch nicht geändert sein, wenn, wie die Beklagte behauptet hat, der Klägerin ein Orderkonnossement über die fragliche Ware zugesandt und von ihr angenommen wäre. Nach Art. 649 HGB. hat die Übergabe des an Order lautenden Konnossements an denjenigen, welcher durch dasselbe zur Empfangnahme legitimiert wird, sobald die Güter wirklich abgeladen sind, für den Erwerb der von der Übergabe der Güter abhängigen Rechte dieselben rechtlichen Wirkungen wie die Übergabe der Güter. Welche Rechte dieses sind, ist im Handelsgesetzbuche nicht bestimmt, es ist diese Frage vielmehr nach dem in den einzelnen Ländern geltenden Zivilrechte, im vorliegenden Falle nach den Grundsätzen des gemeinen Rechtes zu beantworten. Das der Übergabe des Konnossements zugrundeliegende Rechtsverhältnis äußert die gleiche rechtliche Wirkung, welche es bei der unmittelbaren Übergabe der Ware selbst gehabt haben würde. Der Konnossementsinhaber wird daher keineswegs schlechthin Eigentümer der in dem Konnossement verzeichneten Waren mit dessen Übergabe, sondern er erwirbt bald das Eigentum, bald den juristischen Besitz, bald auch nur bloße Detention mit den daran sich knüpfenden Rechten, je nachdem er durch die unmittelbare Übergabe der Waren das eine oder das andere erlangt haben würde[1]).

[1]) Vgl. Goldschmidt, Handelsrecht Bd. 1 S. 700 ff., namentlich S. 717; Thöl, Handelsrecht § 270; Lewis, Seerecht, in Endemann's Handelsrecht

Da nun im vorliegenden Falle, wie oben ausgeführt worden, die Klägerin durch die körperliche Besitzübertragung an den ihr von der Beklagten zugesandten Waren allein deren Eigentum nicht erworben hat, so würde ein Eigentumsübergang von der Beklagten auf die Klägerin auch durch die Übergabe eines an Order lautenden Konnossements allein nicht eingetreten sein, es hat der Berufungsrichter daher mit Recht von einer Beweisaufnahme über die Behauptung der Beklagten, daß der Klägerin ein an Order lautendes Konnossement übergeben worden sei, Abstand genommen.

Die Eideszuschiebung der Beklagten darüber, daß die Klägerin bei der Annahme der Waren die Absicht gehabt habe, deren Eigentum zu erwerben, hat der Berufungsrichter aus zutreffenden Gründen für unstatthaft erklärt. Da in der Annahme des ihr übersandten Gummis eine Erklärung des Willens der Klägerin, dessen Eigentum zu erwerben, nicht enthalten ist, so hätte die Beklagte sonstige Tatsachen behaupten und unter Beweis stellen müssen, aus welchen dieser Wille zu entnehmen gewesen wäre.

Ist danach das im Besitze der Klägerin befindliche Gummi noch Eigentum der Beklagten, so ist das von der Klägerin geltend gemachte kaufmännische Zurückbehaltungsrecht mit Recht als begründet angenommen, da die übrigen in Art. 313 HGB. aufgestellten Voraussetzungen desselben vorliegen.

Der zweite Einwand der Beklagten, daß die Klägerin nicht berechtigt sei, vom Vertrage zurückzutreten, vielmehr verpflichtet sei, die Lieferung vertragsmäßiger Ware, die noch jetzt angeboten werde, anzunehmen, weil die ädilitischen Klagen auf den Gattungskauf keine Anwendung finden, ist mit Recht von dem Berufungsgerichte zurückgewiesen worden. Es ist die von ihm seiner Entscheidung zugrunde gelegte, auch vom Reichsoberhandelsgerichte und vom Reichsgerichte angenommene Ansicht, daß die ädilitischen Rechtsmittel beim Gattungskaufe unter denselben Voraussetzungen wie beim Spezieskaufe zulässig seien, zu billigen"[1]). . . .

RGZ. 12, 92

Handelt Art. 301 HGB. nur von solchen Verpflichtungsscheinen, welche ein reines Summen- oder Quantitätsversprechen enthalten? Wird dem kaufmännischen Verpflichtungsscheine dadurch seine rechtliche Natur entzogen, daß in demselben die Angabe eines Verpflichtungsgrundes enthalten ist?

Bd. 4 S. 187; Exner, Die Lehre vom Rechtserwerb durch Tradition S. 152 ff., 185 ff. Entsch. des RG.s in Zivils. Bd. 5 S. 79.

[1]) Vgl. Goldschmidt in der Zeitschrift für Handelsrecht Bd. 19 S. 98 ff.; Hanausek a. a. O. S. 113 ff.; Entsch. des ROHG.s Bd. 4 S. 183, Bd. 5 S. 252, 399; Entsch. des RG.s in Zivils. Bd. 6 S. 188.

I. Zivilsenat. Urt. v. 23. Februar 1884.
I. Landgericht I Berlin. II. Kammergericht daselbst.

Kläger fordert aus zwei, von ihm in den Vorinstanzen vorgelegten Prioritätsobligationen Zahlung von zusammen 2000 M. und Zinsen. Die Obligationen lauten:

„Der Berliner Vorschußverein, eingetragene Genossenschaft, bescheinigt, von Herrn v. R. zu Berlin ein Darlehn von 1000 M. empfangen zu haben. Dasselbe wird mit sechs Prozent jährlich verzinst und werden die Zinsen halbjährlich postnumerando am 1. Januar und 1. Juli mit je 30 M. gegen Rückgabe der entsprechenden Koupons ausgezahlt. Die Rückzahlung des Kapitals an den genannten Gläubiger oder dessen Order erfolgt nach vorhergegangener sechsmonatlicher Kündigung nach Maßgabe des § 2 des Statutes des Berliner Vorschußvereins, eingetragene Genossenschaft."

Die Obligationen sind von dem Generalbevollmächtigten des Herrn v. R. in blanco giriert. Kläger hat behauptet, der ursprüngliche Gläubiger v. R. habe die beiden Darlehen dem beklagten Vorschußvereine ausgezahlt, eventuell der Vorstand des Vorschußvereines habe die Obligationen von dem Bevollmächtigten des v. R. mit dessen Giro versehen zurückerhalten und sie dann gegen Empfang der Valuta an einen der Vormänner des Klägers gegeben.

In den Vorinstanzen ist die Klage abgewiesen, von dem Landgerichte I zu Berlin mit folgender Motivierung: Die Obligationen seien von einer eingetragenen Genossenschaft, also einem Kaufmanne, ausgestellt, die Geldleistung sei unabhängig von einer Gegenleistung versprochen, es liegen also Verpflichtungsscheine im Sinne des Art. 301 HGB. vor; da sie an Order lauten, seien in betreff der Form des Indossaments und der Legitimation des Inhabers die Bestimmungen der Wechselordnung maßgebend, auch seien Einreden nur in dem durch Art. 303 HGB. beschränkten Umfange zulässig. Nun sei es aber keine Einrede, wenn Beklagte den Empfang des Darlehns bestreite, allerdings habe sie den Empfang in der Urkunde anerkannt, das ändere aber nur die Beweislast. Hier sei der Verpflichtungsgrund als integrierender Bestandteil des Versprechens in dasselbe aufgenommen, dieses Verhältnis auch in der Urkunde zum Ausdrucke gelangt, es bleibe also der Verpflichtungsgrund maßgebend für die Entstehung wie für den Inhalt der Obligation auch dem Indossator gegenüber. Nun sei aber erwiesen, daß der beklagte Vorschußverein, von dem v. R. kein Darlehn erhalten habe, es sei also auch keine Darlehnsobligation entstanden.

Sodann sei nicht ersichtlich, wie die Tatsache, daß die Obligationen gegen Empfang der Valuta von dem Vorstande des Vorschußvereines weiter begeben seien, ausreichen solle, um den Vorschußverein zur Zahlung der vertretenen Summe zu verpflichten. Das Indossamnt für sich allein erzeuge bei den kaufmännischen Verpflichtungsscheinen keine Verbindlichkeit, ein demselben zugrunde liegendes materielles Rechtsverhältnis bestehe aber zwischen dem Kläger und dem Vorschußvereine nicht, da jener die Obligationen von diesem nicht unmittelbar empfangen habe.

Das Kammergericht hat in seinem Urteil vom 15. November 1883 die erstinstanzliche Entscheidung, indessen aus anderen Gründen, bestätigt. Das Berufungsurteil geht davon aus, daß die vorgelegten Prioritätsobligationen Verpflichtungsscheine im Sinne des Art. 301 HGB. nicht seien. Es wird interpretando festgestellt, daß ein von einer Gegenleistung unabhängiges reines Summenversprechen nicht beabsichtigt sei, vielmehr sei die Absicht der Parteien auf Ausstellung eines gewöhnlichen Darlehnschuldscheines gerichtet gewesen. Das wird aus dem Wortlaut der Urkunde in Verbindung mit § 2 der Statuten geschlossen.

Dieser in den Prioritätsobligationen in Bezug genommene § 2 lautet:

„Der Betriebsfonds des Berliner Vorschußvereiens wird durch Einlagen seiner Mitglieder und Gewinnanteile nach den weiter unten folgenden Bestimmungen gebildet und besteht ... d) in einer Solidargarantie der Vereinsmitglieder aufzunehmenden Bankanleihe von 500 000 M. gegen Ausgabe von Bankschuldscheinen über je 1000 M., Prioritätsanleihe genannt.

Die Prioritätsanleihescheine lauten auf Namen, sind jedoch nach Mitteilung an den Berliner Vorschußverein durch Indossement an Dritte übergeben und werden mit sechs Prozent jährlich in zwei halbjährlichen Raten am 1. Januar und 1. Juli jedes Jahres verzinst. In den Generalversammlungen haben die Prioritätenbesitzer als solche weder Sitz noch Stimme, sind aber für den vollen Betrag des Kapitals nebst verfallenen Zinsen Gläubiger des Vorschußvereins und haben gleich stillen Teilnehmern das Recht, die abschriftliche Mitteilung der Jahresrechnung nach deren Fertigstellung zu verlangen. Eine Aufkündigung der Prioritätsanleihescheine von seiten der Inhaber kann nur auf den Schluß eines Kalenderjahres, mindestens aber sechs Monate vorher und auch erst nach zwei Jahren von der Zeichnung ab gerechnet erfolgen. Von seiten der Bank sind die Prioritäten jederzeit auf den Schluß eines Kalenderjahres sechs Monate vorher kündbar; doch steht dem Vorstande das Recht zu, bei Angebot von Prioritäten dieselben auch sofort zurückzuzahlen."

Das Berufungsurteil legt darauf Gewicht, daß in der Urkunde wie in § 2 der Statuten von der R ü c k zahlung der als empfangenes Darlehn bezeichneten und zu kündigenden Summen und von einer einseitig übernommenen Zahlungsverpflichtung die Rede sei.

Allerdings schließe das Hinzufügen der causa debendi nicht unbedingt den Charakter des Verpflichtungsscheines aus, wohl aber raube der Mangel einer, wenn auch immerhin unter Bezugnahme auf einen vorhandenen Schuldgrund, so doch selbständig und einseitig im Scheine klar und vollständig übernommenen Zahlungsverpflichtung der Urkunde den Charakter eines kaufmännischen Verpflichtungsscheines. Die Absicht, eine abstrakte Verbindlichkeit zu begründen, sei schon im Zweifel nicht zu präsumieren, hier werde diese Absicht durch die Fassung nicht unterstützt, sondern widerlegt. Auch die Bezugnahme auf § 2 des Statutes schließe den Charakter des Verpflichtungsscheines aus, aus dessen Text sich die Gesamtheit der Verpflichtungen ergeben müßte.

Auf Revision des Klägers wurde das Berufungsurteil aufgehoben und der Beklagte klagegemäß verurteilt aus folgenden

Gründen:

„Den Gründen des Berufungsurteiles, welche wiederholt darauf Gewicht legen, daß der kaufmännische Verpflichtungsschein im Sinne Art. 301 HGB. ein reines Summenversprechen enthalten solle, daß es sich hierbei um die Begründung einer abstrakten Verbindlichkeit handle, steht soweit die namhafte Autorität Thöl's (Handelsrecht § 213) zur Seite, welcher den kaufmännischen Verpflichtungsschein definiert als das schriftliche einseitige Summenversprechen eines Kaufmannes. Auch ist nach den Protokollen der Kommission zur Beratung des Handelsgesetzbuches S. 1329 von einer Seite bemerkt worden, man habe sich in erster Lesung unter den Verpflichtungsscheinen absolute Versprechen ohne Angabe eines Verpflichtungsgrundes gedacht.

Allein der an diese Bemerkung geknüpfte Antrag ging doch nur dahin, eine Fassung zu erreichen, nach welcher der Mangel eines Verpflichtungsgrundes auch dem ersten Inhaber gegenüber der Gültigkeit der Willenserklärung keinen Eintrag tue, während die damals vorliegende Fassung des Referenten nur dem Indossatar gegenüber den Einwand ausschloß, daß die Angabe eines Verpflichtungsgrundes oder das Empfangsbekenntnis der Valuta in dem Scheine mangele.

Dieser Antrag ist angenommen und so die Fassung des Art. 301 des Gesetzes entstanden.

Nach dieser ist es zur Gültigkeit eines von einem Kaufmanne ausgestellten Verpflichtungsscheines des in Abs. 1 bezeichneten Charakters nicht erforderlich, daß derselbe die Angabe des Verpflichtungsgrundes enthält. Danach gibt es kaufmännische Verpflichtungsscheine mit Angabe eines Verpflichtungsgrundes und kaufmännische Verpflichtungsscheine *ohne* Angabe eines Verpflichtungsgrundes. Die Angabe oder der Mangel eines Verpflichtungsgrundes ist dem kaufmännischen Verpflichtungsscheine nicht wesentlich; der kaufmännische Verpflichtungsschein kann ebensogut ein absolutes Versprechen als ein individualisiertes Versprechen enthalten.

Diese Auslegung steht auch sonst mit den Materialien zum Handelsgesetzbuche nicht in Widerspruch. Nach diesen ist man bei den Beschlußfassungen, aus welchen diese Bestimmungen hervorgegangen sind, keineswegs von der Absicht ausgegangen, die Verpflichtungsscheine von Kaufleuten in abstrakter Weise zu gestalten, man hat nicht etwa bezweckt, eine Art erweiterter Wechsel zu kreieren, vielmehr schlossen sich die Verhandlungen an diejenigen Vorschläge an, welche der Entwurf über das Indossament gewisser Handels- und Wertpapiere gemacht hatte. Man hielt diese Bestimmungen nicht für ausreichend und machte geltend, für den Handelsverkehr bestehe das Bedürfnis, das Indossament in weiterem Umfange anzuwenden, etwa auf alle Papiere, welche für den Handelsverkehr bestimmt sind, z. B. an Order lautende (Protokolle S. 434, 435); es wurde hervorgehoben (S. 560), daß man bei den an Order ausgestellten Urkunden unbedenklich das Indossament mit den ihm beizulegenden materiellen Wirkungen zulassen könne, selbst wenn dadurch die Einreden aus der Person des früheren Inhabers abgeschnitten würden, denn durch die Anwendung solchen Ausdruckes gebe der Aussteller zur Genüge zu erkennen, daß er die Begebung der Urkunde sich gefallen lasse und nichts mit dem jeweiligen Inhaber derselben zu tun haben wolle, ohne auf die Person eines bestimmten Inhabers Gewicht zu legen.

Der Schwerpunkt der Tendenz, das ganze Motiv für diese Bestimmung ruhte in der zu erleichternden Negoziabilität der Handelspapiere, und dies sollte durch das Indossament erzielt werden. Wie wenig das *abstrakte Versprechen* den Ausgangspunkt, seine Anerkennung das Ziel der Verhandlungen bildet, geht daraus hervor, daß bei den Verhandlungen von kaufmännischer Seite mit Nachdruck das Ziel verfolgt wurde, auch solche auf zweiseitige Geschäfte bezügliche Urkunden, welche über die Verpflichtung, die verkaufte Ware auszuliefern, ausgestellt, und in denen jene Verpflichtung von der Gewährung der vereinbarten Gegenleistung abhängig gemacht sei, für indossabel und negoziabel zu erklären (S. 561). Nur der Umstand, daß eine Anwendung des *Indossaments* auf solche zweiseitige Vertragsurkunden der rechtlichen Natur dieser Verträge widerstrebe, daß kein Bedürfnis bestehe, solche Urkunden begebbar zu machen, daß durch ihre Begebung Prozesse entstünden, führte zur Ausscheidung dieser Urkunden (S. 561, 563). Man glaubte nur Urkunden über *einseitige* Leistungen durch Indossament begebbar machen zu dürfen, und man stellte als den Sinn des zu fordernden einseitigen Versprechens lediglich dies fest, daß das Versprechen nicht an die Bedingung einer Gegenleistung geknüpft werden dürfe (S. 4569).

Im übrigen wurden diejenigen Erfordernisse der Indossabilität der Anweisungen und Verpflichtungsscheine beschlossen, welche aus Art. 301 Abt. 1 ersichtlich sind.

Der Schwerpunkt blieb die Anerkennung der Indossabilität, die Feststellung ihrer Bedingungen und der Wirkungen des Indossaments.

Wenn bei dieser Gelegenheit nun auch der Satz Anerkennung erhielt, daß dem ersten Inhaber gegenüber der Verpflichtungsschein auch dann Gültigkeit haben sollte, wenn er die Angabe eines Verpflichtungsgrundes nicht enthält, und wenn folgerichtig diese Bestimmung nun auch auf den nicht an Order gestellten Verpflichtungsschein anzuwenden ist, so ist dadurch der Charakter der idossabelen Verpflichtungsscheine kein anderer geworden.

Das Gesetz befriedigt so zwei auf verschiedenen Gebieten liegende Bedürfnisse durch zwei nebeneinander liegende Vorschriften:

1. Der Schein, in welchem sich ein Kaufmann verpflichtet, Geld oder eine Quantität vertretbarer Sachen oder Wertpapiere zu leisten, ohne daß darin die Verpflichtung zur Leistung von einer Gegenleistung abhängig gemacht ist, ist auch dann gültig, wenn der Schein die Angabe des Verpflichtungsgrundes nicht enthält (der Schein mag nun an Order gestellt sein oder nicht).

2. Der Schein, in welchem sich ein Kaufmann verpflichtet, Geld ohne eine Quantität vertretbarer Sachen oder Wertpapiere zu leisten, ohne daß darin die Verpflichtung zur Leistung von einer Gegenleistung abhängig gemacht ist, kann, wenn derselbe an Order lautet, durch Indossament übertragen werden. Zur Gültigkeit des Indossaments ist nicht erforderlich, daß derselbe das Empfangsbekenntnis der Valuta enthält.

Weitergehende Erfordernisse als hier unter 2 sind für den indossabelen Verpflichtungsschein eines Kaufmannes nicht aufgestellt, weitere Erfordernisse sind auch nicht anzuerkennen, sofern sie sich nicht aus den hier aufgestellten oder aus anderen gesetzlichen Bestimmungen ergeben.

Bekennt nun ein Kaufmann, ein Darlehn erhalten zu haben, und verspricht er, dasselbe zurückzuzahlen, oder bekennt er, sonst aus irgendeinem einseitigen in der Urkunde benannten Rechtsgeschäfte oder auch aus einem zweiseitigen, aber von der anderen Seite erfüllten Rechtsgeschäfte eine gewisse Summe Geldes oder eine Quantität vertretbarer Sachen oder Wertpapiere schuldig zu sein, und verspricht er, den hiernach geschuldeten Betrag an seinen Gläubiger oder dessen Order zu zahlen, so ist nicht ersichtlich, wie sich der Aussteller gegen die von dem Gesetze geordneten Folgen der Tatsache, daß er den Schein an Order gestellt hat, durch Berufung auf die Absicht soll befreien können, er habe einen gewöhnlichen Darlehnsschuldschein oder einen Schein über eine Schuld aus einem Kaufgeschäfte usw. ausstellen wollen.

Ein Darlehnsschuldschein ist ein kaufmännischer Verpflichtungsschein im Sinne des Art. 301 Abs. 1 HGB., wenn er den dort aufgestellten Erfordernissen entspricht; und, wenn man einen Gegensatz zwischen einem gewöhnlichen Darlehnsschein und einem kaufmännischen Verpflichtungsscheine aufstellen will, so hört der Darlehnsschuldschein auf, ein gewöhnlicher Darlehnsschuldschein zu sein, sobald er den Erfordernissen des Art. 301 Abs. 1 entspricht.

Allerdings hängt die Entstehung der Verpflichtung zur Rückzahlung eines Darlehns davon ab, daß der Gläubiger dem Schuldner das Darlehn ausgezahlt habe. Ist die zurückzuzahlende Summe nicht ausgezahlt, so liegt eben ein Darlehn nicht vor. Aber Auszahlung des Darlehns und Rückzahlung verhalten sich nicht wie Leistung und Gegenleistung. Und selbst wo eine solche Abhängigkeit von Leistung und Gegenleistung nach der Natur des Vertrages an sich besteht, macht ein Schuldner, welcher die Leistung schlechthin verspricht, unabhängig von einer ihm nicht mehr zu gewährenden Gegenleistung, welche er vielmehr bereits erhalten zu haben bekennt, seine Leistung nicht von einer Gegenleistung abhängig, sondern er entbindet sein Versprechen von der Abhängigkeit, welche das Gesetz bei einem anderen Tatbestande für das Verhältnis von Leistung und Gegenleistung begründet.

Nun kann das Bekenntnis falsch sein, es kann sein, daß der Kaufmann den Verpflichtungsschein in der Erwartung ausgestellt hat, es werde ihm das Darlehn ausgezahlt werden, es ist ihm aber nicht ausgezahlt, der Kaufmann hat den an Order gestellten Verpflichtungsschein aus der Hand gegeben, bevor er die Auszahlung erhalten hat, und der Schuldschein ist von der in demselben als Gläubiger genannten Person weiterbegeben.

In diesem Falle ist — das ergibt sich aus dem Zwecke und aus dem Inhalte der Vorschrift in Art. 303 Abs. 2 — der redliche Erwerber durch Indossament geschützt. Der Nachteil trifft den Aussteller des an Order gestellten Scheines. Der durch Indossament legitimierte Inhaber dieses Scheines beruft sich zur Begründung seiner Klage auf den Schein und seinen Inhalt. Hat der Kaufmann diesen den Erfordernissen des Art. 301 Abs. 1 HGB. entsprechenden Schein ausgestellt, und ergibt sich aus dem Inhalte des Scheines die Verpflichtung des Ausstellers zur Leistung, so ist die Klage, es mag nun diese Verpflichtung eine abstrakte oder eine konkrete Obligation sein, begründet.

Die Berufung darauf, daß der Inhalt des Scheines dem tatsächlichen Vorgange nicht entspreche, ist eine Einrede, und zwar eine Einrede, welche dem redlichen Indossatar nicht entgegensteht.

S o w e i t erzeugt der Verpflichtungsschein für sich eine Formalobligation; es ist gleichgültig, ob der in dem Scheine wiedergegebene Vorgang so geschehen ist, wie dort bekundet ist, es ist gleichgültig, ob zwischen den ersten Kontrahenten eine Darlehnsobligation durch eine Darlehnshingabe entstanden ist, oder ob dieselben eine Darlehnshingabe nur fingiert haben, ob sie einen Kaufvertrag abgeschlossen oder simuliert haben, ob die Erfüllung von einer Seite stattgefunden hat oder nur bekannt ist: wenn sich aus dem Inhalte der Urkunde die actio mutui, die von einer Gegenleistung nicht mehr abhängige actio emti oder actio venditi begründet, so steht diese Klage dem I n d o s s a t a r so zu, als sei der Vorgang, welchen der Schein bekennt, so erfolgt, wie der Aussteller ihn bekennt. Man darf aber nicht fordern, daß die Formalobligation als eine abstrakte Obligation auch e r s c h e i n e , man darf den kaufmännischen Verpflichtungsschein mit seinen Konsequenzen nicht um deswillen ablehnen, weil der Inhalt des Scheines eine individualisierte Obligation aufweist.

Ein ganz ähnliches Rechtsverhältnis kommt auch auf anderen Rechtsgebieten vor. Die Landesgesetzgebungen haben im Interesse des Immobiliarkredites die Begebbarkeit der Hypothekenurkunden vielfach durch ganz ähnliche Bestimmungen erleichtert, wie sie in Art. 301—303 HGB. zur Erleichterung der Begebbarkeit kaufmännischer Verpflichtungsscheine getroffen worden sind.

Gegen den Zessionar werden Einreden aus der Person des Zedenten nur zugelassen, wenn sie aus der Hypothekenurkunde oder aus dem Grundbuche hervorgehen.

Der hypothekarische Anspruch ist s o w e i t zu einem Formalanspruch gemacht; aber die Landesgesetzgebungen haben d a m i t nicht gefordert, daß er auch ein abstrakter Anspruch sei. Wo dies nicht anders vorgeschrieben ist, bekennt der Grundeigentümer nach wie vor „ein Darlehn" erhalten zu haben, verspricht die R ü c k - z a h l u n g und verpfändet das Grundstück, ohne daß nun dem dritten gutgläubigen Inhaber der Hypothekenurkunde der Einwand entgegengesetzt werden dürfte, das Darlehn sei niemals ausgezahlt. Endlich kann auch weder die Bezugnahme auf § 2 des Statutes noch der Inhalt dieses § 2 dem ausgestellten Scheine die Natur des Verpflichtungsscheines rauben oder die Anwendung der in Art. 301—303 getroffenen Bestimmungen ausschließen.

Das Statut enthält in § 2 gerade die normierenden Bestimmungen für den Erlaß der Prioritätsobligationen, dasselbe ist vor dem Erlasse errichtet, ist eine öffentlich bekannte, jedem Inhaber von Obligationen zugängliche Urkunde. Die Bezugnahme auf diesen § 2 des Statutes kann um deswillen, weil dieser § 2 in den Schein nicht aufgenommen ist, die Begebbarkeit desselben nicht ausschließen. Die zahlreichsten Prioritätsobligationen, welche als Inhaberpapiere ausgegeben worden sind, nehmen in dem Kontexte auf den durch ein Privilegium festgestellten oder einen vor der Emission aufgestellten Tilgungsplan Bezug, ohne daß jenen Obligationen die Natur von Inhaberpapieren bestritten worden ist. Ein Lagerschein, in welchem der Aussteller Lagerung unter den durch die Lagerhofsordnung vorgeschriebenen Bestimmungen bekennt, ist als ein eigentliches Inhaberpapier angesehen worden.

Vgl. Entsch. des ROHG.s Bd. 25 Nr. 84 S. 351.

An das Orderpapier können keine strengeren Anforderungen gestellt werden. Schränkt der § 2 des Statutes die Kündbarkeit der Obligationen noch näher dahin ein, daß dieselbe erst nach zwei Jahren von der Zeichnung ab und daß sie nur auf den Schluß eines Kalenderjahres erfolgen kann, so wären die Beklagten wohl berechtigt gewesen, einen Einwand aufzustellen, wenn die Kündigung nicht diesen statutarischen Bestimmungen entsprochen hätte, so daß die eingeklagten Forderungen nicht fällig geworden wären; aber ungültig sind die Obligationen dadurch nicht geworden, daß in denselben nur die sechsmonatliche Kündigung genannt ist. Noch viel weniger läßt sich das in bezug auf die statuarische Bestimmung annehmen, welche dem Vorstande gestattet, eine ihm von dem Gläubiger angebotene Obligation sofort zurückzuzahlen, oder welche den Gläubiger das Recht gibt, die abschriftliche Mitteilung der Jahresrechnung zu verlangen, wie solches Recht stille Teilhaber haben. Daß damit den Darlehnsgläubigern und Prioritätsinhabern keine andere rechtliche Stellung als die in der Urkunde bezeichnete zugewiesen ist, bedarf kaum einer Bemerkung. Endlich ergibt sich daraus keine Ungültigkeit der Obligationen, daß das Statut die Mitteilung der Begebung der an Order ausgestellten Obligationen vorbehält. Denn da dem Vereine ein Widerspruchsrecht für den Fall der Mitteilung nicht eingeräumt ist, so kann jene Mitteilung zur Kenntnisnahme nur die Bedeutung haben, daß der Verein informiert werde, wenn sich die Obligationen nicht mehr in der Hand ihres ursprünglichen Inhabers befindet. Daß dies hier nicht mehr der Fall ist, hat der Verein längst erfahren; und hat der Verein sogar, wie die Vorinstanzen nach den Zeugenaussagen implicite annehmen, die mit Blankoindossament versehenen Obligationen selbst emittiert, so ist jene Bestimmung für den vorliegenden Fall völlig gegenstandslos. Da sich aus dem Inhalte der Prioritätsobligationen alle Erfordernisse eines Darlehnsanspruches ergeben, so hat der Kläger durch Vorlegung der Obligationen, deren Echtheit ebensowenig wie die Echtheit des den Kläger legitimierenden Indossaments streitig ist, seinen Anspruch begründet. Derselbe ist auch fällig. Nur versteht es sich von selbst und ist auch durch Art. 303 Abs. 3 HGB. vorgeschrieben, daß der Schuldner nur gegen Rückgabe der Prioritätsobligationen bzw. der Kupons zu zahlen hat."

RGZ 32, 81

1. Erfordert der kaufmännische Verpflichtungsschein, daß er aus sich selbst durch eine Formel, z. B. „gegen diesen Schein zahle ich", den Willen des Ausstellers erkennen lasse, sich selbständig vermöge des Scheines und abgesehen von jedem anderen Verpflichtungsgrunde verbindlich zu machen?

2. Zulässigkeit von Einreden gegen die Verpflichtung aus einem nicht an Order gestellten kaufmännischen Verpflichtungsscheine.

HGB. Art. 301, 303.

I. Zivilsenat. Urt. v. 3. Januar 1894.

I. Landgericht Tilsit. II. Oberlandesgericht Königsberg i. Pr.

Der Kläger klagte auf Zahlung eines Restbetrages aus einem vom Beklagten ausgestellten Scheine folgenden Inhaltes: „Laut eingereichter Rechnung von Herrn L. W. zahle ich à conto an denselben morgen 10 590 M." Auf dem Scheine befindet sich eine Zessionserklärung des L. W. an den Kläger, ein Giro des Klägers an L. M. Söhne und ein Rückgiro „der restlichen 3590 M." an den Kläger Der Beklagte erhob eine Reihe von Einreden, wonach der Schein über Kaufgeld für Holz, welches er von B. gekauft, für L. W., den Spediteur des B., ausgestellt, er aber nicht bedingungslos in Höhe der verschriebenen ganzen Summe, sondern nur dann verpflichtet sein sollte, wenn sich nach Vermessung des im Pfandbesitze des Klägers befindlichen, von diesem nach Zahlung von 7000 M. herausgegebenen Holzes die Richtigkeit der Schuld in Höhe der verschriebenen Summe ergeben haben würde. Der erste Richter verurteilte den Beklagten ohne Rücksicht auf diese Einreden, der Berufungsrichter wies dagegen die Klage ab. Auf die Revision des Klägers ist das Berufungsurteil aufgehoben, und die Sache an das Berufungsgericht zurückverwiesen worden aus folgenden

Gründen:

„Das Berufungsurteil beruht auf der Ausführung, daß der Schein vom 28. Juni 1892 kein kaufmännischer Verpflichtungsschein im Sinne des Art. 301 HGB. sei, der Kläger ein selbständiges Klagerecht aus demselben nicht herleiten könne, und deshalb, weil dieser Schein die ausschließliche Grundlage der Klage bilde, die Abweisung der Klage geboten sei.

Die Revision greift diese Ausführung mit Recht an. Der Beklagte ist Kaufmann. Er hat in dem Scheine die Verpflichtung übernommen, an L. W. eine bestimmte Geldsumme zu zahlen. Diese Verpflichtung ist in dem Scheine von einer Gegenleistung nicht abhängig gemacht. Damit sind alle Erfordernisse erfüllt, welche das Gesetz an den kaufmännischen Verpflichtungsschein stellt. Weder der Wortlaut des Gesetzes noch seine Entstehungsgeschichte bieten einen Anhalt dafür, daß das Wesen des kaufmännischen Verpflichtungsscheines mehr erfordert, als die Kaufmannseigenschaft des Ausstellers und die einseitige schriftliche Übernahme einer vertretbaren Leistung ohne Abhängigkeit von einer Gegenleistung. Weder die Stellung an Order ist wesentlich, noch, daß sich aus dem Verpflichtungsscheine der Verpflichtungsgrund nicht ergibt. Die Stellung an Order begründet nur die Indossabilität, und der Art. 301 Abs. 2 besagt weiter nichts, als daß der Mangel der Angabe des Verpflichtungsgrundes die Gültigkeit der übernommenen Verpflichtung nicht berührt. Über alles dies ist die konstante Praxis des vormaligen Reichsoberhandelsgerichtes wie des Reichsgerichtes einig.

Vgl. Entsch. des ROHG.s Bd. 7 S. 204, Bd. 8 S. 431; Entsch. des RG.s in Zivils. Bd. 11 S. 178, Bd. 12 S. 92, Bd. 14 S. 94, 104.

Danach ist dem kaufmännischen Verpflichtungsscheine das abstrakte Summenversprechen nicht wesentlich. Deshalb fehlt es auch der Ausführung des Berufungsrichters, daß der kaufmännische Verpflichtungsschein aus sich selbst durch irgend eine Formel, wie z. B. „gegen diesen Schein zahle ich", den Willen des Ausstellers erkennen lassen müsse, sich selbständig vermöge des Verpflichtungsscheines und abgesehen von jedem anderen Verpflichtungsgrunde verbindlich zu machen, an jedem Grunde. Das Gesetz selbst gestaltet den Verpflichtungsschein, welcher dem Art. 301 HGB. entspricht, zu einer Formalobligation mit den sich aus dem Art. 303 ergebenden Wirkungen. Wenn der Berufungsrichter sich auf Dernburg, Preußisches Privatrecht Bd. 2 § 15 bezieht, so beruht dies auf einem Mißverständnisse, ebenso wie der Gegensatz, in den er den kaufmännischen Verpflichtungsschein zu der bloßen Schuldurkunde (Schuldschein) im Art. 274 Abs. 2 HGB. bringt.

Vgl. Entsch. des RG.s in Zivils. Bd. 12 S. 92, 99 ff.

Das Berufungsurteil unterliegt hiernach der Aufhebung. In der Sache selbst kann indessen noch nicht erkannt werden. Der Verpflichtungsschein vom 28. Juni 1892 ist auf die Person des L. W. und nicht an Order gestellt. W. hat die Rechte aus dem Scheine an den Kläger zediert. Das Giro an S. M. & Söhne kann in Verbindung mit dem Rückgiro an den Kläger Bedenken über die Legitimation des Klägers nicht entstehen lassen, obwohl der Schein, da er nicht an Order gestellt ist, nur durch Zession, nicht durch Indossament übertragbar war. Denn der Beklagte hat die Aktivlegitimation des

Klägers zwar zuerst mit der Behauptung bestritten, daß zwischen ihm und W. stipuliert sei, Rechte aus dem Scheine dürfe nur B. geltend machen, demnächst aber zugestanden, daß er sich nach Mitteilung von der Zession zur Zahlungsleistung auf den Schein mit Rücksicht darauf verpflichtet habe, daß dem Kläger das Holz verpfändet gewesen sei, und daß ihm daran gelegen habe, das Holz in die Hände zu bekommen Er hat sich geständlich demnächst auch in Verhandlungen mit dem Kläger eingelassen, dessen schriftliche Erklärungen am 28. und 29. Juni 1892 entgegengenommen und darauf, soviel ersichtlich, das Holz erhalten. Streitig ist aber, welche Bedeutung diese Erklärungen des Beklagten und des Klägers nach der Abrede zwischen den Parteien haben sollten.

Der erste Richter ist auf die Einreden, welche der Beklagte nach dieser Richtung hin erhoben hat, nicht eingegangen, weil der Verpflichtungsschein als kaufmännischer indossabel sei, und der Beklagte dem Kläger gegenüber Einreden, die nicht aus dem Scheine hervorgingen oder dem Kläger selbst gegenüber begründet seien, nicht geltend machen könne (Art. 303 HGB.). Aber der Verpflichtungsschein war nicht indossabel, da er nicht an Order gestellt ist. Der Kläger kann sich daher auf Art. 303 HGB. nicht berufen, sondern muß sich ebenso wie der Zessionar alle Einreden entgegensetzen lassen, welche dem Beklagten aus seinem Rechtsverhältnisse zu W. oder zu ihm selbst zustehen. Der Beklagte hat aber behauptet, daß er sich dem W. wie auch dem Kläger selbst gegenüber durch den Schein nur bedingungsweise verpflichtet habe. Ein näheres Eingehen auf diese vom Berufungsrichter nicht in Betracht gezogenen Einreden und eine Prüfung derselben auf ihre Begründung hin ist in dieser Instanz nicht statthaft.

Die Sache ist deshalb zur anderweiten Verhandlung und Entscheidung an das Berufungsgericht zurückverwiesen." . . .

RGZ. 54, 176

Kann im Handelsverkehr ein Vertrag durch Stillschweigen auf ein vertragliches Anerbieten zustande kommen?

Kann ein solches Zustandekommen eines Vertrags im Handelsverkehr selbst dann angenommen werden, wenn nicht feststeht, daß der Stillschweigende von dem ihm zugegangenen schriftlichen Vertragsanerbieten Kenntnis genommen hat?

HGB. § 346.

II. Zivilsenat. Urt. v. 24. März 1903.

I. Landgericht Weimar. II. Oberlandesgericht Jena.

Zwischen den Parteien wurde am 10. Februar 1900 ein Kaufvertrag abgeschlossen, nach welchem der Kläger sich verpflichtete, dem Beklagten 3000 kg Wollgarn zu liefern. Auf Grund dieses

Abschlusses setzte der Kläger ein vom nämlichen Tag datiertes und an den Beklagten gerichtetes Schreiben folgenden Inhalts auf: „Hiermit bestätige ich Ihren Auftrag von 3000 kg 2 f. 48er aa Marke C. und S. à 5,80 M., Spinner Kondition, Abnahme suczessive bis 3. Quartal 1900". Dieses Schreiben händigte der Kläger dem Beklagten ein, der es ohne Widerspruch entgegennahm.

Im Mai 1900 verlangte der Beklagte auf Grund des Abschlusses von dem Kläger, daß dieser ihm 1000 kg Garn in 2 f. 64er Feinheit liefere. Der Kläger entsprach diesem Verlangen nicht, bot aber dem Beklagten 1000 kg Garn in 2 f. 48er Feinheit an, deren Abnahme der Beklagte jedoch verweigerte.

Kläger erhob daher gegen den Beklagten Klage auf Zahlung von 5800 M. als des vereinbarten Kaufpreises für 1000 kg Garn 2 f. 48er Feinheit.

Der Beklagte beantragte Abweisung der Klage, indem er ausführte: Das Schreiben des Klägers vom 10. Februar 1900, — das er zwar entgegengenommen, aber ungelesen in die Tasche gesteckt und das auch, weil es von ihm nicht mitunterzeichnet sei, keine rechtliche Bedeutung habe, — gebe den Inhalt des Vertrags insofern nicht vollständig wieder, als darin nicht zum Ausdruck gekommen sei, daß der Abschluß auf Basis 48er Feinheit erfolgt sei. Dieser bei dem Kaufabschlusse gebrauchte Ausdruck habe nach dem bestehenden Handelsgebrauche im vorliegenden Falle folgende Bedeutung: Dem Beklagten sei das Recht eingeräumt, die Lieferung des Garns nicht nur in 2 f. 48er Feinheit, sondern auch in gröberen und feineren Nummern, und zwar nach oben bis zu 2 f. 64er Feinheit zu verlangen.

Der Kläger erwiderte, sein Schreiben vom 10. Februar 1900, das als Schlußnote aufzufassen sei, gebe die Vereinbarungen der Parteien richtig wieder.

Das Landgericht wies die Klage ab, indem es als erwiesen erachtete, daß der Vertrag so, wie der Beklagte behauptete, mündlich abgeschlossen worden sei.

Auf die Berufung des Klägers erkannte das Oberlandesgericht unter Abänderung des landgerichtlichen Urteils auf einen von dem Kläger zu leistenden Eid darüber, daß er den Beklagten nicht nachträglich von seiner vertraglichen Abnahmepflicht entbunden habe, und sprach für den Fall der Leistung dieses Eides die Verurteilung des Beklagten zur Zahlung der eingeklagten 5800 M., für den Fall der Verweigerung des Eides aber die Abweisung der Klage aus. In den Gründen ist im wesentlichen ausgeführt: Ob bei der Kaufverhandlung vom 10. Februar 1900 mündlich vereinbart worden sei, daß dem Beklagten das Recht zustehen solle, die Lieferung des bestellten Garns auch in anderen Nummern als in der Nr. 48, und zwar nach oben bis zu 2 f. 64er Feinheit, zu verlangen, könne dahingestellt bleiben; denn auf diese Vereinbarung würde sich der Beklagte deshalb nicht berufen können, weil sie in das Bestätigungsschreiben des Klägers vom 10. Februar 1900 nicht mit aufgenommen worden sei. Das Schweigen des Beklagten auf dieses Schreiben müsse aber als Genehmigung des Inhalts desselben gelten, namentlich auch soweit dieser sich auf die Feinheit des zu liefernden Garns beziehe Der Kläger habe aber mittels dieses Schreibens dem Beklagten kundgegeben, daß das Garn in 2 f. 48er Feinheit zu liefern sei, und daß er eine darüber hinausgehende vertragsmäßige Verpflichtung nicht übernehmen wolle. Im Falle seines Nichteinverständnisses hiermit hätte der Beklagte sich alsbald gegen diese Vertragsauslegung verwahren sollen. Dies habe er aber nicht getan. Der Anspruch des Klägers auf Bezahlung des vereinbarten Kaufpreises für diese vom Kläger dem Beklagten angebotene Garnqualität sei daher an sich gerechtfertigt.

Die vom Beklagten gegen dieses Urteil eingelegte Revision wurde zurückgewiesen aus folgenden

Gründen:

„Der Revisionskläger hat hauptsächlich gerügt, das Berufungsgericht habe den Inhalt und die Bedeutung des Briefes des Klägers vom 10. Februar 1900 verkannt, indem es denselben als „konstitutives Bestätigungsschreiben", d. h. als zur Präzisierung des Vertragskonsenses bestimmt, und nicht als ein bloßes Beweismittel für die Behauptungen des Klägers über den Inhalt des mündlich abgeschlossenen Vertrags aufgefaßt habe; denn die Parteien seien darüber einverstanden gewesen, daß der Vertrag mündlich abgeschlossen worden sei, und daß das fragliche Schreiben keine Abweichung von der mündlichen Vereinbarung enthalten solle. Diese Beschwerde erscheint als unbegründet. Das Berufungsgericht hat zwar auf Grund der beiderseitigen Behauptungen der Parteien ein Einverständnis derselben darüber angenommen, daß der fragliche Lieferungsvertrag zunächst mündlich abgeschlossen worden sei. Aber es hat dennoch dem Schreiben des Klägers vom 10. Februar 1900 insofern eine „konstitutive" Bedeutung beigelegt, als es festgestellt hat, daß der Kläger dasselbe in der unverkennbaren Absicht verfaßt und dem Beklagten eingehändigt habe, diesen wissen zu lassen, wie er, der Kläger, den Inhalt des mündlich abgeschlossenen Vertrags auffasse, und hierdurch den Beklagten zu einer Prüfung zu veranlassen, ob diese Auffassung mit der seinigen im Einklang stehe. Indem das Berufungsgericht hiernach angenommen hat, daß der Kläger mit diesem Schreiben bezweckt habe, den gesamten Inhalt des mündlich bereits geschlossenen Vertrags in der Weise endgültig näher festzustellen, daß ausschließlich der Inhalt dieses Schreibens für den Umfang der beiderseitigen Rechte und Pflichten aus dem Vertrage maßgebend sein solle, hat es dem Schreiben und den sich hierauf beziehenden Handlungen des Klägers eine andere Auslegung gegeben, als der Beklagte, der in diesen Handlungen des Klägers lediglich die Absicht finden will, sich ein Beweismittel für den Inhalt des mündlich abgeschlossenen Vertrags zu verschaffen. Die fragliche Revisionsbeschwerde verstößt daher insoweit gegen die erwähnte, von dem Berufungsgerichte bezüglich der selbständigen vertraglichen Bedeutung dieses Schreibens getroffene Feststellung, welche als eine rein tatsächliche in diesem Punkte der Nachprüfung des Revisionsgerichts entzogen ist. Im übrigen ist aber in den rechtlichen Folgerungen, welche das Berufungsgericht aus diesem Schreiben und dem sich auf dasselbe beziehenden beiderseitigen Verhalten hergeleitet hat, ein Rechtsirrtum nicht zu finden. Es handelt sich nämlich , — wenn man mit dem Berufungsgerichte von der Unterstellung ausgeht, daß nicht schon durch den mündlich geschlossenen Vertrag die Beschaffenheit des von dem Kläger zu liefernden Garns in derselben Weise bestimmt worden ist, wie dies durch das Schreiben des Klägers vom 10. Februar 1900 geschehen ist, — bei dem letzteren Schreiben und dem Schweigen des Beklagten hierauf um eine über die Beschaffenheit der zu liefernden Ware nachträglich getroffene stillschweigende Vereinbarung, auf welche die allgemeinen Rechtsgrundsätze über das Zustandekommen von Verträgen Anwendung finden (§ 305 BGB.). Wenn nun auch die im gegebenen Falle allein in Betracht kommende Frage, ob im Handelsverkehre ein Vertrag auch durch Stillschweigen auf ein Vertragsanerbieten zustande kommen kann, weder im Handelsgesetzbuch noch im Bürgerlichen Gesetzbuch ausdrücklich geregelt ist, so ist hieraus doch nicht zu schließen, daß der Gesetzgeber dadurch die rechtliche Möglichkeit eines derartigen Zustandekommens eines Vertrags verneinen wollte, zumal da in den Protokollen der II. Kommission für das Bürgerliche Gesetzbuch (S. 8365) hervorgehoben ist, daß die Frage, was als stillschweigende Willenserklärung zu gelten habe, in dem Bürgerlichen Gesetzbuche nicht entschieden werden solle. Hiernach ist jedenfalls die Aufrechterhaltung des in dieser Hinsicht vor Einführung des Bürgerlichen Gesetzbuchs und des Handelsgesetzbuchs n. F. im Deutschen Reiche bestehenden Rechtszustandes nicht als der Absicht des Gesetzgebers widersprechend anzusehen. Unter der Herrschaft und auf Grund des Art. 279 HGB. a. F., mit welchem § 346 HGB. n. F. hinsichtlich der Beziehungen von Kaufleuten zueinander übereinstimmt, ist aber gerade auf dem handelsrechtlichen Gebiete von der Rechtsprechung vielfach das Schweigen des einen Teils auf eine Willenserklärung des anderen Teils, die im Falle des Nichteinverständnisses des Empfängers eine alsbaldige Antwort desselben erheischt haben würde, als Einverständnis mit dieser Wissenserklärung aufgefaßt worden.

Vgl. z. B. Entsch. des ROHG.s Bd. 1 S. 81 ff., Bd. 3 S. 113, Bd. 4 S. 205, Bd. 15 S. 96, Bd. 16 S. 41, Bd. 22 S. 130 ff., Bd. 24 S. 196; Entsch. des RG.s in Zivils. Bd. 30 S. 62 und weitere Urteile des RG.s vom 4. Mai 1894, 15. Dezember 1896, 18 Januar 1898 (Jurist. Wochenschr. 1894 S. 318 Nr. 22, 1897 S. 88 Nr. 34, 1898 S. 162 Nr. 29), vom 10. Februar 1898 (Sächsisches Archiv Bd. 8 S. 451).

Es darf daher im Hinblick auf diese frühere Rechtsentwicklung einerseits und auf die Vorschrift des § 346 HGB. n. F. andererseits, — wonach unter Kaufleuten in Ansehung der Bedeutung und Wirkung von Handlungen und Unterlassungen auf die im Handelsverkehre geltenden Gewohnheiten und Gebräuche Rücksicht zu nehmen ist, — unbedenklich angenommen worden, daß auch nach dem neuen Rechte im Handelsverkehre das Stillschweigen eines Kaufmanns auf ein ihm von einem anderen Kaufmanne gemachtes vertragliches Anerbieten im Hinblick auf derartige Gewohnheiten oder Gebräuche unter Umständen als Zustimmung angesehen werden kann, wie dies der erkennende Senat bereits in seinen Urteilen vom 30. Mai 1902 Rep. II. 60/02, 21. Oktober 1902 Rep. II. 187/02 und 30. Januar 1903 Rep. II. 490/02 ausgesprochen hat. Im gegebenen Falle hat aber das Berufungsgericht in dem dem fraglichen Schreiben vorausgegangenen mündlichen Abschlusse eines Kaufvertrags über eine Ware, bezüglich deren die genaue schriftliche Bestimmung ihrer Beschaffenheit offenbar im Interesse der beiden Vertragschließenden lag, und in der von ihm angenommenen Möglichkeit einer verschiedenen Auffassung derselben über diese Beschaffenheit solche besondere Umstände festgestellt, auf Grund deren es unter Berücksichtigung der in dem Handelsverkehre gelenden Gewohnheiten und Gebräuche und der Grundsätze von Treu und Glauben (§ 157 BGB.) den Beklagten als zur alsbaldigen Beantwortung des klägerischen Schreibens vom 10. Februar 1900 im Falle seines Nichteinverständnisses mit dessen Inhalte verpflichtet, sein Stillschweigen hierauf als Zustimmung und somit den Inhalt dieses Schreibens als für die beiderseitigen Rechte und Pflichten maßgebend ansehen durfte.[1]) Die Anwendung der obigen Grundsätze auf den vorliegenden Fall erscheint um so bedenklicher, als aus der Begründung des angefochtenen Urteils die Annahme des Berufungsgerichts erhellt, daß der Kläger in dem Schreiben vom 10. Februar 1900 seine in Wirklichkeit vorhandene Auffassung von dem Inhalte des mündlich abgeschlossenen Vertrags habe darlegen wollen, hiermit aber jede Arglist des Klägers, namentlich eine Absicht desselben, durch sein Schreiben eine Änderung des mündlich abgeschlossenen Vertrags herbeizuführen, mittelbar verneint ist.

---

1 Vgl. auch die Urtt. des Reichsgerichts vom 15. April 1885, Rep. I. 481/84, bei Bolze, Bd. 1 Nr. 654, vom 15. Dezember 1896, Rep. III. 85/96, und vom 18. Januar 1898, Rep. III. 302/98, Jurist. Wochenschrift von 1897 S. 88 Nr. 34, und 1898 S. 162 Nr. 29.

Ferner ist auch darin kein rechtlicher Verstoß zu finden, daß das Berufungsgericht eine auf Grund des klägerischen Schreibens vom 10. Februar 1900 zustande gekommene stillschweigende Vereinbarung über die Beschaffenheit des Kaufgegenstandes angenommen hat, obgleich es die Behauptung des Beklagten, daß er dieses Schreiben, ohne es zu lesen, in die Tasche gesteckt, somit damals von seinem Inhalt keine Kenntnis genommen habe, nicht verneint hat; denn durch den Grund, womit das Berufungsgericht diesen Einwand des Beklagten beseitigt hat, — daß er nämlich dieses sein Verhalten zu vertreten habe, da er nach dem Zweck des fraglichen Bestätigungsschreibens zu der Prüfung verpflichtet gewesen sei, ob dasselbe den Inhalt des Vertrags richtig und vollständig wiedergebe, — hat dasselbe zur Genüge ausgedrückt, daß ein solches der hervorgehobenen Verpflichtung des Beklagten widersprechendes Verhalten nach den im Handelsverkehr geltenden Gewohnheiten und Gebräuchen und überdies nach den Grundsätzen von Treu und Glauben nicht geeignet ist, die aus dem Stillschweigen des Beklagten sich ergebende Rechtsfolge auszuschließen. Allerdings hat das Berufungsgericht hiermit zugleich das Zustandekommen der fraglichen Vereinbarung auf Grund des Schreibens vom 10. Februar 1900 selbst für den Fall angenommen, daß der Beklagte wegen mangelnder Kenntnis von dem Inhalte dieses Schreibens nicht einen diesem Inhalte entsprechenden Vertragswillen gehabt haben sollte. Indessen ist auch die dieser Annahme zugrunde liegende Ansicht, daß unter Umständen ein derartiges vertragliches Verhalten eines Kaufmanns einem anderen Kaufmanne gegenüber mit Rücksicht auf die im Handelsverkehre geltenden Gewohnweiten und Gebräuche kraft der gesetzlichen Vorschrift des § 346 HGB. die Bedeutung und Wirkung einer zustimmenden Willenserklärung selbst dann haben kann, wenn in Wirklichkeit bei dem ersteren ein entsprechender Vertragswille nicht vorhanden ist, rechtlich nicht zu beanstanden; denn es würde den im Handelsverkehre geltenden Gewohnheiten und Gebräuchen und auch den Grundsätzen von Treu und Glauben widersprechen, wenn man die Berufung eines Kaufmanns auf ein derartiges mit diesen Gewohnheiten und Gebräuchen nicht im Einklang stehendes und überdies die letzteren Grundsätze verletzendes Verhalten als aur Vermeidung der Rechtsnachteile ausreichend ansehen wollte, welche das Stillschweigen auf ein im Falle des Nichteinverständnisses eine sofortige Antwort erheischendes Schreiben nach den Gewohnheiten und Gebräuchen des Handelsverkehrs an sich zur Folge hat.

Da hiernach das Berufungsgericht ohne rechtlichen Verstoß die auf Grund des Briefs vom 10. Februar 1900 zustande gekommene Vereinbarung als für die Beschaffenheit des zu liefernden Garns maßgebend erachtet hat, konnte es auch ohne Gesetzesverletzung von der Feststellung des Sinns der diesen Punkt betreffenden ursprünglichen mündlichen Verabredung und somit auch von der Prüfung der hierfür in Betracht kommenden weiteren Tatsachen absehen." . . .

EGZ. 58, 66

Kann auf Grund eines in dem Bestätigungsschreiben des Verkäufers über einen mündlich abgeschlossenen Handelskauf beigefügten Vermerks über den beiderseitigen Erfüllungsort in Verbindung mit dem Stillschweigen des Käufers hierauf eine entsprechende Vereinbarung der Vertragschließenden über den Erfüllungsort angenommen werden?

II. Zivilsenat. Urt. v. 26. April 1904.

I. Landgericht Hamburg. II. Oberlandesgericht daselbst.

Der in Posen wohnhafte Beklagte kaufte von der zu Hamburg domizilierten Klägerin, welche durch einen Bevollmächtigten bei dem Abschlusse vertreten war, im Februar 1901 20 000 Zentner Maiskeim-Melasse. Die Klägerin bestätigte dem Beklagten diesen Abschluß durch ein Schreiben vom 18. Februar 1901, in welchem es unter anderem heißt: „Zahlung per Kasse waggonfrei Inowrazlaw. Lieferung sukzessiv vom 1. Juli cr. bis 30. Juni 1902 . . . Ort der Erfüllung des Geschäftes für beide Teile Hamburg". Da der Beklagte die vertragsmäßige Warenmenge innerhalb der Vertragszeit nicht vollständig abnahm, so ließ die Klägerin hiervon 900 Zentner versteigern und erhob darauf bei dem Landgerichte zu Hamburg gegen den Beklagten Klage auf Zahlung des Mindererlöses, indem sie die Zuständigkeit des Landgerichtes zu Hamburg aus der den Erfüllungsort bestimmenden Klausel ihres Bestätigungsschreibens, dem der Beklagte nicht widersprochen habe, ableitete.

Der Beklagte erhob die Einrede der Unzuständigkeit des Gerichts, indem er geltend machte: das fragliche Geschäft sei mündlich mit dem Bevollmächtigten der Klägerin ohne die Vereinbarung, daß Hamburg Erfüllungsort sein solle, abgeschlossen worden; er habe keinen Anlaß gehabt, gegen die fragliche Klausel in dem ihm nachträglich übersandten Bestätigungsschreiben der Klägerin zu protestieren.

Diese Einrede wurde in erster und zweiter Instanz verworfen, und die von dem Beklagten gegen das Urteil des Oberlandesgerichts eingelegte Revision zurückgewiesen.

Aus den Gründen:

„Das Berufungsgericht hat seine Entscheidung im wesentlichen folgendermaßen begründet. Die Bestimmung des von der Klägerin dem Beklagten eingesandten Bestätigungsschreibens: „Ort der Erfüllung des Geschäftes für beide Teile Hamburg", sei als verbindlich anzusehen, wenn sie auch bei dem vorausgegangenen mündlichen Abschlusse nicht erwähnt worden sein sollte. Das Bestätigungsschreiben sei von der Klägerin selbst dem Beklagten von Hamburg aus zugesandt worden, nachdem ihr Vertreter im Kontor des letzteren zu Posen die Ware verkauft gehabt habe. Bei derartigen mündlichen Abschlüssen durch einen Vertreter des Verkäufers pflegten nebensächlichere Bestimmungen häufig ausgelassen zu werden, und es entspreche daher einer allgemeinen Gewohnheit des Handelsverkehrs, daß der auswärtige Verkäufer dem Käufer nachträglich eine schriftliche Bestätigung einsende, in welcher er gemäß seiner Auffassung des ihm von seinem Vertreter mitgeteilten Abschlusses die Einzelbedingungen zusammenfasse. Solche Bestätigungsschreiben hätten den Zweck, den vollständigen Vertragsinhalt urkundlich festzulegen, und es sei Sache des Käufers, ihnen zu widersprechen, soweit er nicht zustimme. Sein Stillschweigen gelte nach der Gepflogenheiten des Verkehrs als Genehmigung. Im vorliegenden Falle sei also der den Erfüllungsort betreffende Vermerk des sogleich nach dem mündlichen Abschlusse dem Beklagten eingesandten, von ihm bis zur Einlassung auf die Klage unwidersprochen gelassenen Bestätigungsschreibens als maßgebend anzusehen, und zwar um so mehr, weil auch bei den vorausgegangenen Geschäften immer gleichlautende Bestätigungen gesandt worden seien, und daher der Beklagte sich schon bei dem mündlichen Abschlusse habe sagen müssen, daß mangels entgegenstehender ausdrücklicher Abmachung die Verkäuferin ihr Domizil als beiderseitigen Erfüllungsort angesehen haben wolle. Deshalb sei der über den Erfüllungsort getroffenen Bestimmung Wirksamkeit beizumessen, und also als Ort für die Erfüllung der Verpflichtung des Beklagten zur Zahlung des Kaufpreises Hamburg anzusehen.

Es handelt sich hiernach lediglich um die Frage, ob trotz des vom Berufungsgerichte festgestellten vorgängigen mündlichen Abschlusses des Kaufvertrages auf Grund des Bestätigungsschreibens der Klägerin eine nachträgliche Vereinbarung der Parteien dahin zustande gekommen ist, daß H a m b u r g für beide Teile Erfüllungsort sein solle; denn nur in diesem Falle würde nicht Posen, als Ort der gewerblichen Niederlassung des Beklagten, sondern Hamburg als Erfüllungsort für die streitige Verpflichtung des Beklagten zur Zahlung des Kaufpreises gemäß § 269 BGB. anzusehen, und demgemäß die Zuständigkeit des Landgerichts Hamburg als des Gerichtes des Erfüllungsorts gemäß § 29 ZPO. für die erhobene Klage begründet sein. Das Zustandekommen der fraglichen Vereinbarung hat aber das Berufungsgericht durch seine oben wiedergegebenen Ausführungen ohne rechtlichen Verstoß festgestellt. Da Klägerin in ihrem Bestätigungsschreiben ihren Vertragswillen, daß Hamburg für beide Teile Erfüllungsort sein solle, klar ausgesprochen hat, so bedarf nur die Frage noch näherer Erörterung, ob das Berufungsgericht ohne Gesetzesverletzung unter den von ihm festgestellten Umständen in dem Stillschweigen des Beklagten auf dieses Schreiben der Klägerin eine Zustimmung desselben zu dem darin gemeinten beiderseitigen Erfüllungsorte finden durfte. Diese Frage wird zwar von dem Revisionskläger unter Bezugnahme auf die unten zu erörternden Entscheidungen verneint, aber mit Unrecht.

Wie nämlich der erkennende Senat in seinem Urteile vom 24. März 1903 (Entsch. des RG.s in Zivils. Bd. 54 S. 176 ff.) näher dargelegt hat, k a n n auch nach dem neuen Rechte im Handelsverkehre das Stillschweigen eines Kaufmanns auf ein ihm von einem anderen Kaufmanne gemachtes vertragliches Anerbieten — als welches im gegebenen Falle der in dem Bestätigungsschreiben der Klägerin enthaltene Vorschlag, Hamburg als beiderseitigen Erfüllungsort zu bestimmen, anzusehen ist — im Hinblick auf die in dem Handelsverkehre geltenden Gewohnheiten und Gebräuche (§ 346 HGB.) unter Umständen als Zustimmung angesehen werden. Das Vorliegen solcher besonderen Umstände, welche für die Annahme einer stillschweigenden Zustimmung des Beklagten zu dem in dem Bestätigungsschreiben der Klägerin enthaltenen Vermerk über den beiderseitigen Erfüllungsort ausreichen, hat aber das Berufungsgericht festgestellt, so namentlich, daß der streitige Kauf m ü n d l i c h von einem V e r t r e t e r der Klägerin abgeschlossen worden ist, daß bei derartigen Geschäftsabschlüssen n e b e n s ä c h l i c h e n Vertragsbestimmungen häufig ausgelassen zu werden pflegen, daß daher in solchen Fällen n a c h e i n e r a l l g e m e i n e n G e w o h n h e i t d e s H a n d e l s v e r k e h r s der auswärtige Verkäufer dem Käufer nachträglich eine s c h r i f t l i c h e B e s t ä t i g u n g einsendet, in welche er nach seiner Auffassung des ihm von seinem Vertreter mitgeteilten Abschlusses die E i n z e l b e d i n g u n g e n d e s V e r t r a g s zusammenfaßt, und die dazu bestimmt ist, den v o l l s t ä n d i g e n Vertragsinhalt u r k u n d l i c h f e s t z u l e g e n, und daß endlich ein derartiges Verfahren auch bei dem früheren Geschäftsverkehr der Parteien ü b l i c h gewesen ist. Wenn nämlich unter den hervorgehobenen Umständen ein Käufer sich mit dem V e r t r e t e r seines Verkäufers auf einen solchen m ü n d l i c h e n Vertragsabschluß einläßt, bezüglich dessen die üblichen, namentlich die n e b e n s ä c h l i c h e r e n Vertragsbestimmungen nicht sämtlich bei dem Abschlusse selbst mündlich besprochen, wohl aber in das von beiden Vertragschließenden von Anfang an in Aussicht genommene Bestätigungsschreiben des Verkäufers aufgenommen zu werden pflegen, so entspricht es nicht nur der von dem Berufungsgerichte festgestellten Gewohnheit des Handelsverkehrs (§ 346 HGB.), sondern auch den Grundsätzen von Treu und Glauben, daß der Käufer das ihm demnächst von dem Verkäufer selbst übersandte Bestätigungsschreiben daraufhin prüft, ob er mit den darin aufgeführten Vertragsbestimmungen einverstanden ist, und daß er im Falle seines Nichteinverständnisses dieses dem Verkäufer alsbald mitteilt, widrigenfalls aus seinem Stillschweigen eine Genehmigung dieser Vertragsbestimmungen seinerseits zu folgern ist. Dies erscheint um so mehr als zutreffend, als es sich in solchen Fällen nicht um eine der ursprünglichen Vertragsabsicht der Parteien nicht entsprechende Ergänzung oder Abänderung eines in allen Punkten festgestellten Vertrags, sondern um die von den Parteien von Anfang an in Aussicht genommene urkundliche Feststellung des vollständigen Inhalts eines vorher nur in seinen wesentlicheren Bestimmungen mündlich beredeten Vertrags handelt, bezüglich dessen daher auch nicht von Anfang an festgestanden hat, daß die durch die mündliche Verabredung nicht geregelten Punkte lediglich durch die einschlägigen gesetzlichen Vorschriften bestimmt werden sollten. Hierdurch und durch die übrigen obenhervorgehobenen besonderen Tatumstände unterscheidet sich der vorliegende Fall wesentlich von denjenigen Fällen, auf welche die von dem Revisionskläger angeführten reichtsgerichtlichen Erkenntnisse sich beziehen.

Vgl. namentlich die Urteile des erkennenden Senates vom 4. Juli 1902, Entsch. des RG.s in Zivils. Bd. 52 S. 133 ff., des I. Zivilsenats vom 10. Oktober 1896, bei Bolze, Bd. 23 Nr. 349, und des VI. Zivilsenats vom 30. November 1899, in Holdheims Monatsschrift Bd. 9 S. 78.

Überdies ist in keinem dieser Urteile entschieden, daß in Bestätigungsschreiben enthaltene Vermerke über den Erfüllungsort grundsätzlich ohne rechtliche Bedeutung seien. Diese Urteile bieten daher, soweit sie von anderen Zivilsenaten erlassen sind, — auch abgesehen von der Frage der formellen Verschiedenheit des alten und des neuen Rechts in diesem Punkte (vgl. Entsch. des RG.s in Zivils. Bd. 54 S. 180 ff.) — keinen Anlaß, gemäß § 137 GVG. vorerst eine Entscheidung der vereinigten Zivilsenate über die für den gegenwärtigen Fall allein maßgebende Frage einzuholen, ob unter den festgestellten tatsächlichen Umständen in dem Schweigen des Beklagten auf das Bestätigungsschreiben der Klägerin nicht eine Zustimmung desselben zu der darin enthaltenen Festsetzung des beiderseitigen Erfüllungsortes gefunden werden konnte." . . .

RGZ. 59, 213

1. Genügt zur Widerlegung der Rechtsvermutung des Art. 274 Abs. 2 des alten, bzw. des § 344 Abs. 2 des neuen Handelsgesetzbuchs der Umstand, daß der kaufmännische Aussteller des Schuld-

scheins denselben nicht mit seiner Firma, sondern mit seinem von dieser verschiedenen bürgerlichen Namen gezeichnet hat?

2. Ist der Art. 274, bzw. § 344 HGB. auch auf den Übergang eines ganzen Handelsgeschäfts mit allen Passiven auf einen neuen Erwerber anwendbar?

3. Welche Bedeutung kommt bei einem solchen Übergange der in Art. 274, bzw. § 344 Abs. 2 HGB. aufgestellten Rechtsnorm zu?

VI. Zivilsenat. Urt. v. 24. Oktober 1904.

I. Landgericht Hamburg. II. Oberlandesgericht daselbst.

Aus den Gründen:

„Der Klaganspruch . . . ist darauf gestützt, daß, wie unbestritten ist, der Kaufmann E. F. Wilhelm Köpcke zu N.-L. am 20. Juni 1899 von der Klägerin ein mit 6 Prozent jährlich verzinsliches Darlehn von 3000 M. erhalten hat. Gestritten wird darüber, ob diese Schuld im September 1899 dadurch von der Beklagten . . . übernommen worden ist, daß, wie wiederum unstreitig ist, diese das ganze Handelsgeschäft des K. mit allen Aktiven und Passiven erworben und fortgeführt hat, und diese Geschäftsübernahme zum Zwecke der Veröffentlichung zum Handelsregister angemeldet worden ist. Die Entscheidung hängt davon ab, ob diese Darlehnsschuld des K. zu den Passiven seines Handelsgeschäfts gehörte; denn daß nach einem allgemeinen deutschen Handelsgewohnheitsrechte auch schon vor 1900, wie jetzt nach § 25 Abs. 3 HGB., in einem Falle dieser Art der Geschäftsübernehmer für die Geschäftschulden den Gläubigern haftete, steht nach der Rechtsprechung des Reichsoberhandelsgerichts und des Reichsgerichts fest.

Vgl. Entsch. des RG.s in Zivils. Bd. 38 S. 176 ff.

Da K. wegen des in Rede stehenden Darlehns am 20. Juni 1899 der Klägerin einen Schuldschein ausgestellt hatte, auf dem die Klage auch gegründet ist, so ist hier ein Fall für die Anwendung des Abs. 2 des Art. 274 des älteren Handelsgesetzbuchs gegeben, nach welchem, wie auch nach dem nur unerheblich anders lautenden § 344 Abs. 2 des neuen Handelsgesetzbuchs, die von einem Kaufmanne gezeichneten Schuldscheine als im Betriebe des Handelsgewerbes gezeichnet gelten, sofern sich nicht aus denselben das Gegenteil ergibt. Aus diesem Grunde ist auch das Landgericht zur Verteilung der Beklagten . . . gelangt, obgleich diese geleugnet hatte, daß das fragliche Darlehnsgeschäft zum Gewerbebetriebe des K. gehört habe. Irrig war jedoch dabei die Annahme, daß der Schuldschein, wie übrigens auch die Klägerin behauptet hatte, mit der Firma des K. unterzeichnet sei. Es ist sogar nicht zu verstehen, wie das Landgericht zu dieser Annahme gelangen konnte, da der Schuldschein „E. F. Wilhelm Köpcke" unterschrieben ist, während nach der eigenen Unterstellung des Landgerichts die Firma „E. F. Wilh.

Köpcke" lautete. In Wirklichkeit ging aus den herangezogenen Firmenakten . . . sogar hervor, daß die Firma vielmehr „E. F. W. Köpcke" lautete. In der Berufungsinstanz ist dies denn auch von der Beklagten . . . behauptet und von der Klägerin als richtig zugestanden worden. Indessen kommt auf diesen Umstand nichts an. Denn daraus, daß der kaufmännische Aussteller eines Schuldscheins denselben nicht mit seiner Firma, sondern mit seinem von dieser verschiedenen bürgerlichen Namen unterschrieben hat, ergibt sich noch nicht, daß der Schuldschein nicht im Betriebe seines Handelsgewerbes gezeichnet wäre. So ist vom Reichsoberlandesgericht häufig erkannt worden;

vgl. Entsch. dess. Bd. 2 S. 430 ff., Bd. 3 S. 367, Bd. 9 S. 174 und Bd. 14 S. 12, S. 209 ff. S. 284 ff. S. 286;

und dem hat sich die große Mehrzahl der Schriftsteller angeschlossen.

Vgl. Thöl, Handelsrecht Bd. 1 (Aufl. 6) § 40 Anm. 9 S. 148; v. Hahn, Kommentar zum HGB. Bd. 2 (Aufl. 2) § 6 zu Art. 274 S. 51; Anschütz u. v. Völderndorff, Kommentar zum HGB. Bd. 3 Bem. II zu Art. 274 S. 54; Makower, HGB. (Aufl. 12) Bd. 1 Tl. 2 Bem. III, f, 3 zu § 344 S. 909; Goldschmidt, Handelsrecht Bd. 1 (Aufl. 2) § 58 S. 676, insbesondere Anm. 17; Behrend, Handelsrecht Bd. 1 § 29 S. 140; Staub, Kommentar zum HGB. Aufl. 2 § 6 zu Art. 274 S. 659 und Aufl. 6 und 7 Bd. 2 Anm. 12 zu § 344 S. 1050; Lehmann u. Ring, HGB. Bd. 2 Nr. 11 zu § 344 S. 15; Düringer u. Hachenburg, HGB. Bd. 2 Note III zu § 344 S. 201 und Note IV zu demselben S. 202.

Auch das Reichsgericht hat sich schon in diesem Sinne ausgesprochen, in der Sache Rep. II. 211/92 (Jurist. Wochenschr. 1893 S. 24 Nr. 42), und auch jetzt ist daran festzuhalten, ungeachtet der abweichenden Meinung einzelner Schriftsteller, wie v. Kräwel's (HGB. Anm. 3 zu Art. 274 S. 338), Cosack's (Handelsrecht [Auflage 6] § 9, III, 2 S. 31) und Wolff's (Zeitschr. f. Handelsrecht Bd. 47 S. 249 ff.), auch des vormaligen preußischen Obertribunals (Zeitschrift f. Handelsrecht Bd. 20 S. 585 ff.).

Das Berufungsgericht hat nun aber den Art. 274 HGB. hier deshalb überhaupt für unanwendbar erklärt, weil die Frage, ob eine Schuldverbindlichkeit eines Kaufmanns zu den Passiven eines bestimmten Handelsgeschäfts gehöre, von ihr gar nicht berührt werde, hat daher anderweitigen Beweis für die Zugehörigkeit der fraglichen Verbindlichkeit zu dem von der Beklagten . . . erworbenen Handelsgeschäfte für erforderlich gehalten und hat solchen Beweis für nicht erbracht erachtet, wobei es die Nichtbenutzung der Firma bei der Ausstellung des Schuldscheins von seiten des K. immerhin als ein Indizium für das Gegenteil verwertet hat. Die Auffassung ist jedoch rechtsirrig. Die Ansicht, daß der Art. 274 HGB. bei dem Übergange eines ganzen Handelsgeschäfts mit allen Passiven auf einen neuen Erwerber außer Betracht zu bleiben habe, findet sich zwar ganz vereinzelt auch in der Literatur;

vgl. Adler im Archiv für Bürgerl. Recht Bd. 3 S. 20 ff.;

aber ein innerer Grund hierfür ist nicht zu entdecken. Was die in Abs. 1 des Art. 274 aufgestellte Rechtsvermutung anlangt, so wird ihre Anwendbarkeit auch bei der hier in Rede stehenden Frage fast allgemein angenommen;

vgl. Staub, Kommentar zum HGB. (Aufl. 6 und 7) Bd. 2 Anm. 7 zu § 344 S. 1049, vgl. mit Bd. 1 Anm. 11 („14" auf S. 1049 ist offenbar ein Versehen oder ein Druckfehler) zu § 25 S. 141 und Anm 21 zu § 22 S. 133, und Düringer u. Hachenburg, HGB. Bd. 1 Note III, 1 zu § 25 S. 117;

und schon wenn dies richtig ist, erscheint die Entscheidung des Oberlandesgerichts als unhaltbar, weil dann mindestens die Beweislast hätte anders gelegt werden müssen. Aber man muß weiter gehen und darf auch an der Anwendbarkeit des Abs. 2 in Fällen dieser Art nicht zweifeln. Nach dieser Vorschrift hat nämlich der Gläubiger gegebenenfalls nun einmal ein Recht darauf, daß ihm gegenüber der Schuldschein seines kaufmännischen Schuldners als im Betriebe von dessen Handelsgewerbe ausgestellt gelte, und daraus folgt mit logischer Notwendigkeit, daß, wenn der Schuldner nur ein Handelsgeschäft betreibt, im Verhältnisse zum Gläubiger eine solche Schuld als ein Passivum dieses Geschäfts, der Gläubiger also als Geschäftsgläubiger gelten, folglich die bekannt gemachte Übernahme der Passiven von seiten des Erwerbers auch ihm zugute kommen muß. Wenn Staub, a. a. O. Bd. 2 Anm. 13 zu § 344 S. 1050, ebenso wie in Bd. 1 Anm. 11 zu § 25 S. 141, durch Verweisung auf Anm. 21 zu § 22 S. 133 sich im entgegengesetzten Sinne ausspricht, so ist dabei übersehen, daß die Unanwendbarkeit jenes Abs. 2 bei § 22, wo es sich um das innere Verhältnis zwischen Veräußerer und Erwerber des Geschäfts handelt, ja vielleicht ihren guten Grund haben mag, daß aber die Frage bei § 25, wo es auf die Rechtswirkung Dritten gegenüber ankommt, ganz anders liegt. Die richtige Ansicht findet sich vertreten bei Makower, a. a. O. Bem. I, b zu § 344 S. 905 und bei Wolff, in der Zeitschr. für Handelsrecht Bd. 47 S. 255 ff., 259 ff.

Geht man nun von dieser Ansicht aus, so gelangt man nicht nur zur Aufhebung des Berufungsurteils, soweit es angefochten ist, sondern auch in der Sache selbst nach § 565 Abs. 3 Nr. 1 ZPO. . . . zur Zurückverweisung der Berufung der Beklagten . . . Denn es darf ohne weiteres davon ausgegangen werden, daß K. zu der Zeit, als er sein unter der Firma E. F. W. Köpcke betriebenes Handelsgeschäft an die . . . Beklagte veräußerte, nicht etwa daneben noch ein anderes Handelsgeschäft hatte, in dessen Betriebe der fragliche Schuldschein ebenso gut ausgestellt sein könnte. Daß jeder Kaufmann nur e i n Handelsgeschäft betreibt, bildet so sehr die Regel, daß man von demjenigen, der das Eingreifen des Art. 274 Abs. 2 HGB. bestreiten will, die Aufstellung der Behauptung und den Nachweis einer anderen Sachlage erwarten darf. Hier aber hat die Beklagte . . . nichts dergleichen behauptet. Auch im übrigen sind alle erheblichen Tatsachen unstreitig." . . .

RGZ. 69, 13

1. Arglistige Täuschung durch Verschweigen.

2. Anfechtung und Nichtigkeit des dinglichen Erfüllungsgeschäfts.

3. Wirkung derselben gegenüber dem kaufmännischen Zurückbehaltungsrecht. BGB. §§ 123, 142. HGB. § 369.

VII. Zivils. Urt. v. 29. Mai 1908.

Die Entscheidung ist abgedruckt unter „Bürgerliches Recht, Allgemeiner Teil 2".

RGZ. 71, 30

1. . . .

2. . . .

3. Über §§ 363, 364 HGB.

III. Zivilsenat. Urt. v. 20. April 1909.

Die Entscheidung ist abgedruckt unter „Bürgerliches Recht, Recht der Schuldverhältnisse 4".

RGZ. 82, 400

Verhältnis zwischen Provinzbankier und Zentralbankier beim Auftrage zur Eintragung eines Dritten ins Staatsschuldbuch. Zurückbehaltungsrecht des Zentralbankiers? Einfluß des Konkurses des Provinzbankiers?

BGB. §§ 273 Abs. 1, 669, 675. HGB. § 356. KO. § 23.

II. Zivilsenat. Urt. v. 17. Juni 1913

I. Landgericht I Berlin. II. Kammergericht daselbst.

Der Kläger hatte die L. Bank, eine Zweiganstalt der später in Konkurs geratenen N. Bank, beauftragt, 9000 M. preußische Konsols der Anleihe des Jahres 1910 bei deren Ausgabe für ihn zu zeichnen und seine Eintragung in das Staatsschuldbuch zu veranlassen. Zur Ausführung dieses Auftrags bediente sich die L. Bank der Beklagten, mit der sie in Geschäftsverbindung stand. Sie übersandte der Beklagten den von ihr unterzeichneten Zeichnungsschein, worin vermerkt war, daß die Eintragung in das Staatsschuldbuch auf den Namen des Klägers erfolgen sollte. Die Umsätze der L. Bank liefen über das Konto ihrer vorgenannten Hauptbank, jedoch wurde der Briefwechsel unmittelbar zwischen der L. Bank und der Beklagten geführt. Durch Vermittlung der Beklagten wurde der Anleihebetrag zugeteilt. Wegen der in dem Zeichnungsschein vorgesehenen Zahlungen entspann sich ein Briefwechsel zwischen der Beklagten und der L. Bank. Da der Gegenwert der Konsols nicht an die Beklagte abgeführt wurde, ließ diese Anfang August 1910 die Eintragung im Staatsschuldbuche nicht auf den Namen des Klägers, sondern auf ihren eigenen Namen vornehmen. Der Kläger, der die geschuldeten Zahlungen nach seiner Behauptung rechtzeitig an die L. Bank abgeführt hatte, forderte die Beklagte auf, die Eintragung ins Staatsschuldbuch auf seinen Namen zu bewirken. Die Beklagte lehnte dies ab.

Der Kläger beantragte darauf klagend, die Beklagte zu verurteilen: 1. die für sie in das Staatsschuldbuch eingetragenen 9000 M. preußische Konsols auf seinen Namen umschreiben bzw. auf seinen Namen eintragen zu lassen; 2. gegebenenfalls die Eintragung gegen Zahlung von 1829,30 M. zu bewirken; 3. äußerstenfalls den ihm entstandenen Schaden zu ersetzen.

Die Beklagte wandte ein, soweit sich der Kläger auf das Kommissionsverhältnis zwischen der N. Bank und ihr stütze, sei er nicht klageberechtigt, weil nur die N. Bank die ihr daraus etwa erwachsenen Ansprüche geltend machen könne, auch eine Abtretung an den Kläger nicht stattgefunden habe. Die angeblichen Ansprüche der N. Bank beständen aber auch nicht zu Recht. Der Beklagte habe die Eintragung des Klägers in das Staatsschuldbuch von der Barzahlung des Gegenwerts der preußischen Konsols abhängig machen dürfen. Da ihr diese Barzahlung nicht geleistet worden sei, sei sie befugt, gewesen, sich aus den Wertpapieren, die sie sich für die auf ihren Namen eingetragene Staatsschuldbuchforderung habe ausfertigen lassen, zu befriedigen. Hierzu sei sie auch vom Konkursverwalter und vom Gläubigerausschuß der N. Bank ermächtigt worden. Der Kläger berief sich darauf, daß die Beklagte selbst auf Barzahlung verzichtet und sich mit der Belastung der N. Bank begnügt habe. Jedenfalls müsse dies für die drei ersten Raten gelten, so daß sie die Umschreibung schlimmstenfalls gegen Zahlung der letzten Rate von 1829,30 M. bewirken müsse.

Das Landgericht verurteilte die Beklagte, die Umschreibung Zug um Zug gegen Zahlung von 1829,30 M. zu bewirken, und wies im übrigen die Klage ab. Auf die Berufung der Beklagten erkannte das Kammergericht auf vollständige Klagabweisung. Die Revision des Klägers wurde zurückgewiesen aus folgenden

Gründen:

. . . „Soweit die Klageansprüche auf das Vertragsverhältnis zwischen der N. Bank und der Beklagten gestützt werden, kann dahingestellt bleiben, ob der Kläger klageberechtigt ist und ob die in dieser Hinsicht erhobenen Revisionsangriffe begründet sind. Denn diese Ansprüche selbst sind mit dem Berufungsgerichte für unbegründet zu erachten. Die Revision hat die gesamten Ausführungen des Berufungsgerichts in dieser Hinsicht zur Nachprüfung gestellt; diesen Ausführungen ist jedoch im wesentlichen beizutreten.

Der Inhalt des Vertragsverhältnisses ergibt sich aus dem Zeichnungsschein vom 3. Februar 1910, den die L. Bank unterschrieben und der Beklagten übersandt hat. Danach sollte die Beklagte 9000 M. der fraglichen Staatsanleihe unter Sperrverpflichtung bis 15. Januar 1911 zeichnen und für den Kläger ins Staatsschuldbuch eintragen lassen. Die Aushändigung der Schuldverschreibungen sollte erst vom 15. November 1910 ab erfolgen. Die Anleihebeträge waren in vier Raten zu zahlen, und zwar 40 v. H. am 19. Februar und je 20 v. H. am 3. März, 20. April und 28. Juni 1910.

Nach den bei Ausstellung des Zeichnungsscheins geltenden Gesetzesvorschriften (Preuß. Gesetz vom 20. Juli 1883 mit späteren Änderungen) mußten bei Benutzung des Staatsschuldbuchs zuerst die Wertpapiere erworben und dann dem Staate zwecks Eintragung ins Staatsschuldbuch zurückgereicht werden. Abweichend hiervon gestattet das Preußische Gesetz vom 22. Mai 1910, in Kraft getreten am 15. Juni 1910, auch die Begründung von Buchschulden des Staates ohne Umwandlung von Schuldverschreibungen durch unmittelbare Barzahlung an den Staat. Von dieser Lage der Gesetzgebung aus mag anzunehmen sein, daß die Beklagte auf Grund ihres Vertragsverhältnisse mit der N. Bank nach dem alten Gesetze verpflichtet war, zunächst die Konsols wirklich anzuschaffen und dann gegen deren Einlieferung an den Staat die Eintragung des Klägers in das Schuldbuch zu bewirken. Jedenfalls fiel aber mit dem Inkrafttreten des neuen Gesetzes diese Verpflichtung zur Anschaffung der Konsols als nunmehr gegenstandslos weg und blieb nur noch die Verpflichtung, durch vorherige Barzahlung die Eintragung des Klägers in das Schuldbuch herbeizuführen. Wenn nun auch das Vertragsverhältnis bei dieser Gestaltung nicht mehr den Charakter einer Kommission im Sinne der §§ 383 ff. HGB., insbesondere einer Einkaufskommission hatte, so unterliegt es gleichwohl nach § 406 Abs. 1 HGB. den Vorschriften über die Kommission, indem die Beklagte als Kommissionärin im Betriebe ihres Handelsgewerbes das vorliegende Geschäft, die Herbeiführung der Eintragung des Klägers in das Schuldbuch, für Rechnung der N. Bank in eigenem Namen zu schließen übernommen habe.

Nach dem vorbezeichneten Vertragsinhalte war die Beklagte, auch nachdem sie die 9000 M. Konsols gezeichnet hatte, nur dann verpflichtet, die Eintragung des Klägers in das Schuldbuch herbeizuführen, wenn die N. Bank ihr vorher die im Zeichnungsschein festgesetzten Anleihebeträge zahlte (vgl. § 669 in Verb. mit § 675 BGB.). Wenn nun auch der Vertrag zwischen der N. Bank und der Beklagten als gegenseitiger im Sinne der §§ 320 ff. BGB., gleichviel ob als Dienstvertrag oder als Werkvertrag, anzusehen ist so stellt doch die Zahlung jener Anleihebeträge nicht die „Gegenleistung" im Sinne dieser Vorschriften für die der Beklagten obliegende Leistung dar. Denn sie bildete nicht das Entgelt für die von der Beklagten vorzunehmende Tätigkeit, die Herbeiführung der Eintragung des Klägers in das Schuldbuch, sondern eine sonstige der N. Bank obliegende Vertragsleistung, ohne deren vorherige Bewirkung die Beklagte die Eintragung des Klägers nicht zu veranlassen brauchte. Es stand ihr somit hinsichtlich dieser Eintragungspflicht ein Zurückbehaltungsrecht gemäß § 273 Abs. 1 BGB. gegenüber der N. Bank zu, jedoch mit dem weitergehenden Inhalte, daß sie nicht schon bei Zugumzugleistung der N. Bank zur Erfüllung ihrer Eintragungspflicht verpflichtet war, sondern diese Erfüllung so lange verweigern konnte, bis diese Bank ihr die sämtlichen Anleihebeträge vorgeleistet hatte.

Diesem Zurückbehaltungsrechte der Beklagten, das an sich zur Abweisung der Klage aus dem Gesichtspunkte des Vertrages führen würde, setzt der Kläger mit Unrecht den Einwand entgegen, die Beklagte habe auf ihr Recht auf vorherige Barzahlung und damit auf ihr Zurückbehaltungsrecht verzichtet, indem sie sich damit begnügt habe, die L. Bank für die jeweils fälligen Beträge im Kontokorrent zu belasten, statt Barzahlung zu verlangen.

Zunächst könnte ein solcher Verzicht nur bezüglich der drei ersten, ins Kontokorrent eingestellten Raten in Betracht kommen, nicht auch hinsichtlich der vierten Rate. Für diese hat die Beklagte ausdrücklich Barzahlung verlangt, die L.-Bank hat sich hiermit auch einverstanden erklärt. . . .

Aber auch bezüglich der drei ersten Raten muß ein Verzicht verneint werden. Sieht man von dem Umstande vorläufig ab, daß der der Beklagten erteilte Auftrag im Endergebnis einen Erwerb nicht für ihre Auftraggeberin, die L. Bank selbst, sondern für den Kläger bezweckte, der dieser Bank den gleichen Auftrag erteilt hatte, so unterliegt es keinem Zweifel, daß die Beklagte weder durch die der L. Bank mittels Einstellung der Raten ins Kontokorrent erteilte Stundung noch durch die Saldofeststellung zum 30. Juni 1910 ihr Zurückbehaltungsrecht verloren hat. Wie das Berufungsgericht zutreffend annimmt, bleiben die ins Kontokorrent eingestellten Forderungen an sich bestehen, unterliegen jedoch einer weitgehenden Gebundenheit insofern, als sie vor der Saldofeststellung nicht geltend gemacht werden können und bis dahin als gestundet gelten. Diese Stundung bestand darin, daß die L. Bank die drei Raten statt an den im Zeichnungsschein bestimmten Fälligkeitstagen erst bei der Saldofeststellung zum 30. Juni 1910 in bar zu zahlen brauchte, und zwar nunmehr in Gestalt des festgestellten Saldos. Da aber nach dem Zeichnungsschein die Ausgabe der Schuldverschreibungen erst vom 15. November 1910 ab erfolgen sollte und somit die Beklagte auch nicht verpflichtet war, vor diesem Tage die Eintragung des Klägers in das Schuldbuch herbeizuführen, so blieb das Zurückbehaltungsrecht der Beklagten durch jene Stundung unberührt. Auch die vom Berufungsgericht als vollzogen unterstellte Saldofeststellung zwischen der Beklagten und der N. Bank zum 30. Juni 1910 ist auf das Zurückbehaltungsrecht der Beklagten ohne wesentlichen Einfluß gewesen. Allerdings ging durch die Saldofeststellung der Anspruch der Beklagten gegen die N. Bank auf Erstattung der fraglichen drei Raten unter; an seine Stelle trat das Guthaben der Beklagten aus der Saldofeststellung, das jene Raten mitumfaßte und deren Betrag überstieg. Aus § 356 HGB. folgt nun aber, daß die Beklagte trotz des Erlöschens ihrer Forderung auf Erstattung der drei Raten nicht gehindert war, aus den für diese Forderung bestehenden Sicherheiten insoweit Befriedigung zu suchen, als ihr Kontokorentguthaben und jene Forderung sich deckten. Als eine solche Sicherheit ist auch das Zurückbehaltungsrecht anzusehen, das der Beklagten bis zur Bezahlung jener Forderung zustand. Galt hiernach dies Zurückbehaltungsrecht mit der Wirkung als fortbestehend, daß es in Höhe jener Forderung auf das Kontokorrentguthaben der Beklagten überging. so konnte nunmehr die Beklagte die Herbeiführung der Eintragung des Klägers in das Schuldbuch so lange verweigern, bis die N. Bank ihr — außer der vierten Rate — auch den Saldo in Höhe der drei ersten Raten bar bezahlt hatte.

Ob die Anwendung des § 8 Abs. 2 DepotG. geeignet wäre, zu einem anderen Ergebnis zu führen, kann unerörtert bleiben, weil das Berufungsgericht mit rechtlich einwandfreier Begründung festgestellt hat, daß der Beklagten überhaupt keine Schuldverschreibungen auf Grund ihrer Zeichnung ausgehändigt worden sind. Damit entfällt aber die Anwendbarkeit des § 8 Abs. 2, da dieser eine wirkliche Anschaffung der Papiere voraussetzt. . . .

Es entsteht nun weiter die Frage, ob nicht die Berücksichtigung des erwähnten Umstandes, daß der der Beklagten erteilte Auftrag im Endergebnis einen Vermögenserwerb für den Kläger, den Auftraggeber der L. Bank, bezweckte, dazu führt, der Stundung, die die Beklagte dieser Bank hinsichtlich der drei ersten Raten gewährt hat, nach der Auffassung des Verkehrs und nach dem Grundsatze von Treu und Glauben eine weitergehende Bedeutung beizulegen, die Bedeutung nämlich, daß damit die Beklagte auf ihr Zurückbehaltungsrecht verzichtet hat und somit nunmehr verpflichtet war, ohne vorherige Barzahlung verlangen zu können, die Eintragung des Klägers in das Schuldbuch wenigstens in Höhe dieser drei Raten zu veranlassen. Diese Frage ist jedoch zu verneinen. Allerdings hatte die Beklagte im Verhältnis zur L. Bank die Stellung des sog. Zentralbankiers zum sog. Provinzbankier, der seinen Auftrag von einem seiner Kunden erhält und ihn dann zur Ausführung an den

Zentralbankier weitergibt. Es mag auch richtig sein, daß die Beklagte, als sie der L. Bank eine Stundung gewährte, sich nach den Gepflogenheiten des Bankverkehrs sagen mußte, daß der Kläger der L. Bank, sei es durch Barzahlung. sei es in anderer Weise, Deckung für die zu erwerbende Buchforderung verschafft haben werde. Diese Sachlage rechtfertigt, es aber noch nicht, die Stundung, die die Beklagte ihrer Auftraggeberin gewährt hat, in einem so weitgehenden Sinne, wie vorangegeben, auszulegen.

Die Beklagte war . . . nicht verpflichtet, bei ihren Maßnahmen hinsichtlich der von der L. Bank zu zahlenden Anleihebeträge auf die Beziehungen zwischen dem Kläger und dieser Bank Rücksicht zu nehmen. Ob eine derartige Verpflichtung des Zentralbankiers aus § 8 Abs. 2 DepotG. zu entnehmen ist, braucht nicht erörtert zu werden, da diese Vorschrift nur für einen bestimmten, hier nicht vorliegenden Fall gegeben und daher, wie schon bemerkt, hier nicht anwendbar ist. Aber auch aus allgemeinen Gesichtspunkten läßt sich eine solche vertragliche Verpflichtung der Beklagten nicht begründen. Die Beklagte hat der L. Bank die drei Raten in der Annahme gestundet, daß die Vermögenslage dieser Bank ihr genügende Sicherheit für ihre Befriedigung bei der demnächstigen Kontokorrentabrechnung biete und daß sie bis dahin ihr Recht auf Barzahlung nicht auszuüben brauche. Es würde zu weit gehen diese im Interesse der L. Bank liegende Maßnahme, auf die weder diese Bank noch der Kläger Anspruch hatte, als Verzicht der Beklagten auf ihr Zurückbehaltungsrecht aufzufassen, weil die Interessen des Klägers durch diese Stundung möglicherweise gefährdet werden konnten. Hiernach kann die Revision sich auch nicht darauf berufen, daß der Kläger und die L. Bank nach der Sachlage hätten annehmen müssen, die Beklagte werde keine Barzahlung fordern, sondern sich mit der Einsetzung der Raten ins Kontokorrent begnügen. Diese Annahme war nach vorstehenden Ausführungen nicht gerechtfertigt. Daß übrigens die L. Bank selbst in der Stundung keinen Verzicht der Beklagten auf Barzahlung und auf das Zurückbehaltungsrecht erblickt hat, ergibt sich daraus, daß sie nach dem vorliegenden Briefwechsel, als die Beklagte zunächst Barzahlung der vierten Raten verlangte, sich hiermit, ohne einen Einwand zu erheben, einverstanden erklärt und sodann auch dem weiteren Verlangen der Beklagten auf Barzahlung der drei ersten Raten nicht widersprochen hat.

Unbegründet ist auch die weitere Revisionsrüge, das Berufungsgericht habe nicht berücksichtigt, daß in einem früheren gleichartigen Falle im Jahre 1908 die Beklagte ebenfalls von dem Kläger und seiner Provinzbank keine Barzahlung verlangt habe. Wenn die Beklagte damals keinen Anlaß gefunden hat, auf Barzahlung zu bestehen, so geschah dies offenbar, weil sie sich durch die Vermögenslage der L. Bank für genügend gesichert erachtete; ein Verzicht auf ihr Zurückbehaltungsrecht ist hierin ebensowenig wie in dem vorliegenden Falle zu erblicken. Es kann daher auch aus der damaligen Stundungsgewährung der Beklagten nichts zugunsten des Klägers für den vorliegenden Rechtsstreit gefolgert werden.

Übrigens sind die Klageansprüche — abgesehen von dem Zurückbehaltungsrechte der Beklagten — auch deshalb hinfällig, weil das Vertragsverhältnis zwischen der Beklagten und der N. Bank durch die am 27. Juli 1910 erfolgte Eröffnung des Konkurses über das Vermögen dieser Bank gemäß § 23 Abs. 2 KO. erloschen ist. Das Vertragsverhältnis bezog sich auf das zur Konkursmasse gehörige Vermögen der Bank. Auch hatte die Beklagte den Vertrag noch nicht erfüllt, da sie die Eintragung des Klägers in das Schuldbuch noch nicht veranlaßt hatte. Infolge des Erlöschens des Vertrags hatte nunmehr die N. Bank weder einen Anspruch auf Erfüllung noch einen solchen auf Schadensersatz wegen Nichterfüllung. Die Beklagte war daher, auch abgesehen von ihrem Abkommen mit dem Konkursverwalter und dem Gläubigerausschusse vom 12. August 1910, nicht gehindert, für die von ihr an den Staat gezahlten Anleihebeträge ihre eigene Eintragung in das Staatsschuldbuch zu erwirken und nachher diese Buchforderung anderweitig zu verwerten." . . .

RGZ. 85, 100

Kann ein zwischen Vollkaufleuten geschlossener Vertrag unter Umständen wegen der Höhe der versprochenen Vertragsstrafe nichtig sein?

BGB. § 138 Abs. 1, § 343. HGB. § 348.

II. Zivilsenat. Urt. v 26. Mai 1914.

I. Landgericht Hagen, Kammer für Handelssachen.
II. Oberlandesgericht Hamm.

Der Kläger, der ebenso wie die Beklagte Vollkaufmann ist, hatte diese durch mehrere Verträge mit der Herstellung und Lieferung von Knopfhaltern beauftragt. Der vereinbarte Preis der sämtlichen in Auftrag gegebenen Waren belief sich unstreitig auf höchstens 2200 M. Es sind davon insgesamt — teils vor, teils nach dem August 1911 — für 853,28 M. geliefert und angenommen worden. Wegen verzögerter und wegen mangelhafter Lieferungen waren die Parteien in Streit geraten. Zu dessen Begleichung schlossen sie mittels mehrerer Schreiben vom August 1911 ein Abkommen über die damals noch ausstehenden Lieferungen, in welchem die beklagte Firma insbesondere auch die Zahlung einer Vertragsstrafe von 200 M. für jeden Tag bei Nichteinhaltung der in dem Abkommen näher bezeichneten Verpflichtungen zusagte. Der Kläger war der Meinung, daß die Beklagte diese Verpflichtungen wiederholt nicht eingehalten habe, und verlangte von der Beklagten mit Schreiben vom 13. Februar 1913 die Zahlung von 5600, 6200, 6000, 6200, 6200 und 2600, insgesamt 32 800 M. für die Zeit vom 2. September 1911 bis zu dem Tage des Schreibens. Da die Beklagte nicht zahlte, wurde der Kläger im März 1912 dahin klagbar: die Beklagte zu verurteilen, an ihn seit dem 2. September 1911 einschließlich pro Tag 200 M. Konventionalstrafe oder die vom Gericht statt dessen etwa einzusetzende geringere Strafe zu zahlen abzüglich von 853,20 M. Guthaben der Beklagten für die gelieferten Waren. Er beschränkte im Laufe des ertsinstanzlichen Verfahrens den Antrag auf Verurteilung der Beklagten zur Zahlung von täglich 200 M. für die Zeit vom 2. September 1911 bis zum 19. März 1912. Der erste Richter wies die Klage wegen Nichtigkeit des Abkommens vom August 1911 ab. Die Berufung des Klägers, mit der er beantragte: unter Abänderung des ersten Urteils die Beklagte zur Zahlung von 5000 M. nebst Zinsen zu verurteilen, wurde zurückgewiesen. Auch die Revision hatte keinen Erfolg.

Gründe:

. . . „Der Berufungsrichter hat das Abkommen der Parteien vom August 1911 dahin ausgelegt: Die vereinbarte Vertragsstrafe habe nach der Willensmeinung der Parteien dann verfallen sein sollen, wenn nicht die Beklagte wenigstens 80 % der jeweilig zu liefernden Teilmenge in brauchbarer Ware pünktlich zum festgesetzten Liefertermin und die verbleibenden 20 % bis zum Ablaufe der Nachfrist — von 1/5 der Hauptlieferzeit — in brauchbarer Ware liefern würde; die Strafe habe mit 200 M. für den Tag bis zur vollendeten ordnungsmäßigen Lieferung gezahlt werden sollen. Dieses Abkommen hat der Berufungsrichter als gegen die guten Sitten verstoßend und darum gemäß § 138 Abs. 1 BGB. als nichtig erachtet, indem er ausgeführt hat: Die vereinbarte Strafe sei nicht nur verhältnismäßig hoch, sie habe in ihrer, jedes einigermaßen verständige Maß und Ziel überschreitenden Höhe bei dem in Frage kommenden Gegenstande des Vertrages jedem besonnenen Menschen als ganz unvernünftig erscheinen müssen. Es möge zutreffen, daß die Parteien nur mit einer kurzfristigen Verspätung der Lieferung gerechnet hätten; insbesondere habe sich die Beklagte zur Zeit des Abkommens nicht der Sorge hingegeben, daß sie größere Beträge als Vertragsstrafe werde zahlen müssen. Aber das schließe nicht aus, daß die nach objektiven Gesichtspunkten zu beantwortende Frage, ob die Vereinbarung gegen die guten Sitten verstoßen habe, zu bejahen sei. Die Lieferung der Knopfhalter habe nicht allein vom guten Willen der Beklagten abgehangen. Selbst bei Anwendung allen Fleißes und aller Sorgfalt habe der Beklagten, die durch nichts als allein durch einen etwa eintretenden Streik habe entschuldigt sein sollen, die rechtzeitige Herstellung brauchbarer Ware mißlingen und sie also völlig schuldlos in die Lage kommen können, Beträge von vielen Tausenden Mark an den Kläger zahlen zu müssen. Das sei nicht nur ethisch durch nichts gerechtfertigt gewesen, sondern es hätte auch die wirtschaftliche Exisenz der Beklagten — falls etwa ein Betriebsschaden in ihrer Fabrik eintrat, dessen Beseitigung längere Zeit in Anspruch nahm — ernstlich gefährdet werden können. Daß dergleichen nicht eingetreten sei, könne die zu entscheidende Frage nicht beeinflussen. Daß der Kläger ein über den Rahmen des Objekts hinausgehendes und besonders schutzwürdiges Interesse an der alsbaldigen Lieferung der Knopfhalter gehabt habe, habe er nicht dargelegt.

Diese Ausführungen tragen die getroffene Entscheidung; ein Rechtsirrtum ist in ihnen nicht ersichtlich. Der Berufungsrichter hat das Abkommen nicht nur, wie die Revision meint, um deswillen als gegen die guten Sitten verstoßend erachtet, weil die Höhe der Strafe jedes verständige Maß überschritt, sondern vielmehr auch deswegen weil — ohne daß dieses durch die sonstige Lage der Sache, insbesondere die Bedeutung der Lieferung für den Kläger begründet gewesen wäre — das ganze wirtschaftliche Bestehen der Beklagten, sogar völlig ohne ihr Verschulden, gefährdet werden konnte. Daß eine von einem Kaufmann im Betriebe seines Handelsgewerbes versprochene Vertragsstrafe gemäß § 348 HGB. vom Richter nicht auf Grund der Vorschriften des § 343 BGB. herabgesetzt werden kann, schließt nicht die Nichtigkeit einer Vereinbarung aus, die gegen die guten Sitten verstößt. Unrichtig ist auch die Rüge der Revision, der Berufungsrichter habe nicht beachtet, daß es für die Anwendbarkeit des § 138 Abs. 1 BGB. auf die Sachlage zur Zeit des Vertragsschlusses, aber nicht darauf ankomme, wie sich nachträglich die Dinge, mit oder ohne Schuld des Verpflichteten, gestaltet hätten. Der Berufungsrichter hat durchaus die für die Parteien erkennbare Sachlage zur Zeit des Vertragsabschlusses in Betracht gezogen, daß nämlich die Beklagte schon damals Gefahr lief, in die ihre wirtschaftliche Existenz gefährdende Strafe zu verfallen. Dem steht auch nicht entgegen, daß es in dem Urteile heißt, es möge zutreffen, daß die Parteien nur mit einer kurzfristigen Verspätung der Lieferung gerechnet hätten, insbesondere habe sich die Beklagte zur Zeit des Abkommens nicht der Sorge hingegeben, größere Beträge an Vertragsstrafe zahlen zu müssen. Der Berufungsrichter sagt damit nicht mehr, als daß es die Parteien, insbesondere die Beklagte, nicht für sehr wahrscheinlich gehalten haben, daß es zu einer erheblichen Verspätung in der Lieferung oder zu einer nicht ordnungsmäßigen Lieferung kommen werde.

Wenn mit der Revision in letzter Linie die Auslegung des Vertrages, wonach die Beklagte die so hohe Strafe auch ohne alles und jedes Verschulden (bei verspäteter oder mangelhafter Lieferung) habe zahlen sollen, als rechtsirrig, weil dem Wesen der Vertragsstrafe oder der mutmaßlichen Absicht der Vertragschließenden widersprechend, angegriffen hat, so ist auch das verfehlt. Einmal können die Parteien, da die Vorschriften über die Vertragsstrafe nachgiebiges Recht enthalten, den Verfall der Strafe sehr wohl auch ohne irgend ein Verschulden bedingen. Und was sodann die Absicht der Parteien beim Abschluß des streitigen Vertrags anlangt, so hat der Berufungsrichter aus dem in dieser Beziehung übrigens völlig klaren Briefwechsel der Parteien entnommen, daß nach dem Willen der Parteien die nicht rechtzeitige Lieferung brauchbarer Ware durch nichts als durch Streik entschuldigt werden könne. Er hat ferner auch noch festgestellt: dafür daß die Vertragsstrafe von 200 M. für den Tag nur für die Dauer einer bestimmten Höchstfrist gezahlt werden solle, fehle es in dem Briefwechsel völlig an Anhaltspunkten; die Parteien hätten auch keinerlei Ausführungen in dieser Richtung gemacht, und der Kläger zum mindesten habe zum Ausdruck gebracht, daß er jene Beschränkung der Verpflichtung der Beklagten nicht annehme."

RGZ. 88, 373

Beweislast im Falle des § 355 Abs. 3 HGB., wenn der Schuldner eine Vereinbarung behauptet, daß der Gläubiger ihm die Kreditsumme bis zu einem bestimmten Tage zur Verfügung halten solle.

VI. Zivilsenat. Urt. v. 6. Juli 1916.

I. Landgericht Osnabrück. II. Oberlandesgericht Celle.

Gründe:

„Die Klägerin fordert, im Urkundenprozesse klagend, die Zahlung eines Teiles des ihr von der am 24. Dezember 1914 in Konkurs geratenen offenen Handelsgesellschaft K. & Sch. geschuldeten Betrags von der Beklagten, die nach der vorgelegten Urkunde vom 4. Juli 1911 für alle jetzigen oder zukünftigen Forderungen der Klägerin an diese Handelsgesellschaft die Bürgschaft übernommen hat. Sie hat unter Vorlegung eines von K. & Sch. unter dem 28. Juli 1914 und eines vom Konkursverwalter unter dem 13. März 1915 ausgestellten Saldoanerkenntnisses sowie eines Rechnungsauszugs über die gegenseitigen Geschäfte zwischen ihr und K. & Sch. behauptet, sie habe mit letzterer derart in Geschäftsverbindung gestanden, daß die daraus entspringenden beiderseitigen Ansprüche und Leistungen nebst Zinsen in Rechnung gestellt und einhalbjährlich für den 30. Juni und den 31. Dezember durch Verrechnung und Feststellung des für den einen oder den anderen Teil sich ergebenden Überschusses ausgeglichen und der bei dem Rechnungsabschluß für den einen Teil sich ergebende Überschuß auf neue Rechnung vorgetragen wurde. Die Beklagte hat das Vorliegen eines Kontokorrent v e r t r a g s bestritten und unter anderen Einwänden geltend gemacht, der Anspruch auf Auszahlung des in Frage stehenden Saldo könne zur Zeit von der Klägerin überhaupt nicht und demzufolge auch nicht gegen sie als die Bürgin geltend gemacht werden, weil der Geschäftsverbindung zwischen der Klägerin und der Firma K. & Sch. ein Kreditvertrag zugrunde liege, nach dem jene die Kreditsumme bis zum 1. Juli 1916 zur Verfügung der genannten Firma zu halten habe.

Die Vorinstanzen haben die Klage als im Urkundenprozeß unstatthaft abgewiesen. Das Berufungsgericht ist dabei von folgenden Erwägungen ausgegangen. Die Klägerin stütze die Verbindlichkeit der Hauptschuldnerin auf ein zwischen ihr und dieser vereinbartes Kontokorrentverhältnis, bei dessen Begründung über eine Kreditgewährung und deren Dauer nichts ausgemacht sein solle. Die Beklagte behaupte, es sei gleichzeitig mit der Begründung dieses Verhältnisses als ein Bestandteil dieses Rechtsgeschäfts zwischen den Vertragschließenden vereinbart worden, daß der Saldo erst am 1. Juli 1916 gefordert werden könne; sie behaupte also einen Vertrag anderen Inhalts, als nach der Darstellung der Klägerin dem Hauptanspruche zugrunde liegen solle, und leugne damit den Klaggrund. Die Ansicht der Klägerin, daß nach § 271 Abs. 1 BGB. und § 355 HGB. die Fälligkeit einer Schuld, insbesondere einer solchen aus einem Kontokorrentverhältnis, bis zum Beweise des Gegenteils vermutet werde, sei nicht zutreffend. Die gesetzliche Regel des § 271 Abs. 1, daß die Leistung sofort fällig sein solle, finde nach den Eingangsworten dieser Gesetzesstelle nur Anwendung, wenn die Parteien nichts anderes bestimmt hätten. Die Klägerin müsse also, um ihre Kage gehörig zu begründen, behaupten, daß nichts anderes besimmt worden sei, und sie müsse diese Behauptung beweisen, weil die Beklagte sie mit der Begründung leugne, daß im Vertrag eine ausdrückliche Bestimmung über die Dauer der Kreditgewährung getroffen sei (vgl. RGZ. Bd. 68 S. 305 ff.). Nicht anders sei die Rechtslage nach § 355 HGB. Danach könne zwar die laufende Rechnung auch während der Dauer einer Rechnungsperiode jeder Zeit mit der Wirkung gekündigt werden, daß Zahlung des Überschusses beansprucht werden könne; aber nur im Zweifel, also dann nicht, wenn es dem Parteiwillen widerspreche, insbesondere also nicht, wenn in dem der laufenden Rechnung zugrunde liegenden Vertrage die Klägerin zugleich die Verpflichtung übernommen habe, der Firma K. & Sch. durch das Kontokorrent bis zum 1. Juli 1916 Kredit zu eröffnen, wie dies von der Beklagten behauptet werde. Hiernach habe die Klägerin, die auch nicht geltend gemacht habe, daß sie den von der Beklagten behaupteten Kreditvertrag aus wichtigen Gründen gekündigt habe, der ihr nach § 592 ZPO. obliegenden Pflicht, auch die Fälligkeit ihrer Forderung urkundlich nachzuweisen, nicht schon durch den Nachweis genügt, daß zwischen ihr und K. & Sch. eine laufende Rechnung bestanden habe, daß diese durch die Konkurseröffnung beendigt sei und daß sich für sie ein anerkannter Saldo in Höhe der Klageforderung ergebe.

Der Revision kann der Erfolg nicht versagt werden. Zwar hat, was die Revision zur Nachprüfung stellt, das Berufungsgericht mit

Recht angenommen, daß der Klägerin die Vorschrift im § 65 KO., wonach betagte Forderungen im Konkurs als fällig gelten, nicht sur Seite steht, da das Verhältnis zwischen dem Gläubiger und dem Bürgen völlig außerhalb des Bereichs des den Hauptschuldner treffenden Konkurses liegt (vgl. das Urteil des erkennenden Senats vom 18. März 1915, Rep. VI. 591/14, SeuffArch. Bd. 70 Nr. 233). Ebensowenig kann in der Revisionsinstanz der Umstand zugunsten der Klägerin verwertet werden, daß die Klagforderung auch nach der Behauptung der Beklagten jetzt fällig ist, da die Fälligkeit nach dieser Behauptung erst nach Schluß der mündlichen Verhandlung in der Berufungsinstanz eingetreten ist (RGZ. Bd. 57 S. 47/48). Mit Recht nimmt endlich das Berufungsgericht an, daß die Klägerin nach § 592 ZPO. auch die Fälligkeit ihrer Forderung als eine zu deren Begründung erforderliche Tatsache durch Urkunden nachzuweisen hat. Es fragt sich aber, was die Klägerin nachzuweisen hat, damit die Fälligkeit angenommen werden kann. Die hier einschlagenden Ausführungen des Berufungsgerichts werden von der Revision mit Recht beanstandet.

Aus den von der Klägerin vorgelegten Urkunden — den beiden auf Grund periodischer Rechnungsabschlüsse abgegebenen Saldoanerkenntnissen und dem Rechnungauszuge — konnte das Berufungsgericht, was die Revisionsbeklagte mit Unrecht bestreitet, ohne Rechtsirrtum entnehmen, daß die Klägerin mit der Firma K. & Sch. in einem Kontokorrentverhältnis, in einer laufenden Rechnung gestanden hat. Wenn auch auf seiten ihrer Vertragsgenossin keine Forderungen entstanden sein, vielmehr nur Zahlungen vorliegen sollten, so kann doch nach dem Inhalt jener Urkunden kein Zweifel darüber obwalten, daß die Beteiligten — eine Bank und eine offene Handelsgesellschaft — in einer Geschäftsverbindung standen, deren einzelne Posten nicht selbständig geltend gemacht, sondern aufgehen sollten in dem am Schlusse der Rechnungsperiode sich ergebenden Saldo. Es kann daher keinem Bedenken unterliegen, mit dem Berufungsgericht auf jene Geschäftsverbindung auch den § 355 Abs. 3 HGB. anzuwenden. Nach dieser Bestimmung kann im Zweifel auch während der Dauer einer Rechnungsperiode die laufende Rechnung jederzeit mit der Wirkung gekündigt werden, daß der, dem nach der Rechnung ein Überschuß gebührt, dessen Zahlung beanspruchen kann; es bedarf daher nach dem Gesetze dazu nicht erst einer besonderen Vereinbarung. Hieraus erhellt, daß die von der Klägerin behaupteten und durch Urkunden bewiesenen Tatsachen nach dem Gesetze die Fälligkeit des Klaganspruchs ergeben. Die Frage, ob mit der Eingehung der Kontokorrentverbindung zugleich die Einräumung eines Kredits zugunsten des einen Beteiligten verbunden ist, ist für das Wesen des Kontokorrentverhältnisses an sich nicht entscheidend. Unberührt bleiben mithin die Wirkungen eines mit diesem Verhältnis verbundenen Vertrags, durch den sich der eine Teil verpflichtet, dem Gegner bis zu einem gewissen Zeitpunkt einen Kredit bis zu einer bestimmten Höhe zu gewähren (Denkschrift z. Entw. eines HGB. von 1897 S. 198). Wenn daher die Beklagte behauptet, es sei zwischen der Klägerin und K. & Sch. vereinbart worden, daß jene dieser die Kreditsumme bis zum 1. Juli 1916, also ohne Rücksicht auf die Dauer des Kontokorrentverhältnisses, zur Verfügung halten solle, so macht sie damit eine Vereinbarung geltend, die von dem vom Gesetz angenommenen regelmäßigen Vertragsinhalt abweicht. Sie muß somit den Beweis für diese Vereinbarung führen, und zwar auch dann, wenn, wie sie behauptet, die Vereinbarung gleichzeitig mit der Begründung des Kontokorrentverhältnisses getroffen worden ist (vgl. auch angez. RGZ. Bd. 57 S. 48 ff.).

Für seine abweichende Ansicht kann das Berufungsgericht sich nicht auf das in der angez. Entsch. Bd. 68 S. 305 ff. abgedruckte Urteil des II. Zivilsenats beziehen, das sich mit der Frage der Beweislast befaßt, wenn der Schuldner gegenüber der Bestimmung im § 271 Abs. 1 BGB. die Vereinbarung einer Stundung bei dem Vertragsabschlusse behauptet.. Es braucht nicht erörtert zu werden, ob die Verhältnisse bezüglich der Beweislast in den Fällen dieser Gesetzesbestimmung gerade so liegen, wie in den Fällen des § 355 Abs. 3 HGB.; ebensowenig braucht auf die in jenem Urteile zu § 271 Abs. 1 BGB. gegebenen Ausführungen eingegangen zu werden. Entscheidend ist für den vorliegenden Fall, daß sich die Beklagte auf eine Vereinbarung beruft, die von dem im Gesetz angenommenen regelmäßigen Vertragsinhalt abweicht, und für einen solchen Fall weist auch jenes Urteil die Beweislast demjenigen zu, der die Vereinbarung behauptet.

Hiernach war das angefochtene Urteil aufzuheben." . . .

RGZ. 88, 377

Bedeutung des Stillschweigens bei kaufmännischen Bestätigungsschreiben. BGB. § 155. HGB. § 346.

II. Zivilsenat. Urt. v. 27. Juni 1916

I. Landgericht Hamburg, Kammer für Handelssachen.
II. Oberlandesgericht daselbst.

Die Parteien verhandelten am 22. Juni 1914 über den Kauf von amerikanischem Zinkweiß, das die Beklagte der Klägerin liefern sollte. An demseleen Tage sandte die Klägerin der Beklagten ein Bestätigungsschreiben, wonach sie 30 Tonnen der Ware zum Preise von 47 M. für 100 kg gekauft hatte. Unter der Überschrift „besondere Bedingungen" war in dem Schreiben bemerkt: „Für evtl. Lieferungen ab hiesigem Lager in kleineren Posten erhöht sich der Kontraktpreis um 0,50 M. per 100 kg". Dem Schreiben war ein der Klägerin zurückzusendender Abschnitt angehängt, auf dem die Beklagte ihr Einverständnis erklären sollte. Die Beklagte gab diese Erklärung nicht ab, erwiderte vielmehr am 23. Juni 1914, daß sie bezüglich des Aufschlags ab Hamburger Lager mit der Klägerin nicht einig gehe. Gleichzeitig übersandte sie der Klägerin einen entsprechend abgeänderten „Kaufkontrakt" mit der Bitte, ihr das anhängende Exemplar unterschrieben zurückzuschicken. Diese zwei dem Briefe beigelegten Schriftstücke, wovon das zweite von der Klägerin unterzeichnet werden sollte, waren eine „Verkaufsbestätigung" und eine „Kaufbestätigung". Sie wichen neben der erwähnten Änderung von der Bestätigung der Klägerin noch dadurch ab, daß sie eine Kriegsklausel enthielten. Die Klägerin unterließ es, die unterschriebene Kaufbestätigung zurückzuschicken.

Am 24. Juni 1914 verhandelten die Parteien über den Kauf weiterer 10 Tonnen der gleichen Ware um den gleichen Preis. Der Abschluß wurde von der Klägerin durch Schreiben von demselben Tage bestätigt. Die Beklagte ließ der Klägerin wieder nicht die verlangte formularmäßige Einverständniserklärung zugehen, übersandte ihr vielmehr ihrerseits — ebenfalls am 24. Juni — ein Bestätigungsschreiben, das wieder bezüglich der Lieferung ab Hamburger Lager anders gefaßt war und außerdem als weitere Bedingung die erwähnte Kriegsklausel enthielt. Die Klägerin schickte auch in diesem Falle die angehängte gleichlautende Kaufbestätigung nicht zurück.

Im Juli und August 1914 wurden von der Beklagten im ganzen 15 Tonnen der gekauften Ware geliefert. Nachdem es dann aus Anlaß eines weiteren Abrufs zu Streitigkeiten über die Lieferungspflicht der Beklagten gekommen war, erhob die Klägerin bezüglich der noch ausstehenden 25 Tonnen Klage auf Schadensersatz wegen Nichterfüllung. Die Beklagte wandte ein, daß die beiden Verträge mangels Willensübereinstimmung überhaupt nicht zustande gekommen seien. Eventuell machte sie geltend, daß sie nach der in ihren Bestäigungsschreiben enthaltenen Kriegsklausel zur Zeit nicht zu liefern brauche.

Das Landgericht erklärte den Klaganspruch für dem Grunde nach gerechtfertigt. Das Oberlandesgericht wies die Klage ab. Die Revision der Klägerin wurde zurückgewiesen aus folgenden

Gründen:

„Das Berufungsgericht verneint in erster Reihe das Zustandekommen der beiden Kaufverträge. Die Revision rügt mit Recht, daß bei dieser Beurteilung die Vorschrift des § 155 BGB. nicht beachtet sei. Das Berufungsgericht meint, nach dem Inhalte der beiderseitigen Bestätigungsschreiben und nach dem Verhalten jeder der Parteien gegenüber der Bestätigung des anderen Teiles habe die Klägerin nicht mit, die Beklagte nicht ohne die Kriegsklausel abschließen wollen; es liege deshalb ein Dissens vor, der zutage getreten sei, als die Möglichkeit der Berufung auf die Klausel durch den Kriegsausbruch Bedeutung erlangt habe. Zu der Auffassung, daß danach die Verträge ihrem ganzen Umfange nach hinfällig seien, hätte das Berufungsgericht bei Berücksichtigung der Vorschrift des § 155 BGB. nicht kommen dürfen, ohne — auf Grund der Verhältnisse, wie sie zur Zeit des Vertragsabschlusses waren, — zu prüfen, ob nicht anzunehmen sei, daß die Verträge auch ohne eine Bestimmung über den erwähnten Nebenpunkt geschlossen sein würden.

In zweiter Reihe leitet das Oberlandesgericht die Hinfälligkeit der Klage daraus ab, daß die Beklagte, das Zustandekommen von Verträgen vorausgesetzt, sich mit Grund auf die in ihre Bestätigungsschreiben aufgenommene Kriegsklausel berufe. Unter diesem Gesichtspunkt erscheint die Entscheidung gerechtfertigt, wenn auch teilweise aus anderen Gründen als denjenigen des Berufungsgerichts. Der Revision ist darin beizutreten, daß, falls in Anwendung der Vorschrift des § 155 wirksame Vertragsabschlüsse anzunehmen sind, obgleich die Parteien sich über diesen oder jenen Punkt in Wirklichkeit nicht geeinigt haben, in den nicht geregelten Punkten lediglich das ergänzende Recht gilt. Daher ist es nicht zutreffend, wenn das Berufungsgericht in seinen eventuellen Erwägungen die Wirksamkeit der Kriegsklausel, also einer besonderen Abmachung, mit der Ausführung begründet: weil es an einer Unterlage dafür fehle, daß die Verträge unter den Bedingungen der Klägerin zustande gekommen sein sollten, müßten „günstigsten Falles" die Verpflichtungen der Beklagten nach i h r e n Bestätigungsschreiben beurteilt werden. Es genügt zur Wirksamkeit der Klausel nicht, daß überhaupt ein zwischen den Parteien bestehendes Vertragsverhältnis anzunehmen ist, vielmehr kann die Klausel Geltung nur beanspruchen, wenn feststeht, daß die Verträge mit der Klausel, also im gegebenen Falle entsprechend der Bestätigung der Beklagten, geschlossen sind oder doch als geschlossen zu gelten haben. Das ist aber, im Anschluß an die Auffassung des Landgerichts, zu bejahen.

Was den ersten Vertrag betrifft, so hat das Bestätigungsschreiben der Klägerin vom 22. Juni 1914 als Erklärung, die für das endgültig Vereinbarte maßgebend sein könnte, auszuscheiden, weil die Beklagte ihm durch die Zusendung der abweichenden Bestätigung vom 23. d. M. entgegengetreten ist mit dem in ihrem Briefe vom 23. Juni ausdrücklich ausgesprochenen Verlangen, daß der Vertrag in der von ihr gewählten Fassung gelten solle. Die Klägerin hat dann allerdings die ihr von der Beklagten übermittelte gleichlautende Gegenbestätigung nicht zurückgesandt, sie hat aber auch nicht widersprochen, vielmehr ebenso wie die Beklagte mit der Vertragsausführung so begonnen, wie wenn nunmehr die Einigung erzielt gewesen wäre. Diesem Verhalten gegenüber kann sie sich auf die unterbliebene Zurücksendung der Gegenbestätigung nicht berufen. Daß bei kaufmännischen Abschlüssen Nebenprodukte — und um solche handelt es sich hier — nachträglich in den Bestätigungsschreiben geregelt werden, ist etwas durchaus Gewöhnliches. In solchen Fällen gilt die Regel, daß die widerspruchslose Hinnahme eines Bestätigungsschreibens als Einverständniserklärung anzusehen ist. Im gegebenen Falle hat freilich die Beklagte sich nicht auf die eigene Bestätigung beschränkt, sondern noch die Gegenbestätigung verlangt. Allein diesem Umstande ist bei Berücksichtigung des weiteren Verlaufs der Angelegenheit keine Bedeutung beizumessen. Ebenso wie durch die Unterzeichnung der Gegenbestätigung konnte die Klägerin auch sonstwie ihr Einverständnis mit der von der Beklagten vorgeschlagenen Fassung des Vertrags zu erkennen geben, und das ist hier in zweifelsfreier Weise dadurch geschehen, daß die Klägerin sich ohne weitere Erörterung in den Vertragsvollzug eingelassen hat. Daher kann weder mit der Beklagten aus dem Unterbleiben der Gegenbestätigung das Fehlen der Einigung gefolgert, noch mit der Klägerin angenommen werden, daß der Vertrag ohne die Kriegsklausel geschlossen sei. In letzterer Beziehung hat das Berufungsgericht dem äußerlichen Umstande, daß die Klägerin sich bei ihren Abrufen der Nummern *ihrer* Bestätigungsschreiben bedient hat, mit Recht keine Bedeutung beigelegt.

Bei dem zweiten Vertrage haben sich allerdings die beiderseitigen Bestätigungsschreiben vom 24. Juni gekreuzt. Aber bei der Gleichartigkeit der beiden Verträge und der Differenzpunkte konnte es für die Klägerin nicht zweifelhaft sein, daß das Unterbleiben *ihres* Widerspruchs, auch wenn sie die Gegenbestätigung nicht einsandte, von der Beklagten nicht anders zu verstehen war als bei dem ersten Vertrage. Die Klägerin muß deshalb auch bei dem zweiten Vertrage die Bestätigung der Beklagten gegen sich gelten lassen.

Entgegen der Auffassung der Revision, wonach entweder überhaupt kein Vertrag zustande gekommen wäre oder die Kriegsklausel, weil nicht im ergänzenden Rechte begründet, auszuscheiden hätte, kommt es deshalb darauf an, ob die Beklagte dem Erfüllungsverlangen der Klägerin gegenüber mit Recht von der Klausel Gebrauch gemacht hat." (Folgt Ausführung, daß dies nach dem Inhalte der Klausel der Fall sei.)

RGZ. 88, 389

Zur Individualisierung der Gattungsschuld, wenn im Getreidehandel der Verkäufer dem Käufer ein Konnossement über einen Bruchteil einer ungetrennt verladenen größeren Warenmenge liefert. Bedeutung der Verladungsanzeige im überseeischen Abladegeschäft, insbesondere beim Deutsch-Niederländischen Gertreidevertrage.

BGB. §§ 243, 447. HGB. § 346.

II. Zivilsenat. Urt. v. 19. September 1916.

Die Entscheidung ist abgedruckt unter „Bürgerliches Recht, Recht der Schuldverhältnisse 1".

RGZ. 91, 345

Stillschweigen des Käufers gegenüber einer unberechtigten Erfüllungsweigerung des Verkäufers.

HGB. § 346. BGB. § 242.

II. Zivilsenat. Urt. v. 21. Dezember 1917.

I. Landgericht Bremen, Kammer für Handelssachen. II. Oberlandesgericht Hamburg.

Die Zedentin der Klägerin, Aktiengesellschaft D. R. in Stockholm, kaufte durch zwei Abschlüsse vom 11. und 15. Juni 1914 von der Beklagten zwei bestimmte Partien Santos Kaffee von 250 und 500 Sack, die im Freihafen zu Hamburg lagerten, zum Preise von 56½ Pf. das Pfund, frei ab Hamburg, Kasse mit 1 % gegen Dokumente. In beiden Fällen war Abnahme binnen sechs Wochen bedungen; doch wurde die Frist am 21. Juli um einen Monat verlängert. Am 4. August 1914 schrieb die Beklagte an die Käuferin, sie könne die Verkäufe nicht ausführen, weil in Deutschland ein Ausfuhrverbot für Kaffee erlassen sei; daher müsse sie die Verträge aufheben. Der Empfang dieses Briefes ist bestritten. Nachdem die Aktiengesellschaft bis zum 27. August geschwiegen hatte, forderte sie an diesem Tage die Beklagte telegraphisch auf, ihr ein Gebot auf die 750 Sack zu machen. Sie hat dann in einem späteren Schreiben auch ausdrücklich die Erfüllung verlangt, während die Beklagte auf Aufhebung der Verträge beharrte. Da die Verhandlungen scheiterten, trat sie ihre Rechte aus den beiden Kaufverträgen an die Klägerin ab.

Mit der Klage wurde Schadensersatz wegen Nichterfüllung gefordert. Der erste Richter erklärte den Anspruch dem Grunde nach für berechtigt. Berufung und Revision wurden zurückgewiesen.

Gründe:

„Die Aktiengesellschaft hat den Kaffee offenbar in der Absicht, ihn nach Schweden auszuführen, gekauft. Aber die Abnahme der Ware durch Ausfuhr zur See ist weder mit ausdrücklichen Worten noch stillschweigend zum Inhalte des Vertrages gemacht. Es ist „frei ab Hamburg" verkauft. Dem entsprach es, wenn die Käuferin die Ware vom Lager der Beklagten abnehmen ließ. Die vereinbarte Zahlungsart „Kasse gegen Dokumente' weist freilich darauf hin, daß die Beklagte die Absendung besorgen und erst gegen die Frachturkunden den Preis erhalten sollte. Die Frachturkunden konnten jedoch ebensowohl Ladescheine des Binnenverkehrs wie Konnossemente sein. Überdies verletzte es die Interessen der Beklagten nicht, wenn die Käuferin auf Versendung der Ware durch die Beklagte verzichtete. Bei einem Massenartikel wie Santoskaffee kommt ein Angebot von 750 Sack als Wettbewerb nicht in Betracht. Die Beklagte hatte demnach kein Recht, Lieferung in Hamburg zu verweigern.

Sie hat diese aber ernstlich und endgültig schon in ihrem Briefe vom 28. August verweigert, indem sie mitteilte, daß sie die Ware anderweit verkauft habe. Mag dies richtig gewesen sein oder nicht, jedenfalls mußte die Käuferin daraus entnehmen, daß die Lieferung endgültig ausgeschlossen sei. Die verkauften Partien sind schon in den Schlußbriefen nach Marken und Nummern genau bezeichnet. Es hat sich also von Anfang an um den Verkauf einer Spezies gehandelt, die, wenn sie anderweit verkauft war, nicht mehr geliefert werden konnte. Zudem hat die Beklagte die fraglichen 750 Sack unbestrittenermaßen vor Mitte November 1914 auch wirklich verkauft. Zur Zeit der Klageerhebung war die Leistung also jedenfalls unmöglich. Nach alledem sind die Käuferin und die Klägerin mit Recht, ohne Nachfrist zu setzen, zum Anspruch auf Schadensersatz übergegangen.

Es verbleibt hiernach die Einrede, die daraus entnommen wird, daß die Käuferin auf die Rücktrittserklärung der Beklagten vom 4. August — die ihr, wie zu unterstellen, am 6. August zugekommen ist — bis zum 27. August geschwiegen hat. Das Landgericht verwirft diesen Einwand, weil das Schweigen nicht so lange gedauert habe, daß man daraus auf ein Einverständnis der Käuferin mit der Aufhebung des Vertrages schließen dürfe. Dieser Grund wird der Bedeutung des Einwandes nicht völlig gerecht. Wie der erkennende Senat mehrfach, vornehmlich in dem Urteile RGZ. Bd. 88 S. 262, ausgesprochen hat, darf der Käufer seinen Anspruch dann nicht mehr geltend machen, wenn er in einer mit den Anforderungen von Treu und Glauben unvereinbaren Weise den die Vertragserfüllung weigernden Verkäufer im ungewissen darüber gelassen hat, ob die Erfüllung noch verlangt werde. Das Landgericht hätte also nicht nur erwägen müssen, ob im Streitfalle das Schweigen der Käuferin als ein Ausdruck des Einverständnisses zu erachten war, sondern auch, ob es wider Treu und Glauben verstieß. Insofern ist die Begründung des Landgerichts unzureichend. Das Berufungsgericht hat sich diese Begründung zu eigen gemacht; es hat aber außerdem betont, daß die Rücktrittserklärung der Beklagten unbegründet war. Das ist von entscheidender Bedeutung. Denn wenn die Weigerung, zu liefern, in der Art unbegründet ist, daß das Einverständnis des Käufers nicht mit irgendwelcher Wahrscheinlichkeit erwartet werden kann, so braucht ein Verstoß wider Treu und Glauben nicht darin gefunden zu werden, daß der Käufer schweigt, bis die Zeit, seinen Anspruch auf Lieferung geltend zu machen, herangekommen ist. So hat hier die Aktiengesellschaft gehandelt. Sie hat bis zum Ablaufe der Abnahmefrist geschwiegen, ist dann aber unverzüglich durch das Telegramm vom 27. August mit ihrem Anspruche hervorgetreten. Da das Berufungsgericht übereinstimmend mit der Kammer für Handelssachen des Landgerichts in dem Verhalten der Gesellschaft einen Verstoß wider Treu und Glauben nicht findet, so genügt seine Begründung nach ihrem ganzen Zusammenhange, um das Urteil zu rechtfertigen."

RGZ. 92, 14

1. . . .

2. Wird ein Anspruch auf Lagergeld auch in Fällen, in denen die Lagerung der Ware keine Kosten verursacht hat, unter allen Umständen durch § 354 HGB. gerechtfertigt?

3. . . .

BGB. §§ 242, 323, 472. HGB. § 354.

II. Zivilsenat. Urt. v. 4. Januar 1918.

Die Entscheidung ist abgedruckt unter „Bürgerliches Recht, Recht der Schuldverhältnisse 3".

RGZ. 95, 48

Braucht der Empfänger eines Bestätigungsschreibens Widerspruch gegen dessen Inhalt zu erheben, wenn dieser vom Verfasser willkürlich erfunden worden ist?

HGB. § 346.

II. Zivilsenat. Urt. v. 25. Februar 1919.

I. Landgericht I Berlin, Kammer für Handelssachen. II. Kammergericht daselbst

Infolge einer am 24. März 1915 an ihn ergangenen Aufforderung suchte der Beklagte den Kläger auf, um mit ihm über den Ankauf von Tornistertragriemen zu verhandeln. Über den Inhalt dieser Verhandlungen besteht zwischen den Parteien Streit. Der Kläger behauptet, dem Beklagten lediglich die Lieferung fertiger Tragriemen und die Anfertigung neuer, soweit sein Ledermaterial reiche, zugesagt zu haben, wobei als Preis 6 M. für das Paar und Zahlung Zug um Zug vereinbart worden sei. Dagegen macht der Beklagte geltend, daß ihm die Lieferung von 10 000 Paar Tornistertragriemen zum Preise von 6 M. für das Paar bei wöchentlicher Lieferung von 2000 Paar zugesagt worden sei.

Der Kläger lieferte am 26. März 1915 875 Paar, am 30. März 525 Paar. An diesem Tage begab sich der Beklagte in die Geschäftsräume des Klägers und diktierte, während dieser anderweit bei einer Maschine beschäftigt war, einer Angestellten ein Schreiben, welches an den Kläger gerichtet war und folgenden Inhalt hatte:

„Für die Ihnen bestellten und übernommenen 10 000 Paar Tornistertragriemen, vorschriftsmäßig laut übergebenem Muster, zahle ich Ihnen 6 M. pro Paar. Sie verpflichteten sich, wöchentlich mindestens 2000 Paar auszuliefern, und zwar beginnend mit dem 31. März 1915. Bei prompter Lieferung von mindestens 2000 Paar pro Woche verpflichte ich mich, Ihnen pro Paar 0,20 M. extra zu zahlen. Diese 0,20 M. pro Paar werden nach Ablieferung der ersten 5000 Paar verrechnet. Bei der Restlieferung von 5000 Paar werden diese 0,20 M. pro Paar — 1000 M. — auch nachgezahlt."

Der Beklagte unterschrieb diesen Brief und ließ ihn im Geschäfte des Klägers zurück, ohne mit diesem persönlich zu verhandeln. Die Angestellte übergab das Schreiben nachher dem Kläger, der es jedoch unterließ, alsbald eine Antwort darauf zu erteilen.

Der Kläger hat dann dem Beklagten am 3. April 682 Paar Trageriemen geliefert, so daß nunmehr für 12 492 M. Ware geliefert war. Auf diesen Betrag zahlte der Beklagte nach und nach bis zum 6. April 10 600 M. Die Zahlung des Restes verweigert er, weil sich der Kläger zu weiteren Lieferungen nicht verstehen wollte.

Der Kläger erhob Klage auf Zahlung des Restkaufpreises von 4712 M. Der Beklagte bat um Abweisung und machte im Wege der Aufrechnung und Widerklage einen Schadensersatzanspruch in Höhe von 9771,20 M. geltend. Er führte aus, der Kläger habe ihm mündlich die Lieferung der 10 000 Paar in Wochenteilpartien von 2000 Paaren fest zugesagt. Als dessen Angestellte später einen besseren Preis verlangt habe, sei er zum Kläger gegangen und habe dort seiner Angestellten den Brief diktiert, in welchem er für den Fall prompter Wochenlieferung von 2000 Paar einen Zuschlag von 0,20 M für das Paar bewilligt habe. Der Kläger habe dieses Bestätigungsschreiben unbeantwortet gelassen und damit seinen Inhalt genehmigt. Seine Weigerung, weitere Lieferungen zu bewerkstelligen, sei daher rechtswidrig gewesen, und der Beklagte habe mit Recht die Restzahlung zurückbehalten. Er habe seinem Abnehmer, dem er zu 6,65 M. weiterverkauft habe, eine Vertragsstrafe von 5000 M. zahlen müssen. Sein entgangener Gewinn betrage 4771,20 M.

Der Kläger bat um Abweisung der Widerklage und machte unter anderem geltend, daß er über eine bestimmte Menge überhaupt nicht abgeschlossen habe. Der Beklagte habe zwar versucht, den größeren Abschluß zu erreichen. Er habe aber damit keinen Erfolg gehabt. Das Schreiben vom 30. März 1915 sei infolgedessen nicht als richtiges Bestätigungsschreiben anzusehen. Der Kläger habe es unbeantwortet gelassen, weil er angenommen habe, daß der Beklagte den Brief wider besseres Wissen geschrieben habe. Der Ersatzanspruch werde auch der Höhe nach bestritten.

Das Landgericht hat der Klage stattgegeben und die Widerklage abgewiesen. Auf die vom Beklagten eingelegte Berufung hat das Kammergericht zunächst durch Teilversäumnisurteil die Klage abgewiesen und dem Kläger einen Teil der Kosten auferlegt, sodann aber auf den Einspruch des Klägers das Versäumnisurteil sowie das landgerichtliche Urteil gänzlich aufgehoben und die Entscheidung des Rechtstreites von einem Eide des Klägers dahin abhängig gemacht, daß er nicht eine dem Inhalte des Schreibens vom 30. März 1915 entsprechende Vereinbarung getroffen und insbesondere niemals sich verpflichtet habe, dem Beklagten 10 000 Paar Tornistertragriemen zu liefern. Für den Fall der Eidesleistung soll der Beklagte zur Zahlung der Klagesumme nebst Zinsen an die Firma P. & S., welche den Anspruch gepfändet und zur Einziehung sich hatte überweisen lassen, verurteilt werden. Andernfalls soll die Klage abgewiesen und die Widerklage für den Grunde nach berechtigt erklärt werden.

Die Revision ist zurückgewiesen worden.

Aus den Gründen:

„Die Parteien hatten unstreitig über die Lieferung von Tornistertragriemen mündlich verhandelt. Der Beklagte hatte vorgeschlagen, ihm 10 000 Paar zu liefern, und betont, daß ihm an der Lieferung einer unbedeutenden Menge nicht gelegen sei. Der Kläger will auf den Vorschlag des Beklagten nicht eingegangen sein und sich lediglich verpflichtet haben, vorrätige fertige Tragriemen zu liefern und neue Tragriemen, soweit sein Ledervorrat reiche, für den Beklagten herzustellen. Als Preis sind 6 M. für das Paar vereinbart worden. Tatsächlich hat der Kläger, obgleich nach seiner Behauptung ein Abschluß über eine fest bestimmte Menge überhaupt nicht stattgefunden hat, mit der Lieferung begonnen.

Wenn unter solchen Umständen der Beklagte nach Beschaffung zweier Teillieferungen das Schreiben vom 30. März 1915 an den Kläger richtete, in welchem er den Abschluß über 10 000 Paar Tragriemen und die übrigen Einzelheiten des Geschäfts in der unter Kaufleuten üblichen Form bestätigte, so war der Kläger, wie das Reichsgericht in ständiger Rechtsprechung angenommen hat, handelsgebräuchlich verpflichtet, Widerspruch gegen den Inhalt des Schreibens zu erheben, wenn er nicht so angesehen werden wollte, als habe er denselben genehmigt. Diese Bedeutung des Bestätigungsschreibens und die rechtlichen Wirkungen seiner Nichtbeantwortung hat das Berufungsgericht keineswegs verkannt. Es kommt aber auf Grund seiner Würdigung des aus der Verhandlung und der Beweisaufnahme festgestellten Sachverhalts zu der Überzeugung, das von dem Beklagten beobachtete Verhalten deute darauf, daß dieser gar nicht gewillt gewesen sei, seine wahre Auffassung der Vertragsverhandlungen darzulegen, sondern den Abschluß über den großen Warenposten rein erfunden und beabsichtigt habe, den Kläger durch das Schreiben zu überrumpeln. Das Berufungsgericht hat entsprechend dieser Beurteilung der Sachlage dem Kläger den richterlichen Eid darüber anvertraut, daß er die Lieferung der 10 000 Paar nicht zugesagt habe.

Diese Ausführungen lassen keinen Rechtsirrtum erkennen. Es ist in der Rechtsprechung stets anerkannt worden, daß die Bedeutung des Bestätigungsschreibens gerade darin liege, daß der Verfasser mit demselben eine Darlegung seines Verständnisses der voraufgegangenen Verhandlungen beabsichtige, und daß dieser Gesichtspunkt naturgemäß versage, wenn der Verfasser den Inhalt der Abmachungen arglistig erfindet oder verändert. Im vorliegenden Falle hat das Berufungsgericht aus dem Ergebnis der Beweisaufnahme die Überzeugung gewonnen, daß tatsächlich der Beklagte das Schreiben vom 30. März 1915 der Angestellten des Klägers allem Anscheine nach zu dem Zwecke diktiert habe, um diesen mit dem Inhalte zu überrumpeln. Es ist zu seiner Auffassung durch Würdigung der in Betracht kommenden Tatumstände gelangt, und diese Würdigung ist den Angriffen der Revision entzogen." . . .

RGZ. 95, 242

Zur Bedeutung der Handelssitte für den Verkehr unter Kaufleuten.

HGB. § 346.

II. Zivilsenat. Urt. v. 4. April 1919.

I. Landgericht Hamburg, Kammer für Handelssachen.
II. Oberlandesgericht daselbst.

Die Beklagte ist eine amerikanische Holzhändlerfirma, die für Deutschland durch den Kaufmann H. vertreten war. Seit Anfang Oktober 1914 verhandelte die Klägerin mit H. über den Abschluß eines Verkaufs amerikanischer Hölzer seitens der Beklagten. Schließlich übersandte er ihr eine „Festofferte" vom 16. Dezember 1914, worauf sie am 21. erwiderte: „Das beregte Pine Lumber & Timber Geschäft ist in Übereinstimmung mit unserer Korrespondenz und mündlicher Unterhaltung nunmehr definitiv in Ordnung; wir bitten Sie, uns jetzt Ihren Kontrakt über dieses Geschäft zur Unterschrift zukomen lassen zu wollen." Als H. darauf einen Vertrag zur Unterschrift schickte, der unter Benutzung eines gedruckten Formulars der Beklagten entworfen war, beanstandete die Klägerin verschiedene darin enthaltene Bestimmungen. Der Meinungsaustausch hierüber zog sich bis in den Januar 1915 ergebnislos hin.

Im Mai 1915 erhob die Klägerin Klage auf Feststellung des Bestehens des Vertrags. Die Beklagte forderte widerklagend die Feststellung, daß die Verhandlungen gescheitert seien.

Im Gegensatz zum ersten Richter, der den Anträgen der Klägerin entsprach, gab das Oberlandesgericht dem Begehren der Beklagten statt. Die Revision wurde zurückgewiesen.

Gründe:

„Die Beklagte bestreitet den Vertragsschluß sowohl wegen unvollständiger Einigung der Parteien (" 154 Abs. 1 BGB.) wie deshalb, weil es nicht zur Unterzeichnung einer Vertragsurkunde durch beide

Teile gekommen ist. In dem angefochtenen Urteile wird die erste Frage offen gelassen, die zweite im Sinne der Beklagten beantwortet.

Das Berufungsgericht stellt nach Vernehmung von Sachverständigen sowie auf Grund eigener Sachkunde fest, daß im Handel mit amerikanischen Hölzern die Beurkundung des Vertrags allgemein üblich sei. Jede amerikanische Firma habe ihr Vertragsformular, vor dessen Unterzeichnung sie keinen Vertrag als geschlossen anerkenne. Auch die Klägerin habe dies gewußt. Nach Ansicht der in Betracht kommenden Kreise gelte der Vertrag erst mit der Unterzeichnung als abgeschlossen.

Diese Begründung reicht völlig aus, um das Urteil zu tragen. Es ist ein Irrweg, wenn das Berufungsgericht aus der von ihm festgestellten Handelssitte erst eine stillschweigende Verabredung der Beurkundung herleitet, um dann den § 154 Abs. 2 BGB. anzuwenden. Die Revision wirft dagegen nicht mit Unrecht ein, neben der durch den Briefwechsel erzielten Einigung könne unmöglich noch eine stillschweigende Verabredung angenommen werden, den Vertrag als einen bloß beabsichtigten zu behandeln und noch ein zweites Mal zu beurkunden. Aber die Konstruktion des Berufungsgerichts ist auch überflüssig. Es bedarf keiner Vermittelung durch einen mehr oder minder fiktiven sogenannten stillschweigenden Vertrag. Die Handelssitte als solche entscheidet; sie würde nach § 346 HGB. auch dann maßgebend sein, wenn sie der Klägerin — was nicht einmal der Fall ist — unbekannt gewesen wäre. Nach der Handelssitte hat ein Vertrag mit einer amerikanischen Holzhändlerfirma über Holzlieferung keine Gültigkeit, ehe nicht ein Formular der Firma ausgefüllt und von beiden Teilen unterzeichnet ist."

RGZ. 97, 191

1. Kommt ein Vertrag zustande, wenn der die Verhandlungen führende Agent erkennen mußte, daß der andere Teil eine wesentliche Bestimmung abweichend von ihrem verkehrsüblichen Sinne verstand?

2. Muß sich der Empfänger eines Bestätigungsschreibens, das er ohne Widerspruch läßt, als einverstanden behandeln lassen, wenn er ohne Verschulden irrtümlich annimmt, daß sich der Inhalt des Schreibens mit seinem Willen deckt?

BGB. § 155; HGB. § 346.

II. Zivilsenat. Urt. v. 21. November 1919.

Die Entscheidung ist abgedruckt unter „Bürgerliches Recht, Allgemeiner Teil 3".

RGZ. 97, 215

1. Kann der Nebenintervenient seine Berufung weiter verfolgen, wenn die Hauptpartei die von ihr eingelegte Berufung zurücknimmt?

2. Zur rechtlichen Stellung des Schiffsmaklers.
3. Zur Anwendung räumlich beschränkter Handelsgebräuche.
ZPO. §§ 67, 515; HGB. §§ 93, 346.

I. Zivilsenat. Urt. v. 29. November 1919.

Die Entscheidung ist abgedruckt unter „Verfahrensrecht, Zivilprozeßordnung".

RGZ. 98, 122

Zur Auslegung typischer Vertragsklauseln nach Treu und Glauben.
BGB. §§ 133, 157.

I. Zivilsenat. Urt. v. 7. Februar 1920.

Die Entscheidung ist abgedruckt unter „Bürgerliches Recht, Allgemeiner Teil 2".

RGZ. 101, 297

1. Rechtliche Bedeutung von Lieferscheinen, die an Order gestellt werden.
2. Zur Frage der sog. technischen Orderpapiere im Sinne des § 363 HGB.
3. Welche rechtliche Verpflichtung geht ein Lagerhalter durch die einem Dritten erteilte Auskunft ein, ein Lieferschein hinsichtlich einer bei ihm eingelagerten Ware gehe in Ordnung?

I. Zivilsenat. Urt. v. 9. Februar 1921.

I. Landgericht Hamburg. II. Oberlandesgericht daselbst.

Der Kaufmann H. hatte Anfang 1919 13 Kisten Sekt bei der Beklagten eingelagert. Am 5. März 1919 wies er die Beklagte schriftlich an, die Ware an M., an den er den Wein verkauft hatte, oder dessen Order auszuliefern. Die schriftliche Anweisung trägt unter der Unterschrift des H. den Blaustempel der Beklagten mit der Hinzufügung: „p. Rempf". M. verkaufte den Wein weiter an Sch. & Co. und indossierte die Anweisung in blanco. Sch. & Co. verkauften die Ware an R. & R. Sie sollen der Beklagten, wie diese behauptet, durch Fernsprecher mitgeteilt haben, die Anweisung des H. sei abhanden gekommen und hinfällig; die Ware sei an R. & R. auszuliefern. Letztere Anweisung ist in einem Briefe an die Beklagten schriftlich wiederholt worden. Der Brief soll einige Tage vor dem 17. April bei der Beklagten eingetroffen und daraufhin die Ablieferung am 17. April an R. & R. erfolgt sein. Sch. & Co. haben den Wein außerdem ein zweites Mal an den Kläger verkauft; an ihn ist die ursprüngliche Anweisung indossiert und übergeben worden. Sch. & Co. schrieben am 17. April an die Beklagte, daß sie den Wein an den Kläger verkauft und ihm den Lieferschein der Beklagten ausgehändigt hätten. Dieser Brief ist bei der Beklagten nach deren Behauptung erst am 19. April, also nachdem die Auslieferung an R. & R. bereits erfolgt war, eingetroffen.

Der Kläger behauptet, der Wein habe nur gegen Rücklieferung der unterstempelten Auslieferungsanweisung ausgefolgt werden dürfen. Er fordert Herausgabe des Weines oder Schadensersatz in Höhe des von ihm an Sch. & Co. gezahlt Kaufpreises.

Das Landgericht gab der Klage statt. Dagegen erkannte das Oberlandesgericht auf Abweisung. Die Klage war in zweiter Instanz auch darauf gestützt, daß die Beklagte am 17. April in einem Ferngespräche dem Kläger auf Anfrage erwidert habe, der „Lagerschein" gehe in Ordnung; erst daraufhin habe der Kläger mit Sch. & Co. abgeschlossen.

Auf die Revision des Klägers wurde das Berufungsurteil aufgehoben.

Gründe:

Der Kläger hat seinen Anspruch in erster Reihe damit begründet, daß er als legitimierter Inhaber des von der Beklagten unterstempelten Lieferscheines ein Recht auf Verabfolgung des eingelagerten Weins habe, und daß es ihn nichts angehe, wenn die Beklagte den Wein an eine dritte Firma, die nicht im Besitze des Lieferscheins gewesen sei, ausgeliefert habe. Das Berufungsgericht hat demgegenüber ausgeführt, das Recht auf Auslieferung des Weins sei von dem Einlagerer H. auf M., von diesem auf Sch. & Co. und von letzterer Firma auf R. & R. übertragen worden. Die Auslieferung an R. & R. sei also nicht zu beanstanden. Der Kläger leite sein Recht von Sch. & Co. her. Diese hätten in der Tat in betrügerischer Weise die von der Beklagten unterstempelte Auslieferungsanweisung, trotzdem sie den Wein schon anderweitig verkauft hätten, auf den Kläger indossiert und sich von ihm den Kaufpreis zahlen lassen. Aber die Sachlage sei nicht so, daß die Beklagte die Ware nur an den Inhaber jenes Lieferscheins hätte herausgeben dürfen. Der Kläger könne sich deshalb nur an Sch. & Co., nicht aber an die Beklagte halten.

Insoweit ist dem Berufungsgericht beizutreten.

Mit Recht ist angenommen, daß der Lieferschein eine Anweisung ist (vgl. RGZ. Bd. 76 S. 241), freilich nicht eine Anweisung nach § 363 HGB.; denn die Anweisung war nicht über eine vertretbare Warenmenge, sondern über die besondere eingelagerte Ware ausgestellt. Durch die Indossierung des Scheins erhielten deshalb die Indossatare nicht die in § 364 HGB. festgesetzten selbständigen Rechte aus dem Schein. Vielmehr wurden sie durch die Indossamente entweder nur zur Empfangnahme des Weins legitimiert, in welchem Falle sie Rechte gegen den Lagerhalter überhaupt nicht erlangten, wie das bei Lieferscheinen die Regel ist. (vgl. Staub, HGB. § 363 Anm. 8), oder aber sie erwarben nur diejenigen Rechte, die der Firma Sch. & Co. zur Zeit der Indossierung noch zustanden. Diese Firma besaß aber damals keine Rechte auf Auslieferung mehr, denn sie hatte ihre Rechte schon vorher an R. & R. abgetreten und die Beklagte angewiesen, an letztere Firma zu liefern. Infolgedessen standen dem Kläger aus dem Schein, trotzdem dieser von Sch. & Co. an ihn indossiert war, Rechte gegen die beklagte Firma nicht zu.

Die Revision hat demgegenüber hauptsächlich geltend gemacht, nach dem Inhalte des Scheins und dessen Unterstempelung durch die Beklagte sei anzunehmen, daß die Beklagte mit dem Einlagerer H. und dem ersten Indossatar M. vereinbart habe, der Wein solle nur an den berechtigten Inhaber des Scheins und nur gegen Rückgabe des Scheins ausgeliefert werden. Allein selbst wenn das damals die Willensmeinung gewesen sein sollte, was zwar nicht erwiesen ist, aber unterstellt werden mag, so würde es doch zu keinem anderen Ergebnis führen. Es konnte nicht etwa durch Privatvereinbarung ein Lieferschein über eine Spezies mit der Wirkung geschaffen werden, daß dessen Indossierung die Folgen des § 364 HGB. (Erwerb selbständiger Rechte durch den Indossatar) herbeiführte. Denn die Schaffung derartiger vollkommener oder technischer Orderpapiere ist der Privatwillkür entzogen. Das wird von der herrschenden Meinung angenommen (vgl. S t a u b § 364 Einl.) und ist in der reichsgerichtlichen Rechtsprechung anerkannt (RGZ. Bd. 71 S. 32). In beschränkterem Umfange sind allerdings Privatverinbarungen zulässig; es kann rechtsgültig vereinbart werden, daß die in dem Schein verbriefte Leistung nur gegen Rückgabe des Scheins erfolgen soll, so daß eine andersartige Leistung den Schuldner an sich nicht befreit (RGZ. Bd. 78 S. 153). Aber solchenfalls steht es jedem berechtigten Inhaber des Scheins frei, mit dem Schuldner zu vereinbaren, daß der Schein nunmehr erledigt sein soll (vgl. die soeben angeführte Entscheidung). Dann kann ein späterer Erwerber eines solchen Scheins, auch wenn er in gutem Glauben ist, Rechte aus dem Schein nicht geltend machen, vielmehr muß er sich die Abmachung, die sein Vorgänger getroffen hat, entgegenhalten lassen, denn die verstärkte Transportwirkung des § 364 tritt nicht ein. Insofern hat ein derartiger durch Privatwillkür geschaffener Orderschein geringere Kraft als ein vollkommenes Orderpapier nach § 363 HGB. Hier hatten Sch. & Co., welche legitimierte Inhaber des Lieferscheins waren, der Beklagten erklärt, der Schein sei verloren und damit erledigt, es solle nunmehr an R. & R. geliefert werden. Damit hatte sich die Beklagte stillschweigend einverstanden erklärt. Dann wurden durch die nachträgliche Indossierung des Scheins auf den Kläger keine Rechte mehr übertragen. Aus diesen Gründen ist dem Berufungsgericht in der Zurückweisung des ersten Klaggrundes beizustimmen.

Der Kläger hat seinen Anspruch noch auf einen zweiten Grund gestützt. Er hat geltend gemacht, daß ihm am 17. April, ehe die Ware an R. & R. ausgeliefert worden sei, auf telephonische Anfrage von der Beklagten erklärt worden sei, der „Lagerschein" gehe in Ordnung; daraufhin habe er die Ware von Sch. & Co. gekauft. Nach dieser Antwort habe die Beklagte den Wein nicht an jemanden ausliefern dürfen, der nicht im Besitz des „Lagerscheins" gewesen sei. Das Berufungsgericht hat auch diesen Klaggrund zurückgewiesen. Die hiergegen erhobene Revisionsrüge ist begründet, weil das Berufungsgericht nicht den gesamten Sachverhalt in seinem Zusammenhang gewürdigt hat. Im angefochtenen Urteil ist ausgeführt, es gereiche der Beklagten nicht zum Verschulden, daß sie die Frage, ob der Lagerschein in Ordnung gehe, bejaht habe. Sie habe die Frage nur dahin verstehen können, ob die Ware vorhanden sei. Diese so verstandene Frage habe sie mit Recht bejaht. Die Anfrage habe sie nicht abzuhalten brauchen, den Wein später an R. & R. auszuliefern. Bei dieser Ausführung hat das Berufungsgericht zwei erhebliche Umstände außer acht gelassen. Die Beklagte hat selbst behauptet, daß ihr einige Tage vor dem 17. April von Sch. & Co. mitgeteilt worden sei, der Schein sei bei ihr abhanden gekommen, er sei hinfällig geworden, die Ware solle an R. & R. ausgeliefert werden. Außerdem hat der Prokurist der Beklagten G. als Zeuge bekundet, daß der Brief von Sch. & Co. einige Tage vor dem 17. April bei der Beklagten eingetroffen sei. Darin hatten Sch. & Co. der Beklagten mitgeteilt, daß der Wein an R. & R. oder deren Order gegen „Aushändigung dieses Scheins" (das ist also der Brief) zu liefern sei. Angesichts dieses Sachverhalts ist es nicht erklärlich, wie die Beklagte am 17. April einem Dritten, nämlich dem Kläger, antworten konnte, der „Lagerschein" — worunter nur die von der Beklagten unterstempelte Anweisung des Einlagerers H. verstanden werden konnte — gehe in Ordnung. Die Beklagte hätte, wenn sie überhaupt eine Antwort geben wollte, sagen müssen, daß der „Lagerschein" erledigt und sie angewiesen sei, an R. & R. zu liefern. Das Berufungsgericht hat die Anfrage des Klägers dahin ausgelegt, daß er sich nur habe erkundigen wollen, ob die Ware noch vorhanden sei, und es meint, diese Frage habe die beklagte Firma bejahen dürfen. Allein offensichtlich ist jene Auslegung zu eng. Wer fragt, ob ein Lieferschein in Ordnung gehe, will nicht nur wissen, ob die Ware vorhanden ist, sondern auch vor allem, ob der Lagerhalter sie gegen den Lieferschein herausgeben kann und will. Die so verstandene Frage konnte die beklagte Firma nicht bejahen, wenn sie angewiesen war, nicht gegen den Lieferschein zu liefern, und diese Anweisung stillschweigend gebilligt hatte.

Sonach fragt sich in rechtlicher Beziehung, ob der nach dem Inhalte der Berufungsverhandlung vom Kläger behauptete Sachverhalt (gegen den nicht etwa die Einrede der Klagänderung erhoben ist, wie denn auch das Berufungsgericht eine unzulässige Klagänderung nicht angenommen hat) die Klaganträge zu rechtfertigen vermag. Das mußte bejaht werden. Der erkennende Senat schließt sich den Anschauungen an, die in der Entscheidung RGZ. Bd. 82 S. 337 entwickelt sind. Derartige Anfragen, ob ein Schein, ein Wertpapier in

Ordnung gehe, honoriert werde, echt sei, kommen im Geschäftsverkehr häufig vor. Niemand ist der Regel nach verpflichtet, sie zu beantworten. Wird aber von dem Aussteller der Urkunde freiwillig eine Antwort erteilt, so muß sie wahrheitsgemäß sein. Dafür besteht ein Rechtsschutzbedürfnis, und zwar auch dann, wenn zwischen dem Anfragenden, der an dem Papier ein Interesse hat oder es erwerben will, und dem befragten Verpflichteten bis dahin ein vertragliches Band nicht gegeben war. Auf einen solchen Tatbestand hat das angeführte Urteil das Rechtsverhältnis des Garantievertrags in Anwendung gebracht. Ob das für alle Fälle und insbesondere für den vorliegenden Fall zutrifft, mag dahingestellt bleiben. Jedenfalls liegt aber vorliegendenfalls in der Beantwortung der Frage der Abschluß eines Auskunftsvertrags. Durch diesen wird der Befragte verpflichtet, die freiwillig erteilte Auskunft ordnungsmäßig und wahrheitsgemäß zu erteilen. Ist die Auskunft schuldhaft unrichtig, so haftet er für den dadurch entstandenen Schaden.

RGZ. 105, 233

Ist bei kontokurrentähnlichem Geschäftsverkehr die selbständige Einklagung einzelner Posten eines anerkannten Saldos zulässig?

I. Zivilsenat. Urt. v. 18. Oktober 1922.

I. Landgericht II Berlin. II. Kammergericht daselbst.

Die offene Handelsgesellschaft H. & C., der die drei Beklagten als Gesellschafter angehören, stand seit dem Jahre 1900 mit der Klägerin in Geschäftsverbindung. Dabei wurden in der im Bankverkehr üblichen Weise halbjährlich von der Klägerin als „Kontokurrent" bezeichnet, mit einem Saldo abschließende Abrechnungen erteilt und der Saldo von der Handelsgesellschaft anerkannt. Im März 1913 wurden auf Grund eines damals geschlossenen Stundungsabkommens auf Grundstücken der Beklagten für die Klägerin Sicherungshypotheken im Höchstbetrage von 400 000 M. als Gesamthypotheken eingetragen zur Sicherung aller Forderungen, die der Klägerin aus ihrer Geschäftsverbindung mit der offenen Handelsgesellschaft H. & C. bereits erwachsen waren und noch erwachsen würden.

Auch in der Folgezeit ist das Rechnungsverhältnis zwischen der Klägerin und der Handelsgesellschaft in derselben Weise wie vordem fortgesetzt worden. Mit der Klage greift die Klägerin auf einzelne Posten zurück, welche in den von der Klägerin gezogenen und von der Handelsgesellschaft anerkannten Saldi verrechnet sind. Sie verlangt auf Grund der ihr von den Beklagten bewilligten Sicherungshypothek Befriedigung für ihre Forderung gegen die Gesellschaft H. & C. in Höhe von 50 000 M. aus den Grundstücken der Beklagten.

Die Beklagten wenden ein, daß die Einklagung einzelner in den Saldi verrechneter Posten unzulässig sei.

Das Landgericht wies die Klage ab. Das Kammergericht wies die Berufung der Klägerin zurück. Auch ihre Revision blieb erfolglos.

Gründe:

Die Klägerin, eine Großbank, hat mit der offenen Handelsgesellschaft H. & C., deren Gesellschafter die drei Beklagten sind, seit dem Jahre 1900 bis März 1913 derart in laufender Geschäftsverbindung gestanden, daß sie der Gesellschaft Kredite gewährte und von dieser dafür als Sicherheit Wertpapiere mit den dazu gehörigen Zins- und Gewinnanteilscheinen erhielt. Die Beträge der fälligen Zins- und Gewinnanteilscheine hat sie regelmäßig für die Gesellschaft eingezogen und verrechnet. Über diese Geschäfte hat sie in der im bankmäßigen Geschäftsbetriebe üblichen Weise eine laufende Rechnung geführt. Dabei hat sie die Gesellschaft belastet mit den dieser gewährten Kreditbeträgen und den dafür berechneten Zinsen nebst Spesen, Provisionen und sonstigen Auslagen. Auf der anderen Seite der Rechnung sind der Gesellschaft die von ihr geleisteten Abschlagszahlungen sowie die Beträge der von der Klägerin für die Gesellschaft eingezogenen Zins- und Gewinnanteilscheine gutgebracht worden. Halbjährlich ist ein Rechnungsabschluß gemacht worden mit der Überschrift „in Kontokurrent mit der Sch. B. Aktiengesellschaft Berlin". Diese Abschlüsse sind regelmäßig der Gesellschaft von der Klägerin mit dem üblichen Begleitschreiben übersandt worden, in welchem um die Prüfung und Anerkennung des als „Abschluß des Kontokurrentes" bezeichneten Saldos ersucht wird. Der Saldo ist von der Gesellschaft regelmäßig schriftlich anerkannt worden. Die Klägerin hat den Saldo jedesmal auf neue Rechnung vorgetragen und dafür, auch soweit darin bereits Zinsen enthalten waren, Zinsen berechnet.

Die vom Berufungsgericht eingehend begründete Annahme, daß in diesem zwischen der Klägerin und der offenen Handelsgesellschaft H. & C. bis Anfang 1913 gepflogenen Geschäftsbetriebe ein echtes Kontokurrentverhältnis im Sinne von § 355 HGB. zu erblicken ist, läßt einen Rechtsirrtum nicht erkennen und ist von der Revision auch nicht angegriffen worden. Es ist daher die Klage, soweit sie auf einzelne, ihrer Selbständigkeit entkleidete Rechnungsposten dieses Kontokurrentverhältnisses gestützt ist, von den Vorinstanzen mit Recht abgewiesen worden.

Es fragt sich daher nur, ob, wie die Revision annimmt, in dem erwähnten Rechtsverhältnis der Klägerin und der genannten Handelsgesellschaft eine Änderung eingetreten ist durch die in Gemäßheit der Schreiben der Klägerin vom 26. Februar und der Gesellschaft vom 28. Februar und 15. März 1913 getroffene Vereinbarung und die daraufhin erfolgte weitere Handhabung der Geschäftsbeziehungen der Beteiligten. Auch dies hat das Berufungsgericht zutreffend verneint.

Das Schreiben der Klägerin vom 26. Februar 1913 bezieht sich auf die bis dahin nach obigem im Wege eines Kontokurrentverhältnisses behandelte Geschäftsverbindung der Klägerin mit der Firma H. & C. Nach Inhalt dieses Schreibens sind für die Klägerin Sicherheiten ausbedungen für alle Ansprüche, welche ihr aus der Geschäftsverbindung mit der Firma „erwachsen sind und noch erwachsen werden". Die Klägerin erklärt sich dagegen bereit, für diese Sicherheiten der Firma H. & C. die „Forderung auf drei Jahre zu stunden gegen eine Verzinsung von 6 %, wovon 2 % bei Ablauf der dreijährigen Stundungsfrist, der Rest laufend halbjählich zu zahlen sind." Es ist richtig, daß diese Stundungsabrede an sich in einer Weise verstanden werden kann, die eine wesentliche Abänderung des damals zwischen der Klägerin und der Handelsgesellschaft bestehenden Kontokurrentverhältnisses bedeuten würde. Insbesondere bedeutet normalerweise die Vereinbarung einer dreijährigen Stundung von 2 % Kapitalzinsen, daß während dieser drei Jahre nur die laufenden Zinsen selbst und nicht obendrein in bestimmten Zeitabschnitten Zinseszinsen berechnet werden dürfen. Zutreffend hat aber das Berufungsgericht darauf hingewiesen, daß die Beteiligten eine derartige Folgerung aus der laut Schreiben vom 26. Februar 1913 getroffenen Vereinbarung nicht gezogen haben. Vielmehr ist das damalige Kontokurrentverhältnis, abgesehen davon, daß die Klägerin keine baren Kredite mehr gegeben hat, genau in derselben Weise wie vordem beiderseits fortgesetzt worden. Insbesondere sind die gestundeten 2 % Zinsen in die halbjährlichen Saldi eingerechnet und von da ab jeweils verzinst worden. Ebenso sind die weiteren 4 % Zinsen behandelt worden, welche in den Abrechnungen von den dort eingesetzten Gesamtzinsen mitumfaßt werden. Denn die in dem Schreiben vom 26. Februar 1913 vorgesehenen halbjährlichen Zahlungen der 4 % Zinsen sind nach Feststellung des Berufungsgerichts und ausweislich der Abrechnungen nicht erfolgt, da die dort verzeichneten Abschlagszahlungen sich mit jenen Zinsposten nicht decken. Demgemäß ist auch das von der Revision erwähnte Schreiben der Klägerin vom 9. Januar 1914 durch das tatsächliche Verhalten der Beteiligten überholt worden. Wenn ferner die Klägerin neben der kontokurrentmäßigen Behandlung der 2 % Zinsen wegen derselben Zinsen ein besonderes „Zinsenstundungskonto" angelegt hat, so blieb dies auf die hier maßgebliche Verrechnung ohne Einfluß. Denn, wie das Berufungsgericht zutreffend dargelegt hat, ist in der von der Klägerin geführten „laufenden Rechnung", welche der Berechnung des halbjährlich von der Klägerin festgestellten und von der Handelsgesellschaft anerkannten Saldos zugrunde liegt, der gestundete Zinsenbetrag zwar regelmäßig auf der Kreditseite der Gesellschaft gutgeschrieben, auf der Debetseite aber wieder zur Last geschrieben worden.

Nach alledem hat das Berufungsgericht ohne Rechtsirrtum angenommen, daß nach der Art, wie zwischen der Klägerin und der Handelsgesellschaft das frühere Abrechnungsverfahren nach der Vereinbarung vom Februar/März 1913 fortgesetzt worden ist, dieses weitere Verfahren auch dann, wenn darin nicht mehr ein eigentliches Kontokurrentverhältnis zu erblicken sein sollte, doch dahin aufzufassen ist, daß vereinbarungsgemäß infolge der Feststellung und Anerkennung des jeweils gezogenen Saldos in einzelnen im Saldo verrechneten Posten nicht mehr als selbständige Ansprüche der Klägerin geltend gemacht werden können.

RGZ. 105, 389

Muß der Empfänger eines Bestätigungsschreibens, das er eine Woche lang unbeantwortet ließ, die Fiktion des Einverständnisses auch dann gegen sich gelten lassen, wenn er nachweist, daß er bei Eingang des Schreibens verreist war und ihm sofort nach seiner Rückkehr widersprochen hat?

III. Zivilsenat. Urt. v. 24. November 1922.

I. Landgericht Braunschweig, Kammer für Handelssachen.
II. Oberlandesgericht daselbst.

Die Klägerin behauptet, dem Beklagten am 7. April 1920 durch den Fernsprecher etwa 600 Zentner Pferdebohnen verkauft zu haben. Da der Beklagte die Bohnen weder abnahm noch bezahlte, fordert sie Schadensersatz. Der Beklagte bestritt den Kaufabschluß und erhob hilfsweise den Einwand des Kettenhandels. Das Landgericht erachtete diesen für durchgreifend. Das Oberlandesgericht erklärte den Klaganspruch dem Grunde nach für berechtigt. Die Revision führte zur Aufhebung des angefochtenen Urteils behufs Prüfung, ob nicht die Klägerin die Ware im Wege des Kettenhandels erworben habe (vgl. RGZ. Bd. 105 S. 176).

Aus den Gründen:

Die Revision ist unbegründet, soweit sie die Feststellung des Berufungsrichters zu bekämpfen versucht, daß die Verhandlungen der Parteien zu einem festen Vertragsschlusse geführt haben. Diese Feststellung wird schon durch den eigenen Vortrag des Beklagten gerechtfertigt. Er hat, wie er selbst angibt, das Bestätigungsschreiben der Klägerin vom 7. April 1920 bis zum 15. dess. M. unbeantwortet gelassen. Wenn das Oberlandesgericht daraus entnimmt, daß er mit dessen Inhalt einverstanden gewesen sei, so ist dem beizutreten. Die weitere Behauptung des Beklagten, er sei vom 7. bis 15. April verreist gewesen und habe deshalb die Verkaufsbestätigung der Klägerin erst nach seiner Rückkehr vorgefunden und zurückweisen können, kann die Verzögerung seiner Antwort nicht entschuldigen. Sie steht mit den Anforderungen in Widerspruch, die der Verkehr an die Geschäftsführung und Sorgfalt eines Kaufmanns stellt und im Interesse einer glatten Geschäftsabwicklung stellen muß. Der Beklagte nimmt für sich die Eigenschaft eines Großkaufmanns in Anspruch. Ein solcher darf die an ihn gerichteten Geschäftsbriefe nicht 7 oder 8 Tage lang unbeachtet liegen lassen. Er muß vielmehr bei so langer Abwesenheit für einen Vetreter oder dafür sorgen, daß sie ihm sofort nach Eingang nachgesandt werden, um etwa nötig werdende geschäftliche Erklärungen so schnell als möglich abgeben zu können.

Hier hatte die Klägerin, welche am 7. April mit dem Beklagten am Fernsprecher über den Verkauf der Bohnen verhandelt hatte und ihm durch das Bestätigungsschreiben von demselben Tage zu erkennen gab, daß sie den Vertrag für abgeschlossen halte, nach Treu und Glauben und nach der Handelssitte Anspruch darauf, unverzüglich davon in Kenntnis gesetzt zu werden, wenn der Beklagte ihre Auffassung nicht teilte. Sie durfte daher, wenn dieser innerhalb einer angemessenen Frist von 1 bis 2 Tagen nicht antwortete, davon ausgehen, daß auch der Beklagte das Geschäft als zustande gekommen ansehe, und der Beklagte muß deshalb, weil er ohne hinreichenden Grund seiner Erklärungspflicht nicht nachgekommen ist, sich so behandeln lassen, als habe er dem Vertragsschluß ausdrücklich zugestimmt. Wäre es anders und seiner Antwort vom 15. April noch eine rechtserhebliche Bedeutung beizumessen, so wäre die Sicherheit des Geschäftsverkehrs und etwaiger weiterer auf den streitigen Schluß sich aufbauender geschäftlicher Maßnahmen der Verkäuferin in unerträglicher Weise gefährdet.

RGZ. 114, 282.

Zur Frage der Beweislast, wenn der Empfänger eines Bestätigungsschreibens rechtzeitig Widerspuch dagegen erhoben zu haben behauptet.

HGB. § 346.

II. Zivilsenat. Urt. v. 10. Juli 1926.

I. Oberlandesgericht Hamburg, Kammer für Handelssachen.
II. Oberlandesgericht daselbst.

Gegenstand des Revisionsverfahrens ist ein Anspruch auf Zahlung von 10 % Monatszinsen aus 25 000 GM. für die Zeit vom 1. Juni bis 30. November 1924, soweit er nicht — in Höhe von 1714 GM. — vom Oberlandesgericht abgewiesen ist. Die Klägerin sützt diesen Anspruch auf eine Vereinbarung vom 5. August 1924, die sie dem Beklagten mit Schreiben vom 6. dess. Monats bestätigte, ohne daß er — so behauptet die Klägerin — alsbald Widerspruch dagegen erhoben habe. Der Beklagte gibt den Empfang des Schreibens zu, er will aber alsbald nach Empfang, am 8. oder 9. August 1924, dem Mitinhaber der klagenden Firma, Chr., gegenüber mündlich widersprochen haben, da es am 5. August zu keiner festen Vereinbarung gekommen sei.

Das Landgericht machte die Entscheidung über den Zinsenanspruch (in Höhe von 15 000 GM.) von einem den Inhabern der klagenden Firma zugeschobenen Eide darüber abhängig, ob der Beklagte dem Bestätigungsschreiben in der von ihm bezeichneten Weise widersprochen habe. Das Oberlandesgericht erklärte auf die Berufung des Beklagte den Anspruch zum Betrage von 1714 GM. für unbegründet und erkannte im übrigen auf einen vom Mitgesellschafter Chr. allein zu leistenden Eid über den Widerspruch des Beklagten gegen das Bestätigungsschreiben. Die Revision des Beklagten blieb erfolglos.

Aus den G r ü n d e n :

Das Berufungsgericht sieht auf Grund des Bestätigungsschreibens den Beweis für das von der Klägerin behauptete Abkommen als geführt an, wenn nicht vom Beklagten dargetan werde, daß er rechtzeitig Widerspruch gegen das Schreiben erhoben habe. Rechtlich steht das mit den in der Rechtsprechung anerkannten Grundsätzen über die Bedeutung kaufmännischer Bestätigungsschreiben im Einklang. Wenn im Handelsverkehr unter Kaufleuten die eine Partei nach vorausgegangenen mündlichen oder telephonischen Verhandlungen der andern gegenüber schriftlich bestätigt, daß sie einen Vertrag als abgeschlossen ansehe, und den Inhalt dieses Vertrags festlegt, so ist die andere Partei nach den im Handelsverkehr geltenden Gewohnheiten und nach Treu und Glauben verpflichtet, dem Gegner von ihrer abweichenden Auffassung über das Zustandekommen des Vertrags alsbald Kenntnis zu geben. Andernfalls muß sie den Inhalt des Schreibens, insbesondere den Abschluß selbst, gegen sich gelten lassen (RGZ. Bd. 54 S. 176, Bd. 58 S. 66/69, Bd. 105 S. 389). Ein Bestätigungsschreiben erheischt also im Falle des Nichteinverständnisses eine umgehende Antwort. Der Absender des Schreibens kann sich zum Beweise des in ihm wiedergegebenen Vertragsabschlusses auf die bloße Tatsache berufen, daß das Schreiben dem Vertragsgegner zugegangen ist, und abwarten, daß der andere Teil darlegt, wie er sich gegenüber dem Schreiben verhalten habe, um sein Einverständnis auszuschließen. Der Absender des Bestätigungsschreibens muß nicht das Stillschweigen des Empfängers dartun, sondern der Empfänger hat seinerseits zu beweisen, daß er dem Bestätigungsschreiben rechtzeitig widersprochen habe, um die nach kaufmännischer Auffassung eintretende Wirkung seines vermuteten Einverständnisses abzuwenden. Mit Unrecht wirft daher die Revision dem angefochtenen Urteil Verkennung der Beweislast vor, wenn es den Beklagten als beweispflichtig für den rechtzeitigen Widerspruch erachtet hat. Dafür, daß die Klägerin bei Absendung des Schreibens eine Überrumpelung des Beklagten beabsichtigt habe, bietet die Sachlage keinen Anhalt . . .

RGZ. 116, 247

1. Was ist bei einer kommunalen Sparkasse unter einem Geschäft der laufenden Verwaltung zu verstehen?

2. Findet bei kommunalen Sparkassen, die wegen des gewerbsmäßigen Betriebs von Bankgeschäften Kaufmannseigenschaft haben, auf die Abgabe von Wechselerklärungen durch Beamte und Angestellte der Grundsatz, daß der Geschäftsherr bei längerer Duldung von Vollmachtsüberschreitungen seiner Angestellten deren Rechtshandlungen gegen sich gelten lassen muß, auch dann Anwendung, wenn die Satzung gewisse Beschränkungen der Vertretungsmacht der Beamten und Angestellten enthält? Kann eine stillschweigende Bevollmächtigung zur Abgabe von Wechselerklärungen in Frage kommen, wenn die Satzung schriftliche Erteilung der Vollmacht vorschreibt?

3. Über die Bildung von Gewohnheitsrecht.

HGB. §§ 54, 346.

II. Zivilsenat. Urt. v. 1. März 1927.

I. Landgericht Stolp. II. Oberlandesgericht Stettin.

Die Klägerin ist Inhaberin eines von der Rügenwalder Fleischkonservenfabrik G. m. b. H. ausgestellten, auf eigene Order lautenden Wechsels vom 16. März 1925, zahlbar am 24. März 1925, über den Betrag von 70 000 RM. Der Wechsel ist auf G. Sch. in Rügenwalde gezogen und von ihm akzeptiert. Er trägt auf der Rückseite die Blankoindossamente der Ausstellerin und der Kreissparkasse Liebenwerda, Bankabteilung. Letzteres Indossament ist unterzeichnet von V., dem damaligen Landrat des Kreises Liebenwerda und gleichzeitigen Vorsitzenden der genannten Kreissparkasse, und von M., dem ersten Beamten der Sparkasse, der zugleich beratendes Mitglied des Sparkassenvorstandes ist. Das Indossament trägt außerdem einen Stempel mit der Aufschrift „Sparkasse des Kreises Liebenwerda, Bad Liebenwerda". Der Wechsel ist nicht eingelöst und von der Klägerin protestiert worden. Das Landgericht hat die auf Grund des Indossaments der Kreissparkasse gegen den Kreis Liebenwerda gerichtete Wechselregreßklage abgewiesen. Die Berufung der Klägerin war erfolglos, ebenso ihre Revision.

Aus den Gründen:

(Es wird zunächst ausgeführt, daß sich weder aus § 137 Abs. 3 der Kreisordnung noch aus der Satzung der Kreissparkasse eine wechselmäßige Haftung des Beklagten herleiten lasse, wobei auf die Entscheidung des Senats vom 7. Dezember 1926 II 555/25, RGZ. Bd. 115 S. 311, verwiesen wird. Dann wird fortgefahren:)

Mit Recht hat der Berufungsrichter verneint, daß das Giro der Kreissparkasse vom verklagten Landkreis oder vom Sparkassenvorstand nachträglich genehmigt worden sei. Der Vorderrichter stellt in dieser Beziehung fest, daß der Landrat V. und der Sparkassenbeamte M. die Geschäfte mit dem Akzeptanten G. Sch. den für die Genehmigung zuständigen Organen gegenüber heimlich geführt haben, weil sie deren Widerspruch befürchteten. Nach Aufdeckung der Angelegenheit, die zur Verhaftung der beiden Unterzeichner führte, habe aber selbstverständlich niemand mehr daran gedacht, jene Geschäfte zu genehmigen. — Diese von der Klägerin auch nicht weiter angegriffenen Feststellungen sind tatsächlicher Art und beruhen auf keinem Rechtsirrtum.

Weiterhin lehnt der Berfungsrichter die Annahme ab, daß der Landrat vom Kreistag oder Kreisausschuß zur Girierung des Klagewechsels besonders bevollmächtigt worden sei. Er stützt sich hierbei auf die Vorgeschichte des Wechsels, insbesondere aber auf die tatsächlichen Feststellungen, die das Torgauer Schöffengericht in der Strafsache gegen den Landrat V. und gegen M. getroffen hat und die von den Parteien als zutreffend bezeichnet worden sind. Danach erstreckte sich die dem Landrat V. erteilte Vollmacht nur darauf, für den Kreis 500 000 RM zu beschaffen, deren er zur Zahlung des Kaufpreises für angekauftes Gelände bedurfte. Diese Angelegenheit war aber erledigt, nachdem eine auswärtige Bank das Geld der Kreissparkasse Liebenwerda gegen Wechsel in Höhe von 1 000 000 RM vorgestreckt und in Höhe von 500 000 RM Sicherheitsgegenwechsel gegeben hatte. Mit dieser Angelegenheit haben die vom Landrat und von M. mit G. Sch. abgeschlossenen Geschäfte, aus denen sich das Blankoindossament des Klagwechsels ergab, nicht das geringste zu tun. Bei diesen vor den zuständigen Organen des Beklagten und den übrigen Mitgliedern des Vorstandes der Kreissparkasse verheimlichten Geschäfte handelt es sich vielmehr nur darum, auf den Wechsel aus Gefälligkeit gegen G. Sch. ein Giro der Sparkasse zu setzen, um diesem die Erlangung von Geld und die Einräumung eines Hypotheken- oder Zwischenkredits zu verschaffen.

Unter Zugrundelegung jener Feststellungen verneint das Berufungsgericht auch, daß das hier fragliche Geschäft ein solches der laufenden Verwaltung, sei es des Kreises, sei es der Kreissparkasse Liebenwerda, gewesen sei. Das Urteil führt aus: Ob ein Geschäft zur laufenden Verwaltung zu zählen sei, hänge von der jeweiligen Geschäftslage des betreffenden Verbandes und von Umständen ab, die in der Geschäftsabwicklung der verwalteten Stelle zu suchen seien; die Bedürfnisse Dritter oder des außerhalb der Verwaltung liegenden Verkehrs seien dafür nicht maßgebend. Im vorliegenden Falle hätten der Landrat V. und M. heimlich zugunsten des G. Sch. aus Gefälligkeit Wechselgiros in Höhe von insgesamt 300 000 RM. erteilt auf das bloße Versprechen des G. Sch. hin, er wolle, wenn er demnächst den Hypothekenkredit in Höhe von $1^1/_4$ Millionen Reichsmark erhalte, einen notleidenden Wechsel einer inzwischen zusammengebrochenen auswärtigen Bank in Höhe von 150 000 RM.

übernehmen. Dafür, daß die laufende Geschäftsabwicklung des Kreises oder der Kreissparkasse Liebenwerda, auch wenn diese satzungsgemäß gewisse Arten von Bankgeschäften betrieben habe, die Vornahme so gefährlicher Geschäfte irgendwie gerechtfertigt hätte, sei nicht vorgebracht. — Gegen diese Ausführungen läßt sich sachlich nichts einwenden, zumal wenn man berücksichtigt, daß der satzungsmäßige Zweck der Sparkasse u. a. darin besteht, in dem behördlich zugelassenen Umfang „sonstige sichere Geldgeschäfte" zu betreiben, und daß es sich schon bei dem erwähnten notleidenden Wechsel der zusammengebrochenen auswärtigen Bank nicht um eine Angelegenheit des Kreises oder der Sparkasse handelte, der Landrat vielmehr seine Vollmachtgeber über die Art der Beschaffung der 500 000 RM. völlig im Dunkeln gelassen hatte. Der Revisionsangriff, mit dem geltend gemacht wird, das Berufungsgericht habe den Begriff „Geschäfte der laufenden Verwaltung" verkannt, ist nicht begründet. Gewiß können Diskontierung und Girierung von Wechseln zum Betrieb einer sich mit Bankgeschäften abgebenden Sparkasse gehören; sie brauchen es aber nicht. Für die Entscheidung können immer nur die besonderen Verhältnisse von Bedeutung sein, wozu u. a. die Höhe der Wechselsumme, das mit dem Geschäft verbundene Risiko und der aus dem Geschäft erhoffte Gewinn zu rechnen sind. Dabei mag auch darauf hingewiesen werden, daß, soweit durch die Blankoindossamente dem Sch. mittelbar ein Kredit eingeräumt wurde, die einschlägigen Vorschriften der Satzung hätten beobachtet werden müssen.

Die Klägerin macht weiter geltend: Seit die Kreissparkasse durch Ministerialverfügung die Befugnis zum Betrieb von Bankgeschäften erhalten habe, seien mit Zustimmung ihres Vorstandes Wechselunterschriften und namentlich auch Indossierungen nicht mehr von den Vorstandsmitgliedern persönlich vorgenommen worden, da dies praktisch gar nicht durchführbar gewesen sei, vielmehr hätten mit Zustimmung der Vorstandsmitglieder jeweils zwei Beamte der Sparkasse für diese die wechselrechtlichen Erklärungen abgegeben. Im Dienstraum der Sparkasse habe sich ein Aushang befunden, auf dem die Namen der zur Abgabe von Wechselunterschriften Berechtigten aufgeführt gewesen seien. Die Kreissparkasse habe auch einer Reihe von Banken amtlich mitgeteilt, daß außer den Vorstandsmitgliedern verschiedene Beamte, darunter der schon erwähnte M., je zu zweien zur Abgabe von Wechselunterschriften berechtigt seien. Hieraus will die Klägerin schließen, daß je zwei Sparkassenbeamte zu allen Wechselerklärungen für die Sparkasse ausdrücklich bevollmächtigt gewesen seien. Zum mindesten müsse sich der Beklagte, da die Sparkasse Bankgeschäfte betrieben habe, als Kaufmann behandeln lassen. Der Geschäftsherr, der es dulde, daß sein in Wirklichkeit nicht bevollmächtigter Angestellter Dritten gegenüber als bevollmächtigter Vertreter auftrete, müsse sich gefallen lassen, so behandelt zu werden, wie wenn er tatsächlich Vollmacht erteilt hätte. Schließlich habe sich der Beklagte als Bankgeschäfte betreibender Kaufmann dem Handelsbrauch unterwerfen müssen, wonach keine Bank befugt sei, die Verbindlichkeit wechselmäßiger Unterschriften in Abrede zu stellen, die von ihren Angestellten im Bankverkehr abgegeben worden seien. Weil dieser Handelsbrauch zur Aufrechterhaltung eines ehrlichen Wechselverkehrs für unbedingt erforderlich gehalten werde, habe denn auch der Rechtsausschuß des Reichstags beschlossen, keine Sparkasse, welche die Verbindlichkeit für sie geleisteter Unterschriften bestreite, weiterhin zum Wechsel- oder Giroverkehr zuzulassen.

Der Berufungsrichter weist sodann noch darauf hin, daß, abgesehen von der Bestimmung in § 6 Abs. 2 der Satzung (wonach Quittungen der Sparkasse von zwei vom Vorstand dazu ermächtigten Beamten oder Angestellten gezeichnet werden müssen, deren Namen im Sparkassenraum durch Aushang bekannt gegeben werden sollen), der Vorstand nach § 6 Abs. 3 noch befugt sei, Beamte der Sparkasse für den gesamten Geschäftsverkehr mit dem Postscheckamt, der Reichsbank, der Girozentrale oder sonstigen Banken zur Unterschriftleistung zu bevollmächtigen. Man könnte geneigt sein, auch die weitere Satzungsbestimmung (§ 4 Nr. 3) hier heranzuziehen, daß der Vorstand bestimmten Arten von Geschäften einzelnen seiner Mitglieder oder dem ersten Beamten der Sparkasse zur selbständigen Erledigung übertragen kann. Allein es findet sich hier der einschränkende Zusatz „soweit nicht in dieser Satzung etwas anderes bestmmt ist"; und da § 6 die gesamten Grundsätze über Urkunden, durch welche die Sparkasse verpflichtet werden soll, sowie über Quittungen der Sparkasse enthält, so darf § 4 Abs. 3 nicht auf die Abgabe urkundlicher Verpflichtungserklärungen bezogen werden. Das Berufungsgericht erwägt weiter: Ein etwaiger Aushang im Kassenraum der Sparkasse, wonach M. zusammen mit einem anderen Beamten zur Girierung von Wechseln ermächtigt gewesen sei, habe sich nur auf Wechselgeschäfte beziehen können, die dort gewöhnlich vorzunehmen waren. In den Mitteilungen an die verschiedenen Banken sei aber hervorgehoben, daß die Berechtigung zum Zeichnen nur den laufenden Geschäftsverkehr und den An- und Verkauf von Wechseln, also das gewöhnliche Diskontierungs- und Rediskontierungsgeschäft betreffe; eine weitere Bedeutung könne diesen Mitteilungen nicht beigemessen werden. Da die Klägerin eine solche Mitteilung nicht bekommen, den Wechsel auch nicht von einer der benachrichtigten Banken, sondern von G. Sch. ohne Leistung einer Valuta (also nicht im Diskontoverkehr) erworben habe könne sie sich nicht auf § 6 Abs. 3 der Satzung stützen.

Vom Rechtsstandpunkt aus sind diese Ausführungen nicht zu beanstanden. Die jetzt geltende Satzung der Kreissparkasse Liebenwerda ist am 1. März 1925 in Kraft getreten. Damals hatte die Sparkasse bereits Bankgeschäfte in den Bereich ihrer Tätigkeit aufgenommen, und dazu gehörte auch das Wechselgeschäft. Daß man den zwei Sparkassenbeamten bei Wechselerklärungen nicht freie Hand lassen wollte, beweist § 34 der Satzung, der dem Vorstand hierbei ein weitgehendes Prüfungsrecht vorbehält. Wenn man am § 6 der Satzung damals nichts änderte, so wollte man es offenbar dem Vorstand überlassen, wie weit und welchen Banken gegenüber die zwei Beamten zur Unterschriftleistung bei Wechseln bevollmächtigt sein sollten. Angesichts der genauen, mit Urkunden belegten Angaben des Beklagten über die Art und Weise, wie von der Befugnis aus § 6 Abs. 3 der Satzung tatsächlich Gebrauch gemacht worden sein soll, war es Sache der Klägerin, Beweis dafür anzutreten, daß die zwei Sparkassenbeamten über den vom Beklagten behaupteten Umfang hinaus ganz allgemein Wechselvollmacht besessen haben. An einem derartigen Beweisantritt hat es die Klägerin aber fehlen lassen. Daß der Landrat V. nicht Beamter der Sparkasse war, würde an sich die Anwendbarkeit des § 6 Abs. 3 kaum ausschließen. Denn da er Vorsitzender des Vorstands war und an sich schon zu den Personen gehörte, die nach § 6 Abs. 1 der Satzung alle verpflichtenden Urkunden mitunterschreiben durften, muß seine Unterschrift der eines Sparkassenbeamten oder -Angestellten mindestens gleichgestellt werden.

Bei der Annahme einer stillschweigenden Bevollmächtigung (gemäß § 54 HGB.), die darin liegen soll, daß der Beklagte und der Sparkassenvorstand eine mißbräuchliche Betätigung der Sparkassenbeamten bei Wechselunterschriften geduldet haben, geht der Berufungsrichter davon aus, daß die Sparkasse Kaufmannseigenschaft haben möge. Allein er ist der Ansicht, daß auch in diesem Falle die sämtlichen im öffentlichen Interesse aufgestellten satzungsmäßigen Beschränkungen bestehen bleiben müßten. Der Vorderrichter verkennt dabei nicht, daß der V. Zivilsenat des Reichsgerichts im Urteil vom 31. Mai 1924 V 864/23 im entgegengesetzten Sinne erkannt hat, aber er folgt der Auffassung des VI. Zivilsenats im Urteil vom 24. November 1925 VI 236/25, abgedruckt in der Beilage zur IRsch. 1926 Sp. 239 und IW. 1926 S. 1450 Nr. 5.

Aus der Natur der Vollmacht, welche weitgehende Verpflichtungen der Sparkasse als Vollmachtgeberin erzeugen kann, folgt, daß die Bevollmächtigung im allgemeinen ähnlich behandelt werden muß, wie eine sonstige urkundliche Verpflichtung der Sparkasse. Der § 6 der Satzung ist den entsprechenden Bestimmungen nachgebildet, die für die verpflichtenden Willenserklärungen öffentlichrechtlicher Korporationen gelten. Wenn nach § 137 Abs. 3 der Preuß.

Kreisordnung, nach § 88 der Preuß. Landgemeindeordnung und grundsätzlich auch nach § 91 der Preuß. Provinzialordnung bei Vollmachtserteilungen dieselben Grundsätze wie bei sonstigen die Körperschaft verpflichtenden Urkunden gelten, so liegt dem der Gedanke zugrunde, es solle verhindert werden, daß den Vorschriften über die Beschränkung der Vertretungsmacht der an sich Vertretungsberechtigten ihre Wirksamkeit durch formlose Vollmachtserteilung vollständig genommen werden könnte. Der Grund dafür, daß im § 6 Abs. 1 der Satzung die Vollmachten den dort angeführten, die Sparkasse verpflichtenden Urkunden nicht schlechthin gleichgestellt sind, ist der, daß man dem Vorstand im Interesse einer ordnungsmäßigen Abwicklung der Geschäfte die Möglichkeit geben wollte, einen Teil des Geschäftsverkehrs auf seine Sparkassenbeamten zu übertragen. Das Erfordernis der Schriftlichkeit einer solchen Bovollmächtigung ergibt sich aber schon daraus, daß von dieser Befugnis des Vorstands im § 6 mit der Überschrift „Urkunden und Quittungen" die Rede ist, wie denn auch § 5 Abs. 3 der Satzung für alle vom Vorstand gefaßten Beschlüsse schriftliche Niederlegung verlangt. Mit den Geschäften aber, auf die sich die Befugnis des Vorstands nach § 6 Abs. 3 der Satzung bezieht, sind nicht etwa ganz allgemein die sämtlichen wechselmäßigen Verpflichtungserklärungen der Sparkassenbeamten gemeint. Denn damit würde im Ergebnis jede Sicherheit wie sie § 6 Abs. 1 anstrebt, beseitigt. Diese Befugnis beschränkt sich vielmehr auf den regelmäßigen, laufenden Geschäftsverkehr der Sparkasse mit dem Postscheckamt, der Reichsbank, der Girozentrale und mit sonstigen Banken, mit denen die Sparkasse Geschäftsverkehr unterhält. Es greifen hier dieselben Erwägungen Platz, die bei Korporationen des öffentlichen Rechts die Anwendung der strengen Vorschriften für die Vertretung durch ihre Organe bei Geschäften der laufenden Verwaltung ausschalten (RGZ. Bd. 104 S. 205; Urt. vom 11. November 1911 VI 620/10; Urt. vom 24. September 1921 V 108/21). In diesem Sinne müssen zum mindesten die Satzungsbestimmungen der hier verklagten Kreissparkasse ausgelegt werden. Die gegenwärtige, auf Auslegung dieser Satzung beruhende Entscheidung setzt sich auch nicht unmittelbar in Widerspruch mit den Ausführungen des V. Zivilsenats in dem schon oben erwähnten Urteil V 864/23, da der genaue Inhalt der in jenem Falle maßgebend gewesenen Satzung nicht bekannt ist. Zwar besaß auch nach jener Satzung der Vorstand die Befugnis, für einzelne Fälle oder für bestimmte Arten von Geschäften Bevollmächtigte zu bestellen; es geht aber aus der Entscheidung nicht hervor, in welcher Weise satzungsmäßig die Bevollmächtigung zu erfolgen hatte. Wenn nach der Satzung der Kreissparkasse Liebenwerda alle Beschlüsse des Vorstands schriftlich niedergelegt werden müssen und diese Vorschrift, die nicht nur Formvorschrift ist, auch für die Bevollmächtigung nach

§ 4 Abs. 3 und § 6 Abs. 3 gilt, so können Sparkassenbeamte nicht anders als durch einen bestimmten, der Satzung selbst entsprechenden Willensakt bevollmächtigt werden. Ein „stillschweigender" Beschluß würde der Satzung widersprechen. Die gegenteilige Annahme des V. Zivilsenats im Urteil V 864/23 beruht auf der Auffassung, daß die Stadtgemeinde (es handelte sich damals um eine städtische Sparkasse) Verträge ohne Wahrung der Formvorschriften abschließen könne, wenn sie in ihrer Gesamtheit handle, und daß auf diese Weise auch stillschweigende Beschlüsse zustande kommen könnten. Nach dem Inhalt der hier maßgebenden Satzung muß eine solche Möglichkeit ausscheiden.

Es ist auch nicht anzuerkennen, daß der Verkehr die Zulassung einer derartigen stillschweigenden Bevollmächtigung für die Wechselgeschäfte der Sparkassen mit Banken verlange. Jede Bank weiß oder muß wenigstens bei Anwendung der erforderlichen Sorgfalt wissen, daß die Sparkassen der kommunalen Körperschaften Satzungen besitzen, worin die Vertretungsbefugnisse ihrer Organe genau geregelt sind. Wie jeder, der mit einer Aktiengesellschaft abschließt oder Wechselerklärungen von ihr entgegennimmt, sich vorher vergewissern muß, ob die vertragschließenden oder zeichnenden Personen auch wirklich die berufenen Vertreter der Aktiengesellschaft sind, so gilt die gleiche Prüfungspflicht für die Banken im Verkehr mit Sparkassen. Wird dadurch der Verkehr zwischen Sparkassen und Banken und das Wechselgeschäft der Sparkassen erschwert oder gehindert, so sind das allerdings Hemmnisse, die der freien Entfaltung des bankmäßigen Betriebs bei den Sparkassen entgegenstehen mögen. So lange aber Beschränkungen der erwähnten Art bestehen, muß sie der Verkehr in Kauf nehmen. Soweit dadurch die freie Entfaltung des Geschäftsbetriebs der kommunalen Sparkassen behindert wird, können die betreffenden öffentlichen Körperschaften durch entsprechende Satzungsänderung dem begegnen und ihre Beamten mit weitgehenden Vollmachten ausrüsten, was freilich im Falle des Mißbrauchs zum Schaden der Sparkasse ausschlagen kann.

Hiernach kann sich die Klägerin nicht auf stillschweigende Vollmachtserteilung berufen. Es braucht daher nicht erörtert zu werden, inwiefern die Sparkassenbeamten außerhalb der ihnen ausdrücklich erteilten Vollmacht unter Duldung des Beklagten oder des Sparkassenvorstands unbefugt gehandelt haben und ob daraus an sich auf die Erteilung einer allgemeinen Wechselvollmacht geschlossen werden könnte.

Für die Frage, ob das von der Klägerin behauptete Handelsgewohnheitsrecht besteht, ist es bedeutungslos, wie der Rechtsausschuß des Reichstags gegen eine Sparkasse vorzugehen beabsichtigt, welche die Unterschriften ihrer Angestellten im Giroverkehr nicht anerkennen will. Ein Handelsgewohnheitsrecht kann hierdurch nicht entstehen; ein solches könnte sich auch in der behaupteten Allgemeinheit niemals gegen die Satzung einer Sparkasse durchsetzen. Die Frage des Bestehens eines derartigen Gewohnheitsrechts muß indessen schon deshalb ausscheiden, weil es sich bei ihm nur um den Wechselverkehr zwischen Sparkassen und Banken handelt, während die hier in Rede stehenden Wechselerklärungen nicht im Bankverkehr, sondern dem G. Sch. gegenüber abgegeben worden sind. . . .

RGZ. 119, 119

1. Über die Erfordernisse des kaufmännischen Verpflichtungsscheins.

2. Bedeutung der Wendung „oder für Ihre Order" im kaufmännischen Briefverkehr. HGB. §§ 363, 364, 346.

II. Zivilsenat. Urt. v. 25. November 1927.

I. Landgericht I Berlin, Kammer für Handelssachen. II. Kammergericht daselbst.

Nachdem die Beklagte mit einer Firma W. als Darlehnsnehmerin ein Beleihungsgeschäft in Höhe von zwei Millionen Goldmark in 5%igen Goldmarkpfandbriefen abgeschlossen hatte, stellte diese Firma durch Abtretung vom 24. Januar 1924 den gesamten auf diese Beleihung zur Ausreichung kommenden Betrag dem Bankier G. in Berlin zur Verfügung. Der Beklagten wurde die Urkunde hierüber am gleichen Tage vorgelegt; auf ihr befand sich der von G. unterzeichnete Vermerk: „für mich an die Order des Str.-Konzern, Finanzabteilung". Darauf übersandte die Beklagte dem Str.-Konzern, Finanzabteilung, ein von ihr unterzeichnetes, vom 25. Januar datiertes Schriftstück folgenden Wortlauts:

> Wir halten für Sie oder Ihre Order die der Firma W. . . . . in Höhe von 2 Millionen Goldmark Pfandbriefen bewilligte Hypothekenvaluta abzüglich der uns vertraglich zustehenden Provision, Stempel und Spesen, sobald die Valuta zur Auszahlung gelangen kann, zu Ihrer freien unwiderruflichen Verfügung.
>
> Laut vorliegender Bescheinigung des Amtsgerichts K. vom 22. Januar 1924 ist der Antrag auf Eintragung der Hypothek von 2 Millionen Goldmark am 22. d. M. beim Grundbuch eingetragen.

Dieses Schriftstück gelangte am 26. Januar 1924 in den Besitz der Preußischen Staatsbank (Seehandlung); dabei war es mit folgenden Indossamenten versehen:

1. Weiter an die Firma M. & R., Bankgeschäft, Berlin (Datum: 25. Januar 1924).

Str.-Konzern, Finanzabteilung.

2. Für uns an die Order der Landbank A.-G., Berlin (Datum: 26. Januar 1924).

M. & R.

3. Für uns an die Order der Preußischen Staatsbank (Seehandlung) (Datum: 26. Januar 1924).

Landbank.

Die Preußische Staatsbank (Seehandlung) schrieb unter dem 17. Februar 1925 an die jetzige Klägerin: sie trete hiermit die Rechte aus dem Verpflichtungsschein der Deutschen Grundkreditbank vom 25. Januar 1924 an die Klägerin zur Einziehung ab mit der Maßgabe, daß die Leistung aus dem Schein nur an die Preußische Staatsbank verlangt werden dürfe. Am 28. Mai 1925 versah sodann die Klägerin das Schriftstück mit der Erklärung, daß sie den vorstehenden Anspruch an die Preußische Staatsbank zurückabtrete. Dies geschah, nachdem die Klägerin (Ende April 1925) die gegenwärtige Klage erhoben hatte, mit der sie beantragt, die Beklagte zu verurteilen, daß sie 10 000 GM. nom. von den von ihr ausgegebenen 5%igen Goldmarkpfandbriefen an die Preußische Staatsbank (Seehandlung) herausgegeben habe.

Diesen Anspruch stützt die Klägerin in erster Linie darauf, daß die von der Beklagten dem Str.-Konzern, Finanzabteilung, übersandte Urkunde vom 25. Januar 1924 einen kaufmännischen Verpflichtungsschein (HGB. § 363) darstelle. Aber auch dann, wenn der Schein kein echtes Orderpapier sei, habe die Beklagte nach kaufmännischer Auffassung doch nur an den durch Giro legitimierten Inhaber der Urkunde leisten dürfen. Sie sei aber nicht berechtigt gewesen, die Pfandbriefe — wie es nach ihrer Behauptung geschehen sein solle — der Firma M. & R. ohne Rücksicht auf die dem Giro des Str.-Konzerns nachfolgenden Indossamente auszuantworten. Im übrigen sei es nicht richtig, daß die Beklagte die im Schreiben vom 25. Januar 1924 erwähnten 2 Millionen 5%ige Goldmarkpfandbriefe der Firma M. & R. ausgefolgt habe. Die Beklagte bestreitet, daß der Schein vom 25. Januar 1924 einen kaufmännischen Verpflichtungsschein darstelle, und macht geltend, sie habe die hier fraglichen Pfandbriefe auf Anweisung des Str.-Konzerns an M. & R. abgeführt und sei nach § 407 BGB. durch diese Leistung befreit. Dies sei aber auch deshalb der Fall, weil die Klägerin die Firma M. & R. ermächtigt habe, die Pfandbriefe bei der Beklagten abzuheben.

Das Landgericht wies die Klage ab; das Kammergericht dagegen gab ihr statt. Die Revision der Beklagten führte zur Aufhebung und Zurückverweisung.

Aus den Gründen:

Dem Berufungsgericht ist darin beizutreten, daß das Schreiben der Beklagten vom 25. Januar 1924 keinen kaufmännischen Verpflichtungsschein im Sinne des § 363 Abs. 1 Satz 2 HGB. darstellt. Schon die äußere Form des Schriftstücks legt eher den Gedanken an ein Bestätigungsschreiben nahe als den an einen kaufmännischen Verpflichtungsschein. Entscheidend ist aber, daß das Schreiben mit den Worten „sobald die Valuta zur Auszahlung gelangen kann" die Leistung der Beklagten (die Zurverfügungstellung der Hypothekenvaluta) von einer Gegenleistung abhängig macht. Denn diese Wendung kann nicht anders verstanden werden als dahin, daß die Hypothekenvaluta gewährt werde, sobald der Darlehnsnehmer der Beklagten den Hypothekenbrief über die (an erster Stelle eingetragene) Hypothek von 2 000 000 GM. ausgefolgt habe. Außerdem enthält das Schreiben nichts über die nähere Beschaffenheit der auszureichenden Goldmarkpfandbriefe, namentlich über ihren Zinsfuß, und endlich ist darin auch die Höhe des Abzugs an den 2 000 000 GM. nicht genannt, den die Darlehnsgeberin wegen ihrer „Provision, Stempel und Spesen" machen darf; das Schreiben verweist vielmehr in dieser Richtung auf das mit dem Str.-Konzern getroffene Abkommen.

Trotzdem hält der Vorderrichter das Schreiben für geeignet, den Klagantrag zu stützen. Wenn es auch kein Orderpapier nach § 363 HGB. darstelle, so sei doch — führt das Urteil aus — die Bedeutung der darin enthaltenen Orderklausel („wir halten für Sie oder Ihre Order . . .") nicht auf die Feststellung einer selbstverständlichen Abtretungsmöglichkeit beschränkt. Eine solche Feststellung wäre — meint das Berufungsgericht — beim Verkehr unter Kaufleuten eine überflüssige Bemerkung gewesen. Das kaufmännische Leben verbinde mit der Orderklausel allgemein die Auffassung, daß die an Order lautende Urkunde das Recht selbst verkörpere und daß mithin der Besitz der Urkunde die Leistung an ihren Inhaber gewährleiste und dritte Personen vom Empfang der Leistung (ohne Vorlegung der Urkunde) ausschließe. Es sei daher aus dem Geben und Hinnehmen einer derartigen Urkunde zwischen der Beklagten und dem Str.-Konzern der übereinstimmende Vertragswille zu folgern, daß die Urkunde als Verkehrspapier zur Ermöglichung von Zwischenkrediten dienen und die Ausreichung der Pfandbriefe nur gegen Rückgabe des Scheins erfolgen solle. Da darin auch dem durch Indossament legitimierten dritten Inhaber der Urkunde die freie unwiderrufliche Verfügung eingeräumt sei, ergebe sich aus ihr als Vertragswille des weiteren, daß für den dritten Erwerber schon bei Erwerb des Papiers ein vom Rechte des Str.-Konzerns und etwaiger Zwischenmänner unabhängiges Recht habe entstehen sollen. Voll werde allerdings eine solche Wirkung der Orderklausel nur bei der Errichtung von Orderpapieren im Sinne des § 363 HGB. erreicht. Deshalb könne aber doch der Übernahme einer Verpflichtung, wie sie im Schreiben vom 25. Januar 1924 niedergelegt sei, die Bedeutung beigemessen werden, daß dem Papier diejenigen Wirkungen eines Orderpapiers beizulegen seien, die durch bloße Parteiabrede begründet werden könnten; das sei die Verpflichtung des Schuldners, nicht ohne Vorlegung und Quittierung des Papiers zu leisten. Darin liege eine zulässige vertragsmäßige Einschränkung des § 407 BGB.

dahin, daß der Schuldner, der die Abtretung nicht kenne, durch die Leistung an den alten Gläubiger nur dann befreit werde, wenn dieser ihm dabei die Urkunde vorlege. Diese Rechtswirkung sei im vorliegenden Falle bezweckt gewesen. Das folge daraus, daß sie für die Umlauffähigkeit der zur Kreditbeschaffung ausgestellten Urkunde notwendig gewesen sei und daß sonst die Beifügung der Orderklausel rechtlich bedeutungslos gewesen wäre. Auf Grund dieser Erwägungen schließt das Berufungsgericht die Beklagte mit dem Einwand aus, daß sie die nach dem Schreiben vom 25. Januar 1924 dem Str.-Konzern, Finanzabteilung, zu liefernden Pfandbriefe im Laufe des Februar 1925 der Zessionarin Firma M. & R. ausgefolgt habe.

Mit Grund bekämpft die Revision die Annahme des Berufungsrichters, daß der Gebrauch der Wendung „. . . für Sie oder Ihre Order" den Schluß auf einen übereinstimmenden Vertragswillen des erwähnten Inhalts gestatte oder gar notwendig mache. Es handelt sich hierbei nicht, wie die Klägerin meint, um eine im wesentlichen dem Gebiet des Tatsächlichen angehörende und deshalb der Nachprüfung durch den Revisionsrichter entzogene Feststellung einer bestimmten Übung, sondern um die Rechtsfrage, ob sich die Auffassung des Berufungsgerichts mit dem deckt, was nach der Erfahrung im kaufmännischen Verkehr unter einer Erklärung wie der von der Beklagten abgegebenen verstanden wird. Die Annahme des Vorderrichters würde allenfalls dann, aber auch nur dann zutreffen, wenn die Worte „oder (für) Ihre Order" im juristisch-technischen Sinne der Ermöglichung einer Art von originärem Erwerb der Rechte aus dem Papier zu verstehen wären, wenn also nach Absicht der Vertragschließenden mit jener Wendung eine das Recht auf Ausreichung der Goldmarkpfandbriefe selbst verkörpernde umlauffähige Urkunde hätte geschaffen werden sollen. Das Berufungsgericht nimmt dies allerdings an, indem es davon ausgeht, daß die Worte „oder für Ihre Order", wenn sie nur die Abtretungsmöglichkeit hätten andeuten sollen, eine Selbstverständlichkeit ausdrückten und ohne besondere rechtliche Bedeutung wären, was bei einem derartigen Verkehr unter Kaufleuten nicht als annehmbar erscheine. Dieser Ausgangspunkt widerspricht aber der täglichen Erfahrung. Es ist nicht richtig, daß gerade der Kaufmann bei seinen rechtsgeschäftlichen Erklärungen, insbesondere im brieflichen Verkehr, jede an sich rechtlich überflüssige, Bekanntes wiederholende Wendung durchweg vermeide, so daß es grundsätzlich gerechtfertigt wäre, jedem einzelnen in einem kaufmännischen Briefe gebrauchten Ausdruck, wenn er vielleicht auch verschiedener Deutung fähig ist, eine selbständige rechtliche Bedeutung beizulegen. Zu den Wendungen, die im kaufmännischen Verkehr vielfach im nichttechnischen Sinne, als Betonung der bloßen Abtretungsmöglichkeit, gebraucht werden, gehört erfahrungsgemäß der Ausdruck „an Order", und zwar beschränkt sich diese Verwendung der Klausel keineswegs auf solche Fälle, wo an der Möglichkeit der Abtretung des Anspruchs aus irgendwelchem Grunde ein Zweifel bestehen könnte. Unter diesen Umständen geht es nicht an, lediglich aus dem Zusatz „oder für Ihre Order" die Folgerung zu ziehen, daß die Beklagte sich verpflichtet habe, die Pfandbriefe nur gegen Vorlegung und Quittierung des Papiers auszuhändigen und auf solchem Umwege den Rechtszustand herzustellen, wie er bei einem den Anforderungen des § 363 HGB. entsprechenden Papier im Hinblick auf die Vorschrift des § 364 Abs. 3 das. eintritt. An alledem vermag der von der Klägerin betonte Umstand nichts zu ändern, daß im Schreiben vom 25. Januar 1924 von der Bereithaltung der Pfandbriefe zur „freien unwiderruflichen Verfügung" des Empfängers oder dessen Order die Rede ist. Der Kaufmann besitzt, wenn er das ausdrücken will, was das Berufungsgericht im Schreiben vom 25. Januar 1924 findet, in der Verwendung von Ausdrücken wie „ich zahle gegen diesen Brief" oder „gegen Aushändigung des Briefes" ein ebenso zweifelfreies wie naheliegendes Mittel.

Allerdings hat das Reichsgericht in der RGZ. Bd. 78 S. 149 abgedruckten Entscheidung in bezug auf einen nach § 363 Abs. 2 HGB. wirkungslosen, an Order gestellten Lagerschein die Auffassung des damaligen Berufungsrichters gebilligt, die dahin gegangen war, daß bei Berücksichtigung der Form jenes Lagerscheins, der im Vordruck eben diese Bezeichnung aufwies, sowie seiner gedruckten Bestimmungen und des Vordrucks „oder Order" angenommen werden müsse, die Beteiligten hätten den Schein als eine Urkunde angesehen, die in Verkehr gesetzt und im Verkehr die Ware selbst darstellen sollte. Hieraus folge — so hieß es in der Begründung jenes Berufungsurteils weiter — der übereinstimmende Vertragswille, daß die Waren nur gegen Rückgabe des Scheins ausgeliefert werden sollten. Danach habe die Person, für die oder deren Order die Waren eingelagert wurden, das vertragliche Recht erworben, daß diese nur gegen Rückgabe des Lagerscheins ausgeliefert würden und daß eine Auslieferung ohne solche Rückgabe den Lagergeschäftsinhaber von seiner Schuld nicht befreie; dieser habe eine dem erwähnten Recht entsprechende Verpflichtung übernommen. Die Rechte aus dieser Abmachung seien infolge der Abtretung des Herausgabeanspruchs auf den Erwerber des Lagerscheins mitübergegangen und ständen einer Berufung des Beklagten (des Inhabers des Lagergeschäfts) auf § 407 BGB. entgegen. Das Reichsgericht führt in RGZ. Bd. 78 a. a. O. aus, daß Form und Inhalt des Lagerscheins diesen als ein zum Umlauf im Handelsverkehr bestimmtes Papier erkennen ließen und daß daher die Auslegung des Vorderrichters nicht zu mißbilligen sei. Gerade wegen des Umstands, daß in jenem Falle eine ausdrücklich als „Lagerschein" bezeichnete, nach einem Vordruck hergestellte Urkunde vorlag, die auch inhaltlich an der Absicht der Beteiligten, ein die Ware vertretendes Umlaufpapier zu schaffen, keinen Zweifel ließ, wurde damals eine Sachlage angenommen, bei der dem Beklagten die Berufung aus § 407 BGB. nicht gestattet werden könne. Jene Entscheidung läßt sich für den gegenwärtigen, anders liegenden Fall nicht verwerten. . . .

Nach dem Gesagten ist die Beklagte durch ihre Erklärung vom 25. Januar 1924 nicht gehindert, sich auf § 407 BGB. zu berufen. Die Klage ist daher unbegründet, vorausgesetzt, daß die Behauptung der Beklagten zutrifft, sie habe im Februar 1924 die im Schreiben vom 25. Januar 1924 genannten 2 Millionen Goldmarkpfandbriefe (nach Abzug der ihr vertraglich zustehenden „Provision, Stempel und Spesen") an die Firma M. & R. oder in deren Auftrag an eine andere Person oder Firma ausgefolgt. Daß dies geschehen sei, bestreitet aber die Klägerin. Die Sache ist daher noch nicht zur Endentscheidung im Sinne der Abweisung der Klage reif. . . .

RGZ. 125, 408+

1. Kann sich bei Abtretung einer Saldoforderung aus einem Kontokorrent der neue Gläubiger zu seinen Gunsten auf eine Vereinbarung berufen, die der frühere Gläubiger nach der Abtretung mit dem Schuldner über die Fortführung des Kontokorrentverhältnisses getroffen hat?

2.—3. überholt.

HGB. § 355. BGB. § 407.

I. Zivilsenat. Urt. v. 28. September 1929.

I. Landgericht Bautzen. II. Oberlandesgericht Dresden.

Der Beklagte hat mit der E.- und H.-Bank in bankmäßiger Geschäftsverbindung gestanden. Nach Behauptung der Klägerin hat sein Konto nach dem Stande vom 1. Oktober 1925 ein Guthaben der Bank in Höhe von 14 780 RM. ausgewiesen. Durch eine am 17. März 1925 ausgestellte Urkunde hat die E.- und H.-Bank ihre Forderung in Höhe von 12 930 RM. an die Klägerin abgetreten. Wann der Beklagte von der Abtretung benachrichtigt wurde, ist streitig; nach seiner Behauptung ist es erst Ende 1925 geschehen.

In der Zeit vom 25. Mai 1925 bis zum 20. Oktober 1925 hat der Beklagte unter Geschäftsaufsicht gestanden. Das Verfahren ist durch einen am letztgenannten Tage rechtskräftig gewordenen Zwangsvergleich beendet worden. Am Vergleichsverfahren hat sich die E.- und H.-Bank, nicht aber die Klägerin beteiligt.

Mit der Klage wird Verurteilung des Beklagten begehrt zur Zahlung des Saldos per 1. Oktober 1925 unter Abzug von 8151,42 RM., welche die E.- und H.-Bank bereits eingeklagt hat. Die Parteien streiten darüber, ob die Klägerin die Bestimmungen des Zwangsvergleichs gegen sich gelten lassen muß. Ferner ist streitig, ob die während des Vergleichsverfahrens aufgelaufenen Zinsen erlassen sind, und endlich, ob nach der Abtretung weiter kontokorrentmäßige Zinsen berechnet werden durften.

Das Landgericht hat den Beklagten nur zur Zahlung von 315,46 RM. verurteilt. Das Oberlandesgericht hat auf Zahlung von 7759,78 RM. nebst Zinsen „abzüglich des bereits in einem anderen Rechtsstreit eingeklagten Betrages" erkannt. Die Revision der Klägerin hatte teilweise Erfolg.

Aus den Gründen:

Bei richtiger Rechnung ergibt sich auf dem Boden der Begründung des angefochtenen Urteils fglgendes: Der Klägerin stehen an sich 7759,78 RM. nebst Zinsen seit dem 21. Oktober 1925 zu. Von dem Kapital ist die Summe abzuziehen, über die im Nebenrechtsstreit entschieden ist, also 8000 RM., aber nur zu 60 % = 4800 RM. Es bleiben 2959,78 RM. Nach dem Vergleich sollte ein Sechstel der Quote unverzinslich bleiben. Zinsen können daher nur von 2959,78 — 493,29 = 2466,49 RM. gefordert werden.

Im übrigen sind die Angriffe der Revision unbegründet.

. . . Die Klägerin bemängelt zunächst, daß das Oberlandesgericht von der mit 13 259,66 RM. auf 10. Oktober 1925 berechneten Gesamtforderung 326,68 RM. mit der Begründung abgesetzt hat, die E.- und H.-Bank habe die Forderung bereits am 17. und 18. März 1925 abgetreten und daher von da an keine Saldoanerkenntnisse mit dem Beklagten abschließen können, vom 1. Januar 1925 könnten deshalb nur noch einfache Zinsen gefordert werden. Sie meint, das Berufungsgericht setze sich dadurch in Widerspruch zu seiner übrigen Auffassung, daß nämlich die E.- und H.-Bank bis zur Anzeige von der Abtretung, die das Berufungsgericht als in der Zeit nach dem 10. Oktober 1925 gemacht annehme, als Gläubigerin zu gelten habe. Dabei ist aber verkannt, daß das Berufungsgericht nicht schlechthin die Gläubigereigenschaft der E.- und H.-Bank als fortbestehend annimmt, sondern nur im Rahmen des § 407 BGB. Diese Bestimmung will den Schuldner, der von der Abtretung der Forderung keine Kenntnis hat, gegen die Nachteile schützen, die für ihn erwachsen könnten aus der Unwirksamkeit solcher Rechtsgeschäfte mit dem früheren Gläubiger, die seine Lage verbessern. Er findet keine Anwendung auf solche Rechtsgeschäfte zwischen dem früheren Gläubiger und dem Schuldner, welche die Lage des Schuldners verschlechtern würden. Diese sind schlechthin wirkungslos, weil dem früheren Gläubiger nach der Abtretung jede Beziehung zur Forderung fehlt (RGZ. Bd. 52 S. 184; WarnRspr. 1912 Nr. 202). Durch die Abtretung schied der Saldo notwendig aus dem zwischen dem Beklagten und der E- und H.-Bank bestehenden Kontokorentverhältnis aus; daß er bei der Klägerin ins Kontokorrent eingestellt worden sei, ist nicht behauptet; es hätte dazu auch der Zustimmung des Beklagten bedurft. Wenn daher der Beklagte in Unkenntnis der Abtretung mit der E.- und H.-Bank die Fortsetzung des Kontokorrentverhältnisses in Ansehung des Saldos vereinbart hat, kann sich die Klägerin darauf jedenfalls insoweit nicht berufen, als der Beklagte dadurch schlechter gestellt worden ist. Das ist für das Mehr an Zinsen der Fall, die durch die Art der Kontokorrentrechnung, nämlich durch die vierteljährliche Saldierung, enstanden sind.

RGZ. 125, 411

Steht das Bestehen eines Kontokorrents zwischen einer Aktiengesellschaft und einer Bank der Durchführung eines Schadensersatzanspruchs der ersteren aus einer unerlaubten Handlung entgegen, die von den Vertretern der Aktiengesellschaft und der Bank gemeinsam begangen ist?

HGB. §§ 312, 355. BGB. §§ 826, 393.

VI. Zivilsenat. Urt. v. 3. Oktober 1929.

I. Landgericht Nürnberg. II. Oberlandesgericht daselbst.

Die Beklagte, das Bankhaus U. & Co., erhob im Mai 1924 eine Klage gegen die AG. Gebrüder H. und deren Vorstandsmitglieder Josef und Siegmund H. Sie verlangte Zahlung von Bankschulden: von der Gesellschaft mit 11 160 M., von Josef H. mit 4760 M. und von Siegmund H. mit 1033 M. Die Aktiengesellschaft und ihre beiden Vorstandsmitglieder befanden sich in ungünstigen Vermögensverhältnissen und wollten das Ergehen eines Urteils vermeiden. Sie schlossen deshalb am 26. Mai 1924 mit der Beklagten einen Vertrag, wonach die Gesellschaft ihre in einer Liste aufgeführten Außenstände zur Sicherung für die der Bank geschuldeten Beträge an diese abtrat; die eingehenden Beträge sollten auf das Konto der Gesellschaft bei der Bank eingezahlt werden; die Bank durfte 50 % der eingehenden Beträge abheben. Unter Nr. II dieses Vertrags wurde vereinbart, daß vier — mit den Namen der anscheinend besonders vertrauenswürdigen Schuldner bezeichnete — Außenstände mit zusammen 5688,67 M. in erster Linie zur Deckung der Privatschulden der Gebrüder H. dienen sollten; es wurde hinzugefügt, daß über diese Beträge eine Sonderabtretung unter Mitteilung an die Schuldner erfolge. Das Verfahren in dem anhängig gemachten Rechtsstreit sollte ruhen. Bei Abschluß dieses Vertrags waren zugegen außer Josef und Siegmund H. und dem Mitinhaber der Beklagten U. für letztere Rechtsanwalt B., ferner die Aufsichtsratsmitglieder der Aktiengesellschaft, Rechtsanwalt F. und Justizrat S. Von den beiden letztgenannten Personen wurde gegen die Übernahme der Schuld der Gebrüder H. auf die Gesellschaft und gegen die Tilgung dieser Schuld durch Verwendung von Außenständen der Gesellschaft Widerspruch erhoben. Der Widerspruch hatte jedoch keinen Erfolg. Im Juni 1924 gingen von den angegebenen Außenständen der Aktiengesellschaft insgesamt 5425,22 M. bei der Beklagten ein. Sie wurden dort nicht dem Konto der beiden Brüder H. gutgeschrieben, sondern auf dem Konto der Aktiengesellschaft gebucht. Ein weiterer kleiner Betrag ging auf jene Außenstände am 26. August 1924 ein und wurde zusammen mit anderen eingegangenen Außenständen der Aktiengesellschaft auf einem „Sonderzessions-Konto" gebucht. Die beiden Privatkonten der Brüder Josef und Siegmund H. wurden bei der Beklagten am 28. August 1924 in der damaligen Höhe von 6221 und 1301 M. auf das Konto der Aktiengesellschaft umgebucht. Die Beklagte gewährte der Gesellschaft nach dem 26. Mai 1924 weiteren Kredit.

Am 29. Mai 1925 wurde über das Vermögen der Aktiengesellschaft das Konkursverfahren eröffnet. Die angemeldete Forderung der Beklagten betrug 33 717,37 M.

Der Konkursverwalter verlangt im vorliegenden Rechtsstreit von der Beklagten Zahlung von 5688,67 M. Er führt zur Begründung an, daß das Abkommen vom 26. Mai 1924 nur unter Ausnutzung der Notlage der Gebrüder H. und der Aktiengesellschaft durch die Beklagte zustande gekommen sei; die Gesellschaft hätte, falls sie nicht auf das Abkommen eingegangen wäre, den Konkurs anmelden müssen. Die beiden Vorstandsmitglieder Josef und Siegmund H. hätten sich mit der Abtretung der Forderungen der Gesellschaft an die Beklagte zur Deckung ihrer Privatschulden des Vergehens der Untreue und die Beklagte selbst habe sich der Beihilfe hierzu schuldig gemacht. Die Beklagte hafte für den der Gesellschaft durch die Abtretung entstandenen Schaden von 5688,67 M. auf Grund unerlaubter Handlung und aus ungerechtfertigter Bereicherung.

Das Landgericht hielt den Klaganspruch für begründet. Es nahm an, daß die Umbuchung der Privatkonten der Brüder H. auf das Konto der Gesellschaft durch die Beklagte nur den endgültigen Vollzug der am 26. Mai 1924 getroffenen Vereinbarung bedeute. Insoweit lägen auch die Voraussetzungen des § 826 BGB. vor. Jedoch hielt das Landgericht ein Mitverschulden der Aktiengesellschaft bei der Schädigung für gegeben und kam zu dem Ergebnis, daß der Gesamtschaden von beiden Teilen je zur Hälfte zu tragen sei. Das Berufungsgericht wies die Klage in vollem Umfange ab. Die Revision des Klägers führte zur Aufhebung und Zurückverweisung.

Gründe:

Das Berufungsgericht unterstellt die Richtigkeit des Vorbringens des Klägers und nimmt an, daß bei Zugrundelegung dieses Sachverhalts der Abschluß des Vertrags vom 26. Mai 1924 in Nr. II auf seiten der Direktoren (Vorstandsmitglieder) der Aktiengesellschaft den Tatbestand je eines Vergehens nach § 312 HGB. und bei Rechtsanwalt B. Beihilfe zu diesem Vergehen darstelle. Die wirtschaftlichen Folgen des Vertrags seien dadurch beseitigt worden, daß der Vertrag zu Nr. II nicht vollzogen, die vier Außenstände vielmehr der Gesellschaft gutgebracht worden seien. Eine Schädigung der Gesellschaft sei wieder eingetreten, als die Debetsalden von den Privatkonten der Direktoren auf das Konto der Gesellschaft von der Beklagten übertragen worden seien. Dadurch habe sich die eigene Schuld der Gesellschaft gegenüber der Beklagten um 6221 und 1301 = 7522 M. erhöht. Dem Kläger stehe aber von seinem Standpunkt aus ein Schadensersatzanspruch nach §§ 249 ff. BGB. zu. Die Abweisung der Klage trotz dieses unterstellten Sachverhaltes wird vom Berufungsgericht mit dem Wesen des Kontokorrents begründet. Die Zahlungen der Schuldner der Gesellschaft seien dieser auf ihrem Konto von der Beklagten gutgebracht worden. Diese Zahlungen hätten lediglich Kreditposten dargestellt, die erst bei der künftigen Gesamtabrechnung und der Saldoziehung ihre Wirkung hätten äußern können. Die Rechtsbeziehungen bei der Umbuchung vom 28. August 1924 seien in gleicher Weise zu beurteilen. Der Kläger sei zwar der Meinung, daß durch diese Umbuchung wirtschaftlich und rechtlich der gleiche Erfolg erreicht worden sei, wie wenn die Konten der Direktoren getrennt geblieben und ihnen auf ihrem Privitkonto die zur Deckung ihrer Schuld bestimmten Beträge gutgebracht worden wären. Daran sei soviel richtig, daß für die Direktoren, wenn man den schließlichen Erfolg, die Befreiung von ihrer Schuld gegenüber der Beklagten, ins Auge fasse, wirtschaftlich allerdings das gleiche Ergebnis erzielt worden sei. Allein dies sei rechtlich für sie und wirtschaftlch und rechtlich auch für die Gesellschaft nicht der Fall, da zunächst nur die Zuschreibung der eingegangenen vier Posten und viel später erst die Umschreibung der Debetsalden der Direktoren auf das Konto der Gesellschaft erfolgt sei. Die vier Beträge hätten also eine andere Verwendung und Bedeutung erhalten, als ursprünglich beabsichtigt gewesen sei. Jede Buchungseintragung eines Kaufmanns sei zwar zunächst ein innerer Vorgang seines Betriebs. Dies sei aber nicht mehr der Fall, sobald der Eintrag in irgendeiner Weise einem Beteiligten mit dem Willen, Rechtsfolgen an den Eintrag zu knüpfen, bekanntgegeben werde. Dieser Fall sei spätestens mit der Forderungsanmeldung der Beklagten im Konkurs der Gesellschaft eingetreten. Die Unselbständigkeit der einzelnen Posten ergebe auch, daß die Klage nicht auf Bereicherung gestützt werden könne.

Die Revision ist begründet. Der Streit der Parteien dreht sich darum, ob die Zahlungen von Schuldnern der Aktiengesellschaft in Wirklichkeit dazu verwendet worden sind, Verbindlichkeiten dritter Personen, der Direktoren der Gesellschaft, zu tilgen, indem zwar die Zahlungen der Gesellschaft gutgeschrieben wurden, aber im Zusammenhang hiermit ihr Konto mit Schuldposten belastet wurde, welche Verbindlichkeiten ihrer Direktoren betrafen. Der Kläger bejaht diese

Frage. Er behauptet die Nichtigkeit des ganzen Vertrags vom 26. Mai 1924 und verlangt deshalb Zahlung der in Rede stehenden Beträge. Er führt sodann die Zahlungen auf den Vertrag von 26. Mai 1924 in Nr. I zurück, dessen Inhalt in seinem zweiten Abschnitt das Berufungsgericht als strafbare Handlung unterstellt. Das Berufungsgericht nimmt an, daß die von den Schuldnern der Aktiengesellschaft gezahlten Beträge „eine andere Verwendung und Bedeutung" erhalten hätten, als ursprünglich beabsichtigt gewesen sei. Soweit ersichtlich, wird diese Annahme einmal auf den Umstand gestützt, daß die Umbuchung der Schuld der Direktoren auf das Konto der Gesellschaft erst später erfolgt ist, und sodann auf die Tatsache, daß die Zahlungen der erwähnten Schuldner der Gesellschaft nicht auf den Privatkonten der Direktoren verbucht sind. Diese Annahme enthält keine erschöpfende rechtliche Würdigung des unterstellten Sachverhalts. Enthielt die Bestimmung des Vertrags, daß die vier in Rede stehenden Beträge in erster Linie zur Deckung der Privatschulden der Direktoren verwendet werden sollten, eine unerlaubte Handlung, so war es sehr wohl möglich, daß diese Beträge zwar dem Konto der Gesellschaft zugeführt, die Privatkonten der Direktoren aber dem äußeren Anschein nach dadurch zum Erlöschen gebracht wurden, daß die Schulden der Direktoren auf das Konto der Gesellschaft umgebucht wurden. Es mag — eine strafbare Handlung der Beteiligten unterstellt — dann die Beklagte mit Absicht unterlassen haben, die Zahlungen den Privatkonten der Direktoren unmittelbar zuzuführen. Das hinderte die Beklagte nicht, in Wirklichkeit zur Ausführung des Vertrags die Absicht der Direktoren, die Gesellschaft zu benachteiligen, auch beim Empfang der Geldbeträge zu unterstützen und schon jetzt die Verbindlichkeiten der Direktoren zum Erlöschen zu bringen, während die Buchungsart zur Verschleierung des Sachverhalts gewählt wurde. Dann war der mit dem Abschnitt II des Abkommens vom 26. Mai 1924 verfolgte Zweck erreicht. Das Berufungsgericht stellt nicht etwa fest, daß durch nachträgliche Vereinbarung der Beteiligten der Zweck, die Schulden der Direktoren abzudecken, beseitigt worden sei; die erwähnte Umbuchung wäre damit nach dem bisher zu unterstellenden Sachverhalt kaum zu vereinigen. Ob ein Sachverhalt in der angegebenen Richtung festzustellen ist, wird Sache der tatsächlichen Würdigung sein.

Die aus der unerlaubten Handlung folgende Verpflichtung zum Schadensersatz würde die Wirkung haben, daß der frühere Zustand wieder herzustellen ist. Das Berufungsgericht meint, daß im vorliegenden Falle das Wesen des Kontokorrents der Wiederherstellung des früheren Zustands in dem vom Kläger vertretenen Sinne entgegenstehe. Diese Annahme ist abzulehnen. Die Vereinbarung eines Kontokorrents hat zur Folge, daß die einzelnen Leistungen mit der Eintragung in das Kontokorrent und der Saldo-Ziehung durch Verrechnung im Gesamtergebnis als Einzelforderungen untergehen sollen; die einzelnen Forderungen gelten bis dahin als gestundet (RGZ. Bd. 56 S. 24, Bd. 59 S. 194, Bd. 76 S. 333, Bd. 87 S. 437; Staub-Könige Bd. 3 Anm. 2, 5 und 6 zu § 355 HGB.). Daß im vorliegenden Fall eine Saldoziehung und Verrechnung erfolgt ist, hat das Berufungsgericht nicht festgestellt. Das Kontokorrent ist mit der Konkurseröffnung erloschen (§ 65 KO.; RGZ. Bd. 22 S. 149; Staub-Könige Anm. 41 zu § 355). Selbst die Anerkennung des Kontokorrents hindert aber nicht die Feststellung, daß ein Schuldposten aus einem bestimmten Geschäft nicht in das Kontokorrent gehöre, weil das Geschäft unverbindlich sei (RGU. vom 23. Januar 1904 I 382/03). Keinesfalls kann die durch das Gesetz vorgeschriebene Wiederherstellung des früheren Zustands auf Grund unerlaubter Handlung in Ansehung eines Postens des Kontokorrents durch das Bestehen des Kontokorrents beeinträchtigt werden.

Der Kläger vertritt in erster Linie den Standpunkt, daß der Vertrag vom 26. Mai 1924 im vollen Umfang nichtig sei, weil er unter Ausbeutung einer Notlage der Aktiengesellschaft abgeschlossen sei, und gründet hierauf Zahlungsverlangen. Diese Behauptung ist vom Berufungsgericht noch nicht geprüft. Falls der Vertrag im vollen Umfang nichtig ist, würde die Beklagte zur Rückgängigmachung der Abtretung der Forderungen gegen die vier in Betracht kommenden Gläubiger und demzufolge zur Zahlung des auf Grund der Abtretung empfangenen Betrags an die Aktiengesellschaft zu Händen des Klägers verpflichtet sein; Aufrechnung wäre gemäß § 393 BGB. nicht zulässig. Falls nur die Vereinbarung in Abschnitt II des Vertrags von der Sittenwidrigkeit betroffen wird, würde es sich fragen, ob die Annahme der hierauf bezüglichen vier Zahlungen der Schuldner der Aktiengesellschaft in der Absicht erfolgt ist, die Schulden der Direktoren damit zu decken. Dann würde die Wiederherstellung des früheren Zustandes gleichfalls darin bestehen, daß die Zahlungsakte rückgängig gemacht werden. Andernfalls würde der Kläger zu prüfen haben, ob der Antrag auf die Feststellung zu beschränken ist, daß das Konto der Gesellschaft nicht mehr mit den Verbindlichkeiten der Direktoren belastet ist. Für diesen Antrag würde auch der Klagegrund der ungerechtfertigten Bereicherung in Betracht kommen, wenn die Umbuchung ohne Beziehung zu vorher erfolgten Zahlungen der vier Gläubiger auf Grund der Abtretung erfolgt ist.

RGZ. 132, 218

Wie gestaltet sich das Rechnungsverhältnis der Parteien eines Kontokorrents, wenn sich der Schuldner nach Saldoanerkenntnis auf die Unwirksamkeit der neben anderen Geschäften in der Abrechnung enthaltenen Börsentermin- und Spielgeschäfte beruft?

BGB. § 762. HGB. § 355. BörsG. § 55.

I. Zivilsenat. Urt. v. 25. März 1931.

Die Entscheidung ist abgedruckt unter „Bürgerliches Recht, Recht der Schuldverhältnisse 7".

RGZ. 132, 305

1. . . .

2. Rechtliche Bedeutung der Freizeichnungsklausel „Lieferungsmöglichkeit vorbehalten". HGB. § 346.

Die Entscheidung ist abgedruckt unter „Verfahrensrecht, Zivilprozeßordnung".

RGZ. 135, 139

Entsteht schon dadurch, daß jemand zu einer Bank auf der Grundlage eines Kontokorrents in Geschäftsverbindung tritt, ein Rechtsverhältnis zwischen ihm und der Bank, aus welchem sich künftige Forderungsrechte des Kunden gegen die Bank ergeben können, oder ist insoweit nur eine tatsächliche Möglichkeit anzuerkennen?

HGB. § 355. ZPO. § 829.

VII. Zivilsenat. Urt. v. 5. Februar 1932.

I. Landgericht I Berlin.

Durch Beschluß des Amtsgerichts Berlin-Schöneberg vom 25. Juli 1929 wurde wegen einer vollstreckbaren Forderung von mehr als 13 000 RM der angebliche Anspruch der Eheleute L. gegen die verklagte Bank auf Auszahlung des Barguthabens der Schuldner bei der Beklagten, und zwar „sowohl bezüglich der schon bei der Bank vorhandenen Guthaben wie auch hinsichtlich der in Zukunft bei der Bank zugunsten der Schuldner eingehenden Beträge", für die klagende Bank gepfändet und ihr zur Einziehung überwiesen. Als der Beschluß am 29. Juli 1929 der Beklagten zugestellt wurde, unterhielt der Ehemann L. zwar ein Konto bei der Beklagten, es wies jedoch damals kein Guthaben auf. Das Kontokorrentverhältnis wurde aber fortgesetzt und im ersten Halbjahr 1930 gingen auf das Konto des L. etwa 7000 RM. ein, sodaß am 1. Juli 1930 für ihn ein Guthaben in dieser Höhe bestand. Die Beklagte zahlte das Geld an L. aus. Die Klägerin meint, die 7000 RM. seien unter den Pfändungsbeschluß gefallen, und verlangt von der Beklagten Zahlung der Summe nebst Zinsen.

Das Landgericht wies die Klage ab. Die von der Klägerin unmittelbar eingelegte Revision führte zur Aufhebung des Urteils und zur Zurückverweisung der Sache an das Landgericht.

Aus den Gründen:

1. In erster Linie ist die Frage zu entscheiden, ob schon dadurch, daß jemand zu einer Bank auf der Grundlage des Kontokorrents nach § 355 HGB. in eine Geschäftsverbindung tritt, ein Rechts-

verhältnis zwischen ihm und der Bank entsteht, aus welchem sich künftige Forderungsrechte des Kunden gegen die Bank ergeben können, oder ob insoweit nur eine tatsächliche Möglichkeit anzuerkennen ist. Das Landgericht vertritt den letzteren Standpunkt, er kann aber nicht gebilligt werden. Zu Unrecht betont das Landgericht, daß das Recht des Kunden auf die bei der Bank für ihn eingehenden Beträge nicht auf seiner Beziehung zu der Bank, sondern auf seinem Rechtsverhältnis zu dem Vergütenden beruhe, und daß es insoweit an jeder Bestimmtheit oder auch nur Bestimmbarkeit der Ansprüche des Kunden fehle. Die Eröffnung eines Kontokorrents beruht auf einer Abrede des Kunden mit der Bank. Darin liegt der Abschluß eines schuldrechtlichen Vertrags, welcher die Bank verpflichtet, Einzahlungen vom Kunden selbst und von Dritten für ihn entgegenzunehmen, die einkommenden Gelder für ihn bereitzuhalten, sie — meistens — nach einem bestimmten Satze zu verzinsen und sie — nach vorgängiger Kündigung oder auch ohne eine solche — an den Kunden auszuzahlen. Auf diesem Vertrage beruht die Verpflichtung der Bank, den getroffenen Abreden entsprechend auch zu zahlen. Ob dann überhaupt eine Forderung des Kunden an die Bank entsteht und in welchem Betrage, das hängt davon ab, welche Gelder von ihm oder für ihn bei der Bank eingehen, welche Geschäfte er zu Lasten seines Kontos macht usw. Alles das sind die Bedingungen, von deren Eintritt die davon abhängig gemachte Wirkung, die Verbindlichkeit der Bank zur Zahlung, ausgelöst wird. Der Zahlungsanspruch des Kunden an seine Bank ist als eine künftige Forderung genügend bestimmt, um abgetreten oder gepfändet werden zu können (vgl. RGZ. Bd. 55 S. 334, Bd. 67 S. 167, Bd. 74 S. 82, Bd. 82 S. 229/230), und es fehlt ihm mithin auch nicht an der erforderlichen Rechtsgrundlage (vgl. RGZ. Bd. 134 S. 225). Das Bedenken von Stein-Jonas (Anm. I 1 a zu § 829 ZPO.), daß eine künftige Forderung nicht gepfändet werden könne, weil bedingte Staatsakte unzulässig seien, ist unbegründet. Der Pfändungsbeschluß des Gerichts ergeht auch bei der Pfändung einer künftigen Forderung bedingungslos; bedingt ist nur sein Inhalt, die getroffene Anordnung.

Es mag sein, daß es Fälle gibt, wo eine abtretbare Forderung nicht gepfändet werden kann. Die Revisionsbeantwortung weist mit Recht auf die Mietforderung hin, die aus dem künftigen Vermieten einer bisher noch unvermieteten Wohnung entstehen soll. Sie ist zwar abtretbar (vgl. WarnRspr. 1912 Nr. 361), aber nicht pfändbar, weil es an einem Drittschuldner fehlt, dem der Pfändungsbeschluß zugestellt werden könnte. Das sind Schwierigkeiten des Einzelfalls, aus welchen grundsätzliche Bedenken gegen die Pfändbarkeit einer künftigen Forderung nicht hergeleitet werden können. Im gegenwärtigen Falle war die Beklagte Drittschuldnerin. Das Reichsgericht hat denn auch nie bezweifelt, daß der Anspruch auf Auszahlung des

Saldos aus einem Kontokorrentverhältnis gepfändet werden kann (RGZ. Bd. 22 S. 149, Bd. 44 S. 388). Mit Recht durfte deshalb auch die vom Landgericht erwähnte Denkschrift zum Handelsgesetzbuch von der Pfändbarkeit eines solchen Saldos ausgehen.

Daß die Durchführung einer Saldopfändung auf unüberwindliche Hindernisse stoßen müßte — wie die Revisionsbeantwortung meint — kann nicht anerkannt werden. Durch Vermerke bei den einzelnen Konten, nötigenfalls durch das Aufstellen von Listen gepfändeter Konten oder durch ähnliche Maßnahmen kann von seiten der Bank dafür gesorgt werden, daß die Pfändung nicht in Vergessenheit gerät. Wie die Klägerin ohne Widerspruch der Beklagten vorgetragen hat, beruht es ja auch auf einem reinen Versehen der Beklagten, daß die 7000 RM. an L. ausgezahlt wurden.

2. Sodann fragt es sich, welcher Anspruch oder welche Ansprüche des L. eigentlich gepfändet worden sind. Das ist bei dem unklaren Wortlaut des Pfändungsbeschlusses zweifelhaft. (Wird ausgeführt.) . . .

RGZ. 135, 339

1. . . .

2. . . .

3. Zum Begriff des Handelsbrauches.

HGB. 346.

II. Zivilsenat. Urt. v. 11. März 1932.

Die Entscheidung ist abgedruckt unter „Bürgerliches Recht, Recht der Schuldverhältnisse 5".

RGZ. 136, 178

1. Darf eine Bank eine durch Bürgschaft gesicherte Kreditforderung in die zwischen ihr und dem Kreditschuldner bestehende laufende Rechnung einstellen?

2. Unter welchen Voraussetzungen kann der Bürge verlangen, daß die Leistungen des Hauptschuldners vorzugsweise auf die verbürgte Schuld verrechnet werden?

HGB. §§ 355, 356. BGB. §§ 366, 767.

VIII. Zivilsenat. Urt. v. 18. April 1932.

I. Landgericht Guben. II. Kammergericht Berlin.

Der Kläger hat durch schriftliche Erklärungen vom 30. August 1927 und vom 22. März 1928 für U. die selbstschuldnerische Bürgschaft bei der Beklagten übernommen. In ihrem wesentlichen Teil lauten die Bürgschaftsurkunden folgendermaßen:

Die Vereinsbank G. steht mit U. in Geschäftsverbindung und hat ihm einen Kredit in laufender Rechnung bis zum Betrage von 6000 RM. (in der zweiten Urkunde heißt es: von weiteren 6000 RM.) eingräumt. Für alle Forderungen, nebst allen Zinsen, Provisionen und Kosten, welche der Vereinsbank aus irgendeinem Rechtsgrunde anläßlich dieser Geschäftsverbindung ausweislich ihrer Bücher bereits erwachsen sind und in Zukunft noch erwachsen werden, übernehme ich die selbstschuldnerische Bürgschaft.

Der Kläger behauptet, die beiden in den Urkunden bezeichneten Kredite habe der Hauptschuldner abgedeckt. Er hat deshalb Klage erhoben auf Feststellung, daß der Beklagten aus seinen Bürgschaftserklärungen keine Rechte gegen ihn mehr zustehen, ferner auf Herausgabe der beiden Urkunden.

Die Beklagte will dagegen aus laufender Rechnung noch Forderungen gegen den Hauptschuldner U. besitzen, für die sie den Kläger als Bürgen in Anspruch nimmt. Im Wege der Widerklage hat sie seine Verurteilung zur Zahlung von 16 960,31 RM. nebst Zinsen begehrt.

Den Feststellungsantrag des Klägers erklärte das Landgericht für erledigt durch die Widerklage; im übrigen entschied es sachlich gegen ihn. Auf seine Berufung verurteilt das Kammergericht die Beklagte zur Herausgabe der Bürgschaftsurkunden und wies ihre Widerklage ab. Ihre Revision führte zur Aufhebung und Zurückverweisung.

Gründe:

Welche Forderungen in ein Kontokorrent gehören, dafür fehlt es an einer gesetzlichen Regelung. Das Gesetz hat davon abgesehen, eine Normativbestimmung darüber zu geben oder auch nur eine Vermutung dafür aufzustellen. Art und Gegenstand der Geschäftsverbindung sind im einzelnen Fall dafür maßgebend. Danach kommt es für die Frage, ob die Beklagte die durch die Bürgschaft des Klägers gesicherten Schuldforderungen in die laufende Rechnung aufnehmen durfte, darauf an, ob die Aufnahme mit der Art der zwischen der Beklagten und dem Hauptschuldner bestehenden Geschäftsverbindung im Einklang stand. Dies hat das Berufungsgericht nicht verkannt. Es stellt fest, der vor den Beklagten vorgelegte Auszug lasse erkennen, daß man in regelmäßigen Zeitabschnitten aus den einzelnen Kredit- und Gegenleistungen ein Gesamtergebnis gebildet habe, das wiederum verzinst worden sei; da die Beklagte Bankgeschäfte betreibe, sei auch ohne weiteres anzunehmen, daß die regelmäßigen Abschlüsse dem Hauptschuldner zur Anerkennung übersandt worden seien. Es ist rechtlich nicht zu beanstanden, wenn das Berufungsgericht daraus folgert, die Aufnahme der verbürgten Kredite in die laufende Rechnung habe dem Willen der Hauptparteien entsprochen.

Wenn es aber auf die Art der zwischen den Hauptparteien bestehenden Geschäftsverbindung, auf den Vertragswillen der Hauptbeteiligten ankommt, so muß der Bürge, der es übernimmt, für eine Bankkreditschuld der vorliegenden Art einzustehen, sofern sonst die

— hier unbestreitbaren — Voraussetzungen einer laufenden Rechnung nach § 355 HGB. vorliegen, damit rechnen, daß aus dem Parteiwillen der Hauptbeteiligten am Schuldverhältnis kein rechtliches Hindernis gegen die Aufnahme der verbürgten Kreditforderungen in die laufende Rechnung abgeleitet werden kann. Wenn der Bürge die aus solcher Rechtsgestaltung erwachsenden Folgen ausschließen will, muß er sich über die Art der Geschäftsverbindung und die in dieser Richtung bestehende Willensmeinung der Hauptbeteiligten vergewissern und durch den Inhalt der Bürgschaftsverpflichtung selbst zum Ausdruck bringen, daß er nicht willens sei, für eine „durch Kontokorrentabrede gebundene Forderung" zu bürgen. Unterläßt er es, seinen Willen in dieser Richtung zu äußern, übernimmt er vielmehr ohne ausdrückliche oder stillschweigende Einschränkung die Bürgschaft für eine Kreditschuld des Hauptschuldners unter den bezeichneten Voraussetzungen, so kann er sich nicht darauf berufen, mit der Aufnahme der verbürgten Schuldforderungen der Bank in die laufende Rechnung nicht einverstanden gewesen zu sein. Es kommt also auf den Inhalt der Bürgschaft für die Beantwortung der Frage an, ob der Bürge sich die Aufnahme der verbürgten Kredite in die zur Zeit der Bürgschaftsübernahme bestehende laufende Rechnung gefallen und die daraus entstehenden Rechtsfolgen gegen sich gelten lassen muß.

Das Berufungsgericht hat erwogen, der Kläger habe aus den von ihm unterschriebenen Erklärungen entnehmen müssen, daß die beiden verbürgten Kredite die beiden ersten Kredite gewesen seien, welche die Beklagte dem Hauptschuldner eingeräumt habe; er habe nichts davon gewußt, daß die Beklagte dem Hauptschuldner schon vorher Kredite gewährt habe, daß für diese früheren Kredite schon ein Kontokorrentverhältnis bestanden habe und daß vereinbarungsgemäß auch die durch seine Bürgschaft zu sichernden Kredite unter die Kontokorrentabrede gefallen seien. Nun sei aber eine bestimmte Forderung, nicht eine Kontokorrentforderung verbürgt worden. Durch die einseitig vorgenommene Einstellung der beiden Kredite in die laufende Rechnung könne deshalb die Rechtsstellung des Klägers nicht berührt werden. Daraus ergebe sich, daß die beiden durch die Bürgschaft des Klägers gesicherten Forderungen im Verhältnis zwischen den Parteien ihre Selbständigkeit behalten hätten.

Insoweit danach das Berufungsgericht allein aus der Nichtkenntnis des Klägers ableiten will, die verbürgten Kreditforderungen der Beklagten seien im Verhältnis zu ihm selbständig geblieben und hätten daher nicht in die Rechtswirkungen der laufenden Rechnung einbezogen werden dürfen, kann ihm nicht beigetreten werden. Wie schon hervorgehoben, unterliegt es der — ausdrücklichen oder stillschweigenden — Bestimmung der Hauptbeteiligten, ob die Aufnahme einer Kreditforderung in die laufende Rechnung stattfinden darf oder nicht. Leistet der Bürge die Bürgschaft, ohne sich um die Art der bestehenden Geschäftsverbindung zu kümmern und ohne seinerseits die Aufnahme in eine laufende Rechnung auszuschließen, so kann seine bloße Unkenntnis, sein Irrtum über die Art der Geschäftsverbindung allein ihn nicht berechtigen, der Aufnahme in das Kontokorrent zu widersprechen oder sich sonst den durch diese Aufnahme zwischen den Hauptbeteiligten entstandenen Rechtswirkungen für den Bestand der Kreditforderung zu entziehen. Sollte nur eine Einzelschuld verbürgt werden, ohne daß der Bürge etwas von einem Kontokorrent wußte, so wird hierdurch allein nichts an dem Grundsatz geändert, daß der Bürge für den niedrigsten Zwischensaldo bis zur Höhe der verbürgten Einzelschuld eintreten muß (Staub-Koenige HGB. § 356 Anm. 8 S. 354; Düringer Hachenburg-Breit HGB. § 356 Anm. 7 S. 668 und Anm. 14 S. 671).

Aber das Berufungsgericht ist weiter der Meinung, nach dem Inhalt der Urkunden habe in dem Kläger der Glaube erweckt werden müssen, daß die Bürgschaft nur für einen ersten und zweiten Kredit habe geleistet werden sollen. Dies habe auch der Beklagten nicht entgehen können. Angesichts der guten Einkommensverhältnisse des Hauptschuldners habe die Übernahme einer solchen Bürgschaft für den Kläger keine Gefahr bedeutet. Der Kläger habe damit rechnen können, daß die durch seine Bürgschaft gesicherten Kredite alsbald aus den Einnahmen des Schuldners abgedeckt werden würden. Auch die Beklagte habe sicherlich damit gerechnet. Bei der Übernahme der Bürgschaft habe der Kläger nicht voraussehen können, daß die Beklagte dem Schuldner in der Folgezeit weitere Kredite und noch dazu in einem solchen Maße gewähren würde, wie es geschehen sei, und daß hierdurch die Lage des Klägers erheblich verschlechtert werden würde. Das Berufungsgericht will aus diesem Grunde im Wege der ergänzenden Vertragsauslegung eine im Bürgschaftsvertrage bestehende Lücke ausfüllen. Es meint, die Parteien würden, wenn sie die spätere Entwicklung hätten voraussehen können, bei der Übernahme der Bürgschaft für diesen Fall Vorsorge getroffen haben. Wenn sie den (offenen) Punkt geregelt hätten und dabei nach Treu und Glauben verfahren wären, würden sie vereinbart haben, daß im Falle der Gewährung weiterer Kredite zunächst die verbürgten Kredite zu begleichen seien; dann würde eine von der Regel des § 366 Abs. 2 BGB. abweichende Vereinbarung getroffen worden sein mit der Folge, daß die Leistungen des Schuldners zunächst auf die durch die Bürgschaft des Klägers gesicherten Kredite verrechnet werden mußten. Bei solcher Verrechnung seien die verbürgten Kredite längst abgetragen.

Auch diesen Ausführungen kann nicht beigetreten werden. Daß der Kläger nicht für den jeweiligen Passivsaldo Bürgschaft übernommen hat, steht fest. Es handelt sich nach der Auffassung des Berufungsgerichts um die Bürgschaft für bestimmte einzelne, in die laufende Rechnung aufgenommene Kreditforderungen. Die Gleichstellung „bestimmter einzelner Kreditforderungen", die verbürgt wären, mit den hier verbürgten Krediten unterliegt zunächt rechtlichen Bedenken. Im übrigen kann nach der Rechtsprechung des Reichsgerichts eine Bürgschaftsverpflichtung für einen einzuräumenden Kredit in doppelter Weise übernommen werden: entweder so, daß nur die Bürgschaftsverpflichtung auf einen bestimmten Betrag beschränkt wird, während der Kredit, wenn auch für ihn dieselbe Höhe angegeben ist, dennoch in Wahrheit nicht nach oben beschränkt, sondern nur nach unten in seinem Mindestbetrage bestimmt sein soll, oder aber so, daß die Kreditforderungen des Gläubigers selbst immer nur die verbürgte Summe betragen und diese nicht übersteigen dürfen. Hat der Gläubiger in dem letzteren Fall dem Schuldner einen höheren Kredit gewährt, so kommen insoweit seine Forderungen für den Bürgen nicht in Betracht, der Gläubiger ist insoweit Gläubiger desselben Schuldners, aber nicht derselben Forderung. Den Vertrags- und Bürgschaftsgegenstand bestimmen in diesem Falle die Forderungen des Gläubigers in zeitlicher Reihenfolge. War aber bloß die Bürgschaftsverpflichtung nach oben beschränkt, nicht auch das Kreditverhältnis, dem sie zugute kommen sollte, dann bildete die Gesamtheit der dem Gläubiger in diesem Kreditverhältnis erwachsenen Forderungen die einheitliche Schuld, für die zu einem Teilwert der Bürge haftet. Ob die Bürgschaft nach dem Willen der Beteiligten in der einen oder der anderen Weise zu verstehen ist, muß im Streitfalle im Wege der Auslegung durch den Tatrichter festgestellt werden (RGZ. Bd. 76 S. 195 [199 ff.]; RGUrt. vom 7. Februar 1907 VI 283/06, vom 17. Januar 1910 VI 43/09, abgedr. WarnRspr. 1910 Nr. 115, vom 29. November 1920 VI 375/20, abgedr. LZ. 1921 Sp. 141, und vom 12. Dezember 1921 VI 627/21, abgedr. BankArch. 1921/22 S. 385 Nr. 4).

Aus dem Inhalt der Bürgschaftsurkunden entnimmt das Berufungsgericht, der Kläger habe bei der Übernahme der Bürgschaftsverpflichtungen des Glaubens sein müssen, die Bürgschaft solle nur für einen ersten und einen zweiten Kredit geleistet werden. In den Bürgschaftsurkunden ist jedoch ausdrücklich gesagt, daß die Bürgschaft für alle Forderungen gelte, die der Beklagten aus irgendeinem Rechtsgrund anläßlich der mit dem Hauptschuldner bestehenden Geschäftsverbindung nach ihren Büchern bereits erwachsen seien und in Zukunft noch erwachsen würden, und hinzugefügt, daß sie sich auch auf sämtliche bereits bestehende oder zukünftige Wechselverbindlichkeiten des Hauptschuldners bei der Bank erstrecke. Es ist daher unerfindlich, wie das Berufungsgericht gerade ausschließlich auf Grund der Urkunden, ohne etwelche Begleitumstände, jene

Auffassung hat gewinnen können. Es mag dies jedoch dahingestellt bleiben. Denn zur Feststellung eines nach oben beschränkten Kreditverhältnisses im bezeichneten Sinn genügt es rechtlich nicht, daß der Bürge geglaubt hat, seine Bürgschaft beziehe sich nur auf einen ersten und einen zweiten Kredit. Ohne entsprechende Bindung der Beteiligten schließt diese Annahme allein nicht aus, daß dem Hauptschuldner auch noch weitere Kredite eingeräumt werden. Das Berufungsgericht nimmt an, daß gerade in dieser entscheidenden Beziehung eine Vertragslücke bestehe, ohne jedoch zu prüfen, ob nicht aus dem Inhalt der Vertragsabmachungen und aus den Begleitumständen nach Treu und Glauben gefolgert werden könne, daß der Vertragswille der Parteien eben auf eine Beschränkung der Bürgschaft in dem Sinne gerichtet gewesen sei, weitere Kredite über die in den Urkunden bezeichneten Höchstbeträge dürften dem Hauptschuldner von der Beklagten nicht eingeräumt werden. Wenn der Bürge sichergestellt zu haben wünscht, daß der Hauptschuldner von seinem gesetzlichen Bestimmungsrecht gemäß § 366 BGB. keinen ihm (dem Bürgen) nachteiligen Gebrauch mache, sondern daß durch die Leistungen des Hauptschuldners in erster Reihe die verbürgten Kredite abgedeckt werden, so muß eine entsprechende Abrede als eine für den Inhalt der Bürgschaft wesentliche Bedingung dem Bürgschaftsvertrage beigefügt werden. Eine solche Vertragsklausel kann in ihrer rechtlichen Wirkung gleichbedeutend sein mit der Abmachung, daß dem Hauptschuldner andere Kredite außer den verbürgten nicht gewährt werden sollen. Geschieht dies trotz der getroffenen Abrede, so darf der verbürgte Kredit nicht in eine laufende Rechnung dergestalt aufgenommen werden, daß die Leistungen des Hauptschuldners in der gewöhnlichen zeitlichen Folge auf die verschiedenen ihm zu Lasten gebuchten Leistungen der Bank verrechnet werden und die Bürgschaft als für den jeweiligen Saldo fortbestehend behandelt wird. Jedenfalls setzt aber eine derartige Beschränkung der Bürgschaft voraus eine dahingehende ausdrückliche oder stillschweigende Vereinbarung unter den Beteiligten, mindestens zwischen dem Bürgen und dem Gläubiger. Wird sie nicht getroffen, so kann der Bürge sich nicht darauf berufen, daß nicht bloß die Bürgschaftsverpflichtung nach oben beschränkt sei, sondern daß dasselbe auch für das Kreditverhältnis gelte, den sie zugute kommen solle; dann folgt aus der so begründeten Vertragslage von selbst, daß der Gläubiger in seinem Recht nicht gehindert ist, den verbürgten Kredit in die laufende Rechnung für die zwischen ihm und dem Hauptschuldner bestehende Geschäftsverbidung aufzunehmen und die Leistungen des Hauptschuldners je nach dem Anfall so zu verbuchen, wie es — mangels einer anderen Bestimmung — im Rahmen einer laufenden Rechnung üblich ist. Es ist aber nicht statthaft, in einem solchen Fall von einer Vertragslücke zu sprechen, deren Ausfüllung dem Tatrichter rechtlich möglich sei. Die Rechtslage ist nicht anders, als sie es regelmäßig da ist, wo es die Parteien versäumen, durch entsprechende Abreden eine Rechtsfolge auszuschließen, die beim Vorliegen eines bestimmten Sachverhalts kraft Gesetzes eintritt. Eine Vertragslücke besteht dann in Wahrheit nicht. Nach der ständigen Rechtsprechung des Reichsgerichts darf die sog. Vertragsergänzung nicht zu einer Erweiterung des Vertragsgegenstandes selbst führen; sie kann vielmehr nur dann eintreten, wenn es sich um einen Punkt handelt, der der Regelung bedurfte, und es muß die Ergänzung in dem Vertragsinhalt auch eine Stütze als Richtlinie finden (RGZ. Bd. 87 S. 211 [213], Bd. 92 S. 318 [320] und S. 417 [421]; RGUrt. vom 29. Januar 1931 VIII 569/30, vom 13. April 1931 VIII 25/31, abgedr. HöchstRspr. 1931 Nr. 1428, vom 23. April 1931 VIII 617/30 und vom 14. Dezember 1931 VIII 542/31). Ohne diese Voraussetzung, für deren Vorliegen aus dem vom Berufungsgericht festgestellten Sachverhalt kein tatsächlicher Anhalt zu gewinnen ist, kann eine richterliche Vertragsergänzung nicht schon um deswillen stattfinden, weil die Vertragsparteien nicht daran gedacht haben, eine den Belangen der einen oder der anderen Partei besser entsprechende Regelung zu treffen.

Der Sachverhalt bedarf demnach einer neuen tatrichterlichen Würdigung in der Richtung, ob nicht gemäß §§ 133, 157 BGB. aus den gesamten Umständen des Falls auf eine Beschränkung des Verbürgungswillens des Klägers in dem erörterten Sinn geschlossen werden kann. Sofern dies nicht der Fall ist, wird dem Vorbringen des Klägers gemäß dann weiter zu prüfen sein, ob die Beklagte durch Arglist oder durch ein sonstiges nach Treu und Glauben der Arglist gleichzustellendes Verhalten bei den Bürgschaftsverhandlungen dem Kläger zu der Annahme Anlaß gegeben hat, daß sie andere Kredite als die verbürgten dem Hauptschuldner nicht gegeben habe und nicht gewähren werde, oder daß sie alle Leistungen des Hauptschuldners in erster Linie auf die verbürgten Kredite verrechnen werde.

RGZ. 140, 219

1. Erreicht ein Kontokorrentverhältnis mit der Abhebung des Saldos oder durch eine Pfändung sein Ende? Wirkt die Pfändung wie eine Kündigung?

2. Inwieweit können, wenn zur Zeit der Pfändung eines Kontokorrentguthabens kein solches vorhanden ist, die Wirkungen des Pfändungsbeschlusses auf spätere, ein Guthaben ergebende Kontoabrechnungen bezogen werden?

HGB. §§ 355, 357. ZPO. § 829.

VII. Zivilsenat. Urt. v. 4. April 1933.

I. Landgericht I Berlin. II. Kammergericht daselbst.

Der Sachverhalt ergibt sich aus dem Urteil des erkennenden Senats vom 5. Februar 1932 VII 194/31, das in RGZ. Bd. 135 S. 139 teilweise abgedruckt ist. Nach der Zurückverweisung der Sache hat das Landgericht die Klage wiederum abgewiesen. Dagegen hat auf die Berufung der Klägerin das Kammergericht die Beklagte nach dem Klagantrag zur Zahlung von 7000 RM. nebst Zinsen seit dem 1. Juli 1930 verurteilt. Die nunmehr von der Beklagten eingelegte Revision wurde zurückgewiesen.

Gründe:

Nach der Ansicht des Berufungsrichters ging der Wille der Klägerin bei dem Pfändungsantrag dahin, eine Pfändung im Rahmen des § 357 HGB. zu erwirken, aber auch die späteren Guthaben, und zwar ohne Berücksichtigung der neu entstehenden Schuldposten, zu pfänden. Es sollten die eingehenden Gelder in voller Höhe gepfändet werden, also die Aktivposten, die sich bei den späteren Abschlüssen ergeben würden. Dieser Wille habe, so führt das Berufungsgericht aus, in dem Antrag und in dem Pfändungsbeschluß dadurch seinen Ausdruck gefunden, daß der Anspruch auf Auszahlung des Bargutbabens des Kaufmanns L., und zwar sowohl bezüglich des schon bei der Bank vorhandenen Guthabens als auch bezüglich der in Zukunft bei ihr zugunsten der Schuldner eingehenden Beträge, gepfändet worden sei. Die Frage, ob die Pfändung das zur Zeit ihrer Vornahme vorhandene Guthaben ergriffen habe oder das Guthaben des nächsten vertraglichen Abschlusses, läßt der Berufungsrichter dahingestellt, weil weder zur Zeit der Pfändung noch Ende 1929 das Konto ein Guthaben zugunsten des L. aufgewiesen habe. Die Klägerin habe aber — so führt der Berufungsrichter weiter aus — ihre Pfändung überhaupt nicht zeitlich beschränkt; sie habe auch die Guthaben bezüglich der in Zukunft eingehenden Beträge gepfändet. Alle Guthaben zugunsten des L., die sich bei den Kontoabrechnungen ergeben würden, hätten bis zur Befriedigung der Klägerin gepfändet sein sollen. Bilde das Kontokorrentverhältnis die Rechtsgrundlage für den Zahlungsanspruch des Bankkunden als künftige Forderung, so könnten nicht bloß der bei der nächsten Abrechnung sich ergebende Saldo, sondern auch die bei den folgenden Abrechnungen zu errechnenden Salden gepfändet werden. Zwar habe die Beklagte nach ihren Geschäftsbedingungen das Recht gehabt, das Kontokorrentverhältnis fristlos zu kündigen. Bestehe aber das Rechtsverhältnis zur Zeit der Pfändung, so bilde es die Grundlage für die Pfändung der in der Zukunft entstehenden Forderungen. In der Pfändung durch die Klägerin liege keine Kündigung, sie habe ja gerade die Fortsetzung des Kontokorrentverhältnisses bis zu ihrer vollständigen Befriedigung gewünscht. Unentschieden läßt der Berufungsrichter die Frage, ob die Pfändung der zukünftigen Guthaben aus einem Kontokorrentverhältnis unter den Schutz des § 357 HGB. falle. Er meint, es stehe hier fest, daß nach der Pfändung die Bank das Kontokorrentverhältnis nicht gekündigt habe, und daß bei der bankmäßigen Abrechnung am 30. Juni 1930 ein Guthaben des Schuldners in Höhe von 7000 RM. vorhanden gewesen sei. Mehr als 7000 RM. verlange aber die Klägerin nicht. Da die Beklagte diesen Betrag dem L. und nicht der Klägerin ausgezahlt habe, sei der Klageanspruch begründet.

Der Revision der Beklagten war der Erfolg zu versagen.

Ihre Ansicht, daß ein Kontokorrentverhältnis mit der Abhebung des Saldos notwendigerweise sein Ende erreiche, ist nicht für zutreffend zu erachten. Vielmehr ist den Ausführungen im Kommentar zum Handelsgesetzbuch von Düringer-Hachenburg Bd. 4 S. 660 (§ 355 Anm. 57) beizupflichten, wonach das Kontokorrent niemals mit dem bloßen Ablauf der Rechnungsperiode erlischt, sondern nur mit dem Abbruch der Geschäftsverbindung. Wird die Geschäftsverbindung, wie hier ausdrücklich festgestellt ist, über den Zeitpunkt der Endigung der Rechnungsperiode und nach etwaiger Auszahlung des Saldos unverändert fortgesetzt, so läuft auch der Kontokorrentvertrag weiter. Einer besonderen Vereinbarung über die Erneuerung des Verhältnisses bedarf es nicht, wie auch der Deutsch-Englische Gemischte Schiedsgerichtshof auf Grund der gutachtlichen Äußerung des Zentralverbandes des Deutschen Bank- und Bankiergewerbes angenommen hat (Bank-Archiv Bd. 25 S. 374; JW. 1926 S. 2127). Ein Abbruch der Geschäftsverbindung hat im vorliegenden Fall nicht stattgefunden; eine Löschung des Kontokorrents ist nicht erfolgt. Daß die Beklagte, wie die Revision behauptet, das Kontokorrent nach dem 31. Dezember 1929 zunächst in ihre neuen Bücher nicht aufgenommen habe, ist eine neue, in den Vorinstanzen nicht aufgestellte Behauptung. Soweit sie damit etwa einen Abbruch des Kontokorrentverhältnisses behaupten wollte, würde sie sich in Widerspruch zu den oben angegebenen tatsächlichen Feststellungen setzen. Daraus, daß die Beklagte im Lauf des Jahres 1930 weitere für L. eingehende Zahlungen auf Kontokorrentrechnung neu vorgetragen hat, folgt die Fortsetzung der noch bestehenden Geschäftsverbindung.

Daß die Pfändung der Klägerin keine Kündigung bewirkte, hat der Berufungsrichter mit zutreffender Begründung nachgewiesen; bildete doch gerade die Fortsetzung der Geschäftsverbindung zwischen L. und der Beklagten die Voraussetzung für die wirksame Durchführung der Pfändung (vgl. auch Ritter Komm. zum HGB. 2. Aufl. S. 488). Abzulehnen ist auch die Ansicht der Revision, daß die Auszahlung des Saldoguthabens eines Kontkorrents eine Kündigung darstelle und die Beendigung des Kontokorrentverhältnisses bewirke. Es ist mit dem Wesen des Kontokorrents nicht unvereinbar, dessen Fortbestehen trotz Auszahlung des Saldos anzunehmen. Wird das Kontokorrent nach Auszahlung des Saldos fortgesetzt, so besteht das alte Verhältnis mit allen seinen Bestimmungen weiter (so auch Staub HGB. Bd. 3 § 355 Anm. 39, 40). Zudem wäre aber die Klägerin gar nicht befugt gewesen, das Kontokorrentverhältnis zhischen L. und der Beklagten zu kündigen; denn die Wirkungen des Pfändungsbeschlusses vom 25. Juli 1929 reichten nicht so weit, ihr eine solche Berechtigung zu verleihen.

Wenn nun der Berufungsrichter diesen Beschluß dahin auslegt, daß auch die Guthaben bezüglich der in Zukunft eingehenden Beträge, also die sich bei künftigen Kontoabrechnungen ergebenden Salden gepfändet werden sollten, so ist dem zwar nicht in vollem Umfang, aber doch insoweit beizupflichten, als es sich um das erste bei einem Halbjahresabschluß nach Ausbringung der Pfändung und Überweisung entstehende Guthaben handelt. Die Pfändung eines künftig entstehenden Guthabens ist mit der Denkschrift zum Handelsgesetzbuch vom 10. Mai 1897 (I S. 200, II S. 215) und der herrschenden Lehre (Düringer-Hachenburg a. a. O. S. 682 § 357 Anm. 12; Makower Komm. zum HGB. Br. 2 S. 1052/53; Koenige-Teichmann HGB. 3. Aufl. S. 684) ebenso für zulässig zu erachten wie die Pfändung einer anderen künftigen Forderung (vgl. auch das Urteil des V. Zivilsenats vom 28. Juni 1929 in WarnRspr. 1929 Nr. 151). Die zu ihrer Wirksamkeit erforderliche Bestimmbarkeit ist hier durch die fortdauernde Geschäftsverbindung zwischen L. und der Beklagten gegeben. Die Pfändung ging insoweit nicht, wie die Revision meint, ins Leere.

Dagegen geht es zu weit, wenn das Berufungsgericht die Möglichkeit der Pfändung aller weiteren Guthaben bejaht. Mag der Pfändungsbeschluß lauten, wie er will, so kann er doch immer nur wirken für den nächsten vertraglichen Abschluß (in der Regel wird es ein Halbjahresabschluß sein), der ein Guthaben für den Schuldner bei dem Drittschuldner ergibt. Pfändungen darüber hinaus sind wegen mangelnder Bestimmbarkeit für unzulässig zu erachten. Sobald ein Abschluß ein für den Pfändungsgläubiger greifbares Guthaben ergibt, erledigt sich die Pfändung.

Hier handelt es sich bei den fraglichen 7000 RM. um das erste nach der Pfändung entstandene Guthaben des Schuldners L. Deshalb hat das Berufungsgericht mit Recht der Klage stattgegeben. . . .

RGZ. 141, 129

Zur Anwendung des § 1207 BGB. (in Verbindung mit § 932 das.) und des § 366 HGB.

VII. Zivilsenat. Urt. v. 26. Mai 1933.

I. Landgericht Mannheim. II. Oberlandesgericht Karlsruhe.

Die Firma B. & Co. in M. hatte laut Schlußschein vom 5. November 1931 von der Klägerin 300 Sack (2 Waggons) Weizenmehl zum Preise von 9800 RM. gekauft. Die erste Ladung sollte innerhalb acht Tagen, die zweite in der darauf folgenden Woche geliefert werden. Dem Abschluß lagen zugrunde die Allgemeinen Lieferungsbedingungen des Vereins Hannover-Braunschweigischer Handelsmühlen e. V. einschließlich der Sonderbedingungen der Klägerin Nach diesen „verbleibt die Ware bis zur vollständigen Bezahlung im Eigentum der Mühle"; „Akzepte, Kundenwechsel und Schecks gelten erst mit ihrer Einlösung als Zahlungsmittel". Die Firma B. & Co. stellte im Dezember 1931 die Zahlungen ein, ohne die Wechsel eingelöst zu haben, die sie der Klägerin über den Kaufpreis gegeben hatte. Als diese nunmehr die 300 Sack Weizenmehl herausverlangte, ergab sich, daß die Firma am 12. November 1931 die zuerst gelieferten 150 Sack gegen ein Lombarddarlehen von 2375 holländischen Gulden und am 20. November 1931 die zuletzt gelieferten 150 Sack gegen ein Lombarddarlehen von 3800 RM. der Beklagten verpfändet hatte. Da die Beklagte die Herausgabe der lombardierten Ware verweigerte, erhob die Klägerin im Januar 1932 Klage auf deren Herausgabe.

Landgericht und Oberlandesgericht haben die Klage, die später gemäß § 268 Nr. 3 ZPO. auf Wertersatz gerichtet wurde, abgewiesen. Die Revision der Klägerin führte zur Aufhebung und Zurückverweisung.

Gründe:

Nach § 1207 BGB. finden auf die Verpfändung einer beweglichen Sache die für den Erwerb des Eigentums an ihr geltenden Vorschriften der §§ 932, 934, 935 BGB. entsprechende Anwendung, wenn die Sache dem Verpfänder nicht gehört. Veräußert oder verpfändet ein Kaufmann im Betriebe seines Handelsgewerbes eine ihm nicht gehörige bewegliche Sache, so finden nach § 366 HGB. die Vorschriften des Bürgerlichen Gesetzbuchs zugunsten derjenigen, welche Rechte von einem Nichtberechtigten herleiten, auch dann Anwendung, wenn der gute Glaube des Erwerbers die Befugnis des Veräußerers oder Verpfänders, über die Sache für den Eigentümer zu verfügen, betrifft.

Der Berufungsrichter geht davon aus, daß die Firma B. & Co. infolge des Eigentumsvorbehalts der Klägerin nicht Eigentümerin der beiden Ladungen Weizenmehl geworden und aus dem gleichen Grunde auch nicht befugt gewesen sei, über sie für die Eigentümerin durch Verpfändung zu verfügen. Da aber die Firma und die Beklagte einen an sich wirksamen Verpfändungsvertrag über die beiden Ladungen geschlossen hätten, und diese auch der Beklagten übergeben worden seien, so hält der Berufungsrichter die Klägerin für behauptungs- und beweispflichtig dafür, daß der Beklagten bei der Lombardierung bekannt oder infolge grober Fahrlässigkeit unbekannt gewesen sei, daß die beiden Ladungen nicht der Firma B. & Co. gehörten oder daß diese nicht befugt war, über sie für den Eigentümer zu verfügen. Diese Stellungnahme des Berufungsrichters ist rechtlich zutreffend und wird auch von der Revision nicht beanstandet.

Wohl aber richtet sie Angriffe gegen die weitere Ausführung des Berufungsrichters, für die Beklagte sei kein Anlaß gegeben gewesen, sich die Verfügungsberechtigung der Firma B. & Co. über die beiden Waggonladungen Weizenmehl besonders bescheinigen oder sich die Quittungen der Klägerin über die Bezahlung der Ware vorlegen zu lassen, sowie gegen die Annahme des Berufungsrichters, diese Unterlassung könne der Beklagten, wenn überhaupt zur Schuld, so keinesfalls als grobes Verschulden angerechnet werden, da nicht nachweisbar sei, daß ihr Gründe zum Mißtrauen gegen B. & Co. zur Kenntnis gekommen seien, und da es sich bei dieser Firma um eine zuverlässige ältere Kundin gehandelt habe. Die Revision rügt hierzu Verletzung des § 932 BGB. — richtiger des § 1207 BGB. in Verbindung mit § 932 das. — und des § 366 HGB. Sie führt aus: Nach den Allgemeinen Lieferungsbedingungen der Mühlenwerke liefere die Mühle ihre Erzeugnisse regelmäßig unter Eigentumsvorbehalt. Die Beklagte betreibe Lombardgeschäfte in großem Maßstabe; ihre Umsätze darin hätten, wie der Berufungsrichter feststelle, mehrere Millionen Reichsmark jährlich betragen. Unter diesen Umständen seien die gesetzlichen Vertreter der Beklagten verpflichtet gewesen, deren Organisation so einzurichten, daß der Abschluß von Lombardgeschäften mit nicht verfügungsberechtigten Nichteigentümern möglichst ausgeschlossen gewesen sei. Um das zu ereichen, sei es notwendig gewesen, bei der Lombardierung von Waren sich zu erkundigen, ob gerade in diesem Geschäftszweig irgendwelche Handelsgebräuche beständen, und wenn danach Übergabe ohne Zahlung, aber unter Eigentumsvorbehalt üblich gewesen sei, festzustellen, ob die Ware unter solchem Vorbehalt verkauft worden sei. Der Eigentumsvorbehalt sei zur erheblichen Zeit ein so häufiges Kreditsicherungsmittel gewesen, daß die Beklagte mit ihm hätte rechnen müssen. Es müsse daher als grobes Verschulden ihrer gesetzlichen Vertreter angesehen werden, daß diese keine entsprechenden Anweisungen gegeben hätten, und ferner als grobes Verschulden ihres Prokuristen, daß dieser die in Betracht kommenden Eigentumsvorbehalte nicht gekannt habe. Der gute Ruf der Firma B. & Co. habe die Beklagte nicht von der Pflicht zur Nachforschung und zur Beachtung der möglichen Gefahren enthoben, weil unter den herrschenden Wirtschaftsverhältnissen Zusammenbrüche auch älterer, hoch angesehener Firmen an der Tagesordnung gewesen seien, und die Versuchung, sie hinauszuschieben, sehr groß sei.

Die Rüge ist begründet. Ob jemanden eine grobe Fahrlässigkeit zur Last fällt, ist im wesentlichen Frage tatrichterlicher Würdigung;

dies hat das Reichsgericht für andere Gesetzesbestimmungen und auch für § 932 Abs. 2 BGB. oft ausgesprochen. Das Gleiche muß für § 1207 BGB. und § 366 HGB. gelten. Der Tatrichter hat dabei die gesamten Umstände zu berücksichtigen und danach zu beurteilen, ob die im Verkehr erforderliche Sorgfalt in ungewöhnlich großem Maße verletzt worden und ob das unbeachtet geblieben ist, was im gegebenen Falle jedem einleuchten mußte. Danach entscheidet sich, welche Anforderungen beim Eigentumserwerb an beweglichen Sachen und bei der Verpfändung beweglicher Sachen an die Prüfungspflicht des Eerwerbers im Interesse des wahren Eigentümers zu stellen sind. Richtig ist, daß bisweilen eine solche Prüfungs- und Nachforschungspflicht nur angenommen worden ist, wenn bestimmte Verdachtsgründe dazu Veranlassung geben. Einem solchen Ausspruche kann aber keine allgemeine Gültigkeit beigemessen werden, da die Entscheidung stets auf den einzelnen Fall abgestellt werden muß.

Dieser Rechtsprechung entspricht es nun nicht, wenn der Berufungsrichter unter Heranziehung von drei Urteilen des Reichsgerichts (JW. 1927 S. 1683 Nr. 8, WarnRspr. 1932 S. 16 und RGZ. Bd. 135 S. 75 [85]) ausführt, das Reichsgericht habe, wenn es sich um einen zuverlässigen älteren Kunden handelte, als ausschlaggebend bezeichnet, ob Anlaß zum Mißtrauen in dessen „Bonität" und Redlichkeit gegeben war. Dabei hat der Berufungsrichter nicht berücksichtigt, daß seit diesen Entscheidungen die wirtschaftlichen Verhältnisse sich verschlechtert haben, und er hat ungeprüft gelassen, ob nicht infolge der Verschärfung der Wirtschaftskrise die Aufstellung strengerer Erfordernisse geboten ist. Diese Prüfung hätte um so näher gelegen, als im Juli 1931 die bekannte Bankenkrise in Deutschland ausgebrochen war, die zu staatlichen Eingriffen in das Wirtschaftslebens geführt hatte, um einen allgemeinen Zusammenbruch zu verhüten. Der Berufungsrichter hat aber weiter übersehen, daß in dem von ihm angezogenen Reichsgerichtsurteil RGZ. Bd. 135 S. 75 (85) der Sachverhalt auch insofern ein anderer war, als sich dort (Januar 1930) die gutgläubige Erwerberin des Zuckers von dem Veräußerer, der damals als zuverlässiger Zuckerhändler galt, immerhin hatte erklären lassen, der Zucker sei bezahlt und sein Eigentum, während hier (November 1931) die Beklagte die beiden Ladungen Weizenmehl lombardierte, ohne die Firma B. & Co. auch nur zu befragen, ob sie Eigentümerin der Ware oder wenigstens berechtigt war, über diese für den Eigentümer zu verfügen. Der Berufungsrichter meint zwar, aus der bloßen Zeitfolge des Kaufabschlusses vom 5. November 1931 und der beiden Lombardierungen vom 12. und 20. November 1931 sei nichts Verdächtiges zu entnehmen. Die Beklagte habe die ihr zum Lombard angetragene Ware, wie üblich, beliehen, sobald sie in ihren Besitz gelangt sei. Damit wollte der Berufungsrichter den gegenteiligen Standpunkt der Klägerin ablehnen, die ausgeführt hatte, der Lombard des ersten Postens sei bereits vor dessen Eintreffen „noch im Waggon" am 11. November 1931 vereinbart und der Lombardvertrag sofort nach Eintreffen am 12. November 1931 ausgezahlt worden; ebenso sei der zweite Posten sofort nach seinem Eintreffen am 19. November 1931 lombardiert worden. Hierfür hatte die Klägerin Bezug genommen auf die beiden die Lombardierung betreffenden Schreiben der Beklagten an die Firma B. & Co. vom 12. und 20. November 1931, und es mag hervorgehoben werden, daß in dem letztgenannten Schreiben auch von der Vorfracht die Rede ist, welche die Beklagte für die Firma anscheinend beim zweiten Waggon hatte auslegen müssen. Der Berufungsrichter hat hierzu Feststellungen nicht getroffen. In Anbetracht der im November 1931 offenkundig gespannten Geldverhältnisse hätte aber geprüft werden müssen, ob die Beklagte, wenn sie mit einer solchen Sachlage rechnen mußte, ohne grobe Fahrlässigkeit annehmen konnte, daß die Firma B. & Co. am 5. November 1931 zwei Waggons Mehl gegen Kasse von einer Mühle kaufen und sie voll bezahlen würde, um sie sofort nach ihrem Eintreffen noch im selben Waggon für einen Teil des Wertes zu verpfänden und die Leihsumme außer der Lombardprovision mit 9 % und 12 % jährlich zu verzinsen. Die Annahme des Berufungsrichters, es hätte unter diesen Umständen geradezu eine Vermutung dafür gesprochen, daß die beiden Ladungen Weizenmehl bei den Lombardierungen vom 12. und 20. November 1931 bezahlt gewesen seien, ist danach nicht einleuchtend. . . .

Der Berufungsrichter hat noch ausgeführt, für das gesetzliche Pfandrecht sei in zahlreichen Entscheidungen der gutgläubige Pfanderwerb des Spediteurs gegenüber dem Eigentumsvorbehalt des Lieferanten anerkannt, weil der Spediteur zumeist nicht in der Lage sei, sich um die Eigentumsverhältnisse an der Ware zu kümmern; das Gleiche müsse auch von seinem vertragsmäßigen Pfanderwerbe gelten. Dabei ist jedoch übersehen, daß es sich hier um ein von einem Spediteur vorgenommenes Lombardgeschäft, also ein Bankiergeschäft handelt, bei welchem der Gesichtspunkt völlig versagt, daß sich ein Spediteur, dem Güter aus aller Welt zuströmen, um die Eigentumsverhältnisse zumeist nicht kümmern könne. Der Umstand aber, daß die Beklagte Lombardgeschäfte in bedeutendem Umfang betreibt, kann selbstverständlich nicht dazu führen, die an ihre Sorgfaltspflicht zu stellenden Anforderungen herabzusetzen.

RGZ. 143, 14

1. Tragweite eines beim Verkauf eines Kraftwagens vereinbarten Eigentumsvorbehalts.

2. Umfang der Nachforschungspflicht desjenigen, der einen Kraftwagen von einem Händler kauft.

3. Ist es von Bedeutung, wenn der Erwerber auch durch ausreichende Nachforschung den wahren Sachverhalt nicht erfahren haben würde?

BGB. §§ 455, 932 Abs. 2. HGB. § 366.

VII. Zivilsenat. Urt. v. 28. November 1933.

Die Entscheidung ist abgedruckt unter „Bürgerliches Recht, Sachenrecht 2".

RGZ. 146, 57

Darf eine Bank, die als Zeichnungsstelle für die Reichsbahnanleihe von 1931 tätig ist, an den bei ihr gezeichneten Stücken ein Pfand- oder Zurückbehaltungsrecht wegen solcher Forderungen ausüben, die mit der Zeichnung nicht zusammenhängen?

BGB. §§ 157, 242, 273. HGB. § 369.

I. Zivilsenat. Urt. v. 28. November 1934.

I. Landgericht I Berlin. II. Kammegericht daselbst.

Der Sachverhalt ergibt sich aus dem RGZ. Bd. 142 S. 314 abgedruckten Urteil des erkennenden Senats, durch das die Sache an das Berufungsgericht zurückverwiesen worden war. Die Klägerin hat ihren Antrag auf die Feststellung erweitert, daß der Beklagten wegen ihrer Ansprüche auch kein Pfandrecht zustehe. Das Kammergericht hat nach dem Antrag der Klägerin erkannt. Die Revision der Beklagten blieb erfolglos.

Gründe:

Das Kammergericht hat im Ergebnis zutreffend ausgeführt, daß die besondere Ausgestaltung der hier in Frage stehenden Anleihe die Entstehung eines Zurückbehaltungs- und Pfandrechts der Beklagten wegen solcher Forderungen ausschließt, die mit dem Erwerb der Anleihestücke in keinem rechtlichen Zusammenhang stehen.

Für Entstehung und Zweck der Reichsbahnanleihe ist aus dem Gesetz, den gerichtsbekannten Umständen und den Feststellungen des Berufungsgerichtes folgendes zu entnehmen: Im Jahre 1931 hatte die Arbeitslosigkeit in Deutschland einen Stand erreicht, der nicht nur die Finanzen, sondern möglicherweise auch den Bestand des Staates gefährden konnte. Der wirtschaftliche Kredit des Reiches bei seinen Bürgern war im wesentlichen erschöpft. Als Grnudlage für die Bereitstellung erheblicher Mittel kam nur noch die Reichsbahn in Frage. Aber auch eine Anleihe der Reichsbahn zu den regelmäßigen Zeichnungsbedingungen hätte nicht den gewünschten Erfolg erzielen können. Daher mußte das Reich den Zeichnern der aufzulegenden Anleihe ganz außergewöhnliche Vorteile in Aussicht stellen. Hierzu gehörte neben bestimmten Steuererleichterungen vor allem die Möglichkeit, sich durch Zeichnung der Anleihe unter gewissen Voraussetzungen von einer drohenden Steuerstrafe loszukaufen. Daß man zu diesem Mittel griff, zeigt, wie dringend dem Reiche daran lag, mit den durch die Anleihe gewonnenen Mitteln Arbeitsbeschaffung und Verminderung der öffentlichen Fürsorge durchzuführen.

Dies alles weist auf einen von den gewöhnlichen Finanzanleihen grundverschiedenen Charakter der aufgelegten Anleihe hin. Der Beklagten, die als Zeichnungsstelle auftrat, waren alle diese Tatsachen zur Zeit der Begründung des streitigen Rechtsverhältnisses bekannt. Sie stellte sich bewußt in den Dienst des mit der Anleihe verfolgten Zweckes; ein eigene Gefahr lief sie nicht, weil sie nur die ihr tatsächlich zugeflossenen Beträge wieder abzuführen hatte. Die Beklagte wußte anderseits auch, wie das Berufungsgericht in rechtlich unanfechtbarer Weise festgestellt hat, daß die Klägerin die von ihr eingereichten Zeichnungen nicht für eigene Rechnung, sondern für Rechnung von Kunden vorgenommen hat.

Danach deutet alles auf eine von dem gewöhnlichen bankmäßigen Geschäft grundverschiedene Sondernatur des von den Zeichnungsstellen eingegangenen Rechtsverhältnisses hin, und zwar sowohl zwischen der Reichsbahn und der Beklagten wie im Verhältnis der Parteien untereinander. Die Belange des Reiches erforderten, daß die Stücke den Zeichnern lediglich gegen Zahlung der gezeichneten Beträge ausgeliefert wurden, damit das Vertrauen in die Zusage des Reiches, auf die es wesentlich ankam, nicht ins Wanken käme. Dieser Zweck muß aber auch maßgebend sein für das Rechtsverhältnis der Parteien untereinander und für dessen Auslegung. Es geht nicht an, daß die Beklagte den allen Beteiligten bekannten Zeichnungszweck, in Widerspruch zu der Gesamtlage und der in diesem Rahmen ihr anvertrauten und von ihr übernommenen Rolle, zu ihrem Sondervorteil und zum Nachteil der Allgemeinheit dadurch durchkreuzt, daß sie die Zeichner zwingt, erhebliche Schulden der Klägerin zu bezahlen, die den Zeichnern völlig fremd sind. Das verbietet der alle Schuldverhältnisse beherrschende Grundsatz von Treu und Glauben (§ 242 BGB.), vor dem auch vertraglich eingeräumte Rechte, wie das in den Bankbedingungen der Beklagten nach ihrer Behauptung vereinbarte Pfand- oder Zurückbehaltungsrecht, unter Umständen weichen müssen. Der Geltendmachung eines Zurückbehaltungsrechts nach § 273 BGB. würde hier auch der Umstand entgegenstehen, daß sich aus dem Schuldverhältnis „ein anderes ergibt" (§ 273 Abs. 1) und daß es im Verhältnis der Parteien zueinander als stillschweigend ausgeschlossen gelten muß (§ 157 BGB.). Der Berufung auf das kaufmännische Zurückbehaltungsrecht steht auch § 369 Abs. 3 HGB., jedenfalls seinem Rechtsgedanken nach, entgegen. Die Beklagte hat die Anleihestücke von der Reichsbahn mit der mindestens stillschweigenden Anweisung und Verpflichtung erhalten, sie den Zeichnern, wenn auch auf dem Umweg über deren Bank, gegen Zahlung der gezeichneten Beträge auszuliefern. Dieser Weisung würde sie entgegenhandeln, wenn sie die Auslieferung von der Zahlung geschäftsfremder Schulden abhängig machen wollte.

RGZ. 152, 119+

1. Kann der Eigentümer einer Ware das daran geltend gemachte kaufmännische Zurückbehaltungsrecht ausschließen, indem er sich darauf beruft, der Vertrag, aus dem der Zurückhaltende seine Ansprüche herleitet, sei zwar wirtschaftlich, aber nicht rechtlich sein Geschäft?

2.—3. . . .*)

HGB. § 369.

VII. Zivilsenat. Urt. v. 4. September 1936.

I. Landgericht München-Gladbach. — II. Oberlandesgericht Düsseldorf.

Die Klägerin ist eine Tochtergesellschaft der Firma J. W. in W. (im folgenden kurz: W. genannt). Diese hat der Beklagten am 27. April 1934 die Verzwirnung von 100 000 kg Baumwollgarn in Auftrag gegeben. Das Garn wurde der Beklagten nach und nach durch die Klägerin geliefert, im ganzen etwa 40 000 kg. Nach der jeweiligen Verzwirnung lieferte die Beklagte das Garn an die von W. aus bestimmten Webereien; den Zwirnlohn bezahlte die Klägerin. Seit dem 22. Juni 1934 hat die Beklagte kein Garn mehr erhalten. Sie hat W. Nachfrist aus § 326 BGB. gesetzt und an den noch in ihrem Besitz befindlichen etwa 10 000 kg gezwirnten Garns das Zurückbehaltungsrecht geltend gemacht.

Die Klägerin hat im Juli 1934 Klage auf Herausgabe dieses Garnes erhoben, während die Beklagte eine Widerklage angekündigt hat, mit der die Verurteilung der Klägerin zur Zahlung von 14 868 RM. sowie zur Duldung der Befriedigung der Beklagten wegen dieses Betrages aus dem in ihrem Besitz befindlichen gezwirnten Garn beantragt werden sollte. Im Laufe des Rechtsstreits hat die Klägerin gemäß § 369 Abs. 4 HGB. zur Abwendung des Zurückbehaltungsrechts 15 000 RM. beim Amtsgericht hinterlegt, und nachdem die Parteien sich dahin geeinigt hatten, daß die hinterlegten 15 000 RM. auch zur Sicherung der angeblichen Ansprüche dienen sollten, welche die Beklagte gegen W. geltend machen könnte, hat die Beklagte das zurückbehaltene gezwirnte Garn herausgegeben. Über den Inhalt der hierüber getroffenen Vereinbarung streiten die Parteien. Die Klägerin behauptet, die Hinterlegung habe nach der zusätzlichen Vereinbarung die Beklagte nur für den Fall sichern sollen, daß ihr ein Zurückbehaltungsrecht am Garn gegenüber W. zustehe, während die Beklagte behauptet, die Hinterlegung habe sie ganz allgemein auch wegen ihrer Schadensersatzansprüche gegen W. sichern sollen. Nach der Herausgabe des Garns hat die Klägerin die

---

*) Geringere Bedeutung.

Hauptsache für erledigt erklärt und beantragt, der Beklagten die Kosten des Rechtsstreits aufzuerlegen. Die Beklagte hat nunmehr den Widerklageantrag gestellt, die Klägerin zur Duldung zu verurteilen, daß sich die Beklagte wegen eines Betrages von 14 868 RM. nebst Zinsen, die ihr gegen W. zustehe, aus dem von der Klägerin hinterlegten Betrag von 15 000 RM. befriedige.

Das Landgericht hat die Widerklage abgewiesen und der Beklagten die Kosten des Rechtsstreits auferlegt. Das Oberlandesgericht hat den Anspruch der Widerklage dem Grunde nach für berechtigt erklärt. Die Revision der Klägerin führte zur Aufhebung und Zurückverweisung.

Gründe:

Der Berufungsrichter führt aus:

Der Sinn der Parteivereinbarung über die Hinterlegung sei gewesen: Weil die Beklagte die gezwirnte Ware festhielt, und um sie freizubekommen, habe ihr die Klägerin ein Pfandrecht für die Ansprüche eingeräumt, welche die Beklagte mit Rücksicht auf die Lieferungsweigerung von W. zu haben behauptete, ohne daß dabei auf das Recht der Beklagten zur Zurückhaltung der Ware gegenüber W. Rücksicht genommen sei. Die Parteien hätten also gewollt, daß die Frage der Berechtigung der Schadensersatzansprüche der Beklagten im vorliegenden Rechtsstreit ausgetragen werde. Die Hinterlegung ei nicht lediglich ein Ersatz für das vielleicht nicht bestehende Zurückbehaltungsrecht, sondern ohne Rücksicht auf dessen Wirksamkeit für die Schadensersatzansprüche der Beklagten bestimmt gewesen. Da das hinterlegte Geld in das Eigentum des Staates übergehe, sei somit durch die Vereinbarung für die Beklagte gemäß § 233 BGB. ein Pfandrecht an der Forderung der Klägerin gegen den Staat auf Rückerstattung des Geldes begründet worden.

Diese Auslegung, die der Berufungsrichter der Parteivereinbarung gibt, beruht im wesentlichen auf tatsächlicher Würdigung dessen, was die Parteien erklären wollten und erklärt haben, und ist deshalb der Nachprüfung in der Revisionsinstanz nur in beschränktem Maße zugänglich. Es kann indessen dahinstehen, ob die dagegen erhobenen Revisionsangriffe begründet sind, weil es auf diese Auslegung nicht ankommt. Denn wenn die Schadensersatzansprüche der Beklagten begründet sind, hatte sie auch das von der Klägerin bestrittene Zurückbehaltungsrecht. Die Klägerin gibt selbst an, W. habe den Verzwirnungsvertrag mit der Beklagten im eigenen Namen, aber für Rechnung der Klägerin geschlossen, während die Klägerin, die das zu verzwirnende Garn an die Beklagte geliefert habe, Eigentümerin des Garns sei. Daraus will sie folgern, daß der Beklagten ein Zurückbehaltungsrecht weder gegenüber der Klägerin noch gegenüber W. zustehe; denn die Klägerin sei Eigentümerin des Garns, aber nicht Vertragsgegnerin, W. sei Vertragsgegner, aber nicht

Eigentümer. Diese Folgerung ist rechtsirrig. Zwar besteht das kaufmännische Zurückbehaltungsrecht des § 369 HGB. grundsätzlich nur an Sachen, die im Eigentum des Vertragsgegners stehen. Im vorliegenden Fall ist der Vertrag aber für Rechnung des Eigentümers der Sachen geschlossen, an denen das Zurückbehaltungsrecht geltend gemacht werden soll, und der Eigentümer hat diese Sachen dem Zurückhaltenden geliefert, um den für seine Rechnung geschlossenen Vertrag zu erfüllen. Unter diesen Umständen enthält es eine gröbliche Verletzung von Treu und Glauben, wenn sich die Klägerin, um das Zurückbehaltungsrecht an dem in ihrem Eigentum stehenden Garn auszuschließen, darauf berufen will, daß der Verzwirnungsvertrag zwar wirtschaftlich, aber nicht rechtlich ihr Geschäft sei. Da auch die Bestimmung des § 369 Abs. 3 HGB. der Geltendmachung des Zurückbehaltungsrechts nicht entgegensteht, hängt also die Entscheidung auch unter diesem Gesichtspunkt lediglich davon ab, ob der Beklagten wegen Nichterfüllung des Verzwirnungsvertrags Schadensersatzansprüche zustehen. Wenn solche Ansprüche bestehen, so versagt gegenüber dem geltend gemachten Zurückbehaltungsrecht die Berufung der Klägerin darauf, daß sie Eigentümerin der zurückgehaltenen Ware, aber nach förmlichem Recht nicht Schuldnerin der der Beklagten sei.

Die Schadensersatzansprüche der Beklagten sind jedoch bisher nicht einwandfrei festgestellt.

RGZ. 162, 244

1. Ist entsprechende Rechtsanwendung (Rechtsanalogie) auch beim Vorliegen eines Ausnahmetatbestandes zulässig?

2. Über die rechtliche Bedeutung der Überschuß- (Saldo-) feststellung bei laufender Rechnung.

3. Ist die Vergünstigung des § 356 Abs. 1 HGB. auch auf das Konkursvorrecht des § 80 VAG. (entsprechend) anzuwenden?

VII. Zivilsenat. Urt. v. 22. Dezember 1939.

I. Landgericht Hamburg. II. Oberlandesgericht daselbst.

Die Klägerin hatte bei der A.-U. für Feuer und Beförderungen Rückversicherungen genommen, die vor dem 4. Juli 1931 aufgelöst wurden. Für die gegenseitigen Ansprüche der Vertragsparteien war ein Laufrechnungsverhältnis (Kontokorrent) vereinbart worden. Am 4. Juli 1931 wurde über das Vermögen der A.-U. das Konkursverfahren eröffnet und der Beklagte zum Konkursverwalter bestellt. Für diesen Zeitpunkt ergab sich zu Gunsten der Klägerin ein Forderungsüberschuß (Saldo) von 103 828,42 RM. Diesen Schuldbetrag erkannte der Beklagte auf Anmeldung als gewöhnliche Konkursforderung an. Mit Schreiben vom 17. Februar 1936 meldete die Klägerin für diesen Betrag gemäß § 80 des Gesetzes über die Beaufsichtigung der privaten Versicherungsunternehmungen und Bausparkassen vom 6. Juni 1931 (RGBl. I S. 315) — VAG. — ein Konkursvorrecht an. Der Beklagte bestritt das Bestehen eines solchen Vorrechts.

Die Klägerin hat beantragt, für ihre Forderung in Höhe von 103 828,42 RM im Konkurse der A.-U. ein Vorrecht gemäß § 80 VAG. zur Konkurstabelle festzustellen. Der Beklagte hat dieses Recht auch im Rechtsstreite bestritten, weil die ursprünglichen Schadensforderungen der Klägerin durch die Feststellung des Saldos in der laufenden Rechnung ihre bisherige Eigenart und damit das ihnen anhaftende Konkursvorrecht verloren hätten; dieses könne nicht einer Sicherheit im Sinne des § 356 HGB. gleichgesetzt werden.

Das Landgericht hat der Klage stattgegeben. Vom Oberlandesgericht ist die Berufung des Beklagten zurückgewiesen worden. Auch seine Revision blieb erfolglos.

Aus den Gründen:

In der Rechtsprechung des erkennenden Senats steht fest, daß, von besonderen Vertragsgestaltungen abgesehen, die Rückversicherung ein Versicherungsverhältnis begründet und daß das Konkursvorrecht des § 80 VAG. auch im Konkurse des Rückversicherers gilt (Urteile vom 8. Januar 1937 VII 192/36 in RGZ. Bd. 153 S. 184 und vom 1. Juni 1937 VII 15/37 in RGZ. Bd. 155 S. 138 [147]). Besondere Umstände, die im vorliegenden Fall eine davon abweichende rechtliche Beurteilung rechtfertigen könnten, sind nicht ersichtlich, und es besteht kein Anlaß, die bezeichnete Stellungnahme des Senats zu ändern. In der zuerst erwähnten Streitsache hatte die verklagte Partei eingewendet, zwischen dem Rückversicherungsnehmer und dem Rückversicherer sei (echte) Kontokorrentabrechnung vereinbart worden, somit habe sich die Forderung des Rückversicherungsnehmers nicht mehr auf Ersatz eines zur Zeit der Eröffnung des Konkurses über das Vermögen des Rückversicherers bereits eingetretenen Schadens (wie auch nicht auf Rückerstattung von Versicherungsbeiträgen), sondern infolge der umschaffenden Wirkung des echten Kontokorrents („Novation") nur noch auf die Auskehrung von Überschüssen (Salden) richten können und tatsächlich gerichtet. Der erkennende Senat ist damals auf diesen Einwand nicht eingegangen und konnte, wie er hervorgehoben hat, aus verfahrensrechtlichen Gründen (§ 566 a Abs. 3 ZPO.) auch nicht darauf eingehen. Nunmehr ist die Frage zu entscheiden, ob das Konkursvorrecht des § 80 VAG. deswegen entfällt, weil die Einrede der Umschaffung (vgl. RGRKomm. z BGB. Bem. 1 b zu § 305) durchgreift. Sie ist mit den beiden Vordergerichten zu verneinen.

Nach der in der Rechtslehre durchaus herrschenden Auffassung hat die Vereinbarung eines Laufrechnungsverhältnisses (Kontokorrents) gemäß dem darin ausgedrückten Vertragswillens der Beteiligten zur Folge, daß die einzelnen Leistungen mit der Eintragung

„Gesetzesannalogie" die „Rechtsanalogie" als ein zulässiges Hilfsmittel zru vernunftgemäßen und zweckentsprechenden Rechtsanwendung anerkannt, um sicherzustellen, daß die Einheitlichkeit des Rechts als eines ebenmäßigen, gleichstimmenden Ganzen, eines „organischen Gefüges innerhalb zusammenhängender Normen" nicht lebensfremd und zweckwidrig durchbrochen werde. Läßt sich mittels der „Gesetzesanalogie" zu keinem verwertbaren Ergebnisse gelangen, so ist die Entscheidung aus dem Geiste des gesamten, als ein Ganzes aufgefaßten Rechts abzuleiten (Motive z. BGB. Bd. I [1888] S. 16). Zwischen regelmäßigem Recht und regelwidrigem Recht ist aber bei solcher Betrachtungsweise nicht zu unterscheiden, zumal nach der heute herrschenden geläuterten Rechtsauffassung, wo es darauf ankommt, die Ordnung der Gemeinschaft des Volkes und die Einordnung des einzelnen Gliedes in diese Gemeinschaft in Einklang zu bringen mit dem im Volke herrschenden Richtigkeitsempfinden. Diese Auffassung schließt sich übrigens an die bisher schon in der Rechtsprechung des Reichsgerichts vertretenen Anschauungen an. So ist in der Entscheidung vom 13. November 1915 V B 1/15 (RGZ. Bd. 87 S. 284 ff.) ausgeführt, daß die Ausnahmevorschrift des § 41 Abs. 1 GBO. zu Gunsten einer Gemeinde entsprechend anwendbar sei, wenn diese Gesamtrechtsnachfolgerin einer anderen Gemeinde geworden ist, für die eine Hypothek auf einem Grundstück eingetragen steht, und die Entscheidung vom 15. Dezember 1915 V 217/15 (RGZ. Bd. 87 S. 371/373) spricht ausdrücklich aus, daß die Erstreckung von Ausnahmevorschriften auf rechtsähnliche andere Tatbestände nicht ausgeschlossen sei (vgl. auch Urteil vom 30. März 1939 V 121/38 in RGZ. Bd. 160 S. 166 [175, 182 ff.]). Beispiele solcher entsprechenden Rechtsanwendungen trotz Vorliegens einer Ausnahme-(Sonder-) vorschrift bieten auch viele andere Entscheidungen des Reichsgerichts, z. B. die vom 11. November 1921 III 145/21 (RGZ. Bd. 103 S. 166), wonach — gemäß entsprechender Anwendung — auch derjenige, der ein vermietetes Grundstück im Wege der Aneignung nach § 928 BGB. erwirbt, in die Rechte und Pflichten aus dem Mietverhältnis nach § 571 Abs. 1 BGB. eintritt.

Dem Berufungsgericht ist sonach darin beizutreten, wenn es in einem Falle der vorliegenden Art, wo die an der laufenden Rechnung beteiligten Vertragsparteien ein echtes Laufrechnungsverhältnis vereinbart haben, die Habenposten des Gläubigers sich zum größeren Betrage aus Schadensforderungen zusammensetzen und der Saldo zu seinem Gunsten den Gesamtbetrag seiner im Kontokorrent enthaltenen Schadensforderung nicht übersteigt, trotz der grundsätzlichen Umschaffungswirkung der Saldofeststellung aus praktischen, wirtschaftlichen Gründen der Saldoforderung des Versicherungsnehmers das Konkursvorrecht des § 80 VAG. zubilligt. Der Vorderrichter spricht hier allerdings — unzutreffend — von einer sinngemäßt ausdehnenden Auslegung des § 356 HGB., aber die Rechtsanalogie muß nach den vorstehend entwickelten Grundsätzen zu demselben Ergebnis führen.

Wie schon hervorgehoben, hatte sich zwar — auch in der Rechtsprechung des Reichsgerichts — die Auffassung durchgesetzt, die wesentliche Bedeutung des Kontokorrentverhältnisses bestehe darin, daß mit der Anerkennung des Saldos die bisherigen Einzelforderungen durch Novation (Umschaffung) erlöschen und eine auf einem selbständigen Rechtsgrunde fußende Forderung, das anerkannte Saldoguthaben an ihre Stelle trete. Das Reichsgericht hat aber auch den Standpunkt vertreten, daß der Umschaffungsgedanke nur ein Hilfsmittel sei, um gewisse rechtliche Eigentümlichkeiten des Kontokorrents begrifflich zurchtzulegen; die Annahme des Untergangs der Forderungen beruhe nicht sowohl auf sachlichen Erwägungen als auf „juristischer Abstraktion" (Urteile vom 30. Mai 1911 II 669/10 in RGZ. Bd. 76 S. 330 [334] und vom 7. Januar 1916 II 386/15 in RGZ. Bd. 87 S. 434 [437]). Unter der Herrschaft des alten (Allgemeinen Deutschen) Handelsgesetzbuches hatte man aus dem Umschaffungsgrundsatze gefolgert, daß durch das Saldoanerkenntnis die für eine einzelne Forderung bestellte Sicherheit erlösche. Aber dies ist schon früher mit Recht als „Konstruktionsjurisprudenz" bezeichnet und bekämpft worden, und daß auch der Gesetzgeber eine solche widersinnige Folgerung mißbilligte, ergibt sich zur Genüge aus der Einführung der Vorschrift des § 356 HGB. im Jahre 1897, womit der Gesetzgeber zugleich ein Weiterbestehen der gesicherten Forderung an sich unterstellt hat. In der erwähnten Entscheidung RGZ. Bd. 87 S. 434 ist denn auch das Reichsgericht, wie der Vorderrichter zutreffend erwähnt, über den § 356 HGB. hinaus unvernünftigen Folgerungen aus der Umschaffungslehre entgegengetreten. Dort wurde ausgesprochen, daß bei der Verschmelzung zweier Aktiengesellschaften nach § 306 HGB. (damaliger Fassung) in einem Fall, in dem über beide Gesellschaften Konkurs (Sonderkonkurs) eröffnet war, die Saldoforderung aus einem über den Zeitpunkt der Verschmelzung hinauslaufenden Kontokorrent nicht deshalb zur Konkursmasse der aufnehmenden Gesellschaft gehöre, weil die Saldoziehung in die Zeit nach der Verschmelzung falle. Es ist (in der Rechtslehre) auch sonst anerkannt, daß die Saldofeststellung — mag sie immerhin auch eine selbständige Forderung begründen — trotz ihrer gekennzeichneten Rechtsnatur die ehemals selbständigen Einzelforderungen nicht restlos, unbedingt und für immer ihres rechtlichen Daseins beraubt, sondern daß diese auch nach der Saldierung noch ein „potenzielles" Dasein weiterführen (vgl. Eilles in JRfPrV. 1938 S. 226 Spalte 2 oben). Dies ist der Standpunkt, den auch der Gesetzgeber bei Schaffung des § 356 HGB. eingenommen hat (Denkschrift II S. 214). Der Annahme der Umschaffung steht nicht entgegen, daß das Gesetz die in das Kontokorrent und mit der Saldofeststellung durch Verrechnung im Gesamtergebnis als Einzelforderungen untergehen. Mit der Eröffnung des Konkurses über das Vermögen des Kontokorrentschuldners erlischt nach der in der Rechtslehre ebenfalls herrschenden, auch vom Reichsgericht anerkannten (RGZ. Bd. 125 S. 411 [416], Bd. 149 S. 19 [25]) Ansicht die laufende Rechnung, wenn sie nicht — wie anscheinend im vorliegenden Falle — schon vorher aufgehoben worden ist. Damit ist der Rechnungszeitraum abgelaufen, der Schuldsaldo des Gemeinschuldners Konkursforderung geworden; die bisherigen Einzelforderungen sind nach der eingangs erwähnten Auffassung erloschen, an ihre Stelle ist das anerkannte oder durch den Ablauf der Rechnungsperiode entstandene (Saldo-) Guthaben, somit eine neue, auf einem selbständigen Verpflichtungsgrunde beruhende, vom früheren Schuldgrunde losgelöste (abstrakte) Forderung getreten. Nach den erst durch das neue Handelsgesetzbuch vom 10. Mai 1897 eingeführten Bestimmungen des § 356 sollen aber besondere Sicherungen, die für die so erloschenen Einzelforderungen begründet worden sind, wie Fahrnis- und Grundstückspfandrechte, Zurückbehaltungsrechte, Sicherungsübereignungen und dergleichen dinglich wirkende Rechte, ebenso Bürgschaften bestehen bleiben. Der Gläubiger soll durch die Anerkennung des Rechnungsabschlusses nicht gehindert sein, aus der Sicherheit insoweit Befriedigung zu suchen, als sein Guthaben aus der laufenden Rechnung und die Forderung sich decken (§ 356 Abs. 1), und diese Vorschrift soll, wenn ein Dritter für eine in die laufende Rechnung aufgenommene Forderung als Gesamtschuldner haftet, auf die Geltendmachung der Forderung gegen ihn entsprechend angewendet werden (§ 356 Abs. 2).

Eine weitverbreitete Meinung sieht in dieser Bestimmung eine regelwidrige Sonderbestimmung, die — wegen dieser ihrer Eigenschaft als Ausnahmevorschrift — streng ausgelegt werden müsse und die deshalb auch auf das keine dingliche Sicherung der Forderung darstellende, persönliche Konkursvorrecht nicht ausgedehnt werden dürfe (so Jaeger KO. 6.—7. Aufl. [1936] Bem. 12 zu § 61 in Verb. mit Bem. 8 zu § 65; Mentzel KO. 5. Aufl. [1937] Bem. 1 zu § 61; Gadow bei Staub HGB. 14. Aufl. [1933] Bem. 2 zu § 356; König-Teichmann-Köhler HGB. 4. Aufl. [1936] Bem. 1b zu § 356; Prölß in JRfPrV. 1937 S. 229; Eilles das. 1938 S. 225 ff.; Hochgräber in NeumannsZ. 1938 S. 251 [252]; dagegen neben einigen älteren Schriftstellern Mohr Der Kontokorrentverkehr 1902 S. 117 und Strohbusch JRfPrV. 1938 S. 3; zweifelnd Ritter HGB. 2. Aufl. Bem. 5h zu § 355 S. 481 unten). Sie knüpft an die — vor allem von Jaeger a. a. O. entwickelte — Meinung an, daß das Konkursvorrecht keine neben der Forderung stehende Sicherung, sondern die Forderung selbst in einer bestimmten (persönlichen) Wirksamkeit, eine auf der Eigenart ihres Grundes beruhende Kraft sei. Dieser Hinweis ist gewiß an sich zutreffend, aber er erschöpft nicht die Frage, ob nicht dennoch aus Gründen der Rechtsähnlichkeit die Einbeziehung des neugeschaffenen Konkursvorrechts des Versicherungsnehmers in die Ausnahmeregelung des § 356 HGB. zulässig und auch notwendig sei. Der Senat bejaht beides. Mag auch die Ausnahmenatur eines Gesetzes eine ausdehnende Auslegung über die Grundlage seines Wortlautes hinaus ausschließen, so führt dennoch möglicherweise die — vom Gesetzgeber grundsätzlich zugelassene und an vielen Stellen aus Gründen der Vereinfachung sogar vorgeschriebene — entsprechende Anwendung eines Gesetzes dazu, daß dieses, auch wenn es an sich nur für einen bestimmten Tatbestand aufgestellt ist, doch auf einen anderen Tatbestand, sofern er in den wesentlichen Beziehungen mit jenem übereinstimmt, ihm also rechtsähnlich ist, angewendet werden kann und beim Vorliegen aller Voraussetzungen auch angewendet werden muß. In vielen Fällen hat der Gesetzgeber eine genauere Regelung absichtlich unterlassen, zumal wenn ihm die zu regelnde Frage für eine ausdrückliche gesetzliche Vorschrift noch nicht reif erschien; in solchen Fällen wurde zuweilen, wie dann die amtliche Begründung besagt, die Entscheidung der Wissenschaft und Praxis im einzelnen Fall überlassen. Aber auch abgesehen von solchen Fällen ist mehr und mehr und neuerdings im steigenden Maße (vgl. StGB. § 2 in der Fassung des Gesetzes vom 28. Juni 1935 RGBl. I S. 839) die Aufgabe des Richters erkannt und anerkannt worden, als rechtschöpfendes Organ des Staates neben den geschriebenen Rechtsatz für den zwar nicht ausdrücklich bezeichneten, aber rechtsähnlichen Tatbestand einen entsprechenden ungeschriebenen Rechtssatz zu setzen, dessen Anwendbarkeit als dem Geiste des Gesetzes entsprechend und in ihm enthalten geboten ist und mindestens dann unbedenklich anerkannt werden muß, wenn es gilt, aufbauwidrige Lücken oder Unvollkommenheiten der gesetzlichen Regelung zu schließen oder zu umgehen (vgl. Lobe in RGRKomm. z. BGB. 9. Aufl. [1939] Einleitung zum Allgemeinen Teil VII S. 19). Dasselbe muß dann gelten, wenn es sich um einen Tatbestand handelt, den der Gesetzgeber bei Erlaß des Gesetzes nicht berücksichtigen konnte oder tatsächlich nicht berücksichtigt hat, etwa weil er außerhalb seines Gesichtskreises lag. Unter diesem Gesichtswinkel haben Rechtslehre und Rechtsprechung die entsprechende Anwendung eines bestimmten Rechtssatzes auch auf einen zwar regelwidrigen, aber doch durchaus rechtsähnlichen Tatbestand anerkannt (vgl. von Tuhr Der Allgemeine Teil des deutschen Bürgerlichen Rechts. Erster Band: Allgemeine Lehren und Personenrecht 1910. Einleitung S. 40 ff. unter VIII; Enneccerus-Nipperdey (Lehrbuch des Bürgerlichen Rechts. Erster Band: Einleitung, Allgemeiner Teil. 13. Bearbeitung [1931], 44 I 2 S. 131, insbesondere in Bem. 4). Auch der Gesetzgeber hat neben der

Umschaffungslehre nicht bis in die letzten Einzelheiten durchgeführt hat. Aber die Bedürfnisse des Lebens und des Verkehrs müssen den Ausschlag geben für eine vernunftgemäße Abschwächung des Grundsatzes (vgl. RGZ. Bd. 76 S. 330 [334]). Dies ergibt sich aus der Entstehungsgeschichte: Der Entwurf II hat es abgelehnt, eine (im Entwurf I vorgeschlagene) Bestimmung darüber zu geben, welche Forderungen noch eine Wirkung üben. Hindert doch selbst die Verjährung der erkennbare Zweck der Neuregelung — die für die einzelne Forderung bestehende Sicherheit trotz des Rechnungsabschlusses insoweit fortleben, als der Gläubiger an ihr ein Interesse habeen kann, nämlich soweit ihm ein Saldoguthaben verbleibt. Demgemäß führt die Denkschrift II S. 214 aus: „Wenn auch das Saldoanerkenntnis einen selbständigen Verpflichtungsgrund bildet, so schließt dieser Umstand nicht aus, daß die in der Rechnung enthaltenen Einzelforderungen no cheine Wirkung üben. Hindert doch selbst die Verjährung des Anspruchs, für welchen eine Hypothek oder ein Pfandrecht besteht, nicht, seine Befriedigung aus dem verhafteten Gegenstande zu suchen. Ohnehin findet eine Aufrechnung der Einzelposten bei der Saldoziehung nicht statt; denn es stehen sich nicht nur wirkliche Forderungen gegenüber, und die gänzliche Ausgleichung erfolgt buchmäßig nur durch Einstellung des Saldopostens selbst."

Danach besteht nicht bloß die Sicherheit trotz der Saldierung fort, sondern — anders kann die gesetzliche Regelung nicht verstande nwerden — die in das Kontokorrent aufgenommenen Forderungen selbst sind es, die in gewissem Umfange noch als fortbestehend zu gelten haben, soweit nämlich ein anzuerkennendes wirtschaftliches Interesse des Gläubigers an ihrem Fortleben bestehen kann. Dies ist vornehmlich dann der Fall, wenn dem Gläubiger dingliche Rechte zur Seite stehen, die seine Forderung zu sichern bestimmt sind; aber abgesehen von dinglichen Sicherungen ist das gleiche der Fall bei Sicherung durch Bürgschaft. In allen Fällen der Stellung einer Sicherung in irgendeiner Form ist das Fortbestehen der Einzelforderung selbst als gedacht und gewollt vorausgesetzt. In allen Fällen des Laufrechnungsvertrags ist die Rechtslage dieselbe, sofern nicht etwas anderes ausdrücklich oder stillschweigend vereinbart wird; in keinem Fall ist ein (stillschweigender) Verzicht des Gläubigers auf die im Stillen fortlebende Einzelforderung zu vermuten, mag dem Gläubiger immerhin ein durch die Abrechnung neu begründetes (selbständiges) Forderungsrecht zur Seite stehen. Diese Rechtsgestaltung hindert nach vernunftgemäßen wirtschaftlichen Erwägungen nicht, daß der Gläubiger im gesetzlichen Rahmen auf seine ursprüngliche Forderung zurückgreift, soweit dies seine wirtschaftlich zu billigenden Belange gebieten. Die am Kontokorrentverhältnisse Beteiligten wollen, wenn sie nicht eine weitergehende Rechtswirkung besonders zu begründen beabsichtigen, daß zwar durch die Verrechnung eine neue Rechtsstellung im Sinne der Begründung einer vom Schuldgrunde losgelösten selbständigen Sadoforderung geschaffen werde; sie wolle aber — im Zweifel und in aller Regel — keinen Rechtsverlust des Gläubigers, wenn und soweit diesem Sicherungen zur Seite stehen, an deren Aufrechterhaltung er vernünftigerweise ein anerkennenswertes wirtschaftliches Interesse hat. Daß und warum ihm unter solchen Umständen der Verlust eines ihm im Konkurse des Kontokorrentschuldners zustehenden Vorrechtes zugemutet werden könnte oder insoweit ein auch nur stillschweigender, durch die Verrechnung ohne weiteres zu verwirklichender Verzichtswille sollte unterstellt werden können, ist nicht einzusehen. Zwar ist das Konkursvorrecht keine dingliche Sicherung im eigentlichen Sinn, es kommt aber wirtschaftlich betrachtet einer solchen nahezu gleich; denn es bietet — auch ohne die Begründung eines förmlichen Absonderungsrechts im Sinne der §§ 49 ff. KO. — dem bevorrechtigten Gläubiger die Sicherheit, jedenfalls vor den nicht bevorrechtigten Gläubigern aus der verfügbaren Masse befriedigt zu werden. Er hat die Gewähr, daß die nach Abdeckung der Massekosten und der Masseschulden sowie der Absonderungsrechte und etwaiger ihm im Range vorgehender Vorrechtsforderungen verbleibende Konkursmasse in erster Reihe ihm zufallen muß, soweit seine Forderung reicht, ebenso, als bestände insoweit für ihn ein Pfandrecht. Abgesehen von der gesetzlichen Reihenfolge der Befriedigung besteht also wirtschaftlich kein wesentlicher Unterschied, und es läßt sich insoweit auch unbedenklich von einer „Sicherung" sprechen, die ihm für seine Forderung zustehen. Bezweckt aber die Sondervorschrift des § 356 HGB., dem Gläubiger die ihm für seine Forderung zustehende Sicherung trotz der Aufnahme der Forderung in das Kontokorrent und trotz der Saldierung unbeschadet der damit sonst verbundenen Rechtswirkung zu erhalten, soweit seine vom Gesetzgeber anerkannten und wirtschaftlich zu billigenden Belange reichen, so ist kein zwingender Grund zu erkennen, weshalb dies beim Konkursvorrecht, insbesondere dem des § 80 VAG., anders gehalten werden sollte. Kein vernünftiger Gläubiger wird ohne besondern Anlaß sich auf ein Kontokorrentverhältnis und die damit verbundene Saldierung einlassen, wenn er gewärtigen müßte, im Falle des Konkurses seines Schuldners lediglich deshalb seine ihm von Rechts wegen zustehende Vorzugsstellung einzubüßen, und umgekehrt läßt sich auch beim Schuldner nicht etwa der Wille unterstellen, daß eine Schlechterstellung seines Gläubigers hinsichtlich der ihm zustehenden, im Konkursfalle bevorrechtigten Forderungen allein durch die Saldierung eintreten solle. Gans besonders gilt dies im Verhältnis zwischen kaufmännisch geleiteten Versicherungsgesellschaften, die zudem nicht bloß ihre eigenen Belange, sondern vermöge des ihnen entgegengebrachten Vertrauens in eine geordnete und redliche Geschäftsführung auch die der von ihnen betreuten Versichertengemeinschaften weitgehend zu wahren haben, wenn auch bei ihnen die Rechtslage grundsätzlich nicht anders zu beurteilen sein wird als im Verhältnis des Kontokorrentschuldners zu anderen Beteiligten. Demnach spricht kein verständiger Grund gegen die entsprechende Anwendung des im § 356 HGB. ausgesprochenen Rechtsgedankens auf solche Forderungen der Kontokorrentgläubiger, denen ein Konkursvorrecht, sei es nach § 61 KO., sei es nach § 80 VAG. justeht. Sie können wegen der offenbar vorliegenden Rechtsähnlichkeit unbedenklich als „anderweit gesicherte" Forderungen im Sinne des § 356 HGB. angesehen und behandelt werden. Diese Annahme ist mit der grundsätzlich rechtumschaffenden Bedeutung des Saldos durchaus vereinbar.

Gewiß könnte man den im § 356 HGB. ausgedrückten gesetzgeberischen Gedanken auch so verstehen, daß es bei dem Erlöschen der ursprünglichen Forderungen bleibe und daß diese alten Schuldposten im Pfandverbande gegen die neuentstandene selbständige Saldoforderung „ausgewechselt" sein sollten oder daß die Sicherungen von den Einzelposten auf den Saldo übergehen. Ob eine solche Auffassung sich mit dem Wortlaut und dem Inhalte des Gesetzes, insbesondere mit dem Fortbestehen der Bürgschaftssicherung und namentlich mit dem — durch die Gesetzesanalogie des § 356 Abs. 2 HGB. verordneten — Fortbestehen der gesamtschuldnerischen Haftung eines Dritten für eine in die laufende Rechnung aufgenommene Forderung durchaus vereinbaren ließe, mag dahinstehen. Denn auch der Auswechselungsgedanke würde die sinngemäße Anwendung des Grundsatzes des § 356 Abs. 1 HGB. auf die Konkursvorrechte nicht ausschließen. Was dem Volke frommt und auch einleuchtet, ist eine lebensnahe und blutvolle Rechtsanwendung, möglichst frei von „juristischen Konstruktionen" und „Abstraktionen", natürlich nicht gemäß willkürlicher Anschauungen der einzelnen, sondern unter völliger Berücksichtigung und Wahrung der Grundgedanken des Gesetzgebers, wie sie im Gesetze selbst zum Ausdruck gebracht sind. Der Gebrauch der Fremdwörter deutet an, wie wenig faßbar, wie unbestimmt und verschwommen manche Rechtsbegriffe zu sein pflegen. Im Rahmen des ebenmäßigen Aufbaues des Rechts als eines einheitlichen Ganzen gilt es, den in den Einzelvorschriften, wenn auch nicht immer deutlich erkennbar, ausgedrückten allgemeinen Rechtsgedanken zu erforschen und zu erfassen und ihm die Rechtsanwendung unter Wahrung aller berechtigten Belange (und unter Beachtung gesunden Volksempfindens (§ 2 StGB.)) anzupassen. Bei solcher Betrachtung steht nichts im Wege, anschließend an die im § 356 Abs. 2 HGB. verordnete Gesetzesanalogie, welche die Absicht des Gesetzgebers aufzeigt, den Gläubigern einen möglichst umfassenden Schutz gegen die frühere überspitzte Durchführung des

Umschaffungs- (Novations-) grundsatzes zu gewähren, die Vergünstigung des § 356 Abs. 1 HGB. sinngemäß (also durch Rechtsanalogie) auch den mit einer besonderen Kraft ausgestatteten Vorrechtsforderungen des § 61 KO. und des § 80 VAG. zuteil werden zu lassen. Allgemeine Rücksichten stehen dem ebensowenig entgegen wie berechtigte Belange Dritter. Insbesondere werden hierdurch die nicht bevorrechtigten Konkursgläubiger nicht unbillig beschwert. Denn sie müssen von vornherein mit dem Bestehen derartiger Vorrechte rechnen; für sie ist es eine reine Zufälligkeit, wenn im Einzelfall am Konkurse des Schuldners beteiligte Vorrechtsforderungen in eine laufende Rechnung aufgenommen wurden, und es wäre — nicht weniger als im Falle von Pfand- und anderen Sicherungsrechten — unbillig, daraus für sie einen Vorteil entstehen zu lassen. Auch insoweit besteht zwischen Pfand- (Sicherungs-) rechten und den Konkursvorrechten kein wesentlicher Unterschied. Die Frage der Erkennbarkeit des Pfandrechts kann hierbei keine ausschlaggebende Rolle spielen. Übrigens besteht die „auf der Eigenart ihres Grundes beruhende" besondere Kraft, mit der die einzelnen Forderungen im Konkurse des Schuldners ausgestattet sind, unmittelbar gemäß ausdrücklicher gesetzlicher Anordnung. Sie sind für Dritte leichter erkennbar als die auf besonderen Vereinbarungen beruhenden Pfandrechte und sonstigen Sicherungen, und jeder, der insbesondere mit Versicherungsgesellschaften in Geschäftsverbindung eintritt, aus denen für ihn Forderungen erwachsen können, muß von vornherein gewärtigen, in einem etwagien Konkurse des Schuldners (der Schuldneugesellschaft) mit solchen bevorrechtigten Forderungen anderer zusammenzutreffen, deren Bestehen seine Aussichten auf Befriedigung zu beeinträchtigen vermag.

Zu prüfen bleibt noch, ob der erkennbare Wille des Gesetzgebers einer derartigen Rechtsanwendung (Rechtsanalogie) entgegengehalten werden kann. Das ist entgegen der Meinung der Revision nicht der Fall. Daß im Gesetze (§ 356 HGB.) selbst nur von Forderungen die Rede ist, welche durch Pfand, Bürgschaft oder in anderer Weise gesichert sind, die im Konkurse des Kontokorrentschuldners bevorrechtigten Forderungen als ihnen gleichstehend aber nicht genannt sind, obwohl dem Gesetzgeber der rechtliche Unterschied der gesicherten und der nur (im Konkurse) bevorrechtigten Forderungen selbstverständlich geläufig war (vgl. z. B. BGB. § 401 Abs. 1 und 2, § 418 Abs. 2, § 776), ist kein Beweisgrund für die Meinung der Revision. Daraus zu schließen, daß der Gesetzgeber absichtlich davon abgesehen habe, die konkursrechtlichen Vorzugsrechte den gesicherten Forderungen im Sinne des § 356 HGB. gleichzustellen, wäre verfehlt. Es darf nicht übersehen werden, daß zu jener Zeit (1897) andere Konkursvorrechte als die im § 61 KO. bezeichneten, nämlich die für die Lohnforderungen und Dienstbezüge der Haus- und der

Geschäftsangestellten, für Steuern und Abgaben, für die Forderungen der Heil- und Pflegepersonen und die Forderungen der Kinder, Mündel und Pflegebefohlenen des Gemeinschuldners in Ansehung ihres gesetzlich seiner Verwaltung unterworfenen Vermögens, nicht bestanden haben. Die Möglichkeit der Begründung von besonderen Konkursvorrechten für Versicherungsforderungen kam nicht in Betracht und lag jedenfalls in weiter Ferne. Bei den Vorrechten des § 61 KO. handelt es sich aber durchweg um Forderungen, die nicht in ein echtes Kontokorrent aufgenommen zu werden pflegen. Einen solchen Fall ins Auge zu fassen, bestand in jener Zeit gewiß kein Anlaß; der Gesetzgeber konnte die damals ziemlich unbedeutende Frage der Einwirkung der Saldofeststellung auf Forderungen, denen ein Konkursvorrecht zukam, unbedenktlich der Wissenschaft und der Rechtsprechung überlassen. Aus dem Schweigen des Gesetzgebers kann bei dieser Sachlage jedenfalls nicht geschlossen werden, daß er absichtlich die mit einem Konkursvorrecht ausgestatteten Forderungen von der Vergünstigung des § 356 HGB. im Falle der Aufnahme der Forderungen in ein Kontokorrent habe ausschließen wollen. Im Jahre 1931 — bei Erlaß des Reichsgesetzes vom 6. Juni 1931 (RGBl. 1931 I S. 315), durch welches das neue Konkursvorrecht zu Gunsten der Sachversicherungsnehmer eingeführt wurde — entstand zum ersten Male die Möglichkeit der Begründung von Konkursvorrechten für Forderungen, die in größerem Umfang in ein Kontokorrent des Versicherers aufgenommen zu werden pflegen, und dies war vornehmlich bei der Rückversicherung, also im Verkehre zwischen mehreren Versicherungsgesellschaften, der Fall. Erst seit dem Jahre 1937 — durch die Entscheidung des erkennenden Senats vom 8. Januar 1937 VII 192/36 (RGZ. Bd. 153 S. 184) — steht aber fest, daß die Rückversicherung als eine echte Versicherung zu gelten hat, für welche die Vorschrift des § 80 VAG. trotz der Bestimmung im § 186 VVG. im Konkurse des Rückversicherers anwendbar ist. Im allgemeinen wird die Aufnahme von Versicherungsforderungen in eine beim Versicherer geführte Laufrechnung in größerem Umfange nur dann in Betracht kommen, wenn es zwei Versicherungsgesellschaften sind, die sich als Versicherer und Versicherungsnehmer gegenüberstehen, d. h. eben auf dem Gebiete der Rückversicherung. Unter diesen Umständen kann auch der Hinweis der Revision ihr nicht zum Erfolge verhelfen, der Gesetzgeber habe bei der Schaffung des Vorrechts nach § 80 VAG. die ihm geläufige Sondervorschrift des § 356 HGB. übernehmen und in diese neue sachlich-rechtliche Vorschrift einordnen können; wenn er dies nicht getan habe, so müsse daraus geschlossen werden, daß er bewußt davon abgesehen habe. Die neue Vorschrift des § 80 VAG. ist — wie der Senat in den Entscheidungen vom 17. März 1933 VII 2/33 (RGZ. Bd. 141 S. 57 [61] und vom 19. Februar 1935 VII 296/34 (RGZ. Bd. 147 S. 69 [71] dargelegt hat —

sachtlich-rechtlicher Natur; nach den der Vorschrift ihrem klaren Inhalte gemäß beizumessenden Wirkungen ist es so anzusehen, als wäre im § 61 KO. zwischen der Nr. 5 und der Nr. 6 eine neue Nummer eingefügt worden. § 61 KO. gehört aber wie das ganze erste Buch der Konkursordnung zum sachlich-rechtlichen Gebiete. Die Einordnung einer derartigen sachlich-rechtlichen Rechtsänderung in das im wesentlichen Verfahrensvorschriften enthaltende Aufsichtsgesetz ist außergewöhnlich; der äußere Zusammenhang mit den verfahrensrechtlichen Vorschriften beruht offenbar nur auf gesetzestechnischen Rücksichten (RGZ. Bd. 147 S. 69 [72 ff.]). Auf eine erschöpfende Regelung aller mit der sachlich-rechtlichen Änderung verbundenen Rechtsfolgen war es wohl nicht abgesehen. Hierdurch erklärt es sich zur Genüge, daß der Fall der Einfügung der (bevorrechtigten) Versicherungsforderungen in eine laufende Rechnung nicht ins Auge gefaßt und nicht mit geordnet worden ist. Jedenfalls ist auch hier der von der Revision gezogene Schluß auf eine mit der Nichterwähnung verbundene Absicht des Gesetzgebers nicht gerechtfedtigt und die nach Zweck und Inhalt der Vorschrift des § 356 HGB. gebotene Anwendung dieses Gesetzes auf die bevorrechtigten Konkursforderungen keineswegs ausgeschlossen.

Handelskauf

RGZ. 1, 241

1. **Bewilligung der Nachfrist, Art. 356 HGB.**
2. **Begriff der Fixgeschäfte, Art. 357 HGB.**
3. **Anwendung des Art. 357 Abs. 3 HGB. auf Nichtfixgeschäfte.**

III. Zivilsenat. Urt. v. 30. Januar 1880.

I. Kreisgericht Wiesbaden. II. Appellationsgericht daselbst.

In Anschluß an die Rechtsprechung des Reichsoberhandelsgerichtes ist angenommen:

1. Der Art. 356 HGB. will den nichtsäumigen Teil nicht zum Anbieten einer Nachfrist, sondern nur zur Gewährung einer nachgesuchten Nachfrist verpflichten.

Vgl. Entsch. des ROHG.s Bd. 8 Nr. 30 S. 127, Bd. 9 Nr. 38 S. 126, Bd. 12 Nr. 18 S. 62.

2. Fixgeschäfte im Sinne des Art. 357 HGB. sind nicht alle Kaufgeschäfte, in welchen dem Verkäufer zur Erfüllung eine bestimmte Zeit oder Frist gesetzt ist, sondern nur diejenigen, für welche die Innehaltung dieser Zeit oder Frist einen wesentlichen Bestandteil seiner Leistung bilden soll.

Vgl. a. a. O. Bd. 9 Nr. 112 S. 406, Bd. 13 Nr. 60 S. 168.

3. Das Schadensersatzprinzip des Art. 357 Abs. 3 ist, obwohl nur für die Fixgeschäfte vorgeschrieben, doch, weil dasselbe aus

einer allgemeineren Natur der Sache folgt, den Umständen nach auch auf Nichtfixgeschäfte anwendbar.

Vgl. a. a. O. Bd. 14 Nr. 42 S. 142, Bd. 21 Nr. 80 S. 248.

RGZ. 3, 87

Kann der Käufer bei nicht vertragsmäßiger oder nicht gesetzmäßiger Beschaffenheit der Ware den gegen Empfang des Konnossements gezahlten Kaufpreis zurückfordern? Beweislast betreffs der Beschaffenheit der Ware?

I. Zivilsenat. Urt. v. 11. Dezember 1880.

I. Landgericht I Berlin. II. Kammergericht daselbst

Aus den Gründen:

„Hat der Käufer eine Zahlung geleistet oder ein Wechselversprechen gegeben, um damit den Vertrag zu erfüllen, d. h. definitiv zu erfüllen, so kann, abgesehen vom Falle des Art. 355 HGB., von einer Rückforderung des Kaufpreises oder des Versprechens keine Rede sein. Der Käufer kann nur Erfüllung seitens des Verkäufers verlangen oder sein Interesse geltend machen. Fordert er als solches den Betrag des Kaufpreises, so hat er zu substantiieren, daß gerade darin sein Interesse besteht. Behauptet in diesem Falle der Verkäufer, vertragsmäßig erfüllt zu haben, so hat er dies zu beweisen. Der Käufer kann dagegen nicht ohne weiteres den Kaufpreis als solchen zurückfordern, auch wenn er beweisen wollte, der Verkäufer habe nicht vertragsmäßig geliefert.

Ganz anders aber stellt sich das Verhältnis, wenn die Leistung des Käufers nicht als definitive Erfüllung erscheint, sondern als provisorische, nicht als Zahlung, sondern als Deckung, als Vorschuß, wenn so geleistet wurde, daß die Leistung erst bei Eintritt einer gewissen Bedingung oder Voraussetzung, nämlich der vertragsmäßigen Leistung des Verkäufers zur Erfüllung werden sollte. In einem solchen Falle hat der Käufer, wenn der Verkäufer nicht vertragsmäßig oder nicht gesetzmäßig erfüllt hat, das Recht, das Geleistete zurückzufordern. Betreffs der Frage aber, ob vertragsmäßig oder gesetzmäßig erfüllt sei, bleibt die Beweislast beim Verkäufer.

Vgl. Römer in der Zeitschr. für das allg. Handelsrecht Bd. 19 S. 130 ff., Bd. 23 S. 29.

Ob die Leistung des Käufers als Zahlung oder als Vorschuß gegeben werde, dafür ist der Wille der Kontrahenten maßgebend. Im einzelnen Falle wird dieser Wille häufig nicht ausdrücklich ausgesprochen sein. Es ist dann zurückzugehen auf den allgemeinen Verkehrswillen. Ob es möglich ist, einen gleichmäßigen Inhalt dieses Verkehrswillens für alle Fälle der sogenannten Vorausbezahlung des Kaufpreises festzustellen, kann hier dahingestellt bleiben. Es genügt für den vorliegenden Fall, daß sich bei Genuskäufen für die gegen Aushändigung des Konnossements über die Ware erfolgte Leistung einer Zahlung oder eines Wechselversprechens ein solcher Verkehrswille allgemein feststellen läßt. Derselbe geht dahin, daß in diesen Fällen die Leistung als Vorschuß aufgefaßt wird. Dies ergiebt sich aus folgendem.

Auszugehen ist von dem allgemeinen Rechtssatze, daß, wenn nichts besonderes vereinbart ist, der Verkäufer Zahlung des Kaufpreises nur verlangen kann, wenn er seinerseits erfüllt hat, bzw. gegen Erfüllung, also gegen Leistung des Kaufobjektes, bei Genuskauf gegen Leistung der Ware in der vertragsmäßigen und gesetzmäßigen Beschaffenheit. Daraus folgt, daß beim Genuskaufe der Verkäufer, ehe er den Kaufpreis fordern kann, dem Käufer die Möglichkeit gewähren muß, sich von dieser Beschaffenheit der Ware zu überzeugen.

Bei Platzgeschäften kann der Verkäufer dem Käufer die Möglichkeit der Untersuchung gewähren, ohne sich der Ware zu entäußern, und die Übergabe erst dann vornehmen, wenn Billigung erfolgt ist. Auch beim Distanzgeschäfte ist diese Möglichkeit zwar gegeben durch Herbeiziehung eines Dritten, welcher die ihm vom Verkäufer zugesendete Ware für diesen detiniert, dieselbe dem Käufer vorzeigt und nach erfolgter Genehmigung überträgt. Allein ein solches Verfahren ist mit Weitläufigkeiten verbunden und verursacht Kosten. Beides wird vermieden, wenn der Verkäufer die Ware dem Käufer direkt zusendet. Allein damit gibt der Verkäufer die Ware aus der Hand und verliert die Sicherheit, welche er in der Ware hatte. Dazu kommt, daß der Verkäufer, wenn er erst, nachdem die Ware vielleicht nach längerer Zeit in die Hand des Käufers gelangt und von diesem gebilligt ist, den Kaufpreis beanspruchen kann, die Benutzung desselben zu lang entbehren muß. Andererseits ist es leicht tunlich, dem Käufer die ausschließliche Verfügung über die Ware, schon bevor dieselbe zu ihm gelangt, einzuräumen durch Übergabe der Transportpapiere insbesondere des Konnossements, und damit ihm Sicherheit und die Veräußerungsmöglichkeit zu verschaffen.

Es liegt daher nahe, daß schon während die Ware noch unterwegs, ja schon sobald sie nur abgeladen ist, ein Austausch von Werten stattfindet, welche ebenso als Sicherheiten wie als Gebrauchswerte in Betracht kommen.

Dieser Austausch hat zugleich den Vorteil, daß der Kauf provisorisch, d. h. unter der Voraussetzung erfüllt wird, daß die Ware vertragsmäßig ausfällt, so daß wenn diese Voraussetzung eintritt, von beiden Seiten nichts weiter zu geschehen hat. Die Ware bleibt dann als Erfüllung beim Käufer, die Zahlung als Erfüllung beim Verkäufer. Allein an sich ist dieser Austausch noch keine Erfüllung. Daß der Käufer die Ware, die nicht von gesetzmäßiger oder vertragsmäßiger Beschaffenheit ist, zurückweisen kann, nicht zu empfangen braucht, wenngleich sie ihm durch Konnossement schon tradiert war, wird von niemandem bestritten. In der Aufnahme der übersandten Ware liegt noch keine Empfangnahme, d. h. keine Erklärung des Käufers, daß er die Übergabe der Ware als Erfüllung anerkenne, und ebensowenig liegt eine solche in der Annahme des Konnossements. Dem entspricht aber, daß der Käufer seinerseits die Leistung, welche er dem Verkäufer macht, nicht als Erfüllung auffaßt, sondern als Vorbereitung zu einer solchen. Das Verkehrsbedürfnis geht dahin, daß der Käufer dem Verkäufer, welcher die Ware aus der Hand gibt und damit die Möglichkeit der Verwertung derselben verliert, einem dem Kaufpreise gleichen Wert als Sicherheit und zur Verwertung zuweist. Nicht aber liegt ein Bedürfnis dafür vor, daß der Käufer diesen Wert als Vertragserfüllung gewähre, und im eigenen Interesse des Käufers liegt dies ebenfalls nicht.

Macht sich nun aber im gewöhnlichen Verkehr in keiner Weise das Bedürfnis geltend, unter den angegebenen Verhältnissen eine Leistung (Auszahlung oder Wechselverpflichtung) als Erfüllungshandlung, als definitive Zahlung vorzunehmen, ist vielmehr allen Bedürfnissen bei Auffassung des Geschäftes als Sicherheitsleistung, als provisorischer Zahlung entsprochen, ist also unerfindlich, warum der Käufer sich durch Erfüllung seinerseits in eine schlimmere Lage setzen sollte, so muß es als Äußerung des vernünftigen allgemeinen Verkehrswillens angesehen werden, daß die gegen das Konnossement geleistete Zahlung an sich Vorschußleistung, als eine provisorische Zahlung gewährt und angenommen werden.

Dieser allgemeine Verkehrswille muß aber im einzelnen Falle dann als maßgebend angesehen werden, wenn besondere ausdrückliche oder stillschweigende Willenserklärungen anderer Art nicht vorliegen.

Zu demselben Resultate, nur in Anwendung auf einen weiteren Tatbestand und mit zum Teil anderer Begründung ist das Reichsoberhandelsgericht gelangt.

Vgl. Entsch. des ROHG.s Bd. 2 Nr. 42 S. 182, Bd. 6 Nr. 62 S. 272, Bd. 7 Nr. 61 S. 236, Bd. 11 Nr. 61 S. 185, Bd. 15 Nr. 62 S. 218.

Über die frühere und die spätere Auffassung des Oberappellationsgerichtes Lübeck.

Vgl. Voigt, Neues Archiv für Handelsrecht Bd. 4 S. 64."

RGZ. 5, 58

Braucht der mit der Annahme säumige Käufer einen vom Verkäufer vorgenommenen Selbsthilfeverkauf als sich gegenüber rechtswirksam anzuerkennen,

a) wenn der Verkäufer selbst als Käufer aufgetreten ist,

b) wenn der Verkäufer kein besonderes Interesse daran hatte, sich der Ware zu entäußern,

c) wenn der Verkauf nicht an dem Orte, an welchem die Ware sich befindet, vorgenommen ist?

Kann der Käufer von Kohlen in Annahmeverzug gesetzt werden, auch wenn die Kohlen noch nicht gefördert sind?

Welche Rechte hat der Verkäufer nach vorgenommenem Selbsthilfeverkaufe gegenüber dem ursprünglichen Käufer?

I. Zivilsenat. Urt. v. 24. September 1881.

I. Landgericht Frankfurt a. M., Kammer für Handelssachen. II. Oberlandesgericht daselbst.

Der Beklagte hatte von der Klägerin 276 Wagen Kohlen Primasorte aus der Zeche in Dahlhausen zu 25 und 28 M., abzunehmen bis Ende Juni 1880, gekauft. Als Anfang Juli 1880 erst 72 Wagen abgenommen waren, forderte die Klägerin den Beklagten zur Abnahme des Restes von 204 Wagen unter Androhung der Versteigerung der Kohlen auf. Da dieser Aufforderung nicht entsprochen wurde, so wurden in dem am 23. Juli 1880 vom Notar L. in seiner Amtsstube in Essen abgehaltenen Versteigerungstermine, welcher vorher in zwei Zeitungen öffentlich bekannt gemacht und dem Beklagten brieflich angezeigt worden war, dem Vertreter der Klägerin, von welchem allein ein Gebot ausgegangen war, die 204 Wagen Kohlen um 5 M. per Wagen zugeschlagen. Zur Zeit der Auktion waren die Kohlen noch nicht gefördert. Die Klägerin klagt nun vom Beklagten die Differenz zwischen dem vereinbarten Preise der 204 Wagen Kohlen und dem dafür in der Versteigerung erlösten Preise, sowie Ersatz der Versteigerungskosten ein. Der Beklagte bestreitet seine Verpflichtung, indem er sich darauf stützt, er brauche die vorgenommene Versteigerung nicht als für seine Rechnung geschehen anzuerkennen.

In erster Instanz wurde die Klage abgewiesen. Das Gericht ging davon aus, daß, weil niemand seine eigene Sache kaufen könne, ein wirklicher Verkauf nicht stattgefunden habe, es also für die angestellte Klage an der notwendigen Voraussetzung fehle.

Der Berufungsrichter sprach der Klägerin den eingeklagten Betrag zu. Die gegen das Berufungsurteil vom Beklagten eingewendete Revision wurde vom Reichsgericht zurückgewiesen.

Aus den Gründen:

„1. Es ist nicht nur nach positiven Rechtsvorschriften unzulässig, sondern an sich undenkbar,

a) daß eine Person in eigenem Namen handelnd mit sich als ebenfalls in eigenem Namen Handelndem einen Vertrag abschließen, ferner

b) daß jemand seine eigene Sache, d. h. die Substanz derselben, nicht nur etwaige in betreff derselben einem Anderen zustehende Rechte kaufen könne.

Gleichgültig ist nach beiden Richtungen hin, ob die fragliche Person, sei es als Verkäufer, sei es als Käufer selbst oder durch einen Stellvertreter handelt. Bietet der Verkäufer in einer Auktion, so erklärt er damit, dem Vorbieter die Sache nicht um das von demselben gestellte Gebot ablassen zu wollen; wird dem Verkäufer die Sache auf sein Gebot zugeschlagen, so hat er dieselbe damit aus der Auktion zurückgezogen. Schließt der Handelsmakler, welchem der Verkauf der Ware übertragen ist, mit dem Verkäufer einen Kauf ab, so ist damit der Verkaufsauftrag nicht erfüllt, sondern zurückgegeben und zurückgenommen.

Eine wörtliche Interpretation der Art. 343, 354 HGB. würde hiernach dahin führen, daß der Verkäufer, welcher wegen Empfangsverzuges des Käufers zum Selbsthilfeverkaufe der Ware (gleichviel, ob dieselbe bereits tradiert ist oder nicht) schreitet, und ebenso der Verkäufer, welcher auf Grund des Art. 354 die Ware verkauft, dieselbe nicht rechtswirksam selbst kaufen kann.

Man kann hiergegen nicht etwa geltend machen wollen, der Auktionator und der Handelsmakler seien als Vertreter des Käufers aufzufassen, der Verkauf erfolge also im Namen des Käufers; denn das Gesetz gibt dem Verkäufer das Recht des Verkaufes für Rechnung des Käufers als eigenes Recht und weist ihm nicht etwa nur die Wahrung der Interessen des Käufers im Falle des Verzuges desselben zu. Der Verkäufer kann daher den Auktionator und den Handelsmakler nur beauftragen, in seinem Namen zu verkaufen. Auktionator und Handelsmakler haben vermöge ihrer öffentlichen oder quasi-öffentlichen Stellung die Pflicht, bei Abhaltung der Auktion und bei Vornahme des freihändigen Verkaufes die betreffenden gesetzlichen Vorschriften einzuhalten und dürfen vom Verkäufer keine mit diesen Vorschriften unverträgliche Weisungen annehmen; insofern haben sie im Interesse des Käufers tätig zu sein und erfolgt ihre Zuziehung im Interesse des Käufers. Allein sie werden dadurch nicht etwa zu dessen Vertretern, sondern bleiben Vertreter des Verkäufers.

Wollte man ferner etwa annehmen, der Verkäufer, welcher als Selbstkäufer eintritt, kaufe nicht sowohl die Ware selbst, sondern er kaufe nur sein Recht der freien Disposition über die Ware, welches er durch Abschluß des ersten Kaufvertrages aufgegeben, und welches für ihn mit der Substanz der Ware gleichwertig sei, zurück (vgl. ein ähnliches Verhältnis, emtio possessionis rei suae, in I. 34 § 4 Dig. de contrah. emt. 18, 1), so würde durch diese Auffassung doch immer nur der Einwand der Unzulässigkeit des Kaufes der eigenen Sache beseitigt sein, es bliebe aber die Untunlichkeit des Kontrahierens in eigenem Namen mit sich selbst bestehen.

Allein eine andere Interpretation der betreffenden Bestimmungen ergibt sich als möglich, wenn man auf die denselben zugrunde liegende ratio zurückgeht.

Das Handelsgesetzbuch gibt in Art. 354 bei Zahlungsverzug des Käufers dem Verkäufer, welcher noch nicht tradiert hat, ein dreifaches Recht: er kann Erfüllung des Vertrages in der vereinbarten Weise und Schadensersatz wegen verspäteter Erfüllung verlangen, er kann Schadensersatz statt der vertragsmäßigen Erfüllung fordern, er kann vom Vertrage abgehen. Da bei der Geltendmachung des zweiten Rechtes von der vertragsmäßigen Erfüllung abgesehen wird, also der Verkäufer auch nicht die Ware zu leisten hat, so muß der Vorteil, welcher ihm hieraus erwächst, bei der Schadensberechnung immer in Ansatz kommen. Um diesen Faktor in sicherer Weise seinem Betrage nach zu fixieren, schreibt das Gesetz eine bestimmte Art der Ermittelung des Verkaufswertes der Ware vor. In gleicher Weise verfährt das Gesetz in Art. 343. Bei Abnahmerverzug des Käufers wird dem Verkäufer die Befugnis eingeräumt, sich der Ware durch Veräußerung derselben gänzlich zu entschlagen. An die Stelle der Ware tritt in diesem Falle der für dieselbe erlöste Preis. Diese Wirkung tritt aber nur dann ein, wenn der Verkauf in der bestimmten vorgeschriebenen Weise erfolgt ist.

In beiden Fällen soll die Ware in einer Auktion und darf, falls sie einen Marktpreis hat, auch durch einen Handelsmakler oder durch einen zu Versteigerungen befugten Beamten verkauft und soll der Verkauf dem Käufer vorher angedroht werden. Der Grund dieser Bestimmungen ist einleuchtend. Die Ware soll in einer Weise verkauft werden, daß der den Umständen nach zu erwirkende höchste Preis für dieselbe erreicht, dabei jede dieses Resultat möglicherweise gefährdende Einwirkung des Verkäufers ausgeschlossen, dem Käufer hingegen die Möglichkeit gewährt wird, nicht nur das Versäumte nachzuholen, die Ware abzunehmen, sondern auch, falls er dies unterläßt, doch seinerseits auf die Erreichung eines möglichst günstigen Verkaufsergebnisses hinzuarbeiten. Diese Vorschriften sind im Interesse des Käufers gegeben. Allein dieses Interesse geht nicht sowohl dahin, daß die Ware um den möglichst hohen Preis v e r k a u f t werde, sondern nur dahin, daß sicher f e s t g e s t e l l t werde, es habe kein höherer Preis erreicht werden können. Die besondere Einrichtung der vom Gesetze vorgeschriebenen Verkaufsarten ermöglicht nun aber die Feststellung dieser letzteren Tatsache, auch ohne daß der Verkauf wirklich zur Ausführung kommt. Bei der Auktion wird der erreichbare höchste Preis durch das Höchstgebot konstatiert, und desgleichen konstatiert der gemäß seiner Amtspflicht und auf Grund seiner Erfahrung handelnde Handelsmakler den angemessenen Verkaufswert marktgängiger Ware. Gleichgültig ist es für diese Ermittelung, von wem das Höchstgebot ausgegangen oder von wem der dem Handelsmakler als angemessen erscheinende Preis geboten ist, ob von einem Dritten oder vom Verkäufer selbst. Der ratio der gesetzlichen Bestimmungen entspricht es also, diese Bestimmungen selbst so aufzufassen, daß nicht die V e r ä u ß e r u n g der Ware durch eine Auktion oder durch einen Handelsmakler, sondern daß die Vornahme einer Auktion oder das Ausbieten durch einen Handelsmakler zum Zwecke der Konstatierung des erreichbaren höchsten Gebotes beziehentlich eines angemessenen Gebotes angeordnet ist. Durch diese Interpretation wird dem Wortlaute des Gesetzes keineswegs Zwang angetan, denn auch der Zuschlag an den Verkäufer sowie der formelle Abschluß mit demselben stellen sich äußerlich als Verkäufe dar und werden im Leben als solche bezeichnet.

Diese mögliche Auffasung der gesetzlichen Bestimmungen stellt sich aber aus folgendem Grunde als die notwendige dar.

Der Art. 343 HGB. gibt dem Verkäufer zwei Wege an, auf welchen er sich bei Abnahmeverzug des Käufers der Sorge für die Ware entschlagen kann. Damit ist jede andere Art der Verfügung über die Ware ausgeschlossen.[1]) Der Art. 354 HGB. läßt bei Zahlungsverzug des Käufers die Geltendmachung des Schadens statt der vertragsmäßigen Erfüllung nur unter der Voraussetzung des Verkaufes der Ware in der besprochenen Weise zu. Daraus folgt, daß, wenn die Möglichkeit vorhanden ist, daß das vorgeschriebene Verfahren so beschaffen wäre, daß es nicht unter allen Umständen zu dem beabsichtigten Erfolge führen müßte, sondern im einzelnen Falle auch erfolglos bleiben könnte, dem Verkäufer unter Umständen die Möglichkeit, sein Interesse dem mit der Abnahme säumigen Käufer gegenüber zu wahren und gegen den mit der Zahlung säumigen Käufer die Schadensklage anzustellen, überhaupt entzogen sein würde.

Es ist nun aber undenkbar, daß der Gesetzgeber, welcher gerade beabsichtigte, das Verhältnis zwischen dem Verkäufer und dem säumigen Käufer in beiderseitigem Interesse und den wirtschaftlichen Bedürfnissen entsprechend zu regeln, die Möglichkeit des Eintrittes einer Eventualität anerkannt haben sollte, welche den Verkäufer dem mit der Abnahme säumigen Käufer gegenüber nötigen würde, Verwendungen von unberechenbarer Höhe auf die Ware zu machen, und ihm dem mit der Zahlung säumigen Käufer gegenüber das Recht, statt der vertragsmäßigen Erfüllung Schadensersatz zu fordern, entziehen würde. Es kann also nur angenommen werden, daß der Gesetzgeber von der Ansicht ausgegangen ist, jene Eventualität könne nicht eintreten, die Möglichkeit, daß die von ihm vorgeschriebenen Maßregeln je versagen würden, sei ausgeschlossen. Nun ist aber weder die Möglichkeit der Niederlegung der Ware bei einem Dritten auf Kosten des Käufers immer vorhanden, noch läßt sich der Verkauf der Ware an einen Dritten in allen Fällen bewerkstelligen. Unbedingt durchführbar ist die Vorschrift, die Ware öffentlich oder durch einen Handelsmakler zu verkaufen nur dann, wenn sie in dem Sinne aufgefaßt wird, daß der Verkäufer den durch

[1]) Vgl. Entsch. des ROHG.s Bd. 19 N. 28 S. 91.

die Vornahme einer Auktion oder Ausbietung der Ware durch einen Handelsmakler ermittelten höchstmöglichen beziehentlich angemessenen Preis, auch ohne die Ware wirklich zu verkaufen, an deren Stelle zu setzen befugt ist.

Der Einwand, daß es dem Verkäufer immer möglich sein werde, dritte Personen zum Erwerbe der in Auktion oder durch einen Handelsmakler feilgebotenen Ware dadurch zu bestimmen, daß er mit denselben vereinbart, ihnen die erworbene Ware wieder abzunehmen, bedarf keiner Widerlegung, weil ein solches Verfahren sich als Umgehung des Gesetzes darstellen würde. Allein gerade der Umstand, daß eine solche Unterschiebung sehr leicht ins Werk zu setzen, der Beweis der darin liegenden Umgehung des Gesetzes aber nur schwer zu erbringen ist, kann dafür geltend gemacht werden, daß der Gesetzgeber nicht wohl beabsichtigt haben könne, die Selbstübernahme auszuschließen.

Gegen die Zulässigkeit der Übernahme der Ware durch den Verkäufer im Falle des Art. 343 ist noch eingewendet worden, dieser Artikel gehe von der Voraussetzung aus, der Verkäufer habe ein Interesse daran, sich der Ware zu entäußern, und gebe zur Befriedigung dieses Interesses den Weg an; dieser Erfolg werde aber durch die Selbstübernahme der Ware gerade nicht erreicht. Allein dieser Einwand ist deswegen nicht stichhaltig, weil der Verkäufer über die verkaufte und nicht abgenommene Ware nicht verfügen kann, sondern sie zur Verfügung des Käufers halten muß, während er nach erfolgtem Zuschlage über dieselbe in jeder Weise frei zu verfügen berechtigt ist, es ihm also namentlich auch freisteht, sie zu verarbeiten, unter der Hand zu verkaufen oder sonst beliebig zu verwerten. Der Hauptangriff des Revisionsklägers ist daher nicht begründet.

2. Das Gesetz gibt dem Verkäufer das Recht des Selbsthilfeverkaufes, sobald Empfangsverzug des Käufers eingetreten ist. Ein besonderes Interesse des Verkäufers daran, sich der Ware zu entäußern, braucht nicht vorhanden zu sein. Mag die fernere Aufbewahrung der Ware den Verkäufer tatsächlich nicht belästigen oder mag er imstande sein, sich der custodia durch Deposition auf Kosten des Käufers zu entschlagen, mag die größte Wahrscheinlichkeit vorhanden sein, der Käufer werde später noch abnehmen, und mögen Verluste aus dem Abnahmeverzuge nicht zu befürchten sein (wenn z. B. der Kaufpreis bereits gezahlt oder sichergestellt ist), immer bleibt dem Verkäufer das Recht des Selbsthilfeverkaufes zuerkannt.

Ferner ist daran festzuhalten, daß der Verkäufer den Selbsthilfeverkauf in seinem Interesse vornimmt. Dafür, daß das Interesse des Käufers gewahrt werde, sorgt das Gesetz durch Anordnung des vor und bei dem Verkaufe zu befolgenden Verfahrens. Eine weitere Sorgfalt im Interesse des Käufers liegt dem Verkäufer nicht ob.[1])

Es kann sogar die Frage aufgeworfen werden, ob nicht der Verkäufer unter Umständen sogar für den Mißerfolg von weiteren Schritten, welche er im Interesse des Käufers getan hat, z. B. Zurücknahme des angesetzten Auktionstermines, Verweigerung des Zuschlages usw., dem Käufer einzustehen haben würde. Indes kann diese Frage hier unerörtert bleiben. — Nur für doloses Verfahren haftet der Verkäufer. Diese Grundsätze gelten allgemein; es ist kein Grund erfindlich, dem Verkäufer eine weitere Sorgfalt für den Fall aufzubürden, daß er die Ware selbst übernimmt.

Diese Grundsätze aber sind im angefochtenen Urteile nicht verkannt. Da die Behauptung, die Klägerin sei bei den Vorbereitungen zur Auktion oder bei dieser selbst dolos verfahren, nicht vorgebracht ist und aus dem Mißverhältnisse des Angebotes zum wahren Werte der Ware an sich nicht auf ein doloses Verhalten geschlossen werden kann, so lag für den vorigen Richter keine Veranlassung vor, auf diese Frage einzugehen.

3. Besonderes Gewicht ist vom Revisionskläger noch auf die Argumentation gelegt worden, Art. 343 HGB. bestimme nur, daß bei Abnahmeverzug des Käufers der Verkäufer zum Selbsthilfeverkaufe berechtigt sei; nirgends enthalte aber das Handelsgesetzbuch darüber eine Bestimmung, daß der Verkäufer befugt sei, die Differenz zwischen dem vereinbarten Kaufpreise und dem durch den Selbsthilfeverkauf erhaltenen Betrage vom Käufer zu fordern; es kämen also allgemeine Grundsätze zur Anwendung, aus diesen ergebe sich aber im vorliegenden Falle ein Anspruch auf die geforderte Differenz deswegen nicht, weil die Klägerin die Ware behalten habe, durch die Veranstaltung des Selbsthilfeverkaufes also nichts verändert worden sei, daß die Kohlen einen wirklichen Wert von 5 M. per Wagen gehabt, habe die Klägerin selbst nicht zu behaupten vermocht, der Forderung der Klägerin stehe daher die exceptio doli entgegen, daß sie einen ungerechtfertigten Gewinn habe machen wollen. — Diese Argumentation ist aus folgenden Gründen unhaltbar.

Indem Art. 343 das Recht des Selbsthilfeverkaufes einräumt, bestimmt er, daß der Verkäufer, sobald er von diesem Rechte Gebrauch gemacht hat, nicht mehr verbunden ist, dem Käufer die Ware selbst zu übergeben. Er hat ihm statt der Ware nur dasjenige zu gewähren, was sich als Ergebnis des Selbsthilfeverkaufes herausgestellt hat. Unberührt bleibt der Anspruch des Verkäufers auf Zahlung des Kaufpreises, desgleichen seine etwa sonst durch den Kaufvertrag begründeten Ansprüche, z. B. auf Ersatz des durch den Abnahmeverzug bis zum Selbsthilfeverkaufe entstandenen Schadens. Wie die

1) Vgl. Entsch. des ROHG.s Bd. 21 Nr. 50 S. 159.

ursprünglichen Leistungen der Kontrahenten aus dem Kaufvertrage stehen sich diese Leistungen auch nach Vornahme des Selbsthilfeverkaufes als Gegenleistungen gegenüber. Hat der Selbsthilfeverkauf einen höheren als den vertragsmäßigen Preis ergeben, so kann der Käufer die Herausgabe desselben fordern gegen Leistung des vereinbarten Kaufpreises, er fordert also dem Effekte nach die Differenz zwischen beiden Preisen. Ebenso hat, wenn umgekehrt der Erlös aus dem Selbsthilfeverkauf geringer ist als der vereinbarte Preis, der Verkäufer eine Klage auf den vereinbarten Kaufpreis unter Abzug jenes Erlöses. Da nun aber nach den obigen Ausführungen Art. 343 dem Verkäufer das Recht gewährt, die unter Befolgung der gesetzlichen Vorschriften ausgebotene Ware selbst zu übernehmen, also den auf die gesetzlich vorgeschriebene Weise ermittelten Wert derselben an die Stelle der Ware zu setzen, so müssen die entwickelten Sätze über die Einwirkung des Selbsthilfeverkaufes auf die Rechte der Kontrahenten auch dann zur Anwendung kommen, wenn der Verkäufer die Ware selbst übernommen hatte, und es ist hier nur noch hervorzuheben, daß die Annahme, durch die Vornahme des Selbsthilfeverkaufes sei das ursprüngliche Sachverhältnis in keiner Weise abgeändert worden, da die Ware beim Verkäufer verblieben sei, eine irrige ist. Infolge der Übernahme der Ware nach vorhergegangenen Auktion hatte die Klägerin freie Verfügung über die Ware erworben, welche sie vorher dem Beklagten als Erfüllung des Kaufes zu übergeben verbunden war.

4. Um durch Oblation den Käufer in Abnahmeverzug zu setzen, ist erforderlich, daß die Ware vorhanden sei und die Möglichkeit als baldiger Tradition derselben vorliege. Bei Beurteilung, ob das letztere Erfordernis vorhanden ist, kommt aber die tatsächliche Beschaffenheit der Ware in Betracht. Manche Waren sind so beschaffen, daß, um sie vertragsmäßig beziehentlich zum Transporte fertig herzustellen, erst unmittelbar vor der Tradition noch eine gewisse Manipulation mit ihnen vorzunehmen ist. Die Oblation derselben erscheint darum wirksam, wenn sie auch schon vor Vornahme dieser Manipulation erfolgt. Es ist hierfür auf die mehrfachen Entscheidungen des Reichsoberhandelsgerichtes über die Oblation von Stabeisen, dessen Spezifikation der Käufer unterlassen hatte, zu verweisen.[1])

Erfüllungsbereitschaft ist dann anzunehmen, wenn der Verkäufer betreffs der Ware nur noch solche Handlungen vorzunehmen hat, welche nur unter Konkurrenz des empfangenden Käufers vorgenommen werden können, oder welche vernünftigerweise erst dann vorzunehmen sind, wenn die unmittelbare Abnahme durch den Käufer sicher bevorsteht. Dies kann namentlich der Fall sein betreffs der

1) Vgl. Entsch. des ROHG.s Bd. 15 Nr 45 S. 146, Bd 16 Nr. 59 S. 224, Bd. 22 Nr. 3 S. 5.

zur Herbeischaffung zur Absonderung, zur Ausscheidung erforderlichen Handlungen. Es kann ein Quantum aus einem vorhandenen Vorrate auch ohne vorgängige Ausscheidung wirksam offeriert werden. Der Ausscheidung steht die Förderung von Kohlen gleich, denn die Kohlen sind schon als solche vorhanden, es bedarf, um die verkaufte Quantität auszuscheiden, nur einer einzigen, noch dazu schnell vorzunehmenden Handlung, und es ist wirtschaftlich untunlich, die für die einzelnen Käufer bestimmten Quantitäten schon längere Zeit vor der Abnahme zu fördern und gesondert zu lagern.[1]) Die vom Oberlandesgerichte in Bezug genommene Annahme des ersten Richters, der Umstand, daß die fraglichen Kohlen noch nicht gefördert waren, stehe der Zulässigkeit des Selbsthilfeverkaufes nicht entgegen, ist daher wohl begründet.

5. Dasselbe gilt von der Annahme, der Selbsthilfeverkauf sei am richtigen Orte vorgenommen worden. Allerdings wird der Selbsthilfeverkauf in der Regel an demjenigen Orte vorzunehmen sein, an welchem sich die Ware befindet. Allein daraus folgt nicht, daß der Verkauf in unmittelbarer körperlicher Nähe der Ware stattfinden muß; es entspricht vielmehr der ratio des Gesetzes, wenn der Verkauf an demjenigen Platze vorgenommen wird, welcher sich als Markt für die an dem betreffenden Orte lagernden Waren darstellt. Da nun der erste Richter es als notorisch bezeugt, daß Essen der für Kohlen aus dortiger Gegend maßgebende Marktplatz sei, so ist die Versteigerung mit Recht in Essen abgehalten worden."

RGZ. 5, 94

Ist im Falle des Art. 354 HGB. der durch eine zu öffentlichen Versteigerungen obrigkeitlich nicht autorisierte Privatperson bewirkte öffentliche Verkauf für den säumigen Käufer verbindlich?

Kann in Handelsgeschäften das Verkaufsrecht zu Lasten des säumigen Käufers nur in Gemäßheit der Vorschriften des Handelsgesetzbuches (Art. 343) ausgeübt werden, oder kommen neben demselben die in den einzelnen Landesrechten bestehenden Bestimmungen, welche den Verkäufer im Falle des Verzuges des Käufers weitergehende Befugnisse einräumen, zur Anwendung?

III. Zivilsenat. Urt. v. 1. November 1881.

I. Landgericht Hannover, Kammer für Handelssachen. II. Oberlandesgericht Celle.

Aus den Gründen:

„Der Kläger, welcher dem Beklagten am 12. April 1880 eine Quantität Flachs und Hede verkauft hat, beantragt, den Beklagten zu verurteilen, ihm den durch seinen Zahlungsversuch verursachten spezifizierten Schaden zu ersetzen. Zur Begründung seiner Klage

---

[1]) Vgl. Entsch. des ROHG.s Bd. 21 Nr. 26 S. 73; s. a. ebendas. Bd. 4 Nr. 28 S. 143 und Entsch. des RG.s in Civils. Bd. 1 Nr. 27 S. 54.

hat er geltend gemacht: die verkauften Waren seien der Vereinbarung gemäß bis zum 17. April 1880 dem Beklagten nach dem Bahnhofe zu Linden geliefert, Beklagter habe jedoch deren Abnahme grundlos verweigert. Nach am 17. April schriftlich erfolgter Androhung, daß die Waren, welche in nassem Zustande sich befunden hätten und der Gefahr des Verderbens ausgesetzt gewesen seien, in gesetzlicher Weise versteigert werden sollten, wenn die Abnahme bis zum 19. April nicht erfolge, seien dieselben am 21. April nach vorheriger ordnungsmäßiger Bekanntmachung der Auktion auf Gefahr und Kosten des Beklagten durch den Gerichtsvogt a. D. Ch. öffentlich meistbietend verkauft worden.

Das Landgericht verfügte, daß vorab über den Grund des Schadensanspruches verhandelt und entschieden werden solle, und verurteilte den Beklagten, dem Kläger wegen seines Zahlungsverzuges Schadensersatz zu leisten. Es erachtete die Klage nach Art. 354 HGB. für begründet, indem es annahm, der Beklagte habe die ihm nach dem Vertrage gegen Kassa obliegende Abnahme der Waren am 17. April grundlos verweigert, sei deshalb mit dem gedachten Tage mit der Zahlung des Kaufpreises im Verzuge und der Kläger nach Art. 354 a. a. O. berechtigt gewesen, die Waren in Gemäßheit des Art. 343 HGB. für Rechnung des Beklagten zu verkaufen und Schadensersatz zu fordern. Es verwarf den Einwand des Beklagten, daß der Verkauf nicht den Bestimmungen in Art. 343 entsprechend vorgenommen sei, indem es erwog: „Da der Verkauf auch „öffentlich" geschehen ist, so erscheinen die Vorschriften des Art 343 HGB. gewahrt, einerlei, ob der Verkauf durch einen Beamten oder eine sonst geeignete Persönlichkeit geleitet ist."

Das Berufungsgericht hat dagegen die Klage abgewiesen, weil der von dem Kläger vorgenommene Verkauf der Waren den Bestimmungen des Art. 343 a. a. O., welche die Mitwirkung eines zu Versteigerungen befugten Beamten voraussetzen, nicht entspreche, und weil die von dem Kläger angestellte Klage nach ihrer Begründung und Substanziierung jenen Selbsthilfeverkauf als für den Beklagten verbindlich zu ihrer wesentlichen Grundlage habe.

Die gegen diese Entscheidung vom Kläger eingelegte Revision ist nicht begründet; das Berufungsgericht hat vielmehr, in Übereinstimmung mit der Rechtsprechung des Reichsoberhandelsgerichtes,

vgl. Entsch. des ROHG.s Bd. 8 S. 262, Bd. 14 S. 330, Bd. 20 S. 23,

mit Recht angenommen, daß unter einem „öffentlichen Verkaufe" im Sinne des Art. 343 HGB. nicht jede nach vorgängiger öffentlicher Bekanntmachung vorgenommene öffentliche Versteigerung, sondern nur ein solcher Verkauf zu verstehen sei, welcher im Wege der öffentlichen Versteigerung durch die zur Abhaltung von Versteigerungen befugten Behörden oder Beamten oder obrigkeitlich autorisierten Personen in den für derartige Versteigerungen gesetzlich vorgeschriebenen oder ortsüblich geltenden Formen bewirkt ist. Es ergibt sich dieses aus der Wortfassung des Art. 343 a. a. O., sowie aus dem Zwecke der in ihm enthaltenen Bestimmungen und findet Bestätigung in der Entstehungsgeschichte des Gesetzes (vgl. Prot. S. 624 ff. 1459 ff.).

Wenn in Art. 343 bestimmt ist:

„Ist der Käufer mit der Empfangnahme der Ware im Verzuge, so ist der Verkäufer auch befugt, nach vorgängiger Androhung die Ware öffentlich verkaufen zu lassen, er darf, wenn die Ware einen Börsen- oder Marktpreis hat, nach vorgängiger Androhung den Verkauf auch nicht öffentlich durch einen Handelsmakler oder in Ermangelung eines solchen durch einen zu Versteigerungen befugten Beamten zum laufenden Preise bewirken,"

so bildet (wie nach Art. 311 im Falle des Pfandverkaufes) der öffentliche Verkauf, d. h. der im Wege öffentlicher Versteigerung vorgenommene, die Regel, und es kann daraus, daß nur in dem Ausnahmefalle des nichtöffentlichen Verkaufes zum laufenden Preise bei Waren, welche einen Börsen- oder Marktpreis haben, die Zuziehung eines Handelsmaklers oder eines zu Versteigerungen befugten Beamten vorgeschrieben ist, nicht gefolgert werden, daß in dem Regelfalle des öffentlichen Verkaufes dieser durch jede beliebige, zur Vornahme von Versteigerungen nicht autorisierte Person mit der Wirkung geschehen könne, daß der Käufer ihn als für seine Rechnung geschehen gelten lassen müßte. „Es handelt sich — wie das Reichsoberhandelsgericht in dem Urteile vom 20. Oktober 1874,

vgl. Entsch. des ROHG.s Bd. 14 S. 331,

mit Recht hervorhebt — bei dem Verkaufe zu Lasten des säumigen Käufers (bezw. Verpfänders) um eine gesetzlich autorisierte Selbsthilfe. Deshalb und weil der Verkauf meist ohne Einwirkung und Kontrolle des Käufers vor sich geht, bedarf er schützender Formen. Es kommt nicht nur darauf an, daß ein annehmbarer und gerechter Preis erreicht, sondern daß überhaupt loyal verfahren werde. Die Person des den Verkauf Leitenden muß also in dieser Richtung die notwendigen Garantieen geben." Eine Garantie dafür, daß das bei diesen für Rechnung des Käufers erfolgenden Verkäufen vorzugsweise zu beachtende Interesse des Käufers gewahrt werde, liegt nur vor, wenn die Versteigerung nach den gesetzlich vorgeschriebenen oder ortsüblich geltenden Regeln abgehalten und überhaupt völlig unparteiisch verfahren wird, und hierfür ist eine Sicherheit nur in der Person dessen zu finden, welcher die Versteigerung abgehalten hat. Es kann daher nicht angenommen werden, daß im Handelsgesetzbuche unter dem öffentlichen Verkaufe ein anderer verstanden sei, als der durch eine zu Versteigerungen autorisierte Person vorgenommene, um so weniger als nach dem zur Zeit des Erlasses des Handelsgesetzbuches geltenden Rechtszustande öffentliche Versteigerungen der Regel nach nur von Behörden und gewissen Angestellten oder zur Vornahme von Versteigerungen konzessionierten Personen vorgenommen werden durften. Die für die Provinz Hannover erlassene Verordnung vom 24. April 1816, die Auktionen betreffend, nach deren §. 2 bei allen öffentlichen Versteigerungen in den Städten eine zur Abhaltung von Auktionen gerichtlich bestellte Person oder ein Notar zur Protokollführung zugezogen werden mußte, ist zwar durch die spätere Gewerbegesetzgebung, insbesondere §. 36 der Reichsgewerbeordnung vom 21. Juni 1869 und die Bekanntmachung vom 15. November 1873, aufgehoben. Allein wenn auch nach §. 36 a. a. O. für das Gewerbe der Auktionatoren eine Konzession nicht mehr erforderlich ist, dasselbe vielmehr frei betrieben werden kann, so sind doch die verfassungsmäßig dazu befugten Staats- und Kommunalbehörden oder Korporationen auch ferner berechtigt geblieben, Personen, welche dieses Gewerbe betreiben wollen, auf Beobachtung der bestehenden Vorschriften zu beeidigen und anzustellen, und es ist im Abs. 2 vorgeschrieben: „Die Bestimmungen der Gesetze, welche den Handlungen der genannten Gewerbetreibenden eine besondere Glaubwürdigkeit beilegen oder an diese Handlungen besondere rechtliche Wirkungen knüpfen, sind nur auf die von den verfassungsmäßig dazu befugten Staats- oder Kommunalbehörden oder Korporationen angestellten Personen zu beziehen." Diese letztere Vorschrift muß in dem in Art. 343, 354 HGB. geregelten Falle Anwendung finden. Denn wenn danach dem Verkäufer die Befugnis beigelegt ist, einseitig für Rechnung des im Verzuge befindlichen Käufers die Waren öffentlich verkaufen zu lassen, so handelt es sich um eine Versteigerung, an welche das Gesetz besondere rechtliche Wirkungen knüpft, und welche in hervorragendem Maße der Glaubwürdigkeit bedarf.

Der Berufungsrichter verletzt demnach dadurch, daß er seinem Urteile die oben erwähnte Auffassung des Art. 343 HGB. zugrunde legt, nicht das Gesetz. . . .

Wenn der Kläger weiter darauf Gewicht legt, daß er behauptet und unter Beweis gestellt habe, daß der Verkauf der dem Beklagten verkauften Waren notwendig gewesen sei, weil dieselben naß, dem Verderben und der Gefahr der Selbstentzündung ausgesetzt gewesen seien, so kann hieraus zunächst gegen die Notwendigkeit einer öffentlichen Versteigerung unter Beobachtung der oben angegebenen Normen nichts gefolgert werden. Denn nach Art. 343 HGB. wird durch den Umstand, daß die Ware dem Verderben ausgesetzt und Gefahr im Verzuge ist, nur die Notwendigkeit der vorgängigen Androhung des Verkaufes ausgeschlossen, im übrigen aber an den Bestimmungen des Art. 343 nichts geändert.

Es kann hieraus aber auch nicht abgeleitet werden, daß der Beklagte den nicht unter Beobachtung der Vorschriften des Art. 343

stattgehabten Verkauf als für seine Rechnung geschehen gelten lassen müßte, weil der Kläger infolge des Verzuges des Beklagten nach den Grundsätzen des gemeinen Rechtes befugt gewesen sei, die Ware formlos zu verkaufen. Denn da es sich unbestritten um ein unter Kaufleuten abgeschlossenes Handelsgeschäft handelt, so finden die Vorschriften in den Art. 354, 343 HGB. Anwendung, in welchen diejenigen Rechte genau bestimmt sind, welche in dem Falle, daß der Käufer mit der Zahlung des Kaufpreises bzw. der Empfangnahme der Ware im Verzuge ist, dem Verkäufer zustehen. Diese Vorschriften sind für Handelssachen allein maßgebend, und es kommen neben ihnen nicht die in einzelnen Landesrechten bestehenden Vorschriften, welche dem Verkäufer im Falle des Verzuges des Käufers weitergehende Befugnisse einräumen, zur Anwendung.

Vgl. Entsch. des ROHG.s Bd. 14 S. 292, 336, Bd. 12 S. 174 Bd. 13 S. 59." . . .

RGZ. 5, 103

Kann der Käufer einer Ware dem Verkäufer, welcher die Lieferung derselben bestimmt verweigert hat, ohne Anlaß noch eine Nachfrist setzen, und den Zeitpunkt des Ablaufes der letzteren als für die Berechnung des Schadensersatzes maßgebend geltend machen?

HGB. Artt. 355, 356.

II. Zivilsenat. Urt. v. 25. Oktober 1881.

I. Landgericht München-Gladbach, Kammer für Handelssachen. II. Oberlandesgericht Köln.

Der Kläger hatte Schadensersatz wegen Nichterfüllung eines seiner Behauptung nach am 10. November 1879 über die Lieferung einer Quantität Baumwolle mit dem Beklagten geschlossenen Vertrages gefordert, und als Schadensersatz die Differenz zwischen dem Kaufpreise und dem höheren Preise, welchen die Ware am 15. Dezember in H. hatte, berechnet.

Von den Vorinstanzen ist dagegen für diese Berechnung der 20. November, weil an diesem Tage die Erfüllungsverweigerung des Beklagten dem Kläger erklärt worden und damit der Verzug desselben fixiert sei, als der maßgebende Zeitpunkt angenommen.

Die gegen das zweite Urteil eingelegte Revision wurde zurückgewiesen aus folgenden

Gründen:

„Nach Art. 355 HGB. hat, wenn der Verkäufer mit der Übergabe der Ware im Verzuge ist, der Käufer ein dreifaches, nach seiner Wahl auszuübendes Recht: er kann die Erfüllung nebst Schadensersatz wegen verspäteter Erfüllung verlangen, oder statt der Erfüllung Schadensersatz wegen Nichterfüllung fordern, oder endlich vom Vertrage, gleich als wenn derselbe nicht geschlossen wäre, abgehen.

Will der Käufer aber eine der beiden letzten Alternativen wählen, so hat derselbe, wie Art. 356 a. a. O. vorschreibt, dies dem anderen Kontrahenten anzuzeigen, und letzterem, wenn die Natur des Geschäftes es zuläßt, eine angemessene Frist zur Nachholung des Versäumten zu gewähren. Was nun diese Frist betrifft, so ist in Doktrin und Rechtsprechung anerkannt, daß Art. 356 dem nichtsäumigen Kontrahenten keineswegs die Pflicht auferlegt, dem säumigen unaufgefordert eine solche zu setzen, derselbe vielmehr nur auf Verlangen des letzteren sie zu bewilligen hat.

Vgl. v. Hahn, 2. Aufl. Art 356 §. 15 Bd. 2 S. 375; Entsch. des RG.s in Zivils. Bd. 1 S. 241.

Eine Bestimmung, wie sie Art. 356 enthält, fehlte in dem preußischen Entwurfe; dieselbe ist (vgl. Entwurf 1. Lesung Art. 305, 2. Lesung Art. 343) in das Gesetz zugunsten des Säumigen aufgenommen, um demselben eine nachträgliche Erfüllung zu ermöglichen und ihn so vor ungerechtfertigten Härten, welche die strikte Anwendung des Vertragsrechtes mit sich bringen möchte, zu schützen. Fällt daher jener Grund weg, z. B. weil die Erfüllung inzwischen unmöglich geworden, oder der Säumige dieselbe verweigert hat, so ist kein Anlaß zur Gewährung einer Nachfrist vorhanden. In einem Falle dieser Art hat die etwa gegebene Nachfrist keinerlei rechtliche Bedeutung, und namentlich steht auch dem nicht säumigen Kontrahenten keine Befugnis zu, diese Frist, wie hier geschehen, bei Berechnung des Schadensersatzes zum Nachteile des Säumigen geltend zu machen. In diesem Sinne haben sich denn auch sowohl die Doktrin als die Indikatur vielfach ausgesprochen.

Vgl. Entsch. des ROHG.s Bd. 3 S. 210, Bd. 7 S. 377, Bd. 10 S. 164, Bd. 13 S. 246, Bd. 17 S. 259, Bd. 18 S. 225; v. Hahn, Bd. 2 a. a. O. §. 17 S. 375, 403; Puchelt zu Art. 356 Nr. 6 a; Anschütz und Völderndorff, Bd. 3 S. 330.

Verfehlt erscheint es nun, wenn klägerischerseits dagegen geltend gemacht wird, daß der Beklagte gesetzlich nicht befugt sein könne, den Zeitpunkt seines Verzuges durch eine solche Erfüllungsweigerung einseitig zu seinem Vorteile zu bestimmen.

Allerdings steht es dem nicht säumigen Kontrahenten, da die Ausübung des Wahlrechtes des Art. 356 nicht an eine Frist gebunden ist, der Regel nach zu, wenn er Schadensersatz wegen Nichterfüllung fordern will, die vorgeschriebene Anzeige zu dem ihm günstigsten Zeitpunkte zu machen, wobei er dann nur auf Verlangen des Säumigen, sofern die Umstände es gestatten, eine angemessene Nachfrist gewähren muß. Daraus folgt aber nicht, daß jener Kontrahent auch dann, wenn bereits vor der Ausübung seines Wahlrechtes die Erfüllung verweigert worden, beliebig und ohne Veranlassung eine Nachfrist zu setzen berechtigt wäre. Mit einer solchen Annahme würde man, wie erhellt, unmittelbar dazu gelangen, ein Spekulieren desselben auf Kosten des anderen Kontrahenten zu sanktionieren. Im vorliegenden Falle war vielmehr, wie schon vom ersten Richter hervorgehoben ist, der Kläger, nachdem ihm die Erfüllungsweigerung des Beklagten am 20. November 1879 erklärt worden, nicht nur berechtigt, sondern auch, zumal es sich um eine täglichen Preisschwankungen unterworfene Ware handelte, verpflichtet, die ihm behufs Wahrung seines Interesses gesetzlich zustehenden Maßregeln ohne Verzug zu ergreifen, und die Folgen der Nichtausführung des Vertrages thunlichst enge zu begrenzen.

Der Kläger hat nun aber mehr als vierzehn Tage nach dem genannten Tage verstreichen lassen, und dann in dem Briefe vom 5. Dezember, ohne daß dazu irgend ein Grund vorlag, eine fünftägige Nachfrist gestellt, endlich bei seiner Schadensberechnung die Preise vom 15. Dezember in Ansatz gebracht. Auf die Behauptung des Klägers, daß er bei seinem Verfahren in gutem Glauben sich befunden, kann es nach vorstehendem überhaupt nicht ankommen, und wenn derselbe hierbei hervorhebt, daß immerhin nicht festgestanden, daß die Erfüllungsweigerung des Beklagten eine endgültige gewesen, so widerspricht dies den festgestellten Tatsachen.

Irrtümlich erscheint zuletzt auch das Argument des Klägers, daß, wenn man jener Weigerung des Beklagten, wie es von den vorigen Richtern geschehen sei, Wirksamkeit beilege, damit seinem gesetzlichen Wahlrecht präjudiziert werde.

Durch die in Frage stehende Erklärung des Beklagten wurde in der Tat das dem Kläger aus Art. 355 a. a. O. zustehende Recht in keiner Weise alteriert; derselbe konnte nach wie vor eine der ihm dort gegebenen drei Alternativen wählen, namentlich auch auf Erfüllung und Schadensersatz wegen verzögerter Erfüllung klagen. Hat der Kläger aber, wie geschehen, Schadensersatz wegen Nichterfüllung gefordert, so stand es ihm nach dem Ausgeführten nicht zu, durch eine willkürlich gestellte Nachfrist den für die Schadensberechnung maßgebenden Zeitpunkt nach seinem Belieben zu bestimmen."

RGZ. 6, 26

Ist bei der sog. abstrakten Schadensberechnung im Sinne des Art. 357 Abs. 3 HGB. der Regel nach der Marktpreis des Ablieferungsortes entscheidend?

III. Zivilsenat. Urt. v. 10. Januar 1882.

I. Landesgericht Kassel. II. Oberlandesgericht daselbst.

Aus den Gründen:

„Der in Frage kommende Vertrag verpflichtet den Beklagten, vom 1. März 1880 bis 1. März 1881 monatlich eine bestimmte Quantität Holzstoff zu liefern, er überläßt ihm also innerhalb der monatlichen Termine sowohl den Zeitpunkt als die Größe der einzelnen

Lieferung und hat eben damit nicht festgesetzt, was das charakteristische Merkmal des Fixgeschäftes wäre, daß die Lieferung der Ware genau zu einer festbestimmten Frist zu geschehen habe, mit anderen Worten, daß die Innehaltung einer gewissen Zeit oder Frist einen wesentlichen Bestandteil seiner Leistung bilden solle.

Vgl. Entsch. des RG.s in Zivils. Bd. 1 S. 241.

Ist somit der fragliche Vertrag kein Fixgeschäft, so ist zwar gleichwohl das Schadensersatzprinzip des Art 357 Abs. 3 HGB., weil aus allgemeinen Rechtsgrundsätzen folgend, auch im vorliegenden Falle zutreffend,

vgl. Entsch. des RG.s a. a. O.,

bei dessen Anwendung aber muß der schon von dem Berufungsrichter hervorgehobene Gesichtspunkt entscheiden.

Wenn nämlich der Käufer beim Verzuge des Verkäufers nicht einen durch die Nichtlieferung der Ware ihm erwachsenen konkreten Schaden ersetzt verlangt, sondern, wie dies vom Kläger in zweiter Instanz geschieht, eine sog. abstrakte Wertsberechnung aufstellt, also die Differenz zwischen dem bedungenen Preise der Ware und ihrem Marktpreise fordert, so wird für letzteren der Regel nach nur der Ablieferungsort, das ist derjenige Ort bestimmend sein, an welchem nach der Absicht der Kontrahenten die Ware tatsächlich abgeliefert und vom Käufer in Empfang genommen werden soll. An letzterem Orte würde der Käufer die Ware, falls sie vertragsmäßig geliefert worden, in sein Vermögen bekommen und zu seinen Geschäftszwecken verwendet haben; hier also wird der Käufer beim Ausbleiben der Ware geschädigt und sein Anspruch auf Ausgleichung dieses Schadens ist deshalb regelmäßig nach den Preisverhältnissen des gedachten Ortes zu bemessen.

Vgl. Entsch. des ROHG.s Bd. 21 S. 248; v. Hahn, Kommentar zum Handelsgesetzbuche Bd. 2 (2. Aufl.) S. 404 Note 22.

Hiernach ist als der für die klägerische Schadensberechnung maßgebende Ablieferungsort Brüssel in Betracht zu nehmen. Der Holzstofffabrikant O. D. zu Allendorf, Beklagter, hatte sich verpflichtet, dem in Brüssel domizilierten Fabrikanten L. H., Kläger, Holzstoffe „frei ab Allendorf" zu liefern, somit in Allendorf die zu liefernde Ware zur Beförderung an H. in Brüssel aufzugeben. Darin liegt unzweideutig ausgesprochen, daß Brüssel der Ort der Bestimmung oder Ablieferung der Ware sein sollte.

Mithin hätte der Kläger seinen Ersatzanspruch auf die Differenz zu stellen zwischen den bedungenen Preisen einerseits und den in Brüssel zu der betreffenden Lieferungszeit geltenden Preisen andererseits. Die Liquidierung dieser Differenz gehörte zu den notwendigen Voraussetzungen seiner Schadensberechnung, zu den Elementen seiner Klage, und es muß ganz gleichgültig erscheinen, ob der Beklagte ausdrücklich hervorgehoben hat oder nicht, daß die Brüsseler Tagespreise ein unentbehrlicher Faktor für die klägerische Schadensforderung seien.

Nun hat aber laut den tatsächlichen Feststellungen des Berufungsrichters der Kläger nirgends eine Behauptung aufgestellt, wie hoch die Brüsseler Preise in der fraglichen Zeit gewesen, und daß die Differenz zwischen ihnen und den bedungenen Preisen den Betrag der Klageforderung ausmache. Die Behauptung des Klägers geht nur dahin, „sein Schaden bestehe in der Differenz zwischen den vereinbarten Kaufpreisen und denjenigen Preisen, zu welchen der gekaufte Holzstoff an jedem ersten des Monates in Allendorf, Kassel, Frankfurt a./M., Braunschweig und Goslar verwertbar gewesen sei." Zwar ist wohl denkbar, daß bei einer abstrakten Schadensberechnung im Sinne des Art. 357 Abs. 3 HGB. der Preis des maßgebenden (Ablieferungs-) Ortes durch den Marktpreis anderer benachbarter Orte bestimmt oder bewiesen wird,

vgl. Entsch. des ROHG.s Bd. 14 S. 141; v. Hahn, Kommentar a. a. O. §. 11,

aber darum handelt es sich bei dem obenerwähnten klägerischen Vorbringen nicht. Denn der Kläger hat gar nicht behauptet, daß und welche Differenz bezüglich der allein in Betracht kommenden Brüsseler Preise bestehe, und daß er eben auf Grund dieser Differenz seinen Schadensanspruch erhebe; er verlangt die Differenz, die sich bezüglich Allendorfs und anderer deutscher Plätze ergibt, leitet also seinen Schaden von Marktpreisen ab, die nach den Verhältnissen des konkreten Falles irrelevant sind." . . .

RGZ. 6, 58

Schadensersatz wegen Nichterfüllung eines Lieferungsvertrages. Deckungskauf vor Ablauf der Nachfrist. Zeitpunkt der Schadensberechnung.

HGB. Artt. 355—357.

V. Zivilsenat. Urt. v. 19. November 1881.

I. Landgericht Essen. II. Oberlandesgericht Hamm.

Aus den Gründen:

„Nach der Feststellung des Berufungsrichters ist zwischen den Parteien ein Vertrag abgeschlossen worden, in welchem die Beklagte sich verpflichtet hatte, für die Zeit vom 1. Dezember 1879 bis Ende Dezember 1880 dem Kläger für den Arbeitstag 1200 Zentner gewaschene Kokskohle zu liefern. Die Beklagte ist bei diesen Lieferungen, wie der Berufungsrichter weiter feststellt, in den Monaten Dezember 1879 bis einschließlich Juni 1880 mit 715½ Waggon rückständig geblieben, will diesen Rest nicht nachliefern, hat auch den Einwand, der Rückstand sei durch Betriebsstörungen entstanden, nicht spezifiziert. Auf Grund dieses Tatbestandes hält der Berufungsrichter die Beklagte für schadensersatzpflichtig. Trotzdem hat er den wegen Nichterfüllung erhobenen Schadensanspruch des Klägers abgewiesen, und zwar deshalb, weil Kläger die Differenz fordere zwischen dem vertragsmäßig bestimmten Kaufpreise und dem Preise, welchen er bezahlt habe für Beschaffung des fehlenden Quantums von einer anderen Zeche innerhalb der Zeit bis Ende Juni 1880. Diese Ankäufe dürften als Deckungskäufe nicht geltend gemacht werden, weil Kläger durch Schreiben von 27. Juni 1880 der Beklagten mit der Nachlieferung bis zum 5. Juli d. J. Ausstand erteilt habe.

Nach dem ergänzten Tatbestande des angegriffenen Urteiles hatte Kläger behauptet und unter Beweis gestellt, es sei der Preis, welchen er für die anderweitig beschafften Kohlen von der Beschaffenheit der von der Beklagten zu liefernden Kohlen bezahlt habe, der marktgängige und angemessene gewesen in der ganzen Zeit von Januar bis einschließlich Juni 1880. Weil der Berufungsrichter auf diese Behauptung bei seiner Entscheidung keine Rücksicht genommen hat, beschuldigt ihn die Revision mit Recht einer Verletzung der Art. 355—357 HGB.

Im Anschlusse an die bislang in Lehre und Rechtsprechung[1]) stets festgehaltene Ansicht war davon auszugehen, daß auch bei Nicht-Fixgeschäften die Differenz zwischen dem Marktpreise und dem Kaufpreise zur Zeit und am Orte der geschuldeten Lieferung als erwiesener Schade des Käufers gilt, wenn dieser Schadensersatz wegen Nichterfüllung fordert und nach Maßgabe der Bestimmungen der Art. 355, 356 zu fordern berechtigt ist. Eine Berechtigung, Schadensersatz wegen Nichterfüllung zu beanspruchen, wird dem Kläger vom Berufungsrichter an sich zuerkannt, es folgt daraus die Berechtigung, die erwähnte Differenz zu fordern, und wenn diese, wie Kläger behauptet, gleich ist mit der Differenz zwischen dem vertragsmäßig zwischen den Parteien bestimmten Kaufpreise und dem wirklich für anderweitig beschaffte Kohlen gezahlten Preise, so kommt es darauf, ob und wann diese beschafft worden sind, nicht weiter an; es ist das eine für die Begründung des Klageanspruches überflüssige und unerhebliche Tatsache, insbesondere deshalb, weil die Höhe des angeblich gezahlten Preises gerechtfertigt wird durch die Bezeichnung desselben als eines allgemein üblichen, angemessenen, marktgängigen Preises, auch bezüglich des Zeitpunktes, zu welchem die anderweite Beschaffung stattgefunden haben und für welchen der bezeichnete Marktpreis herrschend gewesen sein soll — der Zeitraum von Januar bis einschließlich Juni 1880 — kein Unterschied besteht. Es war also Aufgabe des Berufungsrichters, zu untersuchen, ob Kläger einen dem Gesetze entsprechenden Zeitpunkt für die beanspruchte Differenz genommen hatte. In dieser Beziehung besteht in Doktrin und Praxis gleichfalls kein Zweifel darüber, daß der Käufer als das Mindeste seines Schadensanspruches wegen Nicht-

1) Vgl. Entsch. des RG.s in Civils. Bd. 1 Nr. 88 S. 241; Bd. 6 Nr. 6 S. 26.

erfüllung die Differenz zwischen Kauf- und Marktpreis fordern darf, welche bei Beginn des Verzuges auf seiten des Verkäufers vorhanden ist. Die nach Art. 356 dem Säumigen zu gewährende Nachfrist ist dabei zum Nachteile des Käufers von keinem Einflusse. Daß im vorliegenden Falle der Kläger durch sein Schreiben vom 27. Juni 1880 der Beklagten mit der Gewährung des Ausstandes bis zum 5. Juli etwas anderes als die in Art. 356 a. a. O. vorgesehene Nachfrist hat gewähren wollen, hat der Berufungsrichter nicht festgestellt, wohl aber, daß Beklagte Ende Juni mindestens mit dem fehlenden Betrage an Kohlen im Verzuge war. Daraus mußte rechtlich gefolgert werden, es sei Kläger befugt, den Ende Juni herrschenden Marktpreis seiner Forderung zu Grunde zu legen.

Sonach erschien die Aufhebung des angefochtenen Erkenntnisses geboten."

RGZ. 6, 60

Voraussetzungen für die Anwendbarkeit des Art. 347 HGB. Begriff des Distanzgeschäftes.

I. Zivilsenat. Urt. v. 2. November 1881.

I. Landgericht Hamburg, Kammer für Handelssachen. II. Oberlandesgericht Hamburg.

Aus den Gründen:

„Voraussetzung der Anwendung des Art. 347 HGB. ist, „daß Ware von einem anderen Orte übersendet ist," d. h. daß die Ware zum Zwecke der Erfüllung des Kaufes vom Verkäufer oder auf dessen Anordnung dem Käufer oder dem von diesem aufgegebenen Dritten übersendet worden ist. Was ursprünglich vereinbart worden, ist nicht maßgebend. War nach dem Kaufvertrage inter praesentes zu erfüllen, so braucht zwar der Verkäufer die spätere Weisung des Käufers, ihm die Ware zu übersenden, nicht zu befolgen, befolgt er sie aber, so kommt Art. 347 zur Anwendung. Soll nach dem ursprünglichen Vertrage der Verkäufer die Ware übersenden, so kann er sich der Regel nach nicht weigern, dem Anfordern des Käufers, sie inter praesentes zu tradieren, zu entsprechen, und entspricht er demselben, so kommt Art. 347 nicht zur Anwendung.

Gleichgültig für den Begriff der „Übersendung" ist,

1. ob der Verkäufer die Person, welche den Transport ausführt (Frachtführer, Verfrachter) oder die Besorgung der Ausführung übernimmt (Spediteur), selbst wählt, oder ob dieselbe vom Käufer bezeichnet ist;

2. ob der Verkäufer mit dem Frachtführer oder Verfrachter oder mit dem Spediteur selbst abschließt, und zwar

a) in eigenem Namen oder im Namen des Käufers,

b) für eigene Rechnung oder für Rechnung des Käufers,

oder ob der Käufer mit diesen Personen abschließt, oder ob der

Transport durch die Leute des Käufers, durch dessen Mandatur oder negotiorum gestor vorgenommen wird.

3. Auch darauf kommt es an sich nicht an, ob der Verkäufer im voraus weiß, nach welchem Orte die Ware zu senden ist, oder ob dies vom Käufer bestimmt werden soll. Bei der Versendung über See kommt es täglich vor, daß dem Verfrachter erst unterwegs der Ablieferungsort bezeichnet wird, und wenn es sich hier auch gewöhnlich nur um die nähere Präzisierung einer allgemeinen oder alternativen Angabe handelt, so kann doch sehr wohl ganz allgemein eine Vereinbarung dahin getroffen sein, daß die Ware an den dem Frachtführer, Verfrachter oder Spediteur vom Käufer aufzugebenden Ort gesendet werden soll.

Notwendige Voraussetzung des Art. 347 ist ferner, daß die Ware noch nicht empfangen ist. Empfangen werden kann sie aber auch von der den Transport der Ware vornehmenden oder die Besorgung desselben übernehmenden Person. In welcher der verschiedenen oben angegebenen Weisen diese Person bestellt sein mag, immer kann es vorkommen, daß dieselbe mit dem Empfange betraut ist. Es kann z. B. vereinbart sein, daß der Verkäufer den Spediteur auswähle, den gewählten aber zugleich mit dem Empfange der Ware im Namen des Käufers beauftrage. Häufiger wird es vorkommen, daß, wenn der Käufer den Spediteur wählt, er denselben mit dem Empfange beauftragt, oder daß er, wenn er die Ware selbst abholen läßt, den Abholenden damit beauftragt oder dazu bevollmächtigt.

Ob dem Spediteur oder der sonstigen betreffenden Person diese Funktion zugewiesen ist und ob eine Erklärung über den Empfang erfolgt ist bzw. ob in der Übernahme zugleich eine Empfangserklärung gefunden werden kann, ist Tatfrage. Bei Beurteilung derselben kann der Umstand, ob der Verkäufer oder der Käufer die betreffende Person bestimmt hat, ferner ob der Ablieferungsort im voraus bestimmt ist oder erst vom Käufer zu bestimmen ist, sehr bedeutsam werden."

RGZ. 7, 44

Berechtigt die bestimmte, vor Verfall ausgesprochene Weigerung des Verkäufers, zu erfüllen, den Käufer, sich zu decken und ohne vorherige Inverzugsetzung den Schaden (die Differenz) einzuklagen?

II. Zivilsenat. Urt. v. 19. Mai 1882.

I. Landgericht Mannheim, Kammer für Handelssachen. II. Oberlandesgericht Karlsruhe.

Das Reichsgericht hat die obige Frage bejaht aus folgenden

Gründen:

. . . „Ebenso ist der Vorwurf der Verletzung der Art. 355, 356 HGB. unbegründet. Eine Inverzugsetzung war nämlich nicht mehr erforderlich, nachdem die Beklagte wiederholt und bestimmt erklärt hatte, daß sie sich an den Vertrag nicht für gebunden erachte und nicht liefern werde. Nach der im kaufmännischen Verkehre herrschenden Auffassung, welche hier maßgebend sein muß (Art. 279 HGB.), und welche auch die Natur der Sache für sich hat, kann einer solchen Erklärung nur die Bedeutung beigelegt werden, daß sie die Inverzugsetzung überflüssig macht, indem der Kontrahent, von welchem sie abgegeben worden, unter Verzicht auf jede weitere Mahnung von seiten des anderen Teiles sich den gesetzlichen Folgen unterwirft, welche einzutreten haben, wenn er gleichwohl zur Erfüllung verpflichtet sein sollte. Der Verkäufer zersetzt durch eine solche zum voraus kundgegebene Weigerung den Käufer in die Lage, wenn die Umstände, insbesondere die Notwendigkeit, die Ware zur Lieferungszeit zu besitzen, es gebieten, sofort für Deckung durch anderweite Beschaffung zu sorgen, und es kann nicht in der Willkür des Verkäufers liegen, durch Abgehen von seiner früheren Erklärung den Käufer, welcher folgeweise die Ware doppelt anschaffen müßte, in Schaden zu versetzen.

Der Kläger hat sich nun im Briefe vom 22. Oktober, welchen die Agenten als Vermittler des ganzen Geschäftes der Beklagten, wie unbestritten, mitgeteilt haben, für den Schadensersatz entschieden, und es kann nur noch darauf ankommen, ob und in welchem Betrage er einen Schaden erlitten habe."

RGZ. 8, 22

Werden die Befugnisse des Verkäufers aus Art. 343 Abs. 2 HGB. dadurch beeinflußt, daß der Preis der Ware bereits angezahlt ist?

I. Zivilsenat. Urt. v. 21. Oktober 1882.

I. Landgericht Schneidemühl. II. Oberlandesgericht Posen.

Das Berufungsgericht führte aus, der mit der Empfangnahme der Ware im Verzuge befindliche Käufer habe den auf Grund des Art. 343 HGB. von dem Verkäufer realisierten öffentlichen Verkauf der Ware nicht als für seine Rechnung geschehen gelten zu lassen, weil er den Preis der Ware beim Vertragsschlusse angezahlt und kurz vor dem ihm bekannt gemachten Verkaufstermine an einem dritten Orte dem Verkäufer erklärt habe, er wolle die Ware abnehmen, möge sie auch in der Zwischenzeit verderben, nur möge der Verkäufer dieselbe ihm nicht in den nächsten acht Tagen liefern.

Bei der Anzahlung des Preises und dieser Erklärung habe es dem Verkäufer an einem berechtigten Interesse zum Verkaufe gemangelt. Daran werde auch dadurch nichts geändert, daß der Käufer sich geweigert, dem Verkäufer durch den Empfangsverzug angeblich erwachsene Auslagen zu ersetzen. In bezug auf diese Auslagen habe dem Verkäufer nur das Recht zugestanden, einen entsprechenden Teil der Ware zu retinieren.

Diese Ausführung wurde in der Revisionsinstanz reprobiert aus folgenden

G r ü n d e n :

„Die Befugnisse des Verkäufers aus dem zweiten Absatze des Art. 343 HGB. werden nicht dadurch beeinflußt, daß der Kaufpreis der Ware bereits angezahlt ist oder nicht. In dem einen so gut wie in dem anderen Falle hat der Verkäufer die freie Wahl, ob er die Ware niederlegen oder in der im Gesetze geregelten Weise verkaufen will. Sein berechtigtes Interesse, welches er durch jedes dieser ihm zustehenden Mittel durchsetzen darf, besteht nicht in der Deckung einer Preisforderung, sondern darin, daß er nicht länger genötigt sein will, die Ware tatsächlich in der Hand zu behalten. Für die Wahl der Verkaufes kann im Einzelfalle auch das völlig berechtigte Interesse bestimmend sein, sich durch Verkauf und Verrechnung Befriedigung wegen solcher Verwendung auf die Ware oder Schäden zu verschaffen, welche durch den Verzug des Verkäufers in der Empfangnahme, als solchen, verursacht sind.

Vgl. v. H a h n , Kommentar zum Handelsgesetzbuche 2. Aufl. Bd. 2 S. 270 ff.

Aus obigen Vordersätzen folgt (selbst wenn man von dem qualifizierten Falle der Existenz solcher Ersatzforderungen absieht), daß der in Empfangsverzug geratene Käufer den von dem Verkäufer angesetzten Verkauf dadurch nicht abwenden kann, daß er bloß erklärt, „er wolle die Ware abnehmen", oder „er wolle sie unbedingt abnehmen, möge sie erfroren oder verfault sein". Durch solche Erklärungen wird der Verkäufer von der tatsächlichen Last, die Ware in seiner Hand zu behalten, nicht befreit. Das Mittel, den anstehenden Verkauf abzuwenden, besteht darin, daß der Verkäufer dieselbe wirklich in Empfang nimmt. Gleichwirkend mit der wirklichen Empfangnahme würde es nur sein, wenn der Käufer (außer der Bereitschaftserklärung zur Empfangnahme) alle Mittel verwirklicht hätte, um sofort die Empfangnahme am Empfangsorte zu realisieren, wenn er davon dem Verkäufer völlig überzeugende Kenntnis verschafft hätte und sich dieser trotzdem willkürlich weigerte, die Empfangnahme der Ware verwirklichen zu lassen.

Ein solcher Tatbestand ist seitens des Klägers im vorliegenden Falle in keiner Weise dargelegt. Es bedarf daher nicht einer eingehenden Erörterung der Frage, wie sich die Normen in den komplizierteren Fällen, in denen dem Verkäufer durch den Verzug des Käufers in der Empfangnahme Ersatzforderungen entstanden sind, gestalten. Nur das ist hervorzuheben, daß die Rechtslage des Käufers in einem solchen Falle sich nicht günstiger gestalten kann als in den einfacheren Fällen, und daß der Verkäufer (mit Innehaltung eines Maßes, welches im konkreten Falle die Annahme einer Chikane nicht rechtfertigt) berechtigt ist, die Ware, wenn seine bestehenden Ersatzforderungen nicht gedeckt werden, zu verkaufen und sich aus dem Erlöse zu befriedigen."

RGZ. 11, 36

Kauf nach Probe. Unter welchen Voraussetzungen hat beim Streite über die Probemäßigkeit der gelieferten Ware der Käufer, welcher die ihm übergebene Probe nicht aufbewahrt hat, die Beweislast zu tragen?

III. Zivilsenat. Urt. v. 4. Januar 1884.

I. Landgericht Kiel. II. Oberlandesgericht daselbst.

Der Beklagte hatte von dem Kläger Kokoskuchen und Palmkuchen in größeren, ratenweise zu liefernden Quantitäten gekauft. Die Parteien waren darüber einverstanden, daß der Kauf nach Probe abgeschlossen und dem Beklagten eine Probe der Waren übergeben worden sei. Näheres über den Hergang des Kaufabschlusses und der Aushändigung der Probe war nicht festgestellt und auch nicht behauptet worden. Der Beklagte hatte jedoch einige Briefe des Klägers zu den Akten geliefert, aus deren in dem Tatbestande der Vorinstanzen nicht verwerteten Inhalte sich zu ergeben schien, daß der Beklagte zunächst von den ihm offerierten Kokoskuchen einen Zentner zur Probe gekauft, mit Übersendung desselben auch zugleich eine kleinere Probe der offerierten Palmkuchen erhalten und alsdann auf Grund dieser beiden Proben den obigen Kauf abgeschlossen hatte. Der Beklagte hatte festgestelltermaßen die Proben verbraucht. Nachdem der Beklagte die früheren Ratenlieferungen empfangen und bezahlt hatte, verweigerte er die Annahme der letzten Rate beider Waren. Der Kläger ließ die vergeblich angebotenen Waren im Wege des Selbsthilfeverkaufes versteigern und klagte die Differenz des Erlöses der Versteigerung und des bedungenen Preises gegen den Beklagten ein. Der Beklagte setzte der Klage, neben anderen schließlich verworfenen Einreden, auch den Einwand entgegen, daß die versteigerten Waren der Probe nicht entsprochen hätten, trat aber hierfür keinen Beweis an. Der Kläger behauptete die Probemäßigkeit derselben; er suchte zugleich auszuführen, daß die bezügliche Beweislast infolge des Verbrauches der Probe auf den Beklagten übergegangen sei, und trat nun eventuell den Beweis der Probemäßigkeit an. Das den Beklagten nach dem Klageantrage verurteilende Urteil des Berufungsgerichtes verwarf den gedachten Einwand, weil die Beweispflicht des Beklagten aus dem nachstehend ersichtlichen Grunde zu bejahen sei und derselbe es an einer Beweisantretung habe fehlen lassen. Auf die Revision des Beklagten hob das Reichsgericht dieses Urteil auf und wies die

Sache zur anderweiten Verhandlung und Entscheidung an das Berufungsgericht zurück aus folgenden

Gründen:[1]

. . . „Die Entscheidung über die Beweislast in betreff der Probemäßigkeit der im Wege der Selbsthilfe verkauften Waren ist mit Recht angefochten. Die Vorinstanz hat für die von ihr angenommene Übertragung der Beweislast auf den Beklagten nur den Grund angegeben, daß der Beklagte die ihm übergebene Probe verbraucht und dadurch dem Kläger die Führung des demselben an sich obliegenden Beweises der Probemäßigkeit der Ware wesentlich erschwert, wenn nicht unmöglich gemacht habe. Dieser Grund ist nicht ausreichend, die getroffene Entscheidung rechtlich zu begründen.

Eine Verhaftung des Beklagten für den dem Kläger in betreff seiner Beweisführung durch den Verbrauch der Probe erwachsenen Nachteil kann nur daraus begründet werden, daß der Beklagte dem Kläger gegenüber verpflichtet gewesen sei, die Probe aufzubewahren. Zur Begründung einer solchen Verpflichtung bedarf es aber einer entsprechenden, ausdrücklichen oder stillschweigenden Vereinbarung der Parteien. Der Umstand, daß der Kläger wegen seiner Beweislast an der Erhaltung der Probe interessiert war, kann zwar für die Auslegung des mit der Aushändigung der Probe an den Beklagten stillschweigend verbundenen Vertragswillens von Bedeutung werden, ist aber an sich nicht imstande, den Beklagten zur Aufbewahrung der Probe zu verpflichten. Der Verkäufer befindet sich auch beim Handel nach Probe, wenn die Probe nicht mehr vorhanden ist, in betreff seiner Beweislast in keiner schwierigeren Lage, als diejenige ist, welche er unabweislich zu tragen hat, wenn z. B. bedungen ist, daß die verkaufte Ware von derselben Beschaffenheit sein solle, wie eine von ihm bei irgend einer früheren Gelegenheit an den Käufer oder an einen Dritten gelieferte Ware.

Beim Handel nach Probe wird gewöhnlich in der Weise verfahren, daß die Probe bei den Verhandlungen über den Kaufabschluß von dem Verkäufer vorgezeigt und erst beim Abschlusse des Kaufes,

---

1) Über den Grundsatz, daß beim Handel nach Probe der Käufer, welchem die Probe zur Aufbewahrung anvertraut ist, sich durch das von ihm verschuldete Abhandenkommen derselben für den Streit über die Probemäßigkeit der gelieferten Ware beweispflichtig macht, vgl. Thöl, Handelsr. Bd. 1 6. Aufl. § 260 N. 3; Cropp in Heyse u. Cropp, Jur. Abh. Bd. 1 S. 212; v. Hahn, Komm. Bd. 2 Aufl. 2 zu Art 340, § 9; Brinckmann, Handelsr. § 82; Endemann, Handelsr. § 117 N. 6 [„Hat der Käufer die (ihm übergebene) Probe verwahrlost, so soll er nach der gewöhnlichen Annahme den vollen Beweis der Unprobemäßigkeit liefern." — „In dieser Allgemeinheit ein Satz, der leicht über das Ziel hinausschießt"]; das Reichsoberhandelsgericht in seinen Entsch. Bd. 9 Nr. 10 und Seuffert, Archiv Bd. 29 Nr. 178; Entsch. Bd. 20 Nr. 19 u. Seuffert, Archiv Bd. 31 Nr. 326 [mit dem Zusatze, daß der Käufer „wenigstens in den gewöhnlichen Fällen" eventuell verpflichtet ist, die offerierte Ware anzunehmen, wenn sie derjenigen Art, über welche kontrahiert worden war, angehört und „Handelsgut mittlerer Güte (Art. 335 HGB.) ist"]; das OAG. zu Lübeck in dessen Entsch. „Hamburger Sammlung" Bd. 1 S. 465; Bd. 2 S. 809; Seuffert, Archiv Bd. 23 Nr. 74.

vgl. Cropp in Heise und Cropp, Jurist. Abh. Bd. 1 S. 208; auch v. Hahn, Komm. Bd. 2 2. Aufl. §. 8 zu Art. 340,

oder wie genauer

Thöl, Handelsr. Bd. 1 6. Aufl. §. 260 Nr. 3,

sich ausdrückt, nach dem Abschlusse des Kaufes an den Käufer ausgehändigt wird. Bei diesem Verfahren kann, da die Bestimmung der Probe, für die Verkaufsofferte die Beschaffenheit der angebotenen Ware und für den Inhalt des Kaufvertrages die Beschaffenheit der verkauften und zu liefernden Ware, statt einer wörtlichen Beschreibung derselben zu bezeichnen, bereits durch den Abschluß des Kaufes erledigt ist, die Aushändigung der Probe an den Käufer nur veranlaßt sein durch die Absicht der Kontrahenten, daß der Käufer dieselbe zum Zwecke der demnächstigen Kontrollierung der vertragsmäßigen Beschaffenheit der gelieferten Ware aufbewahren solle, und hieraus folgt, daß der Käufer, wenn er demnächst die Vertragsmäßigkeit der gelieferten Ware bestreitet, die Probe zu ihrer Vergleichung mit derselben wieder vorlegen muß, sowie daß, wenn er inzwischen, dieser Verpflichtung zuwider, die Probe abhanden gebracht oder ihr Abhandenkommen verschuldet hat, er zur Ausgleichung des dem Verkäufer durch sein vertragswidriges Verhalten zugefügten Nachteiles demselben die Beweislast abzunehmen hat. Wenn dagegen dem Käufer die Probe schon während der Verhandlungen über den Kaufabschluß zur Bezeichnung der ihm angebotenen Ware ausgehändigt worden ist, so kann der Zweck ihrer Aushändigung bloß darin bestanden haben, daß der Empfänger über die Beschaffenheit der Ware vergewissert werden solle, es kann demselben auch gestattet sein sollen, die ganze Probe behufs ihrer näheren Untersuchung zu konsumieren, und es hängt daher hierbei von den konkreten Umständen ab, ob angenommen werden darf, daß der Käufer durch den Empfang der Probe bzw. durch den nachfolgenden Kaufabschluß sich zu deren Aufbewahrung verpflichtet habe. Endlich ist ein Kauf nach Probe — wenigstens in einem weiteren Sinne dieses Ausdruckes — auch dann vorhanden, wenn der Käufer im Laufe der Verhandlungen über ein größeres Kaufgeschäft zunächst eine kleinere Quantität von der ihm angebotenen Ware zur Probe kauft unter Erklärung dieses Beweggrundes und nach Empfang derselben den entsprechenden weiteren Kauf abschließt. In diesem Falle liegen zwei Kaufgeschäfte vor, das erste ein Kauf zur Probe (Art. 341 HGB.) und das zweite ein Kauf nach Probe (Art. 340); die Warenquantität, welche für das erste Geschäft das Kaufobjekt ist, nimmt zugleich für das zweite Geschäft die Stelle der Probe ein. Da an dem Inhalte des ersten Kaufvertrages durch die Erklärung des Beweggrundes nichts geändert worden ist, so durfte der Käufer vermöge dieses Kaufes über die zur Probe gekaufte Ware unbeschränkt verfügen, und es hing auch von seinem Belieben ab, ob er hiernach die weiteren Vertragsverhandlungen fortsetzen oder abbrechen wollte. Konnte also der Verkäufer nicht beanspruchen, daß der Käufer sich im Zeitpunkte des nachfolgenden Abschlusses des Kaufes nach Probe noch im Besitze dieser Ware befinde, so kann auch aus diesem zweiten Vertrage eine Verpflichtung des Käufers, dieselbe ganz oder teilweise als Probe aufzubewahren, nicht hergeleitet werden, es sei denn, daß er eine solche Verpflichtung besonders übernommen habe.

Daß die Voraussetzung der Aufbewahrungspflicht des Käufers in einem gegebenen Falle vorhanden sei, muß von dem Verkäufer dargelegt werden.

In vorliegender Sache ist über die näheren Umstände, unter welchen der Abschluß des Kaufes und die Aushändigung der Probe an den Beklagten stattgefunden hat, von der Vorinstanz nichts festgestellt und auch vom Kläger nichts angeführt worden.

Hiernach ist das angefochtene Urteil wegen Rechtsirrtümlichkeit seiner Entscheidung aufzuheben und die noch nicht spruchreife Sache zur anderweiten Verhandlung und Entscheidung an das Berufungsgericht zurückzuverweisen." . . .

RGZ. 11, 197

Natur des Deckungskaufes. An welchem Orte ist derselbe abzuschließen? Wirkung eines Versehens beim Abschlusse.

I. Zivilsenat. Urt. v. 5. März 1884.

I. Landgericht Breslau. II. Oberlandesgericht daselbst.

Der Kläger hat vom Beklagten Altschienen zu 7,80 M. für 100 kg lieferbar frei Baildonhütte bei Kattowitz gekauft. Der Beklagte hat die Lieferung aus rechtskräftig als nicht stichhaltig erkannten Gründen verweigert. Der Kläger fordert als Schadensersatz die Differenz zwischen dem vertragsmäßigen Preise und dem Preise eines zu 12 M. für 100 kg abgeschlossenen Deckungskaufes. Der Deckungskauf war abgeschlossen in Breslau (frei Baildonhütte wie der erste Vertrag), nicht in Gleiwitz oder Kattowitz, den dem Ablieferungsorte zunächst liegenden Handelsplätzen. Aus diesem Grunde beanstandet der Beklagte die Schadensberechnung. Während in erster Instanz der Beklagte nach dem Klageantrage verurteilt wurde, wies der Berufungsrichter die Klage ab und motivierte diese Entscheidung in folgender Weise.

Der Deckungskauf sei zur richtigen Zeit abgeschlossen worden, aber nicht am richtigen Orte. Nach dem Gutachten der Handelskammer zu Breslau seien Gleiwitz und Kattowitz Marktorte im Sinne des Handelsgesetzbuches, deren Marktpreise nicht immer die gleichen seien, wie die in Breslau. Dieser Ausspruch sei unter Hinweis auf die verschiedenen Verwendungszwecke der Altschienen an dem einen oder anderen Orte überzeugend motiviert, es habe daher auf den angebotenen Gegenbeweis über diesen Punkt nicht eingegangen werden können. Der Kläger hätte beweisen müssen, daß in der kritischen Zeit die Marktpreise die gleichen gewesen. Dieser Beweis sei nicht erbracht, es sei sonach nicht erwiesen, daß der Kläger bei Abschluß des Deckungskaufes die Sorgfalt eines ordentlichen Kaufmannes beobachtet habe. Man könne dem Kläger auch nicht damit helfen, daß man ihm die Differenz zwischen dem Marktpreise und dem Vertragspreise zuspräche, denn es fehle an den Unterlagen zur Feststellung des Marktpreises in den maßgebenden nächstliegenden Marktorten Gleiwitz und Kattowitz.

Auf Revision des Klägers wurde das Berufungsurteil aufgehoben aus folgenden

Gründen:

„Das Gesetz behandelt den Deckungskauf nicht. Es schreibt denselben nicht etwa bei Säumnis des Verkäufers in der Art als Grundlage der Schadensliquidation des Käufers vor, wie es bei Säumnis des Käufers den Verkauf der Ware vorschreibt (Art. 354 HGB.). Der nicht säumige Käufer kann vielmehr, wenn er bei Säumnis des Verkäufers Schadensersatz wählt, den Schaden in beliebiger Weise liquidieren (Art. 355 HGB.). Die einfachste und nächstliegende Art der Beseitigung des durch die Nichtlieferung entstandenen Schadens ist die anderweite Anschaffung der Ware, und, da von vornherein anzunehmen ist, daß der Käufer hieran ein Interesse hat, so braucht er dieses Interesse ebensowenig darzutun, wie das Interesse an der Realerfüllung, wenn er diese verlangt. Der Käufer ist zur Vornahme des Deckungskaufes in seinem Interesse berechtigt. Er handelt dabei nicht als Mandatar oder negotiorum gestor des Verkäufers, hat also nicht die Diligenz eines solchen in der Art zu prästieren, daß er eingehende Untersuchungen anzustellen hat, wo und wie er die Ware am vorteilhaftesten einzukaufen habe. Es kann von ihm nur ein gutgläubiges Handeln verlangt werden. „Die vom Käufer wirklich und redlicherweise bezahlten Preise" bilden die Grundlage für seine Schadensliquidation.

Entsch. des ROHG.s Bd. 4 Nr. 64 S. 320. Nicht entgegen steht Bd. 17 Nr. 56 S. 257.

Was im einzelnen die Frage betrifft, an welchem Orte der Deckungskauf vorzunehmen ist, so wird es nahe liegen, daß der Käufer denselben am Erfüllungs- oder Ablieferungsorte abschließt oder an dem diesem Orte zunächst liegenden Marktorte. Man wird, wenn er dies nicht tut, von ihm eine Darlegung der Gründe, die ihn zur Wahl des anderen Ortes bestimmten, verlangen können.

Allein, auch wenn der Käufer den Abschluß an dem gewählten Orte nicht zu rechtfertigen vermag, und wenn er infolge der Wahl dieses Ortes zu ungünstigeren Bedingungen abgeschlossen hat, oder wenn er sich in anderen Beziehungen eines Versehens oder gar eines groben Versehens schuldig gemacht haben sollte, so folgt hieraus doch nicht, wie dies der Fall sein würde, wenn er einen Selbsthilfeverkauf in nicht ordnungsmäßiger Weise abgeschlossen hätte, daß er den Deckungskauf seiner Schadensberechnung nicht zugrunde zu legen berechtigt sei, sondern nur, daß bei Ermittlung der Höhe des Schadens der Richter diese Umstände mit zu berücksichtigen habe; der Richter hat also zu untersuchen, wie hoch sich zur fraglichen Zeit am Ablieferungsorte oder in den nächsten Marktorten der Marktpreis gestellt hat, oder, wenn ein solcher nicht zu ermitteln ist, zu erwägen, was damals und dort als angemessener Preis erschienen sein würde. Hiernach hat er unter Mitberücksichtigung etwaiger besonderer Umstände, z. B. raschen Konjunkturenwechsels und dadurch bedingten Schwankens oder nach einer bestimmten Richtung hin erfolgender Veränderung der Preise zu prüfen, ob der vom Käufer beim Deckungskaufe angelegte Preis sich nicht etwa als ein unverhältnismäßig hoher darstelle, welcher unter gleichen Umständen von einem sorgfältig handelnden Kaufmanne wohl schwerlich angelegt worden sein würde. Findet der Richter dies, so hat er den betreffenden Faktor der Schadensberechnung herabzusetzen.

Der Berufungsrichter ist sonach, indem er die Klage abwies, von einer rechtsirrtümlichen Auffassung des Deckungskaufes und der in Art. 355 HGB. enthaltenen Bestimmungen über Schadensersatz ausgegangen und hat gegen §. 260 ZPO. gefehlt.

Aus dem ausgeführten ergibt sich auch, daß das Verfahren des Berufungsrichters nicht etwa darum für gerechtfertigt angesehen werden kann, weil die zur Berechnung des Schadens erforderlichen Unterlagen gänzlich gefehlt hätten. Allerdings kann aus den Aussagen der vernommenen Zeugen und Sachverständigen nicht entnommen werden, wie hoch in der kritischen Zeit der Marktpreis der Altschienen in Gleiwitz oder Kattowitz gewesen ist. Allein es ergeben sich doch genügende Momente für die Beantwortung der Frage, ob der Deckungskaufpreis als ein nicht unangemessener im Sinne der obigen Ausführung erscheine. Diese Formulierung der Fragestellung läuft auch nicht etwa der Auskunft der Breslauer Handelskammer, auf welche der Berufungsrichter besonderes Gewicht legt, zuwider, denn wenn in demselben auch Gleiwitz und Kattowitz als Marktorte für Altschienen erklärt sind, so ist dies doch nicht so aufzufassen, als ob an diesen Orten Einrichtungen zur Feststellung der Marktpreise beständen, vielmehr ist, aus der Verweisung auf den Schlußsatz des Art. 353 HGB. und auf das angeführte Reichsoberhandelsgerichtsurteil auf das Gegenteil zu schließen.

Das angefochtene Urteil war sonach aufzuheben und die Sache in die zweite Instanz zurückzuverweisen, wo der Richter in Gemäßheit der oben entwickelten Grundsätze die Höhe der Schadensforderung des Klägers zu ermitteln haben wird."

RGZ. 15, 1

1. Muß der Selbsthilfeverkauf an dem Orte erfolgen, an welchem sich die Ware zur Zeit des Beginnes des Annahmeverzuges des Käufers befindet, oder an dem vertragsmäßigen Bestimmungsorte, an welchem die Ware nach dem Beginne des Verzuges transportiert ist?[1])

I. Zivilsenat. Urt. v. 7. Oktober 1885.

I. Landgericht Danzig. II. Oberlandesgericht Marienwerder.

Klägerin hat dem Beklagten nach einem im Oktober 1883 geschlossenen Vertrage 5000 Tonnen Kohlenteer zu liefern; die in London wohnende Klägerin sollte dem in Danzig wohnenden Beklagten nach dem Vertrage cif Danzig liefern, also alle Kosten des Transportes von London nach Danzig tragen; 3560 Tonnen sind vor Anfang Juli 1884 richtig geliefert und angenommen. Die letzten 1460 Tonnen sind erst Anfang September 1884 in London verladen und am 29. September vor Danzig angekommen; der Beklagte hat die Annahme abgelehnt, worauf Klägerin dieselben im Wege der Selbsthilfe gemäß Art. 343 HGB. in Danzig hat versteigern lassen. Sie fordert nun vom Beklagten die Differenz zwischen dem Vertragspreise und dem geringeren Auktionserlöse, und der Berufungsrichter hat diesen Anspruch für begründet erachtet.

Es war unter den Parteien streitig, ob nach der im Oktober 1883 gepflogenen, den Vertragsabschluß enthaltenden Korrespondenz die Zeit der Verladung in London auf April bis Ende August 1884, wie Beklagter hebauptete, oder aber auf April bis Ende September 1884, wie Klägerin behauptete, vereinbart war. Dieser Streitpunkt kam unter die Parteien zuerst in der im August 1884 über die Restlieferung von 1460 Tonnen geführten Korrespondenz zur Kontestation. Die Klägerin wünschte nämlich schon Anfang Juli 1884 den Rest von 1460 Tonnen zu verschiffen, weil sie damals geeignete kleinere Schiffe für diese Sendung chartern konnte. Der Beklagte schrieb ihr aber, daß Klägerin weitere Verladungen nicht eher vornehmen solle, als Beklagter sie dazu beauftragen werde. Die Versendung ruhte deshalb, bis Beklagter im Anfang August die Versendung des Restes beorderte. Darauf hat sich dann Klägerin Mühe gegeben, um geeignete kleinere Schiffe zu chartern, aber ohne Erfolg, bis sie endlich am 28. August ein Schiff fand, mit welchem sie die 1460 Tonnen am 7. September verladen hat. Diese Verladung hielt Beklagter nach dem Vertrage für verspätet. Das Berufungsgericht stellte aber fest, daß Verschiffung von April bis Ende September vereinbart, die am 7. September erfolgte Verladung also rechtzeitig, die beklagte Weigerung der Annahme der am 29. Sep-

---

1) Vgl. Entsch. des ROHG.s Bd. 4 Nr. 4 S. 19, 20, Bd. 5 Nr. 39 S. 174, 175, Bd. 8 Nr. 90 S. 375, 377, Bd. 12 Nr. 17 S. 58, Bd 13 Nr. 37 S 58—60, Bd. 14 Nr. 132 S. 422, 423, Bd. 16 Nr. 107 S. 422—425; Entsch. des RG s in Zivils. Bd. 5 Nr. 14 S. 66, 67.

tember vor Danzig angekommenen Ware ungerechtfertigt, Beklagter also durch diese Weigerung in Annahmeverzug gekommen sei. Die hiergegen erhobenen Angriffe hat das Reichsgericht verworfen und dann fortgefahren in den Gründen:

„Ein weiterer Angriff betrifft die Frage, ob der Selbsthilfeverkauf mit Recht in Danzig erfolgt ist, oder ob derselbe nicht vielmehr in London hätte erfolgen müssen, um als Verkauf für Rechnung des Beklagten im Sinne des Art. 343 HGB. gelten zu können. Der Beklagte machte nämlich geltend, daß er bereits in einem Briefe vom 25. August 1884 auf das bestimmteste der Klägerin erklärt habe, daß er die Annahme jeder Sendung verweigern werde, welche nach Ablauf des Monats August abgesandt würde, und daß er keinen Ladungsschein für Kohlenteer annehmen werde, welcher nach Ende August unterzeichnet sei. Durch diese Annahmeweigerung sei er, wenn Klägerin noch im September habe verladen dürfen, die Annahmeweigerung vom 25. August also eine unberechtigte gewesen sei, in Annahmeverzug gekommen; Klägerin habe daher die Ware nur da, wo sie sich zur Zeit des Beginnens dieses Verzuges tatsächlich befunden habe, also in London, im Wege der Selbsthilfe gemäß Art. 343 HGB. verkaufen und nicht zum Zwecke dieses Verkaufs nach Danzig versenden dürfen. Es kann aber für die vorliegende Entscheidung dahingestellt bleiben, ob der Brief des Beklagten vom 25. August oder auch ein späterer Brief des Angeklagten, welcher zu einer Zeit, zu welcher die Ware sich noch in London befand, in die Hände der Klägerin gelangte, eine genügend bestimmte und ernstliche Weigerung einer ihr vertragsmäßig obliegenden Annahme enthalten hat, und ob eine solche Annahmeweigerung für sich allein, ohne daß ein reales oder wenigstens wörtliches Anerbieten der vertragsmäßigen Leistung des anderen Kontrahenten und dessen Erfüllungsbereitschaft hinzukam, zur Begründung des Annahmeverzuges genügte. Es kann nicht als ein unbedingter und ausnahmsloser Rechtssatz anerkannt werden, daß der Selbsthilfeverkauf an keinem anderen Orte, als demjenigen, an welchem sich die Sache tatsächlich zur Zeit des Beginnes des Annahmeverzuges befindet, erfolgen durfte. Der Art. 343 HGB. bestimmt über den Ort des Selbsthilfeverkaufes nichts. Aus allgemeinen Grundsätzen ist aber nur zu folgern, daß der Verkäufer bei der Ausführung des Selbsthilfeverkaufes bona fide und wie ein ordentlicher Kaufmann verfahren muß, also auch den Ort des Verkaufes nicht willkürlich wählen, dabei nicht eigennützig auf Kosten des Käufers spekulieren darf, sondern auch im Interesse des Käufers auf einen möglichst günstigen Verkauf Bedacht nehmen muß. Diese vom Verkäufer zu nehmenden Rücksichten werden tatsächlich regelmäßig dahin führen, daß er an dem Orte, wo sich die Sache zur Zeit des Beginnes des

Annahmeverzuges befindet, verkaufen läßt und nicht durch Versendung an einen anderen Ort zum Nachteile des Käufers, ohne daß ein Erfolg davon zu erwarten ist, erhebliche Kosten zwecklos aufwendet. Daraus ist aber nicht ein Rechtssatz des Inhaltes abzuleiten, daß der Selbsthilfeverkauf immer an dem mehrgedachten Orte erfolgen müsse. Es wird vielmehr in jedem einzelnen Falle zu erwägen sein, ob nicht die konkreten Umstände zu dem Ergebnisse führen, daß ein ordentlicher, vernünftiger Kaufmann im guten Glauben den Verkauf an einem anderen Orte als den geeigneten ansehen durfte. Im vorliegenden Falle liegen nun, wie auch der Berufungsrichter am Schlusse seiner Entscheidungsgründe ausführt, Umstände vor, welche den in Danzig erfolgten Verkauf als wohl motiviert erscheinen lassen. Es steht fest, daß der Brief des Beklagten vom 25. August, welcher die Annahmeweigerung des Beklagten enthalten haben soll, erst am 29. August in die Hände der Klägerin gekommen ist, und daß Klägerin schon am vorhergehenden Tage, am 28. August, definitiv ein Schiff gechartert hatte, welches die fragliche Ware von London nach Danzig transportieren sollte. Es war also, als Klägerin die Annahmeweigerung des Beklagten erfuhr, nicht mehr res integra vorhanden; es waren bereits die wesentlichsten Anstalten zu dem Seetransport nach Danzig getroffen; dieselben waren nicht mehr einseitig von der Klägerin rückgängig zu machen; Klägerin hätte, wenn sie sich durch die Annahmeweigerung des Beklagten hätte bestimmen lassen, den Transport nach Danzig aufzugeben und die Ware in London verkaufen zu lassen, dem betreffenden Schiffer die bedungene Fracht oder doch einen Teil derselben bezahlen müssen. Es wäre auch schon nach jetziger Lage der Sache mindestens zweifelhaft gewesen, ob nicht ein Verkauf in London ein erheblich ungünstigeres Resultat gehabt haben würde, als in Danzig. Auf der anderen Seite konnten durch den Transport nach Danzig keine Kosten für den Beklagten erwachsen, da der Kontrakt mit der Klausel „cif Danzig" abgeschlossen war, Klägerin also allein alle Kosten des Transportes von London nach Danzig zu tragen hatte und dem Beklagten keine Kosten durch diesen Transport erwachsen konnten. Es würde die höchste Unbilligkeit enthalten, wenn, nachdem Beklagter durch seinen Brief vom 7. Juli 1884 den Transport zu einer Zeit, wo dieser ihm nicht gelegen war, von der Klägerin aber ohne Umstände und mit mäßigen Kosten hätte ausgeführt werden können, ihibiert, dann aber im August zu einer Zeit, wo Klägerin nur mit großer Mühe und größeren Kosten ein geeignetes Schiff erlangen konnte, den schleunigen Transport urgiert hatte, den endlich von der Klägerin bona fide ermöglichten Transport ablehnen dürfte. Aus diesen Gründen mußte die Entscheidung des Berufungsgerichtes im Resultate gebilligt werden."

RGZ. 15, 65

1. Wahlrecht des nicht säumigen Kontrahenten nach Art. 355, 356 HGB.

2. Entschädigungsanspruch des Käufers, der auf Erfüllung eines ratenweise Lieferung bedingten Vertrages nach Verfall einer Lieferungsrate geklagt und die Verurteilung des säumigen Verkäufers erwirkt hat, aus der Vornahme eines nach der Klagerhebung vollzogenen eventuellen Deckungskaufes?

3. Natur und Ort der Vornahme des Deckungskaufes.

4. Konventionalstrafe. Abzug des aus Deckungskäufen hervorgehenden Gewinnes von dem durch deren Vollzug erwachsenen Schaden.

III. Zivilsenat. Urt. v. 2. März 1886.

I. Landgericht Gießen. II. Oberlandesgericht Darmstadt.

Inhaltlich eines mit der Direktion der belgischen Staatsbahn abgeschlossenen Vertrages vom 9. Juli 1881 hatte sich der Kläger verpflichtet, 200 Kubikmeter Eichenbohlen in acht Raten vom 23. Dezember 1881 an loco Antwerpen unter bestimmten Bedingungen, insbesondere unter Festsetzung einer Konventionalstrafe bis zur Höhe von 20 Prozent des Wertes der Ware im Falle des Verzuges, zu liefern. Er kaufte diese Eichenbohlen bei dem Beklagten für 125 Franken per cbm franko Waggon Gießen, lieferbar je zur Hälfte bis 15. Dezember 1881 und Ende Februar 1882. Mit beiden Lieferungen kam Beklagter in Verzug. Am 10. Januar 1882 erhob der Kläger Klage auf Anerkennung des Vertragsverhältnisses, sowie auf Lieferung der ersten 100 cbm Eichenbohlen und Ersatz des durch den Erfüllungsverzug entstandenen Schadens, und es wurde demnächst Beklagter durch Landgerichtsurteil vom 2. März 1882 nach dem Klagantrage verurteilt, dieses Erkenntnis auch in zweiter Instanz am 20. Mai 1882 bestätigt. Inzwischen, und zwar unterm 7. Mai 1882, hatte Kläger auch wegen der fällig gewordenen zweiten Lieferungsrate Klage auf Vertragserfüllung und Schadensersatz erhoben. Mittels eines dem Kläger am 17. Mai 1882 zugestellten Schriftsatzes erklärte darauf Beklagter:

> „Er erkenne an, daß er sich im Lieferungsverzuge befinde und schadensersatzpflichtig sei. Da Naturallieferung nicht möglich sei, so werde dem Kläger anheimgegeben, seinen Schaden zu liquidieren."

Infolge hiervon änderte Kläger seine Klagebitte, und es erfolgte diesem Antrage gemäß am 8. Juni 1882 ein Urteil, welches den Beklagten schuldig erkannte, dem Kläger allen durch den Lieferungsverzug verursachten und noch verursacht werdenden Schaden zu ersetzen.

Um seiner der belgischen Staatsbahn gegenüber eingegangenen Verpflichtung nachzukommen, war Kläger während der Dauer jener Vorprozesse zu Deckungskäufen geschritten. Der erste Deckungskauf wurde am 21. Januar 1882 mit der Firma M. & Co., zu N. in Slavonien über 100 cbm Eichenbohlen zum Preise von 190 Franken per cbm abgeschlossen; von den Ende März 1882 lieferbaren, jedoch erst Ende Mai in Antwerpen angekommenen Hölzern sind von der belgischen Staatsbahn nur 81,026 cbm angenommen, der Rest ist am 19. Juni 1882 als unempfangbar zurückgewiesen worden. Der zweite Deckungskauf fand am 6. Mai 1882 bei der Firma S. & Co. zu Uj.-Sz. in Ungarn über weitere 100 cbm Eichenbohlen zu gleichem Preise, lieferbar Ende Mai 1882, statt; die Hölzer kamen in verschiedenen Sendungen im Juli 1882 zu Antwerpen an; es wurden davon nur 14,851 cbm angenommen, der Rest zurückgewiesen. Nun schloß, um den Ausfall der beiden vorerwähnten Käufe zu decken, Kläger mit der Firma A. & C. Y. zu M. in Belgien im August 1882 einen Vertrag über successive Lieferung von 103,849 cbm Eichenbohlen zum Preise von 210 Franken per cbm ab, und es ist die genannte Firma in der Zeit vom 2. August 1882 bis Oktober 1883 ihren Verbindlichkeiten nachgekommen.

Im gegenwärtigen Prozesse liquidiert der Kläger den ihm aus dem Erfüllungsverzuge des Beklagten entstandenen Schaden. Er verlangt zunächst die Differenz zwischen demjenigen Betrage, den er an Kaufpreis, Transportkosten und Eingangszoll hätte bezahlen müssen, wenn der Beklagte die 200 cbm Eichenbohlen geliefert hätte, und demjenigen Betrage, den er an die drei anderen vorgenannten Verkäufer für die wirklich gelieferten Hölzer bezahlt hat, in Summa 11 258 Franken, ferner 1000 Franken als Kosten zweier Reisen nach Ungarn zum Zwecke der Abnahme der zur Deckung bestimmten Ware, endlich Ersatz der an die belgische Staatsbahn gezahlten Konventionalstrafe von 7978 Franken — abzüglich des ihm darauf gewährten Nachlasses von 4365 Franken — im ganzen also 15 871 Franken = 12 696,80 M.

Der Beklagte gab zu, daß Kläger den berechneten Schaden gehabt habe; er bestritt aber seine Ersatzpflicht, und zwar im wesentlichen deshalb, weil er selber dem Kläger rechtzeitig mindestens 80 cbm brauchbare Eichenbohlen zur Lieferung angeboten habe, Kläger sich auch schon vor Abschluß der fraglichen Deckungskäufe in Deutschland billiger habe decken können, mithin nicht nur jene Käufe seinem, dem Beklagten, berechtigten Interesse zuwider abgeschlossen, sondern auch die Reisekosten vergeblich aufgewendet worden seien, während der Verfall der Konventionalstrafe bei rechtzeitiger Vornahme anderweiter Deckung in Deutschland hätte verhindert werden können.

Die erste Instanz hat durch Urteil vom 9. Januar 1885 den Beklagten schuldig erkannt, 9089 M. nebst Zinsen zu zahlen, die Mehrforderung des Klägers aber abgewiesen.

Auf Berufung des Beklagten und Anschlußberufung des Klägers hat das Oberlandesgericht zu D. das Erkenntnis erster Instanz aufgehoben und den Beklagten

1. unbedingt zur Zahlung von 8996 M. nebst Zinsen,
2. für den Fall, daß Kläger den ihm von dem Beklagten zugeschobenen Schiedseid darüber, daß er, Kläger, wegen der Konventionalstrafe von 2889 M. nicht bereits durch die ungarischen und slavonischen Holzhändler S. & Co. und M. & C. befriedigt sei, ableiste, weiter zur Zahlung dieser Summe nebst Zinsen verurteilt, während es
3. bezüglich des Restes der Klageforderung bei dem zurückweisenden Erkenntnisse des Landgerichtes sein Bewenden behielt.

Die von dem Beklagten gegen das Berufungsurteil eingelegte Revision wurde zurückgewiesen aus folgenden

Gründen:

„1. Es erhebt sich zunächst die Frage, ob der Kläger, nachdem er den Beklagten auf Erfüllung des abgeschlossenen Lieferungskaufes und auf Schadensersatz wegen verspäteter Erfüllung belangt hatte, überhaupt noch befugt war, von dieser Wahl abzugehen, auf Grund des Art. 355 HGB. Schadensersatz wegen Nichterfüllung zu fordern und zugleich der Schadensberechnung die streitigen Deckungskäufe zugrunde zu legen.

Das Recht des Käufers, von dem säumigen Verkäufer Realerfüllung des Vertrages nebst Zögerungsinteresse zu verlangen, ist durch den Inhalt des Vertrages von selbst gegeben. Zur Ausübung desselben bedarf es keiner besonderen Erklärung des Käufers, und sein Bestehen schließt die Möglichkeit, Schadensersatz wegen Nichterfüllung zu fordern oder vom Vertrage zurückzutreten, nicht aus. Selbst durch die Erhebung der Klage auf Realerfüllung begibt sich der Käufer noch nicht der Befugnis, von dem Wahlrechte des Art. 355 HGB. Gebrauch zu machen. Erst das auf eine solche Klage ergehende, rechtskräftige, kondemnatorische Urteil stellt das Rechtsverhältnis unter den Parteien unabänderlich fest und entzieht dem Kläger die Befugnis zur Wahl eines anderen Rechtes. Ein solches Urteil darf der obsiegende Kläger nicht ohne weiteres beiseite setzen; er kann nicht, auf das ursprüngliche Vertragsverhältnis und die Folgen des Verzuges des Beklagten zurückgreifend, Schadensersatz wegen Nichterfüllung in Anspruch nehmen, gleich als ob das Urteil nicht ergangen wäre, er muß vielmehr der Regel nach sein Interesse wegen Nichtbefolgung des rechtskräftigen Erkenntnisses liquidieren.[1])

Nach diesen Grundsätzen würde nun der erste Deckungskauf, dessen Preisdifferenz der Kläger dem Beklagten zur Last setzt, an sich nicht geltend gemacht werden können. Unbestritten ist derselbe am 22. Januar 1882, also nach Erhebung der Klage auf Realerfüllung der ersten Lieferungsrate und vor Erlaß des den Beklagten nach der Klagebitte verurteilenden Erkenntnisses, abgeschlossen worden. Es liegen jedoch besondere Gründe vor, welche ein Zurückgehen auf diesen Deckungskauf gestatten.

Vor allem hat sich nämlich der Kläger ohne Widerspruch des Beklagten darauf berufen, daß er, wie die Deckungskäufe überhaupt, so auch insbesondere den ersten in beiderseitigem Interesse vollzogen habe. Er hat demzufolge behauptet — und die Vorinstanzen stellen dies ausdrücklich fest —, daß der von dem säumigen Beklagten zu ersetzende Schaden sich erhöht haben würde, wenn der Kläger die ihm der belgischen Staatsbahn gegenüber eingegangene Lieferungsverpflichtung nicht in Natur erfüllt hätte. Denn bei fortdauerndem Lieferungsverzuge würde die belgische Staatsbahn vertragsmäßig berechtigt gewesen sein, die 200 cbm Eichenbohlen anderweit zu jedem Preise zu Lasten des Klägers zu begeben, und es würde auch in diesem Falle ein teilweiser Erlaß der verfallenen Konventionalstrafe nicht stattgefunden haben. Der Beklagte selbst hat sodann mittels Schreibens vom 27. Juni 1882 dem Kläger außergerichtlich mitgeteilt, daß er dem rechtskräftigen Urteile vom 2. März 1882 nicht nachkommen könne und werde, und zugleich den Kläger zur Liquidation seines Schadens aufgefordert. Und im gegenwärtigen Prozesse hat Beklagter die streitigen Deckungskäufe unter dem hier fraglichen Gesichtspunkte als unzulässig nicht nur nicht angefochten, sondern umgekehrt dem Kläger den Vorwurf gemacht, daß er solche nicht rechtzeitig — alsbald nach Eintritt des Lieferungsverzuges — abgeschlossen und durch dieses Verhalten das Anschwellen der Konventionalstrafe verursacht habe. Endlich ist es unbestritten und tatsächlich festgestellt, daß ein nach der Rechtskraft des Urteils vom 2. März 1882 vollzogener Deckungskauf ein günstigeres Ergebnis für den Beklagten nicht herbeigeführt haben würde.

Unter diesen Umständen ist davon auszugehen, daß der Kläger den Deckungskauf für den Fall geschlossen hat, daß der säumige Beklagte demnächst seiner urteilsmäßigen Verbindlichkeit zur Lieferung der Ware nicht nachkommen werde. Würde diese Voraussetzung nicht eingetreten sein, der Beklagte also später in Natur erfüllt haben, so wäre allerdings der Deckungskauf zum Nachteile des Klägers ausgefallen; da aber Beklagter nicht erfüllt, so steht

[1]) Vgl. Entsch. des ROHG.s Bd. 24 Nr 86 S. 327 und die dort Angeführten.

nichts entgegen, den vollzogenen eventuellen Deckungskauf nach Analogie desjenigen gelten zu lassen, den der säumige Käufer vor Ablauf der dem säumigen Verkäufer nach Art. 356 HGB. bewilligten Nachfrist vollzogen hat. Jedenfalls trifft den Beklagten der Vorwurf des Dolus in der Prozeßführung, wenn er, nachdem er sich in den vorderen Instanzen mit der Vornahme des Deckungskaufes durch den Kläger an sich einverstanden erklärt hat, nunmehr in der dritten Instanz die Schadensliquidation des Klägers aus dem Grunde angreift, weil jener Deckungskauf überhaupt nicht oder doch nur nach dem Zeitpunkte der Rechtskraft des ergangenen Endurteiles hätte vorgenommen werden dürfen.

Anlangend den zweiten Deckungskauf, so ist dieser einen Tag vor Erhebung der zweiten Klage auf Lieferung der Ende Januar 1882 fällig gewordenen 100 cbm Eichenbohle geschlossen worden. Die Wahl des Rechtes auf Schadensersatz wegen Nichterfüllung, die in dem Abschlusse jenes Bewegungskaufes zu befinden ist, schloß nun zwar die Befugnis des Klägers, auf Realerfüllung des Vertrages zu dringen, aus; diesen Einwand konnte aber der Beklagte nur im Vorprozesse erheben; im gegenwärtigen Liquidationsprozesse ist er damit um so gewisser nicht zu hören, als infolge seiner eigenen, dem Kläger zugestellten Erklärung vom 17. Mai 1882 das Klagepetitum im Vorprozesse in prozessualisch zulässiger Weise (§ 240 Ziff. 3 ZPO.) geändert und Beklagter rechtskräftig verurteilt worden ist, Schadensersatz zu leisten. Damit trat an die Stelle der ursprünglich geforderten Realerfüllung gerade dasjenige, was Kläger jetzt verlangt.

Der dritte Deckungskauf wurde im August 1882 vollzogen, nachdem die in den beiden Vorprozessen ergangenen Urteile die Rechtskraft beschritten hatten; Kläger hat damit diese Erkenntnisse selbst in Verbindung mit der außergerichtlichen Erklärung des Beklagten, daß er zur Realerfüllung außerstande sei, zur Grundlage seiner Schadensliquidation genommen. Es erhebt sich hierbei nur das Bedenken, ob der Beklagte für diesen — nach der eigenen Angabe des Klägers zur Deckung des Ausfalles der beiden ersten Deckungskäufe mit A. & C. Y. zu M. geschlossenen — Kauf haftbar gemacht werden könne, insofern dieser nicht in unmittelbarem Zusammenhange mit dem Lieferungsverzuge des Beklagten steht, sondern zunächst durch die mangehafte Vertragserfüllung der Firma M. & Co. zu N. und der Firma S. & Co. zu Sz. hervorgerufen worden ist. Abgesehen jedoch davon, daß die Vorinstanz den Kausalzusammenhang zwischen dem Lieferungsverzuge des Beklagten und jenem Deckungskaufe gemäß § 260 ZPO. angenommen hat, erledigt sich jenes Bedenken durch die Erwägung, daß es nicht darauf ankommt, welche Verträge der Kläger zu seiner Deckung einging, sondern nur darauf, was sich derselbe wirklich durch diese Verträge beschafft. Die Deckung selbst bestand erst in der Realisierung der Verträge, nicht schon in der bloßen Existenz der letzteren. Mit Recht hebt daher der Berufungsrichter hervor, daß der Deckungskauf bei A. & C. Y. zu M. deshalb erfolgt sei, weil die beiden früheren keinen vollständigen Ersatz geboten hätten.

2. Was sodann den Ort der Vornahme der streitigen Selbsthilfekäufe und die bei letzteren angelegten Preise betrifft, so stellt der Berufungsrichter in ausführlicher Begründung tatsächlich fest, daß Kläger nach den Umständen des Falles und mit besonderer Rücksicht darauf, daß es sich hier nicht um eine Ware gehandelt habe, welche einem bestimmten Markt- oder Börsenpreise unterliege, berechtigt gewesen sei, von dem Bezuge der Eichenbohlen aus Deutschland abzusehen und sich durch Abschluß von Verträgen im Auslande zu den vereinbarten Preisen zu decken. Nur rücksichtlich der Preisansätze des mit der Firma Y. zu M. eingegangenen dritten Deckungskaufes hält der Vorderrichter eine Ermäßigung um 810 M. für geboten, da die dort angelegten höheren Kaufpreise zum Teil durch die besonderen mit der gedachten Firma vereinbarten Bedingungen hervorgerufen worden seien.

Diese tatsächlichen Erwägungen können in der Revisionsinstanz mit Erfolg nicht angefochten werden. Ein Rechtsirrtum ist dabei überall nicht ersichtlich. Denn in der Tat vollzieht der nichtsäumige Käufer den Selbsthilfekauf zunächst in eigenem Interesse; er handelt dabei nicht als Geschäftsführer des säumigen Verkäufers; der redlicherweise bezahlte höhere Kaufpreis kommt in Ansatz, sobald die Umstände ergeben, daß der Deckungskauf gerade für den konkreten Ausfall zustande kam. Und von dem Abschlusse des Deckungskaufes am Erfüllungs- oder Ablieferungsorte darf der Käufer Umgang nehmen, wenn er zureichende Gründe für ein solches Verfahren anzuführen vermag.

Vgl. Entsch. des RG.s in Zivils. Bd. 11 Nr. 40 S. 199.

Allerdings mußte — nach den Erörterungen zur vorigen Revisionsbeschwerde — der Kläger zum ersten Deckungskaufe nachweisen, daß er dabei zugleich das Interesse des Beklagten wahrgenommen habe. Allein auch dieser Beweis ist nach den tatsächlichen Feststellungen des Berufungsrichters für geführt zu erachten. Keineswegs ergibt der Sachverhalt, daß sich der Kläger zur fraglichen Zeit unter den von der belgischen Staatsbahn gestellten Bedingungen in Deutschland zu den nämlichen Preisen habe decken können, welche mit dem Beklagten verabredet worden waren. Nur die Möglichkeit, zugleich aber auch die Unwahrscheinlichkeit einer solchen Deckung in Deutschland nimmt das Berufungsgericht an und verweist dabei auf das eigene Verhalten des Beklagten, der, obwohl selbst Holzhändler und als solcher mit den Bezugsquellen geeigneter Hölzer bekannt, nicht einmal den Versuch gemacht habe, zur Abwendung seiner Schadensersatzpflicht dem Kläger Teillieferungen aus Deutschland zur Verfügung zu stellen. Diese Tatsache, führt der vorige Richter aus, lasse sich nur aus dem Bewußtsein des Beklagten erklären, daß er selber nicht imstande gewesen sei, sich die Ware anderweit in Deutschland zu billigeren Preisen, als der Kläger in Ungarn und Slavonien angelegt habe, zu beschaffen, während der Kläger als vorsichtiger Kaufmann gehandelt habe, wenn er sich unter den gegebenen Verhältnissen an ausländische Firmen gewendet habe. Zweifellos trifft bei solcher Sachlage die Erwägung des Vorderrichters zu, daß der Beklagte mit Grund den Vorwurf nicht erheben könne, daß der Kläger gerade dasjenige unterlassen habe, was er, Beklagter, selber unterließ.

3. Der letzte Revisionsangriff richtet sich gegen die Verurteilung des Beklagten zur Zahlung der gegenüber der belgischen Staatsbahn verwirkten Konventionalstrafe. Daß der säumige Verkäufer verpflichtet ist, dem Käufer, welcher die Ware unter Verabredung einer Konventionalstrafe weiter verkauft hat, diese im Falle ihrer Verwirkung zu ersetzen, ergibt sich aus l. 2 § 8 Dig. de eo quod certo loco 13, 4. Unter den Parteien bestritten ist auch nur die Frage, ob der Beklagte für den Lieferungsverzug derjenigen Firmen einzustehen habe, mit welchen der Kläger die Deckungskäufe vom 21. Januar und 6. Mai 1882 abschloß. Käme es auf die Rechtsfrage allein an, so würde die erhobene Beschwerde begründet sein. Der Kläger kann nur den wirklichen Schaden liquidieren, den er aus dem Abschlusse und dem Vollzuge jener Deckungskäufe erlitten hat. Verzögerten die Verkäufer die schuldigen Lieferungen und erlangte Kläger einen Anspruch gegen dieselben auf Ersatz der Konventionalstrafe, so verminderte sich nach der Höhe dieses Gegenanspruches seine Schadensersatzforderung aus den Deckungskäufen von selbst. Zwar brauchte Kläger, falls er Selbsthilfekäufe abschloß, die im Verhältnisse zu den bei dem Beklagten angelegten Preisen günstig für ihn waren, den gemachten Gewinn nicht herauszugeben, weil er zu einer Anschaffung für Rechnung des säumigen Kontrahenten nicht verpflichtet war. Da ihm jedoch unbestritten ein Schaden erwachsen ist, so kann er diesen nicht geltend machen und dabei den Gewinn aus den Deckungskäufen fü sich behalten; der Schaden versteht sich vielmehr immer abzüglich des Gewinnes. Allein tatsächlich ist nicht festgestellt, und es läßt sich auch aus dem Vorbringen beider Teile nicht entnehmen, von welchem Zeitpunkt ab die Firmen M. & Co. zu N. und S. & Co. zu Uj.-Sz. in Lieferungsverzug gekommen sind. Aus den von dem Kläger beigebrachten Urkunden ergibt sich bloß, daß diese Firmen sich verpflichtet hatten,

Ende März und Ende Mai 1882 je 100 cbm Eichenbohlen zur Ablieferung an ihre Handelsniederlassung bereitzuhalten, daß der Kläger ungefähr um diese Zeiten zur Abnahme der Ware dorthin gereist ist, und daß die Hölzer in verschiedenen Sendungen in den Monaten Mai, Juni und Juli 1882 in Antwerpen ankamen. Diese Tatsachen für sich allein reichen jedoch nicht aus, um die Annahme zu begründen, daß sich die genannten Firmen, sei es bezüglich der von ihnen übernommenen Verpflichtungen überhaupt, sei es rücksichtlich der hier als Deckungskäufe geltend gemachten Teillieferungen im Verzuge befunden haben und aus diesem Grunde schuldig seien, dem Kläger die von Ende März und Mai ab laufende Konventionalstrafe für je 100 cbm Eichenbohlen zu vergüten. Es lag dem Beklagten ob, zur Begründung seiner Einrede der Kompensation den etwaigen Lieferungsverzug jener Verkäufer tatsächlich darzulegen, zumal sich aus einer Vergleichung der dem Kläger von der belgischen Staatsbahn angesetzten mit der späterhin wirklich eingezogenen Konventionalstrafe von 3612 Franken ergibt, daß die letztere noch nicht einmal die gesamte bis zum 15. April 1882 zu Lasten des Klägers vertragsmäßig aufgelaufene Strafe, nach den Stichtagen der einzelnen Lieferungen berechnet, in sich begreift."

RGZ. 18, 55

Inwieweit ist ungeachtet einer erfolgten Mängelanzeige nach Art. 347 HGB. die nachträgliche Rüge von durch jene nicht unmittelbar betroffenen Mängeln der Ware ausgeschlossen?

VI Zivilsenat. Urt. v. 14. Oktober 1886.

I. Landgericht Stuttgart, Kammer für Handelssachen. II. Oberlandesgericht daselbst.

In einem die verlangte Bezahlung nach Probe verkauften und gelieferten Hopfens betreffenden Prozesse hatte die Beklagte die Probemäßigkeit der gelieferten Ware bestritten. Das Oberlandesgericht behandelte diese Bestreitung als unerheblich, weil die Ware nach Art. 347 HGB. wegen Unterlassung rechtzeitiger Mängelanzeige in dieser Beziehung als von der Beklagten genehmigt zu gelten habe, obgleich die Beklagte sofort nach der Ablieferung gerügt hatte, daß der Hopfen nicht — was er nach ihrer Behauptung hätte sein müssen — Saazer Hopfen sei. Hierzu bemerkt das Reichsgericht in seinen

Gründen:

. . . „Bedenken konnte hier erregen der vom Oberlandesgerichte zur Begründung benutzte Satz, da der Käufer dem Verkäufer ohne Verzug alle diejenigen Mängel, die er geltend machen wolle, einzeln bezeichnen müsse, so daß hier durch die Anzeige des einen Mangels, daß der Hopfen kein Saazer Hopfen sei, die Nichtanzeige des anderen Mangels, daß seine Beschaffenheit dem Muster nicht entspreche, nicht gedeckt werde. In seiner allgemeinen Fassung geht dieser Satz zu weit.

Vgl. Entsch. des ROHG.s Bd. 5 S. 262 ff.

Dennoch war die Entscheidung selbst aufrechtzuhalten. Sofort würde jedes Bedenken schwinden, wenn man ... den Saazer Hopfen als eine ganz andere Gattung von Ware als den gelieferten Hopfen auffassen dürfte: dann würde mit der Rüge, daß der gelieferte Hopfen kein Saazer Hopfen sei, überhaupt noch keine eigentliche Qualitätsmonitur im Sinne des Art. 347 HGB. erhoben sein. Aber auch wenn man hiervon absieht, so ist doch dem Oberlandesgerichte wenigstens soweit Recht zu geben, daß durch eine Mängelanzeige ganz bestimmten Inhaltes noch nicht die spätere Rüge von Mängeln ganz anderer Art, die auf einem ganz anderen Gebiete liegen, gesichert ist.

Vgl. Entsch. des ROHG.s Bd. 6 S. 329 ff. und Bd. 14 S. 66 ff.

Im gegenwärtigen Falle muß dieser Gesichtspunkt um so mehr entscheiden, als sich die wirklich vorgekommene Mängelanzeige auf eine zwischen den Parteien streitige Bestimmung des im übrigen seinem Inhalte nach nicht streitig gewesenen Kaufvertrages bezog, welche unter der Voraussetzung, daß der im Urteil erster Instanz auferlegte Eid geleistet werden sollte, von der Beklagten mit Unrecht behauptet sein würde." ...

RGZ. 29, 61

1. Kann der Verkäufer, der infolge Annahmeverzuges seines Käufers seinerseits seinem Verkäufer gegenüber in Annahmeverzug geraten ist, das Ergebnis des Selbsthilfeverkaufes seines Verkäufers dem Interesseanspruche gegen seinen Käufer gemäß Art. 354 HGB. zugrunde legen?

2. Kann in solchem Falle der Käufer dem Interesseanspruche entgegensetzen, daß der Kläger zur Erfüllung nicht imstande gewesen sei?

HGB. Art. 343, 354.

I. Zivilsenat. Urt. v. 18. Mai 1892.

I. Landgericht Essen. II. Oberlandesgericht Hamm.

Der Kläger, welcher mit der Zeche P. W. einen Vertrag über die fortlaufende Lieferung von Kohlen geschlossen hatte, verkaufte dem Beklagten 500 Waggons dieser Kohlen, lieferbar auf der Zeche in gleichen Monatsraten, welche bis zum 15. des nächsten Monats zu bezahlen waren. Von diesen 500 Waggons sind 436 nicht abgenommen worden. Der Kläger ist seinerseits der Zeche P. W. gegenüber mit der Abnahme eines entsprechenden Quantums Kohlen in Verzug geraten; die Zeche hat deshalb im Wege des Selbsthilfeverkaufes 501 Waggons Kohlen öffentlich verkaufen lassen und den Differenzbetrag zwischen dem hierbei erzielten Erlöse und dem Vertragspreise gegen den Kläger eingeklagt und rechtskräftig erstritten. In jenem

Prozesse ist dem jetzigen Beklagten vom Kläger der Streit verkündet worden. Unstreitig hat der Kläger den Beklagten wiederholt brieflich aufgefordert, über die zu liefernde Kohle zu disponieren, demselben auch von den an ihn gerichteten Verkaufsandrohungen der Zeche P. W. und den bevorstehenden Zwangsverkäufen jedesmal Mitteilung gemacht. Er hält sich deshalb für berechtigt, vom Beklagten als Schadensersatz denjenigen Betrag zu fordern, welcher sich nach Abzug des bei den Zwangsverkäufen der Zeche P. W. erzielten Erlöses von dem Vertragspreise der rückständig gebliebenen 436 Waggons ergibt, und hat beantragt, den Beklagten zur Zahlung dieses Betrages zu verurteilen.

Die Klage ist von beiden Instanzrichtern abgewiesen worden. Der Berufungsrichter nimmt an, daß es dem Klaganspruche an gehöriger Begründung fehle, weil der Kläger, der die dem Beklagten verkaufte Ware nicht in seiner Verfügungsgewalt gehabt, vielmehr selbst seinem Käufer gegenüber sich im Annahmeverzuge befunden habe, nicht in der Lage gewesen sei, den Beklagten in Verzug zu setzen, und die von der Zeche P. W. gegen den Kläger ins Werk gesetzten Zwangsverkäufe den Beklagten deshalb in keiner Weise berührten.

Das Reichsgericht hat das Berufungsurteil aufgehoben und die Sache in die Vorinstanz zurückverwiesen aus folgenden

Gründen:

„Nach Art. 354 HGB. hat der Verkäufer, wenn der Käufer mit Zahlung des Kaufpreises im Verzuge und die Ware noch nicht übergeben ist, ein dreifaches Wahlrecht. Er kann entweder vertragsmäßige Erfüllung und daneben Schadensersatz wegen verspäteter Erfüllung fordern oder statt der Erfüllung sein Interesse liquidieren oder endlich von dem Vertrage abgehen. Das Interesse des Verkäufers besteht in demjenigen Vermögenswerte, welchen er bei vertragsmäßiger Erfüllung seitens des Käufers erlangt haben würde, abzüglich des Wertes der Leistung, zu der er dem Käufer verpflichtet war. Um die Differenz beider Werte in klarer, auch die Rechte des Käufers wahrender Weise festzustellen, schreibt das Gesetz den Verkauf der Ware unter Beobachtung der Bestimmungen des Art. 343 HGB. vor. Durch diesen Verkauf, der für Rechnung des Käufers erfolgt, soll ermittelt werden, welcher Geldwert dem Verkäufer aus der nicht übergebenen Ware zugute kommt, damit hiernach sein darüber hinausgehender Schaden bemessen werden kann. Der Zweck der gesetzlichen Vorschrift ist mithin lediglich die Feststellung des Verkaufswertes der Ware als Grundlage für die Schadensersatzforderung des Verkäufers unter gewissen, zum Schutze der Interessen des Käufers bestimmten Vorschriften über das bei dem Verkaufe zu beobachtende Verfahren.

Vgl. v. Hahn, Kommentar des Handelsgesetzbuches Art. 354 § 6; Entsch. des RG.s in Zivils. Bd. 5 S. 60, 61.

Hieraus folgt, daß es zur Begründung der Interesseforderung des Verkäufers im Falle des Art. 354 HGB. nicht sowohl darauf ankommt, daß der Verkäufer selbst die zu liefernde Ware dem Käufer gegenüber zum Zwangsverkaufe gebracht hat, als darauf, daß zu rechter Zeit und am rechten Orte dieselbe bzw. im Falle eines Gattungskaufes gleichartige Ware zu den Bedingungen des geschlossenen Vertrages verkauft ist, ud bei diesem Verkaufe die zum Schutze der Interessen des Käufers gegebenen Vorschriften beobachtet sind. Wenn also eine nur der Gattung nach bestimmte Ware von dem Käufer unter denselben Vertragsbedingungen weiterverkauft ist, und sowohl der erste wie der zweite Käufer in Abnahme- und Zahlungsverzug geraten, so kann der von dem ersten Verkäufer seinem Kontrahenten gegenüber gesetzmäßig vollzogene Selbsthilfeverkauf wohl geeignet sein, zugleich als Grundlage für die Interessenforderung des zweiten Verkäufers gegenüber seinem Käufer zu dienen, sofern der letztere in gehöriger Weise darauf hingewiesen ist, daß der Verkauf diese Bedeutung für die Feststellung des Umfanges seiner durch den Verzug begründeten Verpflichtung haben solle. Wo nicht abzusehen ist, daß bei solcher Sachlage ein anderer Verkaufserlös zu erzielen gewesen wäre, wenn der erste Käufer dem Verkäufer die Ware abgenommen und seinerseits zum Verkaufe gestellt hätte, da muß es als dem Sinne des Gesetzes entsprechend angesehen werden, wenn der erzielte Erlös auch dem zweiten Käufer in Rechnung gestellt wird, obgleich sein unmittelbarer Kontrahent einen Selbsthilfeverkauf nicht vorgenommen hat. Die entgegengesetzte, auf dem Wortlaute des Gesetzes fußende Meinung führt zu einem inhaltlosen Formalismus, der als von dem Gesetzgeber gewollt nicht zu unterstellen ist.

Nach den Behauptungen des Klägers würden aber im vorliegenden Falle die oben entwickelten Voraussetzungen für die Wirksamkeit des vollzogenen Selbsthilfeverkaufes gegenüber dem Beklagten gegeben sein. Beide Kaufgeschäfte, zwischen der Zeche P. W. und dem Kläger einerseits und zwischen diesem und dem Beklagten andererseits, sollen Kohlen gleicher Art zum Gegenstande gehabt haben und unter gleichen Bedingungen abgeschlossen, namentlich für beide Erfüllungsort und Erfüllungszeit dieselben gewesen sein. Der Kläger hat ferner unter Hinweis auf sein Rechtsverhältnis zu der Zeche P. W. dem Beklagten von den Verkaufsandrohungen der Zeche Mitteilung gemacht, dem Beklagten in Verbindung hiermit seine Absicht, gegen ihn Regreß zu nehmen, angekündigt und ihm die Verkaufstermine angezeigt. Er hat endlich dem Beklagten in dem Prozesse, in welchem er von der Zeche P. W. auf der Grundlage jener

Zwangsverkäufe auf Schadensersatz in Anspruch genommen worden ist, den Streit verkündet, demselben also nach jeder Richtung Veranlassung und Gelegenheit gegeben, hinsichtlich der Zwangsverkäufe seine Rechte wahrzunehmen. Hiernach würde der Kläger, der seiner aus Art. 343 HGB. sich ergebenden Anzeigepflicht dadurch genügt hat, daß er dem Beklagten seine Absicht der Regreßannahme ankündigte, nicht gehindert sein, seine Interesseforderung nach den bei jenen Zwangsverkäufen erzielten Erlösen zu bemessen.

Vorausgesetzt ist hierbei, da der Beklagte sich im Zahlungsverzuge befunden hat, und die Verkäufe dem Inhalte des unter den Parteien geschlossenen Vertrages entsprochen haben. In beiden Beziehungen herrscht Streit unter den Parteien. Der Berufungsrichter hat sich der Entscheidung dieser Streitpunkte für enthoben erachtet, weil der Kläger sich seinem Verkäufer gegenüber im Annahmeverzuge befunden, die verkaufte Kohle nicht in seiner Verfügungsgewalt gehabt und sich deshalb gar nicht in der Lage befunden habe, den Beklagten in Verzug zu setzen. Diese Auffassung des Sach- und Rechtsverhältnisses ist rechtsirrtümlich.

Wie der Kläger behauptet, hatte der Beklagte die gekauften Kohlen loco Zeche unter Zechenbedingungen in repartierlichen monatlichen Quantitäten abzunehmen und bis zum 15. des folgenden Monates bar zu bezahlen. Aus der Natur eines solchen, auf fortlaufende Lieferungen berechneten Geschäftes, welches der Beklagte ersichtlich nicht als Konsument, sondern als Wiederverkäufer abgeschlossen hatte, ergibt sich, daß der Beklagte nach Maßgabe seines Absatzes dem Kläger seine Versandorders zu erteilen, letzterer aber diese Orders abzuwarten und für deren Ausführung durch die Zeche Sorge zu tragen hatte. Der Kläger tat alles, was ihm oblag, wenn er sich zur Lieferung bereiterklärte und tatsächlich erfüllungsbereit war. Diese Erfüllungsbereitschaft des Klägers bestand, wenn die Zeche bereit und imstande war, auf Anweisung des Klägers die Versandorders des Beklagten auszuführen. Der Beklagte, der trotz wiederholter Aufforderung und bestehender Erfüllungsbereitschaft das monatliche Kohlenquantum nicht abnahm, und am nächsten Zahlungstermine nicht bezahlte, geriet damit in Zahlungsverzug und gab hierdurch dem Kläger das Recht gemäß Art. 354 HGB. statt der Erfüllung Schadensersatz von ihm zu fordern. Diese rechtliche Stellung der Parteien erlitt dadurch keine Änderung, daß die Zeche dem Kläger gegenüber zum Selbsthilfeverkaufe schritt. Hierdurch wurde der Kläger zwar außerstand gesezt, auf vertragsmäßiger Erfüllung des Lieferungsgeschäftes zu bestehen, aber nicht gehindert, Schadensersatz wegen Nichterfüllung zu verlangen und, wie oben ausgeführt, seine Schadensrechung auf den bei dem Zwangsverkaufe erzielten Erlös zu gründen.

Wenn der Berufungsrichter sich zur Begründung seiner Ansicht auf § 271 ALR. I. 5 und § 221 I. 11 ALR. beruft, so übersieht er, daß das Handelsgesetzbuch die Rechte des Verkäufers dem im Zahlungsverzuge befindlichen Käufer gegenüber erweitert und ihm neben dem Rechte auf Erfüllung das Recht gewährt, statt der Erfüllung Schadensersatz wegen Nichterfüllung zu beanspruchen. Mit Unrecht nimmt ferner der Berufungsrichter für seine Meinung das in Bd. 11 S. 111 der Entsch. des RG.s in Zivils. abgedruckte Urteil in bezug. Wenn es dort für eine Voraussetzung des nach Art. 343 HGB. vorzunehmenden Selbsthilfeverkaufes erklärt wird, daß der Kaufgegenstand sich zur Zeit der Vornahme des Verkaufes im Besitze des Verkäufers befinde oder doch tatsächlich zu dessen Verfügung stehe, so ist diesem Erfordernisse auch dann genügt, wenn der Verkäufer tatsächlich in der Lage ist, die verkaufte Ware durch einen Dritten, der sie zu seiner Verfügung bereit hält, zu liefern. Es handelt sich aber im vorliegenden Falle gar nicht um einen Selbsthilfeverkauf auf Grund des Art. 343 HGB., durch den der Verkäufer sich der verkauften Waren entäußern will, sondern um die Feststellung der Schadensersatzforderung des Verkäufers im Falle des Art. 354 HGB., welche, wie oben dargelegt, einen von dem Verkäufer vorgenommenen Verkauf der Ware nicht notwendig erfordert."

RGZ. 31, 100

Zur Feststellung des Begriffs und der Bedeutung der Klausel „Kassa gegen Verladungsdokumente".

I. Zivilsenat. Urt. v. 22. April 1893.

I. Landgericht Hamburg. II. Oberlandesgericht daselbst.

Die in Hamburg domizilierende Klägerin hat der ebenfalls dort domizilierenden Beklagten zwei Partien Berliner Roggenmehl lieferbar Hamburg, in Berlin ladend, mit der Klausel „Netto Kassa (Zahlung) gegen Verladungsdokumente" verkauft. Die Beklagte hat die erste Partie gegen Empfang der Verladungsdokumente bezahlt, die ihr nach Ankunft der zweiten Partie in Hamburg angebotenen Verladungsdokumente über diese Partie abgelehnt, nachdem ihr die erste Partie Anlaß zu Monituren gegeben, und sie die ohne Zuziehung der Klägerin besichtigte zweite Partie unkontraktlich befunden hatte. Auf die Klage auf Zahlung des Kaufpreises der zweiten Partie hat der erste Richter die Beklagte ohne Berücksichtigung der gegen die Vertragsmäßigkeit der Ware erhobenen Einrede zur Zahlung verurteilt, und die dagegen eingelegte Berufung ist zurückgewiesen, nachdem im Laufe der Berufungsinstanz die Ware nach dem Übereinkommen zwischen den Parteien öffentlich verkauft, und der Klagantrag auf den den Erlös übersteigenden Betrag des Kaufpreises ermäßigt war. Auf die Revision der Beklagten ist das Berufungsurteil aufgehoben und die Sache an das Berufungsgericht zurückverwiesen aus folgenden

Gründen:

... „Wenn ein Kaufvertrag über eine von einem anderen Orte zu übersendende oder bereits unterwegs befindliche Ware mit der Vereinbarung geschlossen wird, daß die Zahlung des Kaufpreises (oder — wie das auch häufig vorkommt — eine für dessen Betrag einzugehende Wechselverpflichtung) gegen Aushändigung der Verladungsdokumente zu erfolgen habe, so sind doch gleichwohl, wie das Berufungsgericht zutreffend annimmt, nicht diese Verladungsdokumente als der Gegenstand des Kaufes in dem Sinne anzusehen, daß der Käufer durch deren Übergabe seine Verpflichtung aus dem Vertrage bereits definitiv erfüllt hätte, sondern den Kaufgegenstand bildet auch in diesem Falle die Ware selbst. Die gedachte Klausel statuiert nur eine Abweichung von dem mangels einer besonderen Beredung geltenden Rechtssatze, daß der Kaufvertrag Zug um Zug zu erfüllen ist, indem sie den Käufer insofern zu einer Vorleistung verpflichtet, als derselbe in die Lage kommen kann — und tatsächlich sehr häufig in die Lage kommt —, seinerseits den Vertrag bereits erfüllen zu müssen, obwohl er noch nicht in den Besitz der Ware selbst gelangt, und es ihm daher unmöglich ist, sich durch eigene Prüfung davon zu überzeugen, ob die in den Verladungsdokumenten bezeichnete Ware von solcher Beschaffenheit ist, daß sie als zur Erfüllung der dem Verkäufer obliegenden kontraktlichen Verpflichtungen geeignet erscheint. Da auch das Konnossement oder der Ladeschein, in welchen Urkunden . . . die Verladungsdokumente regelmäßig allein zu bestehen pflegen, dem Käufer in der Regel eine Garantie dafür, daß die abgeladene Ware in der Tat von vertragsmäßiger Beschaffenheit ist, nicht gewähren, und der Käufer, welcher sich zur Zahlung des Kaufpreises schon gegen die bloße Aushändigung der Verladungsdokumente verpflichtet hat, vom Verkäufer die vorgängige Erbringung eines anderweitigen Beweises für die vertragsmäßige Beschaffenheit nicht verlangen kann, sondern sich damit begnügen muß, daß nach der Form und dem Inhalte der Verladungsdokumente die Erwartung gerechtfertigt erscheint, die verladene Ware werde ihrer Quantität und Qualität nach den dieserhalb dem Verkäufer obliegenden Verpflichtungen entsprechen (vgl. die Entscheidung des Reichsgerichtes in Sachen Katz gegen Weber vom 27. April 1892), so schenkt mithin bei dieser Art des Verkaufes der Käufer seinem Verkäufer notwendig ein weitgehendes Vertrauen.

Ganz richtig hiervon ausgehend und anerkennend, daß Voraussetzung für das Recht des Verkäufers, die Vorausbezahlung des Kaufpreises zu fordern, doch immer die Bereitschaft, auch seinerseits den Vertrag zu erfüllen, bleibe, nimmt das Berufungsgericht selbst an, daß auch bei der durch die hier fragliche Klausel geschaffene Rechtslage an sich dem Käufer nicht zu versagen sein würde, seinerseits den Gegenbeweis zu unternehmen, daß, ungeachtet des nicht zu beanstandenden Inhaltes der Verladungsdokumente, die zur Vertragserfüllung bestimmte Ware hierzu wegen unkontraktlicher Beschaffenheit nicht geeignet sei, wodurch er allerdings in die ungünstigere Lage komme, daß er, um sich von der Vorleistung zu befreien, seinerseits die Unkontraktlichkeit der Ware dartun müßte, während, wenn er nach Zahlung des Kaufpreises denselben mit der Behauptung nicht ordnungsmäßiger Vertragserfüllung seitens des Verkäufers zurückfordert, der Verkäufer die ordnungsmäßige Erfüllung zu erweisen habe.

Demungeachtet gelangt aber das Berufungsgericht zu der Ansicht, daß man der Bedeutung der hier fraglichen Klausel nicht voll gerecht werden würde, wenn man gegenüber einer Klage auf Zahlung des Kaufpreises gegen Überlieferung von, ihrem Inhalte nach nicht zu beanstandenden Verladungsdokumenten den Käufer vorbehaltlich des von ihm zu erbringenden Beweises unbeschränkt mit Einreden zulassen wollte, die aus der angeblich unkontraktlichen Beschaffenheit der Ware hergenommen werden. Denn die hier fragliche Vereinbarung, welche ihrer Natur nach regelmäßig nur bei Distanzgeschäften getroffen zu werden pflege, habe ihre wesentlichste Bedeutung für den überseeischen Verkehr bei Verkäufen von noch zu transportierenden oder schwimmenden Waren, in welchen Fällen der Verkäufer, wenn die Zahlung des Kaufpreises erst nach Ankunft der Ware am Bestimmungsorte und nach Besichtigung und Genehmigung seitens des Käufers erfolgen würde, den Kaufpreis für kürzere oder längere Zeit entbehren müßte, während er seinerseits die Möglichkeit einer anderweitigen Verwertung der Ware aufgegeben und sich damit gewissermaßen eines Bestandteiles seines Vermögens entäußert habe. Dies werde dadurch vermieden, daß auf Grund der Vereinbarung „Kassa gegen Verladungsdokumente", sobald nur die zu transportierende Ware abgeladen ist, ein Umsatz von Werten in der Weise stattfinden könne, daß der Verkäufer in den Besitz des Kaufpreises gelange, während der Käufer mit den Verladungsdokumenten einmal eine gewisse Sicherheit für die demnächstige definitive Vertragserfüllung des Verkäufers und sodann auch ein Wertobjekt erhalte, welches ihm eine Weiterveräußerung gestatte, indem er in die Lage komme, die von ihm gekaufte Ware ebenfalls unter der Vereinbarung „Kassa gegen Verladungsdokumente" weiter veräußern und sich so wieder in den Besitz des Kaufpreises zuzüglich etwaigen Verdienstes setzen zu können. Sei aber die Klausel dazu bestimmt, den Bedürfnissen des Verkehrs entsprechend eine Beschleunigung des Umsatzes zu ermöglichen, so erscheine ihr gegenüber ein Verhalten des Käufers ausgeschlossen, welches den mit jener Klausel angestrebten Erfolg zu vereiteln geeignet sei, und dies würde geschehen, wenn es dem Käufer möglich wäre, sich durch die Behauptung, daß die noch auf dem Transporte befindliche Ware nicht kontraktlich sei, seiner Zahlungsverpflichtung vorläufig zu entziehen und ein Beweisverfahren herbeizuführen, welches in vielen Fällen erst durch die Besichtigung der Ware nach deren Ankunft am Bestimmungsorte seine Erledigung finden werde; der Käufer, welcher mit Vereinbarung der Klausel „Kassa gegen Verladungsdokumente" dem Verkäufer das Vertrauen schenke, daß — insoweit die Verladungsdokumente ihrem Inhalte nach zu Bedenken keine Veranlassung geben — eine ordnungsmäßige Erfüllung des Vertrages seitens des Verkäufers stattfinden werde, müsse daher auch die Gefahr laufen, eventuell auf das Recht der Zurückforderung des Kaufpreises beschränkt zu sein. Bei der Deduktion, daß in Konsequenz des Satzes, daß der Käufer aus dem Inhalte der Verladungsdokumente einen Einwand gegen die von ihm geforderte Zahlung des Kaufpreises herleiten könne, die Einrede, daß die Ware nicht kontraktlich sei, auch dann zugelassen werden müsse, wenn ihre Begründung aus anderweitigen Erkenntnisquellen entnommen werde, werde übersehen, daß diese Dokumente nicht nur als Beweismittel in Betracht kommen, sondern ihre Aushändigung dem Käufer auch die Möglichkeit der Weiterveräußerung der Ware gewähren solle, und daß der Käufer daher ein Interesse daran habe, daß sich aus den Verladungsdokumenten Zweifel hinsichtlich der Abladung kontraktlicher Ware nicht ergeben.

Auch diese Ausführungen können für rechtsirrtümlich nicht erachtet werden, insbesondere ist darin eine Verletzung von Auslegungsregeln nicht zu erblicken. Den wirtschaftlichen Grund der Klausel — das Bestreben des Verkäufers, möglichst bald in den Besitz des Kaufpreises zu gelangen, einerseits und das vom Käufer dem Verkäufer geschenkte Vertrauen, die durch die Verladungsdokumente repräsentierte Ware werde dem Kontrakte entsprechen, sowie den dem Käufer durch die Vorausbezahlung des Kaufpreises gewährten Vorteil, die gekaufte Ware schon vor deren Ankunft am Bestimmungsorte wieder verwerten zu können, andererseits — hat das Berufungsgericht keineswegs verkannt. Dafür, daß — wie die Revision meint — der Käufer, wenn er die Annahme der Verladungsdokumente und die Vorausbezahlung des Kaufpreises ablehnt, mit besonderer Milde zu beurteilen sei, weil er dem Verkäufer Vertrauen geschenkt habe, liegt kein Grund vor. Ebensowenig kann der Revision darin beigetreten werden, daß man dem Interesse beider Teile nur gerecht werde, wenn man dem Käufer das Recht zur Ablehnung der Annahme der Verladungsdokumente und der Zahlung des Kaufpreises einräume, sobald der Käufer vom Standpunkte des ordentlichen Kaufmannes aus durch irgendwelche Umstände Grund erhält, die Kontraktlichkeit der Ware zu bezweifeln und zu befürchten, daß sein dem Verkäufer geschenktes Vertrauen ein ungerechtfertigtes gewesen sei. Denn der von der Revision hierfür angeführte Grund, für den Käufer sei in einem solchen Falle das ihm durch die Klausel gewährte Äquivalent, schon über die Ware durch Weiterveräußerung verfügen zu können, wertlos, weil er hierdurch einerseits seinen Ansprüchen gegen seinen Verkäufer präjudizieren würde, und weil er andererseits bona fide die Ware nicht als eine kontraktlich beschaffene weiterverkaufen könne, trifft nicht zu. Der Verkäufer würde sich vielmehr, wenn sich hinterher herausstellen sollte, daß das bei dem Käufer entstandene Mißtrauen in der Tat ein berechtigtes war, den Regreßansprüchen des Käufers gegenüber keineswegs darauf berufen können, daß dieser die Ware trotz seiner Zweifel an deren Kontraktmäßigkeit weiterveräußert habe, da an sich ein Verzicht auf diese Regreßansprüche bei der Vorausbezahlung einer noch gar nicht besichtigten und empfangenen Ware ebensowenig in der bedungenen Vorausbezahlung des Kaufpreises gegen Übergabe der Verladungsdokumente als in einer Benutzung der dadurch seitens des Käufers erlangten Dispositionsbefugnis gefunden werden kann, und da der Berufung des Verkäufers auf die schon bei der Bezahlung des Kaufpreises und bei der Weiterveräußerung der Ware auf seiten des Käufers entstandenen Zweifel an deren Vertragsmäßigkeit die Einrede entgegensteht, daß der Käufer sich trotzdem auf die Erfüllung des Vertrages von seiten des Verkäufers habe verlassen und eventuell auf sein Recht, den Kaufpreis zurückzufordern, habe beschränken dürfen. Andererseits erscheint aber durch den bloßen Zweifel des Käufers an der Vertragsmäßigkeit der verladenen Ware die Möglichkeit einer gutgläubigen Weiterveräußerung mittels der Verladungsdokumente auch dem zweiten Käufer gegenüber nicht als ausgeschlossen, da dieser ebenfalls auf die Möglichkeit und mithin auch auf die Gefahr der Unkontraktlichkeit der Ware bei Geschäften dieser Art immer schon von vornherein rechnen muß, und es mithin nicht ohne weiteres als Verletzung von Treue und Glauben angesehen werden kann, wenn der Käufer seinem Abnehmer die Gründe seiner desfallsigen Befürchtung für den konkreten Fall mitzuteilen unterläßt.

In dem hier vorliegenden Falle ist aber, wie auch das Berufungsgericht anerkennt, dem Umstande Rechnung zu tragen, daß die verkaufte Ware sich anscheinend schon zur Zeit des Verkaufes, jedenfalls aber zu der Zeit, als die Verladungsdokumente der Beklagten von der Klägerin angeboten wurden, bereits in Hamburg, dem Orte, an welchem die Ablieferung an die Beklagte zu geschehen hatte, befand, ja daß die Beklagte als Käuferin schon vor dem Anbieten der Verladungsdokumente, wenn auch ohne Zutun der Verkäuferin, Gelegenheit gehabt hatte, die Ware zu besichtigen und ihrer Behauptung nach deren Unkontraktlichkeit zu konstatieren, so daß der für die Auslegung der Klausel „Zahlung gegen Verladungsdokumente" oben herangezogene Gesichtspunkt, daß bei Waren, die von einem auswärtigen Platze verschifft sind *und ihren Bestimmungsort noch nicht erreicht haben*, die Feststellung der kontraktlichen Beschaffenheit ohne mehr oder minder große Verzögerung nicht zu ermöglichen sein wird, *hier* nicht in Betracht kommt. Das Berufungsgericht wirft daher mit Recht die Frage auf, *ob die Klausel auch die weitergehende Bedeutung hat, daß sie dem Verkäufer überhaupt eine schleunige Durchführung seines Anspruches auf Zahlung des Kaufpreises im Prozeßwege sichern soll*, wobei das Berufungsgericht tatsächlich feststellt, daß die klägerische Ausführung, Beklagte sei ihrer Einwendungen unerachtet zur Zahlung des Kaufpreises verpflichtet und auf eine eventuelle Rückforderung des gezahlten Betrages beschränkt, nicht etwa auf das Bestehen eines bezüglichen Handelsgebrauches, sondern nur auf eine angeblich konstante Gerichtspraxis, nach welcher der Klausel auch die hier fragliche Bedeutung beigelegt werde, gestützt wird. Bei Prüfung der Richtigkeit der desfallsigen früheren Entscheidungen hamburgischer Gerichte ist das Berufungsgericht dann zu der Überzeugung gelangt, daß, um den Bedürfnissen des Verkehrs, welche zu der Aufnahme der hier fraglichen Stipulation in die Kaufbedingungen geführt haben, zu genügen, die Klausel dem Verkäufer allerdings eine schleunige Durchführung seiner Ansprüche ermöglichen müsse, und daß die Klausel dementsprechend auszulegen sei. Wenn es auch wohl zu weit gehen würde, den Käufer mit *allen* Einreden — abgesehen von solchen, welche sich gegen den *Bestand* des Vertrages richten — auszuschließen, und wenn es auch nicht einmal als geboten erscheine, Einreden, welche auf angeblich *mangelhafte Beschaffenheit der Ware* gestützt sind, *ohne Einschränkung* als unstatthaft zu behandeln, so sei doch daran festzuhalten, daß der Käufer, um mit solchen Einreden Gehör zu finden, in der Lage sein müsse, entweder *sofort* die tatsächliche Unterlage für die Bemängelung der Ware *liquide* zu stellen oder Umstände darzulegen, welche die Annahme rechtfertigen, daß der Verkäufer in *doloser* Absicht Erfüllung von seinem Gegenkontrahenten fordere, ohne willens zu sein, seinerseits zu erfüllen.

Sodann wird ausgeführt, daß im vorliegenden Falle das Vorbringen der Beklagten und das Ergebnis der bisherigen Beweisaufnahme bei *dieser* Auslegung der Klausel zur Rechtfertigung der erhobenen Einrede weder in der einen noch in der anderen Richtung genüge.

Während die letztgedachte tatsächliche Würdigung einem Bedenken nicht unterliegt, und dieserhalb ein Revisionsangriff auch nicht erhoben ist, hat nun aber die Revision die gedachte, vom Berufungsgerichte der hier fraglichen Klausel beigelegte *weitergehende* Bedeutung mit Grund als rechtsirrtümlich angefochten.

Die Klausel ist offenbar nur aus dem Bedürfnisse des Verkehres bei dem Verkaufe noch erst zu transportierender oder doch noch auf dem Transporte befindlicher Waren hervorgegangen. Sie bezweckt nur, behufs Beschleunigung des Umsatzes von Werten *vorläufig*, d. h. *bis zur Ankunft der Ware am Bestimmungsorte*, das dem Verkäufer vom Käufer zu schenkende Vertrauen an die Stelle der eigenen Wahrnehmung des Käufers hinsichtlich der kontraktlichen oder unkontraktlichen Beschaffenheit der Ware treten zu lassen. *Sobald aber die Ware selbst am Ablieferungsorte eingetroffen ist und mithin vom Käufer auf ihre Kontraktmäßigkeit untersucht werden kann, verliert dagegen die Klausel ihre Bedeutung gänzlich*, indem nunmehr nach allgemeinen Rechtsgrundsätzen dem sich auf dieselbe berufenden Verkäufer die sog. exceptio doli generalis vom Käufer dahin entgegengesetzt werden kann, daß der Verkäufer wider Treue und Glauben handele, wenn er die vom Käufer verlangte Untersuchung verweigert und lediglich auf seinem Scheine — den Worten „Zahlung gegen Verladungsdokumente" — besteht, gleichviel, ob die unverzüglich vorzunehmende Untersuchung der Ware die Kontraktlichkeit oder die Unkontraktlichkeit ergeben wird, und ob hiernach der Verkäufer vom Käufer eine Leistung fordert, die er eventuell *sofort* würde *zurückgeben* müssen.

Ein Bedürfnis des Verkehres, in Abweichung von der allgemeinen Rechtsregel, daß der Verkäufer die Zahlung des Kaufpreises nur gegen Erfüllung der *ihm* aus dem Vertrage obliegenden Verpflichtungen fordern kann, und daß der Käufer berechtigt ist, sich durch Besichtigung und Prüfung der ihm zu liefernden Ware vor der Zahlung des Kaufpreises von der vertragsmäßigen Beschaffenheit der Ware zu überzeugen, den Käufer zu verpflichten, schon gegen die bloße Aushändigung der die Ware repräsentierenden Verladungsdokumente den Kaufpreis zu zahlen, ist nicht erfindlich, wenn zur Zeit des Angebotes dieser Dokumente auch die Ware selbst bereits am Ablieferungsorte eingetroffen ist. Die Rücksicht auf das Interesse *auch des Käufers*, welcher durch die Vorleistung seinerseits namentlich einem ausländischen Verkäufer gegenüber nicht unerheblich gefährdet wird, erheischt es vielmehr, die hier fragliche Klausel in dem Sinne auszulegen, *daß sie sich nach dem ver-*

nünftigen Vertragswillen nur auf den regelmäßig vorausgesetzten Fall beziehen soll, wo zur Zeit des Angebotes der Verladungsdokumente die Ware selbst noch nicht am Ablieferungsorte eingetroffen ist. Ist letzteres aber bereits geschehen, so liegt kein Grund vor, wegen der hier fraglichen Klausel, welche den Verkäufer von der Verpflichtung, vertragsmäßige Ware zu liefern, keineswegs befreit, dem Käufer gegenüber dem Verlangen des Verkäufers, gegen die Aushändigung der Verladungsdokumente zu zahlen, die Verteidigung, daß die Ware nicht vertragsmäßig sei, zu versagen oder auch nur zu beschränken, wie auch in diesem Falle kein Grund vorliegt, eine Verschiebung der Beweislast eintreten zu lassen, sondern vielmehr der Verkäufer den Beweis zu führen hat, daß die bereits am Ablieferungsorte angelangte Ware von vertragsmäßiger Beschaffenheit ist. Daß der Käufer, welcher sich zur Zahlung gegen die Verladungsdokumente verpflichtet, überhaupt mit der Möglichkeit rechnen muß, unkontraktliche Ware zu erhalten und in die Lage zu kommen, sich auf eine Rückforderung des gezahlten Kaufpreises beschränkt zu sehen, rechtfertigt noch keineswegs die Annahme, daß er — unter vorläufigem Verzicht auf die etwa aus der Beschaffenheit der Ware zu entnehmenden Einreden — sich zu einer Vorleistung gegen die bloße Aushändigung der Verladungsdokumente auch für den Fall habe verpflichten wollen, daß der Verkäufer sich bei dem Angebote dieser Dokumente auch bereits in der Lage befinden würde, ihm die Ware selbst zur Besichtigung und Prüfung vorzulegen. Das Berufungsgericht legt der hier fraglichen Klausel denn auch nur die prozessuale Bedeutung bei, daß sie dem Verkäufer eine schleunige Durchführung des Anspruches auf Zahlung des Kaufpreises sichern solle, und das deshalb Einwendungen des Käufers wegen unkontraktlicher Beschaffenheit der Ware nur dann zuzulassen seien, wenn der Käufer imstande sei, die tatsächlichen Grundlagen seiner Bemängelung oder eines vom Verkäufer beabsichtigten Dolus sofort liquide zu stellen. Aber auch diese, eine Reminiszenz aus dem älteren Prozeßrechte enthaltende und der jetzt geltenden Zivilprozeßordnung fremde Unterscheidung zwischen Liquidität und Illiquidität von Einreden, welche mit der Klage in rechtlichem Zusammenhange stehen, kann für gerechtfertigt nicht erachtet werden, und es ist auch ein rechtlich zu schützendes Interesse nicht ersichtlich, welches der Verkäufer daran haben könnte, daß dem Käufer in dem hier vorliegenden Falle seine Einrede der unkontraktlichen Beschaffenheit der Ware bei nicht sofortiger Liquidität abgeschnitten, und der Käufer mit derselben auf einen zweiten Prozeß verwiesen wird.

Der in betreff der vorliegenden Frage vom Berufungsgerichte angezogenen bisherigen Judikatur der hamburgischen Gerichte ist eine entscheidende Bedeutung schon deshalb nicht beizulegen, weil dieselbe keineswegs immer konform ist.

Das angefochtene Urteil war hiernach aufzuheben. In der Sache selbst konnte aber eine Endentscheidung noch nicht ergehen, weil das Berufungsgericht die tatsächlichen und rechtlichen Grundlagen der Einrede der Beklagten bis jetzt lediglich mit Rücksicht auf die Liquidität derselben geprüft hat. Die Sache war daher zur anderweiten Verhandlung und Entscheidung in Gemäßheit der vorstehenden rechtlichen Beurteilung in die Instanz zurückzuverweisen."

RGZ. 32, 61

Ist der Selbsthilfeverkauf im Falle des Art. 354 HGB. noch zulässig, wenn längere Zeit seit dem Erfüllungstermine verstrichen und der Marktpreis der Ware inzwischen erheblich gesunken ist?

I. Zivilsenat. Urt. v. 8. November 1893.

I. Landgericht Hamburg. II. Oberlandesgericht daselbst.

Im April 1890 bzw. November 1889 hatte Beklagter von den Klägern Briketts, abzunehmen bis Ende Oktober 1890, und Koks, abzunehmen im Laufe des Jahres 1890, gekauft. Nachdem die Lieferungen im übrigen empfangen waren, weigerte Beklagter die Abnahme des Restes. Kläger ließen die entsprechenden Mengen im Mai 1891 meistbietend verkaufen und erhoben Klage auf Zahlung des Preisunterschiedes. Die Klage wurde abgewiesen, weil der Selbsthilfeverkauf bewirkt war, bevor eine Spezialisierung der verkauften Ware stattgefunden hatte, und das Landgericht im Anschlusse an die Rechtsprechung des Reichsgerichtes annahm, daß der Käufer diesen Verkauf nicht als für seine Rechnung geschehen gelten zu lassen brauche. Über den vom Beklagten erhobenen Einwand, daß er sich wegen Lieferungsverzuges der Kläger mit Recht vom Vertrage losgesagt habe, wurde keine Entscheidung gegeben. Nachdem dieses Urteil am 26. März 1892 rechtskräftig geworden, forderte Kläger durch Schreiben vom 31. März 1892 nochmals zur Abnahme auf mit dem Erbieten zur Gewährung weiterer Fristen, zugleich aber mit der Androhung einer Wiederholung des Selbsthilfeverkaufes, falls bis zum 7. April weder ein weiteres Fristgesuch noch die Abnahme seitens des Beklagten erfolgen würde. Da Beklagter sich schweigend verhielt, so ließen Kläger am 25. April 1892 die Versteigerung der nunmehr spezialisierten Ware vornehmen. Das Meistgebot, für welches der Zuschlag erfolgte, war erheblich geringer als dasjenige des ersten Selbsthilfeverkaufes. Im gegenwärtigen Prozesse haben Kläger den Beklagten auf Zahlung des sich hiernach ergebenden Preisunterschiedes in Anspruch genommen. Die Klage ist in den Instanzen abgewiesen, das Berufungsurteil aber aufgehoben aus folgenden

Gründen:

„Bei der gegenwärtigen Sachlage muß mit den Instanzurteilen von der Voraussetzung ausgegangen werden, daß Beklagter sich im Jahre 1891 mit Unrecht geweigert hat, 610 Tonnen Briketts und 360 Tonnen Koks von den Klägern abzunehmen, und hierdurch in Annahmeverzug geraten ist. Unter dieser Voraussetzung erscheint der erste im Mai 1891 vorgenommene Selbsthilfeverkauf als ein Versuch der Kläger, sich ein Erfüllungssurrogat zu verschaffen. Dieser Versuch hat nicht zum Ziele geführt, weil der meistbietende Verkauf auf eine noch nicht individualisierte Ware gerichtet war und deswegen durch das im Vorprozesse ergangene Urteil dem Beklagten gegenüber für unwirksam erklärt worden ist. Dem Umstande, daß Kläger hiernach einen unrichtigen Weg eingeschlagen haben, um zur Befriedigung zu gelangen, ist aber nicht die Wirkung beizumessen, daß sie ihrer Vertragsrechte aus Art. 354 HGB. verlustig gegangen sind. Sie haben also hierdurch allein auch nicht die Befugnis verloren, einen neuen Selbsthilfeverkauf der vom Beklagten nicht abgenommenen Quantitäten nach erfolgter Aussonderung derselben herbeizuführen. Dies ist auch von den Instanzrichtern angenommen worden. Ebenso ist den Vorinstanzen darin zuzustimmen, daß die zuletzt gedachte Befugnis im vorliegenden Falle weder durch gegenseitige Willensübereinstimmung noch durch einen Verzicht der Kläger als beseitigt gelten kann.

Die Gründe, aus denen die Instanzurteile ungeachtet dieser den Klägern günstigen Ausgangspunkte zur Abweisung der Klage gelangt sind, beruhen im wesentlichen auf zwei Erwägungen: 1. auf dem namentlich in dem landgerichtlichen Urteile zum Ausdrucke gebrachten, aber auch in den Entscheidungsgründen des Berufungsurteiles hervortretenden Argumente, daß der durch die Weigerung der Abnahme begründete Annahmeverzug des Beklagten mit der Vornahme des ersten Selbsthilfeverkaufes sein Ende erreicht habe, weil von diesem Zeitpunkte an die Lieferung seitens der Kläger verweigert sei bzw. die Kläger ihrerseits nicht mehr zur Erfüllung bereit gewesen seien; 2. darauf, daß es mit den Anforderungen der Billigkeit in Widerspruch stehe, den zweiten nach Verlauf von nahezu einem Jahre seit dem ersten Selbsthilfeverkaufe bewirkten Verkauf noch für Rechnung des Beklagten gelten zu lassen. Diese Erwägungen können indes nicht für zutreffend erachtet werden.

Nachdem Beklagter die Abnahme verweigert hatte, würde eine Befreiung desselben von dem Annahmeverzuge durch eine Verweigerung der Lieferung oder durch mangelnde Erfüllungsbereitschaft seitens der Kläger nur dann anzunehmen sein, wenn Beklagter die

Kläger zur Erfüllung aufgefordert oder ihnen in unzweideutiger Weise zu erkennen gegeben hätte, daß er neuerdings zur Abnahme bereit sei. Beklagter mußte, wenn sein Annahmeverzug aufhören sollte, tätig werden, um die Kläger in Lieferungsverzug zu setzen.

Vgl. l. 17 Dig. de peric. et comm. 16. 6; Mommsen, Beiträge zum Obligationenrecht Bd. 3 S. 294, 338 ff.

Hiervon ist im vorliegenden Falle nicht die Rede. Beklagter ist im Gegenteil stets dabei verblieben, daß er überhaupt nicht abzunehmen brauche; er hat sowohl im Vorprozesse wie im gegenwärtigen Prozesse geltend gemacht, daß er sich mit Recht vom Vertrage losgesagt habe. Danach ist, vorausgesetzt, daß die Weigerung des Beklagten unberechtigt war, nicht der Umstand, daß der erste Selbsthilfeverkauf nicht den gesetzlichen Erfordernissen entsprochen hat, sondern der fortdauernde Annahmeverzug des Beklagten die wirkende Ursache gewesen, daß es nicht zur Erfüllung des Vertrages gekommen ist. Durch den erfolglos gebliebenen Versuch der Kläger, im Wege des Selbsthilfeverkaufes Befriedigung zu erlangen, ist dieser Kausalzusammenhang nicht unterbrochen.

Auch der zweite Entscheidungsgrund der Vorinstanz ist nicht zu billigen. Sowohl vom Reichsoberhandelsgerichte wie vom Reichsgerichte ist wiederholt ausgesprochen, daß die Ausübung des Selbsthilfeverkaufes im Falle des Art. 354 im allgemeinen nicht an eine bestimmte Zeitgrenze gebunden ist. Der Käufer wird durch diesen Grundsatz auch bei einer, erheblichen Preisschwankungen unterworfenen Ware nicht in unbilliger Weise benachteiligt, da es ihm jederzeit frei steht, seine Mora zu purgieren.

Vgl. Entsch. des ROHG.s Bd. 23 S. 83 ff.; ferner die reichsgerichtlichen Urteile vom 18. Dezember 1889 Rep. I. 264/89 und vom 20. April 1892 Rep. I. 21/92 (Bolze, Bd. 9 Nr. 395, Bd. 14 Nr. 441).

Einverständnis besteht allerdings darüber, daß der vorstehende Grundsatz insofern eine Ausnahme erleidet, als der Käufer ein arglistiges oder, wie Staub in seinem Kommentar (§ 31) zu Art. 354 sich ausdrückt, ein illoyales Hinausschieben des Verkaufes nicht gelten zu lassen braucht, und daß unter Umständen in dem schweigenden Verhalten des Verkäufers ein solches Hinausschieben gefunden werden kann. Kläger haben aber, wie im Berufungsurteile ausdrücklich anerkannt ist, nicht nur durchaus gutgläubig gehandelt, sondern sich auch bei der Vornahme des ersten Selbsthilfeverkaufes mit Rücksicht auf die bisherige Praxis in einem sehr entschuldbaren Rechtsirrtume befunden. Sie haben ferner sehr bald, nachdem das den ersten Selbsthilfeverkauf für unwirksam erklärende Urteil des Vorprozesses rechtskräftig geworden war, den Beklagten von neuem zur Abnahme aufgefordert und sind demnächst ohne Verzug zum zweiten Selbsthilfeverkaufe geschritten. Das Verhalten der Kläger hat also dem Beklagten, wie auch schon oben hervorgehoben, niemals Veranlassung zu der Annahme gegeben, daß Kläger ihre Vertragsrechte fallen lassen oder sich doch des Selbsthilfeverkaufes begeben wollen. Bei dieser Lage der Sache kann es nicht als ein Gebot der Billigkeit betrachtet werden, daß infolge des Zeitablaufes und der inzwischen eingetretenen, dem Beklagten anscheinend sehr ungünstigen Änderung der Marktpreise von Briketts und Koks die Vertragspflichten des Beklagten erloschen sein sollen. Wenn eine derartige Folgerung sich aus der vom Berufungsgerichte in bezug genommenen Entscheidung des Reichsoberhandelsgerichtes (Entsch. desselben Bd. 23 S. 83) ergeben sollte, so vermag das Reichsgericht sich derselben in dem hier gegebenen Falle nicht anzuschließen." . . .

RGZ. 33, 95

1. Kann der Verkäufer im Wege des sog. Selbsthilfeverkaufes (Art. 343 HGB.) nur solche Ware öffentlich verkaufen lassen, welche sich in seinem Besitze befindet oder doch seiner tatsächlichen Verfügung unterworfen ist?

2. Ist in dieser Beziehung den gesetzlichen Voraussetzungen genügt, wenn der Verkäufer die von ihm öffentlich verkauften Koks zwar bei einer Zeche bestellt hatte und nach erfolgter Abrufung beziehen konnte, die Abrufung zur Zeit des Verkaufes aber noch nicht erfolgt war?

3. Hat das Gericht, wenn die Klage lediglich auf Art. 343 HGB. gestützt wurde, auf Grund des vorgetragenen Tatbestandes zu prüfen, ob nicht nach freiem Ermessen auf Schadensersatz zu erkennen sei?

4. Muß den Anforderungen in Art. 343 HGB. auch dann genügt werden, wenn ein Zahlungsverzug vorliegt und der Verkäufer sich bei Ausübung seines Wahlrechtes für den Selbsthilfeverkauf entschieden hat?

II. Zivilsenat. Urt. v. 20. Februar 1894.

I. Landgericht Halle a. S. II. Oberlandesgericht Naumburg a. S.

Die Klägerin hat dem Beklagten eine größere Menge Koks verkauft und ist, als die Ware ungeachtet ihrer Aufforderung nicht abgenommen wurde, zu drei Selbsthilfeverkäufen geschritten. In der Klage hat sie Ersatz des Mindererlöses verlangt. Der Beklagte hat u. a. geltend gemacht, daß die gesetzlichen Voraussetzungen zur Vornahme eines Selbsthilfeverkaufs nicht vorgelegen hätten. Der erste Richter hatte die Klage zuerkannt. Vom Oberlandesgerichte wurde sie dagegen abgewiesen. Die Revision der Klägerin wurde zurückgewiesen.

Aus den Gründen:

„1. Das Oberlandesgericht hat die Klage abgewiesen, weil die von der Klägerin vorgenommenen Selbsthilfeverkäufe nach Art. 343

HGB. nicht wirksam seien, und die Klägerin deshalb auch nicht von dem Beklagten Bezahlung des Mindererlöses verlangen könne, der sich bei diesen Verkäufen ergeben habe. Dessen Auffassung ist durchaus zutreffend. Durch die erwähnte Vorschrift wird dem Verkäufer für den Fall, daß der Käufer mit der Empfangnahme der Ware im Verzug ist, die Befugnis eingeräumt, diese Ware auf dessen Gefahr und Kosten in einem öffentlichen Lagerhause oder bei einem Dritten niederzulegen oder sie nach vorgängiger Androhung (für Rechnung des Käufers) öffentlich verkaufen zu lassen. Dadurch wird ihm die Möglichkeit gewährt, sich der ihm durch Art. 343 Abs. 1 auferlegten Verpflichtung zur Aufbewahrung der Ware zu entledigen und sich ihrer entweder ganz zu entäußern oder doch das Lager, auf dem sie sich befindet, dadurch zu räumen, daß er sie anderswo niederlegt. Aus Wortlaut und Zweck dieser Vorschrift ergibt sich mit voller Deutlichkeit, daß die von dem sogenannten Selbsthilfeverkaufe handelnde Vorschrift nur insoweit Anwendung finden kann, als es sich um den Verkauf von wirklich vorhandener, im Besitze des Verkäufers befindlicher oder doch zu dessen tatsächlicher Verfügung stehender Ware handelt; denn nur insoweit kann von einer Verpflichtung zur Aufbewahrung und von einer Niederlegung der Ware die Rede sein. Vom Reichsoberhandelsgerichte wie vom Reichsgerichte wurde denn auch stets an dieser Auffassung, insbesondere daran festgehalten, daß ein bloßer, dem Verkäufer zustehender Anspruch, vermöge dessen er von einem Dritten die Lieferung einer bestimmten Warenmenge verlangen kann, ihn nicht berechtige, in Gemäßheit des Art. 343 durch Selbsthilfeverkauf diesen Anspruch auf einen Dritten zu übertragen oder sich auf diesem Wege Dritten gegenüber lediglich zur Lieferung einer Ware zu verpflichten, die noch gar nicht vorhanden, jedenfalls nicht seiner tatsächlichen Verfügung unterworfen ist.

Vgl. Entsch. des ROHG.s Bd. 8 S. 375 ff., Bd. 21 S. 73, Bd. 22 S. 5 ff., ferner die Urteile des Reichsgerichtes vom 24. September 1881, 21. September 1883 und 4. Mai 1892, Entsch. des RG.s in Zivils. Bd. 5 S. 58 ff., besonders S. 65, 66, Bd. 11 S. 111 ff., besonders S. 114, Juristische Wochenschrift 1892 S. 276.

Um Selbsthilfeverkäufe der letzteren Art handelt es sich aber im vorliegenden Falle. Der Klägerin stand zwar gegenüber der Zeche Dannenbaum ein Anspruch auf Lieferung einer größeren Menge Koks von derjenigen Beschaffenheit zu, wie sie der Beklagte von ihr zu beziehen hatte. Aber sie hatte, als sie die Selbsthilfeverkäufe vornahm, diese Kokse noch nicht bezogen, ja noch nicht einmal abgerufen. Es standen hiernach solche nicht zu ihrer tatsächlichen Verfügung. In mehreren Urteilen des Reichsoberhandelsgerichtes und des Reichsgerichtes ist zwar dargelegt worden, ein Selbsthilfeverkauf im Sinne des Art. 343 HGB. werde nicht dadurch ausgeschlossen, daß mit der zu verkaufenden Ware noch gewisse Manipulationen vorgenommen werden müßten; Gegenstand eines solchen könnten z. B. auch noch nicht geförderte Kohlen sein. Aber auch wenn man sich auf diesen Standpunkt stellt, wie es das Oberlandesgericht getan hat, sind die von der Klägerin vorgenommenen Selbsthilfeverkäufe nicht als ordnungsmäßig im Sinne des Art. 343 anzusehen, weil die Klägerin es unterlassen hat, vorher eine bestimmte Menge Koks bei der Zeche Dannenbaum „abzurufen" und dann diese von ihr abgerufenen Koks zum Verkaufe zu bringen. So lange eine solche Abrufung nicht erfolgt war, standen die verkauften Kokse, die übrigens bei dem Verkaufe weder in Beziehung auf ihre Beschaffenheit, noch bezüglich der Bezugsquelle genauer bezeichnet wurden, jedenfalls nicht zur tatsächlichen Verfügung der Revisionsklägerin. Diese macht zwar geltend, da gelagerte Kokse nicht als „Primaware" gelten, sei sie nicht in der Lage gewesen, anders zu verfahren, als geschehen sei. Aber dies ist nicht anzuerkennen, da keineswegs festgestellt worden ist, daß die Kokse auch durch ein ganz kurzes Lagern die Eigenschaft als Primaware verlieren, und es der Klägerin unbenommen war, die ihr zu liefernden Koks vor der Ausführung des Selbsthilfeverkaufes abzurufen und dadurch dem Käufer die Möglichkeit zu gewähren, ganz frische Ware zu beziehen. Außerdem würde, wenn Selbsthilfeverkäufe bei den gegebenen Verhältnissen nicht ausführbar gewesen wären, daraus nur folgen, daß die Kläger diese hätten unterlassen und ihre Ansprüche auf anderem Wege verfolgen sollen. Die Annahme, daß der Verkäufer nach Art. 343 HGB. Ware verkaufen lassen könne, die er weder bezogen noch abgerufen hat, läßt sich ebensowenig rechtfertigen, wie diejenige, nach welcher es überhaupt nicht darauf ankomme, ob bezüglich der verkauften Ware ein Lieferungskauf abgeschlossen sei. In beiden Fällen wird nicht, wie Art. 343 HGB. voraussetzt, wirklich vorhandene, der tatsächlichen Verfügung des Verkäufers unterworfene Ware verkauft, sondern es erstreckt sich der Selbsthilfeverkauf nur auf Ware, die der Verkäufer erst künftig beziehen will und über die er tatsächlich zur Zeit noch nicht verfügen kann.

2. Der zweite Angriff der Revisionsklägerin geht dahin, das Oberlandesgericht hätte, auch wenn die Selbsthilfeverkäufe nach seiner Auffassung nicht dem Art. 343 HGB. entsprochen hätten, nach § 260 ZPO. prüfen müssen, ob sich daraus nicht immerhin ein hinlänglicher Beweis für den von der Klägerin behaupteten Schaden ergebe. Dieser Angriff scheitert schon daran, daß nach den obigen Darlegungen keineswegs feststeht, ein Selbsthilfeverkauf sei überhaupt unmöglich gewesen. Aber auch abgesehen davon ist er nicht begründet. Die

Klägerin hat ihre Klage lediglich auf Art. 343 HGB. gestützt und der Sache nach nicht Schadensersatz, sondern Vertragserfüllung durch Bezahlung des von dem Beklagten geschuldeten Kaufpreises verlangt, soweit sie nicht schon durch den Erlös aus den für seine Rechnung vorgenommenen Selbsthilfeverkäufen befriedigt worden ist. Das Oberlandesgericht war hiernach nicht befugt, der Klägerin an Stelle dieses Restkaufpreises unter Anwendung des § 260 ZPO. Schadensersatz wegen Nichterfüllung des Vertrages zuzusprechen, den diese gar nicht verlangt hatte. Es kann deshalbe dahingestellt bleiben, ob die Klägerin bei der gegebenen Sachlage solchen Schadensersatz hätte verlangen dürfen.

3. Als ungerechtfertigt erscheint endlich noch der letzte Angriff der Revisionsklägerin, nach welchem das Oberlandesgericht mit Unrecht angenommen haben soll, daß ein Zahlungsverzug von der Klägerin nicht behauptet worden sei, und die Anwendung des Art. 354 HGB. für gerechtfertigt erklärt wird. Auch wenn man annehmen wollte, die Klägerin habe einen Zahlungsverzug behauptet, und ein solcher liege wirklich vor, würde dadurch an der rechtlichen Beurteilung der Sache nichts geändert. Nach dieser Annahme hat die Revisionsklägerin von dem ihr nach Art. 354 HGB. zustehenden Wahlrechte in der Weise Gebrauch gemacht, daß sie Selbsthilfeverkäufe vornehmen ließ, und in der Klage Bezahlung des ihr noch zukommenden (in Art. 354 ungenau als Schadensersatz bezeichneten) Restkaufpreises beantragt. Diesen kann sie aber nur fordern, wenn die Selbsthilfeverkäufe den Vorschriften des Art. 343 HGB. entsprechen. Der Umstand, daß sie nicht vorhandene Ware verkauft hat, würde der Klage daher auch dann entgegenstehen, wenn sie nicht bloß auf Art. 343, sondern auch auf Art. 354 gestützt worden wäre."

RGZ. 34, 98

Zur Frage der Voraussetzungen des Selbsthilfeverkaufes bei Ware, die der Verkäufer nicht selbst in Gewahrsam, sondern von einem Dritten zu fordern hat.

HGB. Art. 354, 343.

I. Zivilsenat. Urt. v. 23. Januar 1895.

I. Landgericht I Berlin. II. Kammergericht daselbst.

Der Kläger hatte im September 1890 dem Beklagten pro 1891 Schwefelsäure, lieferbar in etwa gleichen Monatsraten, verkauft, die der Beklagte nach späterer Abmachung ab Hettstedt auf seine Order abzunehmen hatte. Der Beklagte hatte bis Ende 1891 nur einen Teil des abgeschlossenen Quantums beordert, der Kläger deshalb nach vergeblicher Aufforderung zur Abnahme und nach Androhung des Verkaufes den Rest in Hettstedt öffentlich verkauft und die Differenz eingeklagt. Der Beklagte bemängelte namentlich Ort und Art des

Selbsthilfeverkaufes, ist aber in beiden Instanzen nach dem Klageantrage verurteilt. Seine Revision ist zurückgewiesen worden, bezüglich der Streitfrage aus folgenden

Gründen:

... „Von den Erinnerungen, welche die Beklagte in den Instanzen gegen den Selbsthilfeverkauf vorgebracht, hat die Revision nur die gegen den Ort des Verkaufes und die, daß dem Kläger die verkaufte Ware zur Zeit des Selbsthilfeverkaufes nicht zur Verfügung gestanden habe, aufrechterhalten. Jener Einwand erledigt sich aber durch die Feststellung, daß die in Hettstedt befindliche Ware ab Hettstedt zu liefern war. Sie ist also am Erfüllungsorte verkauft, wenn sie in Hettstedt verkauft ist; und daß durch den Selbsthilfeverkauf die Ware zum Verkauf gebracht ist, welche der Kläger der Beklagten zu liefern und diese zu nehmen hatte, ist nach dem festgestellten Sachverhalt mit Grund nicht in Zweifel zu ziehen.

Verkauft sind im Selbsthilfeverkauf, wie festgestellt, 2390 Zentner Schwefelsäure, „lagernd in den Kammern der Kupferkammerhütte zu Hettstedt". Der Berufungsrichter stellt fest, daß der Kläger mit der Mansfelder Gewerkschaft am 23. September 1891 auf 50 000 Zentner Säure abgeschlossen, auf diesen Schluß im Jahre 1892, zur Zeit des Selbsthilfeverkaufes, noch mindestens 2390 Zentner zu fordern hatte, daß die Gewerkschaft verpflichtet und imstande war, dieses Quantum auf Verlangen aus ihren Vorräten jederzeit zu liefern, und daß dieses Quantum wirklich vorhanden war. Er führt aus, es sei unerheblich, daß der Kläger die 2390 Zentner nicht im eigenen Gewahrsam hatte; es sei genügend, daß die Säure bei der Mansfelder Gewerkschaft, wenn auch unausgeschieden, vorhanden gewesen sei, daß der Kläger sie vertragsmäßig zu empfangen hatte, und daß sie tatsächlich zu seiner Verfügung stand.

Die Feststellungen sind weder bedenklich noch angegriffen, der daran geknüpften Ausführung des Berufungsrichters aber ist durchaus beizustimmen. Dieselbe steht mit dem von der Revision angerufenen Urteil vom 20. Februar 1894 (Entsch. des RG. in Zivils. Bd. 33 S. 95) nicht in Widerspruch.

Gesetzliche Voraussetzung des Selbsthilfeverkaufes ist allerdings, daß Ware und nicht nur der obligatorische Anspruch des Verkäufers auf Bezug der Ware gegen einen Dritten zum Verkauf gestellt und gebracht wird. Letzteres kann trotzdem, daß formell Ware zum Verkauf gestellt ist, der Fall sein, wenn der Verkäufer die Ware nicht selbst hat, auch sein Verkäufer die Ware nicht oder noch nicht hat, oder nicht feststeht, ob sein Verkäufer die vorhandene Ware auf Order zu liefern verpflichtet ist oder liefern will. Unter Umständen kann deshalb erforderlich sein, daß der Selbsthilfeverkäufer zur Zeit des Selbsthilfeverkaufes die Ware, die er selbst nicht hat, aber von einem Dritten zu fordern hat, bei dem Dritten beordert, abgerufen hat, um sich selbst in den Stand zu setzen, die konkrete Ware des Selbsthilfeverkaufes zur Disposition des Käufers im Selbsthilfeverkauf zu stellen. Daß er sie selbst in Gewahrsam hat, wird weder vom Gesetz noch von den Anschauungen des Verkehrs gefordert, wenn er sie nur jederzeit aus dem Gewahrsam des ihm verpflichteten Dritten dem Käufer verschaffen kann.

Von diesen Grundsätzen ist das Reichsgericht in wesentlicher Übereinstimmung mit dem vormaligen Reichsoberhandelsgericht in konstanter Rechtsprechung ausgegangen.

Vgl. Entsch. des RG.s in Zivils. Bd. 5 S. 58, 65, 66, Bd. 11 S. 111, 114, Bd. 29 S. 62; Urteile vom 4. Mai 1892 Rep. I 42/92 und vom 8. Juni 1892 Rep. I 84/92.

In dem Falle des Urteiles vom 21. September 1883 vgl. Entsch. des RG.s in Zivils. Bd. 11 S. 112, ist der Selbsthilfeverkauf deshalb für unstatthaft erklärt, weil nicht einmal die vertragsmäßige Verpflichtung des Dritten, in dessen Händen die verkaufte Ware sich befand, feststand. Davon weicht auch das Urteil vom 20. Februar 1894, vgl. Entsch. des RG.s in Zivils. Bd. 33 S. 95, 97, nicht ab. Denn in diesem Falle stand ausweislich der Entscheidungsgründe dahin, ob die im Selbsthilfeverkauf verkaufte, nach Qualität und Bezugsquelle überdies unbestimmt gelassene Ware bei dem Dritten, von dem der Selbsthilfeverkäufer sie zu fordern hatte, nach Quantität und Qualität überhaupt vorhanden war. Von alledem ist in vorliegendem Falle nach der Feststellung des Berufungsrichters nicht die Rede. Denn verkauft ist konkrete, nach Qualität und Quantität und Lagerort bezeichnete, wirklich vorhandene, dem Verkäufer zur Disposition stehende Ware." ...

RGZ. 35. 1

Spezifikationskauf und Kauf nach Mustern mit Wahlbefugnis des Käufers unter den Mustern. Finden in letzterem Falle die Art. 343, 354 HGB bei Verzug des Käufers in der Wahl der Muster Anwendung?

I. Zivilsenat. Urt. v. 20. Februar 1895

I. Landgericht I Berlin. II. Kammergericht daselbst.

Die beklagte Gesellschaft schloß am 16. September 1892 mit dem Kläger einen Vertrag, durch den sie bei dem Kläger „150 Stück Tuch

Nouveautés aus der Sommerkollektion 1893" zu Preisen von 4,60 bis 6,10 M. je nach dem Muster bestellte, mit der Abrede, daß die Dispositon der Beklagten über die anzufertigenden 150 Stück in der auf den 16. September folgenden Woche, die Abnahme in den Monaten Dezember 1892 bis Februar 1893 zu geschehen habe.

Beklagte disponierte bis Ende Februar 1893 nur über 46 Stück. In einem am 1. März 1893 unter den Parteien geschlossenen Vergleich wurde nunmehr bestimmt, daß über die noch rückständigen 100 Stück die Beklagte Disposition bis 1. Juni desselben Jahres zu erteilen und die Abnahme dieser 100 Stück bis Ende August zu erfolgen habe. Die rückständigen 100 Stück auch aus der Winterkollektion von 1893/94 beordert werden könnten. Nach Abschluß des Vergleiches entstand Streit, ob Kläger verpflichtet sei, der Beklagten unentgeltlich Reisemuster auch aus der Winterkollektion 1893/94 zu gewähren. In betreff der Sommerkollektion 1893 war dies geschehen. Infolge dieses Streites unterblieb die Disponierung der Beklagten. Kläger erhob deshalb Klage mit dem Antrage, die Beklagte zu verurteilen, die Dessinnummern der bestellten 100 Stück bis zum 1. Juli 1893 dem Kläger aufzugeben oder am 1. Dezember 1893 (dem im Vergleich festgesetzten Zahlungstage) 1500 M. zu zahlen. Noch im Laufe der ersten Instanz änderte Kläger diesen Antrag dahin, daß lediglich die Zahlung von 1500 M. nebst 6 Prozent Zinsen seit dem 1. Dezember 1893 verlangt wurde. In der Berufungsinstanz ist die Klagesumme auf 1600 M. erhöht worden. Kläger beansprucht diesen Betrag als den ihm durch die unterlassene Disponierung seitens der Beklagten entgangenen Nutzen, indem er seine Herstellungskosten dem vertragsmäßig von der Beklagten zu zahlenden Preise gegenüberstellt.

Beide Instanzgerichte haben die Klage abgewiesen; auf die Revision des Klägers ist das Berufungsurteil aber aufgehoben und die Sache zur anderweiten Verhandlung und Entscheidung an das Berufungsgericht zurückverwiesen worden aus folgenden

Gründen:

„Nach dem Vertrage war den Beklagten die Auswahl unter den 150 Mustern der klägerischen Musterkollektion für den Sommer 1893 freigestellt. Hierzu kam nach dem Vergleich vom 1. März 1893 die Winterkollektion für 1893/94, die mit Einrechnung von 26 aus der Sommerkollektion herübergenommenen Mustern ungefähr 140 Muster umfaßte. Der Beklagten stand mithin die Wahlbefugnis unter ungefähr 260 Mustern zu, deren Preise gruppenweise abgestuft waren. Der unter den Parteien geschlossene Vertrag hatte in seiner ursprünglichen wie in der durch den späteren Vergleich abgeänderten Gestalt unzweifelhaft einen einheitlichen Charakter, kann aber nicht als ein sog. Spezifikationskauf betrachtet werden, bei welchem ein Grundstoff den eigentlichen Vertragsgegenstand bildet, und nur die Maße, in denen derselbe zu liefern ist, bzw. seine sonstige Individualisierung der Bestimmung des Käufers vorbehalten sind. Sowohl nach der Art der Preisfestsetzung wie nach der Beschaffenheit der Ware erscheinen im vorliegenden Falle die einzelnen Muster als verschiedene Warensorten, genauer als verschiedene mit Wahlbefugnis des Käufers alternativ verkaufte Waren. Die rechtliche Beurteilung hat ferner davon auszugehen, daß es sich im vorliegenden Falle um Waren handelt, die nach der Vertragsintention der Parteien erst auf Grund der von den Beklagten zu erteilenden Dispositionen angefertigt werden sollten. Die dahingehende Behauptung des Klägers ist zwar von der Beklagten bestritten worden; sie bedarf aber nach dem Inhalt des von den Parteien geschlossenen Vertrages keines besonderen Beweises; vielmehr würde eventuell die Beklagte den Beweis eines abweichenden Parteiwillens zu erbringen haben.

Endlich kommt in Betracht, daß die in Rede stehenden Waren sog. Saisonartikel sind, die mit Rücksicht auf die herrschende Mode und den zu erwartenden Bedarf der jeweiligen Sommer- und Wintersaison vom Grossisten bestellt und vom Fabrikanten angefertigt zu werden pflegen. Wenn deshalb das der Klage zugrunde liegende Geschäft auch kein Fixgeschäft im Sinne des Art. 357 HGB. war, so hatten doch beide Parteien ein erhebliches Interesse daran, daß die Disponierung der Beklagten und die Ausführung der Bestellung durch den Kläger rechtzeitig erfolgten.

Die Anwendung der Art. 354, 343 HGB. auf einen Fall der vorliegenden Art kann nicht für gerechtfertigt erachtet werden. Die im Art. 343 vorgeschriebene Niederlegung setzt die Spezialisierung der Waren voraus. Aber auch der Selbsthilfeverkauf ist nur statthaft, wenn die Ware mindestens insoweit vorhanden ist, daß es nur noch der Aussonderung derselben oder der Gestaltung eines bestimmten, bereitstehenden Grundstoffes bedarf. Im vorliegenden Falle hätte mithin die Ausübung des Selbsthilfeverkaufes nicht in der Weise bewirkt werden können, daß das der Beklagten zustehende Wahlrecht auf den Käufer übertragen worden wäre. Nach der vorstehend erörterten Sachlage wäre das kein der Vorschrift des Art. 343 entsprechender Verkauf der Ware, sondern ein Verkauf des Anspruches auf Herstellung der Ware gewesen. Ein solcher Verkauf würde nicht als Selbsthilfeverkauf im Sinne des Handelsgesetzbuches gelten können. Ob es zulässig gewesen wäre, daß Kläger an Stelle der Beklagten das Wahlrecht ausgeübt und die zu liefernden Waren in den von ihm gewählten Mustern angefertigt hätte, kann dahingestellt bleiben. Denn auch wenn man annimmt, daß nach preußischem Rechte bei einer Säumnis des wahlberechtigten Käufers das Wahlrecht auf den Verkäufer übergehe, — was bekanntlich sehr bestritten ist — wird dadurch doch nur eine Befugnis des Verkäufers begründet. Die Ansprüche des Verkäufers sind nicht davon abhängig, daß er von dieser Befugnis Gebrauch macht, im vorliegenden Falle um so weniger, als bei der großen Zahl der zu Gebote stehenden Muster die Auswahl des Klägers kaum anders als nach Willkür hätte erfolgen können. — Auch darauf kann der Kläger nicht verwiesen werden, daß ihm das Recht zustand, die Beklagte im Wege des Prozesses auf Ausübung des Wahlrechtes in Anspruch zu nehmen. Denn wenn dieser Weg überhaupt zum Ziele führen konnte, so wäre hierdurch die Herstellung der Ware jedenfalls über die Zeit hinaus, in welcher sie anzufertigen und ihrer Bestimmung gemäß zu verwerten war, verzögert worden.

Aus den dargelegten Gründen folgt, daß im Streitfalle von einer Anwendung der Art. 354, 343 abzusehen ist. Es greift der Gesichtspunkt Platz, aus welchem in dem Urteile des Reichsgerichtes vom 16. März 1880,

vgl. Entsch. des RG.s in Zivils. Bd. 1 S. 64,

diese Bestimmungen für unanwendbar erklärt worden sind. Wenngleich der damals entschiedene Fall anders lag, so trifft doch auch im gegenwärtigen Falle die Erwägung zu, daß der Entschädigungsanspruch des Klägers sich nicht auf Art. 354 HGB., sondern darauf gründet, daß die Beklagte durch ihr vertragswidriges Verhalten die Erfüllung des Vertrages unmöglich gemacht hat. Dieser Anspruch aber kann dem Kläger, falls seine Behauptungen im übrigen für begründet zu erachten sind, nicht versagt werden." . . .

RGZ. 36, 83

1. Ist der Verkauf von 6000 Zentnern Kornzucker mit der Bestimmung „Lieferung von je 2000 Zentnern per Oktober, November und Dezember 1893, bis 10. jeden Monats abzuladen", ein Fixgeschäft im Sinne des Art. 357 HGB.?

2. Verwirkt der Verkäufer bei Nichtfixgeschäften sein Recht zum Selbsthilfeverkaufe durch Verzögerung desselben?

I. Zivilsenat. Urt. v. 11. Dezember 1895.

I. Landgericht Hamburg. II. Oberlandesgericht daselbst.

Nach Übereinkommen mit der in Hamburg domizilierten Beklagten hat der Kaufmann E. auf den Namen der Beklagten im April 1893 von der klagenden Zuckerfabrik in M. Kornzucker, Lieferung je 2000 Zentner per Oktober, November und Dezember 1893, bis 10. jeden Monats abzuladen, gekauft. Nach Erledigung der beiden ersten Raten ersuchte Klägerin die Beklagte um Disposition über die Dezemberrate, worauf Beklagte erwiderte, daß diese 2000 Zentner

Zucker sie nicht berührten. Am 12. Dezember 1894 diente Klägerin der Beklagten diesen Zucker unter gleichzeitiger Androhung eines eventuellen Selbsthilfeverkaufes an. Da Beklagte den Empfang ablehnte, ist Klägerin am 2. Januar 1895 zum Selbsthilfeverkaufe geschritten und hat die Differenz eingeklagt. Der erste Richter hat die Klage abgewiesen, der zweite Richter die Beklagte dem Klageantrage gemäß verurteilt. Die Revision der Beklagten ist zurückgewiesen worden aus folgenden

Gründen:

„Das Berufungsgericht hat 1. die Annahme des Landgerichtes, daß ein Fixgeschäft im Sinne des Art. 357 HGB. vorliege, und deshalb der Verkauf des Zuckers für Rechnung der säumigen Käuferin unverzüglich nach Ablauf der Erfüllungszeit hätte vorgenommen werden müssen, mit Recht für unbegründet erachtet, indem es zutreffend ausführt, daß in der Vertragsbestimmung „Lieferung je 2000 Zentner per Oktober, November, Dezember" nicht die Verabredung einer genau bestimmten Lieferzeit liege, sondern ein erheblicher Spielraum gelassen sei, und daß eine derartige Fristbestimmung an sich den Ausnahmefall des Art. 357 HGB. nicht begründe, der nur dann vorliege, wenn nach der klaren, unzweifelhaften Absicht der Parteien die Zeit ganz fest bestimmt und eine so wesentliche Eigenschaft der Leistung sei, daß eine spätere Leistung nicht mehr als Vertragserfüllung angesehen werden solle. Auch der Zusatz „Bis 10. jeden Monats abzuladen" reicht, wie das Berufungsgericht ferner mit Recht bemerkt, nicht aus, um daraus zu entnehmen, daß die Kontrahenten auf die genaue Einhaltung der Zeit ein so entschiedenes Gewicht gelegt haben, wie das bei Fixgeschäften vorausgesetzt wird. Es wird hierbei insbesondere unter Bezugnahme auf die Entscheidung des Reichsoberhandelsgerichts vom 4. Juni 1872,

vgl. Entsch. des ROHG.s Bd. 6 S. 228,

zutreffend darauf hingewiesen, daß es bei einem Distanzgeschäfte, wie es hier vorliegt, indem die Ware von dem Wohnsitze der Klägerin — M. — an die Beklagte nach Hamburg abgesandt werden sollte, für den Käufer wesentlich auf den Zeitpunkt der Ankunft der Ware anzukommen pflegt, hier aber nur der Zeitpunkt der Absendung bestimmt ist, daß trotz der Festsetzung dieses Zeitpunktes der Zeitpunkt der Ankunft doch mehr oder minder unsicher und von Zufällen abhängig bleibt, und daß bei Geschäften, wo — wie hier — der Erfüllungsort und der Bestimmungsort, an dem der Empfang und die Prüfung der Ware stattfindet, verschieden sind, die Anwendung der Bestimmungen über Fixgeschäfte Schwierigkeiten bietet und für den Käufer Nachteile zur Folge hat, so daß nicht leicht anzunehmen ist, daß der Käufer ein Fixgeschäft beabsichtigt habe. Ebenso hat das Berufungsgericht im Anschlusse an die Rechtsprechung des Reichsoberhandelsgerichts,

vgl. Entsch. des ROHG.s Bd. 9 S. 409,

zutreffend erwogen, daß auch der Umstand, daß die gehandelte Ware größeren oder geringeren Preisschwankungen unterworfen ist, für sich allein nicht genügt, ein Fixgeschäft als gewollt anzunehmen, weil im Warenhandel die Spekulation auf das Fallen oder Steigen der Preise meistens oder doch sehr oft ein Motiv zum Abschlusse des Geschäftes bildet.

Endlich hat das Berufungsgericht auch den vom Landgerichte für das Vorliegen eines Fixgeschäftes angeführten Grund, daß derartige Zuckerlieferungskontrakte notorisch meistens geschlossen würden, um auf Kursänderungen zu spekulieren, und daß deshalb und auf Grund der Sachkunde der kaufmännischen Mitglieder des Landgerichts auch im vorliegenden Falle ein Fixgeschäft als beabsichtigt anzunehmen sei, daß die zutreffende Erwägung widerlegt, es sei als Regel anzunehmen, daß die Vermutung für das Nicht-Fixgeschäft spreche, und es müßten besondere Umstände vorliegen, welche klar ergeben, daß in dem konkreten einzelnen Falle ein Fixgeschäft beabsichtigt war; ein gegenteiliger Handelsgebrauch lasse sich auf Grund der Sachkunde der kaufmännischen Mitglieder des Landgerichtes um so weniger feststellen, als Klägerin solche Usance bestimmt in Abrede gestellt und Beklagte Beweise für deren Bestehen nicht angeboten habe, wie sie denn auch in erster Instanz nicht einmal geltend gemacht habe, daß ein Fixgeschäft beabsichtigt sei.

2. Das Landgericht hat nun zwar unter Bezugnahme auf eine Entscheidung des Reichsoberhandelsgerichts vom 20. Oktober 1877,

vgl. Entsch. des ROHG.s Bd. 23 S. 83 ff.,

den Anspruch der Klägerin auch dann, wenn kein Fixgeschäft vorliege, für unbegründet erachtet, weil Klägerin den Verkauf für Rechnung des säumigen Käufers unverhältnismäßig lange aufgeschoben und dadurch die ihr gesetzlich zustehenden Rechte verwirkt habe; dies sei ein Gebot der Billigkeit, da die verspätete Ausübung der Rechte der Klägerin eine nicht zu rechtfertigende Benachteiligung der Beklagten zur Folge haben würde. Auch darin ist aber das Berufunggericht mit Recht dem Landgerichte nicht beigetreten.

Nachdem Klägerin am 4. Dezember 1893 die Beklagte um Disposition über die Dezember-Rate ersucht und die Beklagte ihr am 5. Dezember erwidert hatte, daß die 2000 Zentner sie nicht berührten, hat Klägerin allerdings ein Jahr gewartet, ehe sie das Verlangen auf Abnahme wiederholte und mit Schreiben vom 12. Dezember 1894 die 2000 Zentner der Beklagten unter gleichzeitiger Androhung eines eventuellen Selbsthilfeverkaufs andiente. Als Grund für dieses Verhalten hat die Klägerin in glaubhafter Weise, und ohne daß Beklagte dies bestritten hätte, angegeben, daß die Beklagte in deren Namen der Kaufmann E. auch noch mit anderen Firmen ähnliche Käufe von Zucker abgeschlossen hatte, die Berechtigung des E. zum Abschlusse in ihrem Namen bestritten habe und dieserhalb von anderer Seite verklagt sei, die Klägerin aber zunächst den Ausgang dieser, auch für ihr Rechtsverhältnis zu der Beklagten in Betracht kommenden Prozesse habe abwarten wollen, ehe sie weiter gegen die Beklagte vorginge. Nach rechtskräftiger Entscheidung dieser Prozesse zuungunsten der Beklagten ist dann aber die Klägerin unbestritten sofort mit der Geltendmachung ihrer Ansprüche vorgegangen.

Das Berufungsgericht geht von dem richtigen, auch vom Landgerichte an sich nicht verkannten Rechtssatze aus, daß eine gesetzliche Frist, innerhalb deren der Verkäufer den Verkauf für Rechnung des säumigen Käufers vornehmen müßte, nicht besteht, und das der Verkäufer in der Wahl des Zeitpunktes für diesen Verkauf an sich nicht beschränkt ist, insbesondere auch nicht durch das Interesse des säumigen Käufers, daß der Verkäufer in der Ausübung eines Rechtes (nicht auch einer ihm dem Käufer gegenüber auferlegten Pflicht) handelt, und daß er daher den Zeitpunkt des Verkaufes so wählen darf, wie es seinem Interesse entspricht.

Vgl. Entsch. des ROHG.s Bd. 21 S. 159.

Eine Ausnahme hiervon statuiert das Berufungsgericht nur für den Fall, daß das Hinausschieben des Selbsthilfeverkaufes sich als ein argllistiges, illoyales, gegen die bona fides verstoßendes Verhalten darstellt, da dann der Käufer dasselbe nicht gegen sich gelten zu lasse brauche. Hierin schließt das Berufungsgericht sich der Rechtsprechung auch des Reichsgerichtes,

vgl. das Erkenntnis desselben vom 8. November 1893 in Entsch. des RG.s in Zivils. Bd. 32 S. 63 ff.,

an und verletzt keineswegs den Art. 354 HGB. oder anderweitige Rechtsgrundsätze. Auch nimmt es ohne Verletzung von Rechtsnormen an, daß es an jedem Grunde fehle, der Klägerin ein solches arglistiges Verhalten vorzuwerfen, indem es ausführt, die Beklagte habe daraus, daß die Klägerin nach der Abnahmeweigerung der Beklagten im Dezember 1893 schwieg und nicht sofort zur Ausübung ihrer Rechte schritt, angesichts des oben gedachten Umstandes nicht ohne weiteres den Schluß ziehen dürfen, daß Klägerin mit der Aufhebung des Vertrages einverstanden sei und auf ihre Rechte verzichten wolle; vielmehr habe als der Grund des Schweigens der Klägerin deren Wunsch, zunächst den Ausgang der von anderer Seite gegen die Beklagte bezüglich der Legitimation des E. zum Abschlusse der Verträge angestrengten Prozesse abzuwarten, nahegelegen, und dieser Grund sei auch ein ganz verständiger und erlaubter gewesen.

Nicht minder zutreffend und im Einklange mit der oben gedachten Entscheidung des Reichsgerichtes stehend ist die fernere Ausführung, daß die Rechte der Klägerin nicht durch die infolge des Zeitablaufes eingetretene, für die Beklagte höchst ungünstige Veränderung des Marktpreises als verwirkt angesehen werden könnten, da die zukünftige Gestaltung der Preise einer Ware etwas völlig Ungewisses sei und von nicht vorauszusehenden und der Berechnung und Beeinflussung durch die Klägerin entzogenen Umständen abgehangen habe, mithin auch nicht die Rede davon sein könne, daß Klägerin beim Hinausschieben des Verkaufes auf Kosten der Beklagten spekuliert habe, wie denn auch die Beklagte, wenn sie das Risiko der Preisschwankungen nicht laufen wollte, jederzeit in der Lage gewesen wäre, durch ihre Bereiterklärung zur Abnahme nachträglich moram zu purgieren, und, wenn der umgekehrte Fall einer Preissteigerung eingetreten wäre, und die Beklagte dann Lieferung verlangt hätte, die Klägerin im Nachteile gewesen sein würde. Da auch irgendwelche sonstige Umstände, welche auf ein doloses Verhalten der Klägerin und darauf, daß diese bei dem Selbsthilfeverkaufe absichtlich das Interesse der Beklagten verletzt habe, nicht hervorgetreten seien, müsse daher dem im übrigen nicht streitigen Anspruche der Klägerin stattgegeben werden.

Die gegen diese zutreffenden Ausführungen erhobenen Revisionsangriffe erweisen sich als unbegründet. Unerheblich ist zunächst die Behauptung des Beklagten, daß die Zuckerpreise inzwischen stetig gefallen und zur Zeit des Verkaufs so niedrig gewesen seien, wie nie zuvor. Denn sie fällt mit dem von der Revision aufgestellten, aber vorstehend bereits widerlegten Vordersatze, daß nach einer angeblichen konstanten Praxis der Selbsthilfeverkauf nicht in einer dem Interesse des Käufers zuwiderlaufenden Weise ausgeübt werden dürfe.

Unrichtig ist ferner, daß das Berufungsgericht unberücksichtigt gelassen habe, daß es sich um eine im hohen Grade Preisschwankungen unterworfene Ware handelte. Das Berufungsgericht hat dies vielmehr ausdrücklich hervorgehoben, indessen mit Recht für unerheblich erachtet. da, wie schon in der von ihm angezogenen Entscheidung des Reichsgerichtes ausgesprochen ist, der vom Landgerichte in bezug genommenen Entscheidung des Reichsoberhandelsgerichts in Bd. 23 S. 83 ff., wenn eine solche Folgerung sich aus derselben ergeben sollte, nicht beizutreten sein würde ...

Endlich macht die Revision auch ohne Grund geltend, die Beklagte habe nicht wissen können, ob der Klägerin bekannt war, daß sie über die Legitimation des E. zu ihrer Vertretung Prozesse führte und die bona fides habe es daher geboten, daß Klägerin die Beklagte von dem Grunde ihrer Zögerung mit der Verfolgung ihrer Rechte in Kenntnis setzte. Denn mag die Beklagte auch nicht gewußt haben, daß die Klägerin von jenen Prozessen Kenntnis hatte, so genügte es — wie das Berufungsgericht zutreffend annimmt — schon die naheliegende Möglichkeit und Wahrscheinlichkeit, daß Klägerin diese Kenntnis erlangt haben werde, um auf seiten der Beklagten eine Täuschung über den Grund des Verhaltens der Klägerin auszuschließen oder doch wenigstens darauf gefaßt zu sein, daß dieses Verhalten den von der Klägerin dafür angegebenen Grund habe."

RGZ. 36, 89

Muß der Käufer einen vom Verkäufer auf Grund des Art. 343 HGB. vorgenommenen Selbsthilfeverkauf gelten lassen, wenn die Ware dem Verderben ausgesetzt war, und die Vornahme des Verkaufes verzögert worden ist?

I. Zivilsenat. Urt. v. 14. Dezember 1895.

I. Landgericht Hamburg. II. Oberlandesgericht daselbst.

Der Beklagte hat von der Klägerin eine Quantität Flensburger Premier jus — ein Rinderfett, das zur Margarinebereitung dient — gekauft, aber den Empfang wegen Verspätung der Lieferung abgelehnt. Klägerin hat die Ware öffentlich verkaufen lassen und fordert die Differenz vom Beklagten, der einwendet, daß der Selbsthilfeverkauf ungebührlich verzögert worden sei. Der Berufungsrichter hat deshalb die Klage abgewiesen, und die dagegen eingelegte Revision ist zurückgewiesen aus folgenden

Gründen:

„Allerdings schreibt der Art. 343 HGB. für die Vornahme des Selbsthilfeverkaufes keine Frist vor. Mit Recht geht aber das Berufungsgericht davon aus, daß sich der Käufer eine „illoyale" Hinausschiebung des Verkaufs, womit offenbar eine auf Arglist oder grober Fahrlässigkeit des Verkäufers beruhende Hinausschiebung gemeint ist, nicht gefallen zu lassen brauche.

Den Gegenstand des zwischen den Parteien abgeschlossenen Kaufvertrages bildet eine Ware, die, wie feststeht, dem Verderben ausgesetzt und bei der „frische Qualität" vertragswesentliche Eigenschaft ist. Nun statuiert zwar der Art. 343 HGB. nur ein Recht, nicht eine Pflicht des Selbsthilfeverkaufes. Es stand daher bei der Klägerin, von dem öffentlichen Verkaufe überhaupt abzusehen. Tat sie dies, so hatte Beklagter zu erwägen, ob er trotzdem bei seiner Weigerung, die Ware in Empfang zu nehmen, beharren und sich der Eventualität aussetzen wollte, für eine entwertete Ware den vollen Kaufpreis zahlen zu müssen. Die Klägerin hat sich aber anders entschieden und bereits am 3. und am 5. April 1893 ihren Entschluß, den Selbsthilfeverkauf vorzunehmen, dem Beklagten mitgeteilt. Danach durfte der Beklagte sein ferneres Verhalten bestimmen. Er durfte sich der Erwartung hingeben, daß nunmehr der Verkauf nicht ohne Grund verzögert, vielmehr mit der durch die Beschaffenheit der Ware gebotenen Beschleunigung betrieben werden würde, und er ist daher nicht gehalten, den Verkauf als für seine Rechnung geschehen anzuerkennen, wenn dieser in gröblicher Mißachtung seiner Interessen hinausgeschoben worden ist. Ebendahin geht aber die ohne Gesetzesverletzung getroffene Entscheidung des Berufungsgerichtes. Es ist festgestellt, daß der Verkauf erst am 20. Mai stattgefunden hat, obwohl die Klägerin bereits am 8. oder 9. April die Ware von der Bahn zurückerhalten hatte. Zur Aufklärung dieser auffallenden Verzögerung hat auf ausdrückliches gerichtsseitiges Befragen der Berufungskläger nur anzugeben vermocht, daß zur Feststellung der Qualität der Ware eine Wiederholung der zuerst ungenügend vorgenommenen Besichtigung durch Sachverständige erforderlich gewesen sei, wogegen das Berufungsgericht es als gerichtsbekannt hinstellt, daß nach den in Hamburg bestehenden Einrichtungen der Verkauf auch nach zuvoriger gründlicher Besichtigung der Ware durch Sachverständige längstens binnen einer Woche hätte bewerkstelligt werden können. Demgegenüber kann dem Berufungsgerichte kein begründeter Vorwurf daraus gemacht werden, wenn es nach dem ihm vorliegenden Sachverhalte ohne Berücksichtigung des allgemein dafür angebotenen Zeugenbeweises, daß der Verkauf nicht früher als am 20. Mai möglich gewesen sei, zu der Annahme gelangt ist, daß der Klägerin eine illoyale Hinausschiebung des Verkaufes zur Last falle. Ebenso durfte angesichts der Beschaffenheit der Vertragsware das Angebot eines Sachverständigenbeweises dafür abgelehnt werden, daß der Verkauf, auch wenn er früher vorgenommen worden wäre, ein besseres Ergebnis, als das erzielte, nicht gehabt haben würde." ...

RGZ. 40, 53

Ist, wenn der Käufer (Kaufmann) die ihm mit der Eisenbahn übersendete, vertragsmäßig beschaffene Ware zurückweist, und sodann die Ware, weil auch der Verkäufer (Nichtkaufmann) sich um dieselbe nicht kümmert, von der Eisenbahnverwaltung versteigert wird, die Klage des Verkäufers auf Zahlung des Preises und Ersatz der durch den Versteigerungserlös nicht gedeckten Unkosten ohne weiteres deshalb unbegründet, weil der Verkauf nicht den Anforderungen des Art. 343 HGB. entspricht? Wie ist diese Klage zu begründen? War der Verkäufer durch den Annahmeverzug des Käufers aller Sorge um die Ware enthoben? Wird, wenn der Verkäufer eine Gewerkschaft ist, § 98 ALR. I. 11 durch Art. 282 HGB. berührt?

II. Zivilsenat. Urt. v. 9. November 1897

I. Landgericht Essen. II. Oberlandesgericht Hamm.

Am 3. März 1890 kaufte die Beklagte von der Klägerin für die Zeit vom Juli 1890 bis zum 30. Juni 1891 arbeitstäglich 10 Tons gewaschene Kokskohle. Von den im April, Mai, Juni 1891 mit der Eisenbahn abgeschickten Kohlen verweigerte die Beklagte die Annahme von 16 Doppelwaggons zu 10 Tons wegen angeblich zu hohen Aschengehaltes, worauf, da auch die Klägerin die Wiederannahme verweigerte, gemäß § 61 des Betriebsreglements für die Eisenbahnen Deutschlands die Bahnverwaltung (Güterabfertigungsstelle in Gelsenkirchen) die Kohlen versteigerte. Die Kosten des Verkaufes, der Wagenmiete, des Standgeldes usw. überstiegen den Verkaufserlös um 821,75 M. Gegen die auf Zahlung dieses Betrages sowie des 2320 M. betragenden Kaufpreises der 16 Doppelwaggons, in Summa 3141,75 M., nebst 6 % Zinsen seit dem 1. August 1891 erhobene Klage wendete die Beklagte ein, daß die Kohle wegen zu hohen Aschengehaltes als Handelsgut mittlerer Art nicht anzusehen sei, was die Klägerin bestritt.

Nach erhobenem Beweise erkannte das Landgericht nach dem Klagantrage, wogegen die Beklagte Berufung einlegte, indem sie nunmehr bestritt, daß die von der Eisenbahnverwaltung vorgenommenen Versteigerungen ordnungsmäßig erfolgt seien, auch die angesetzten Kosten nicht anerkannte. Das Oberlandesgericht änderte das erstinstanzliche Urteil dahin ab, daß es die Klage abwies. In den Entscheidungsgründen wurde ausgeführt: werde die vertragsmäßige Beschaffenheit der gelieferten Kohlen vorausgesetzt, so sei die Beklagte durch die Annahmeverweigerung in Annahmeverzug gekommen, und die Klägerin befugt gewesen, gemäß Art. 343 HGB. die Ware verkaufen zu lassen. Nehme man nun an, daß Art. 343 die Rechte des Verkäufers bei Annahmeverzug des Käufers überhaupt regle, so entsprächen die stattgehabten Verkäufe nicht den Vorschriften dieses Artikels, da die Güterabfertigungsstelle in Gelsenkirchen weder Handelsmakler sei, noch als einer der in Art. 343 bezeichneten Beamten angesehen werden könne. Der Art. 343 handle nun aber nur von der Aufbewahrungspflicht des Verkäufers und der ihm gegebenen Möglichkeit, sich des Gewahrsames durch Niederlegung oder Verkauf zu entledigen. Die Pflichten des Verkäufers, wenn er sich die Ware nicht gemäß Art. 343 entledige, richteten sich nach Landesrecht, hier also bezüglich der Frage, o b der Verkäufer hafte, nach § 98 ALR. I. 11, wogegen über das Maß der Sorgfalt Art. 282 HGB. entscheide. Die Sorgfalt eines ordentlichen Kaufmannes habe aber die Klägerin verletzt, indem sie, obwohl von der Beklagten über Verweigerung der Ware in Kenntnis gesetzt, sich um die Ware nicht gekümmert und so erhebliche Kosten und den

Verlust des Gutes selbst verursacht habe; sie könne deshalb weder auf Zahlung des Preises, noch auf Ersatz der gehabten Auslagen Anspruch erheben.

Auf Revision der Klägerin wurde das Berufungsurteil aufgehoben.

Gründe:

„Die Revision erscheint begründet.

Der im Urteile an zweiter Stelle gesetzte, aber vom Berufungsgerichte anscheinend allein gebilligte Entscheidungsgrund, auf welchem die Abweisung der Klage beruht, ist die Annahme, daß die Klägerin durch Vernachlässigung der Sorgfalt eines ordentlichen Kaufmannes den Verkauf der Ware durch die Eisenbahnverwaltung und damit die Verschleuderung selbst herbeigeführt habe. Diesem Entscheidungsgrunde liegt einerseits die zutreffende Erwägung zu Grunde, daß durch die ungerechtfertigte Zurückweisung der Ware seitens des Käufers der Verkäufer nicht jeder Sorge für dieselbe enthoben werde, daß vielmehr aus § 98 ALR. I. 11 das Gegenteil sich ergebe; unrichtig ist aber die weitere Erwägung, daß die Vorschrift dieses Paragraphen, nach welcher bei Annahmeverzug des Käufers der Verkäufer nur für einen durch seinen Vorsatz oder grobes Versehen entstandenen Schaden an der Sache haftet, im vorliegenden Falle nicht voll zur Anwendung kommen könne, weil nach Art. 282 HGB. die Klägerin zur Anwendung der Sorgfalt eines ordentlichen Kaufmannes verpflichtet gewesen sei; denn nach dem unzweideutigen Wortlaute des Art. 282 gilt die in demselben aufgestellte Regel nur von der Sorgfalt dessen, auf dessen Seite das zur Sorgfalt verpflichtende Geschäft ein Handelsgeschäft ist; die Klägerin aber ist eine bergrechtliche Gewerkschaft, welche als solche nur die Gewinnung und Veräußerung eigener Produkte betreibt und demzufolge nicht die Eigenschaft eines Kaufmannes hat; auf sie findet der § 98 ALR. I. 11 unbeschränkt Anwendung.

Kann sonach der vorerwähnte Entscheidungsgrund nicht bestehen bleiben, so ist doch noch weiter zu erörtern, ob das Urteil nicht durch die vom Oberlandesgerichte in erster Linie aufgestellte Erwägung getragen wird, daß, weil der von der Eisenbahnverwaltung vorgenommene Verkauf nicht als ein dem Art. 343 HGB. entsprechender Selbsthilfeverkauf angesehen werden könne, eine Klage der Verkäuferin auf Zahlung des Kaufpreises und Ersatz der durch die Zurücksendung der Ware entstandenen Kosten überhaupt nicht zu begründen sei. Diese Frage ist zu verneinen. Der Art. 343 Abs. 2 HGB. regelt keineswegs allgemein die Rechte und Pflichten der Vertragsparteien für den Fall, daß der Käufer sich eines Annahmeverzuges schuldig macht, sondern bestimmt weiter nichts, als daß der Verkäufer in diesem Falle sich der Ware durch Niederlegung oder Verkauf, und nur auf diese Weise, entledigen darf; eine Vorschrift, die wesentlich durch die im römischen Rechte ihm zuerkannte Befugnis, sich von der Ware in anderer Weise, z. B. durch Auslaufenlassen des verkauften Weines, zu befreien, veranlaßt worden ist. Im übrigen ändert das Handelsgesetzbuch für den Fall des Annahmeverzuges des Käufers — von den allgemeinen Vorschriften über Handelsgeschäfte, z. B. Art. 282, abgesehen — an den Grundsätzen des bürgerlichen Rechtes nichts. Ob nun die Klägerin, ohne von neuem Lieferung der Ware anzubieten, Bezahlung derselben lediglich deshalb verlangen kann, weil die in vertragsmäßigem Zustand der Beklagten zugesandte Ware von dieser zurückgewiesen worden ist, und ob sie Ersatz der ihr durch diese Zurückweisung erwachsenen Aufwendungen beanspruchen kann, richtet sich lediglich nach den Grundsätzen des § 271 ALR. I. 5 in Verbindung mit § 98 ALR. I. 11 und des § 102 ALR. I. 11; d. h. die Verurteilung der Beklagten hängt davon ab, ob der Verlust der Ware auf den schuldhaften Annahmeverzug der Beklagten, und nicht auf Vorsatz oder grobes Versehen der Klägerin zurückzuführen ist. Die Ausführung der letzteren, daß sie mit Absendung der vertragsmäßigen Ware ihrerseits den Vertrag erfüllt habe und deshalb Erfüllung seitens der Beklagten verlangen könne, ist unzutreffend, da es zu einer Übergabe der Ware nicht gekommen ist, und deshalb eben noch zu prüfen bleibt, ob die Klägerin nicht durch Absehen von jeder weiteren Sorge um die zurückgewiesene Ware selbst ihre Vertragspflichten verletzt und dadurch den eingetretenen Erfolg verursacht hat.

Das reichsgerichtliche Urteil vom 18. Mai 1895 (abgedruckt in der Jur. Wochenschr. 1895 S. 334), welches dem Oberlandesgerichte Veranlassung gegeben hat, an erster Stelle die vorerwähnte Frage zu erörtern, spricht allerdings in einem ähnlich liegenden Falle den Satz aus: „danach" (d. h. nach Art. 343) „hat aber der Verkäufer, wenn die Ware infolge des Annahmeverzuges des Käufers verkauft ist, Ansprüche gegen letzteren nur, sofern bei dem Verkaufe die Formvorschriften des Artikels beobachtet sind"; in diesen Worten soll aber — wie anzunehmen — keineswegs etwa der Satz des Art. 354 HGB., nach dem bei Zahlungsverzug des Käufers, wenn die Ware noch nicht übergeben ist, die Klage des Verkäufers auf „Schadensersatz wegen Nichterfüllung" von der Vornahme eines den Vorschriften des Art. 343 entsprechenden Selbsthilfeverkaufes abhängig gemacht ist, dahin erweitert werden, daß im Falle des Annahmeverzuges die Erfüllungsklage des Verkäufers und die Schadensersatzklage desselben aus § 102 ALR. I. 11 an die Vornahme eines regelrechten Selbsthilfeverkaufes geknüpft sein solle; sondern es soll, wie der Zusammenhang des Urteils ergibt, nur der durchaus zutreffende Satz ausgesprochen sein, daß im Falle des Annahmeverzuges auf seiten des Käufers der Verkäufer einen Verkauf der Ware als Erfüllungssurrogat nur dann geltend machen kann, wenn dieser Verkauf den Vorschriften des Art. 343 Abs. 2 entspricht." ...

RGZ. 43, 27

1. Dauer der Aufbewahrungspflicht des Käufers nach Art. 348 Abs. 1 HGB.

2. Voraussetzungen des Rechtes zum Notverkauf nach Art. 348 Abs. 5 HGB.; Verkauf gegen ein Verbot des Verkäufers.

3. Verliert der Verkäufer, wenn der von ihm vorgenommene Verkauf der zur Verfügung gestellten Ware wegen Mangels der in Art. 348 Abs. 5 HGB. bezeichneten Voraussetzungen als Notverkauf nicht anzuerkennen ist, ohne weiteres alle Ansprüche wegen der Fehlerhaftigkeit der Ware?

4. Verliert der Käufer, der auf Grund seines Zurückbehaltungsrechtes (Art. 313 HGB.) zum Verkauf schreitet, ohne die Befugnis hierzu nach Art. 315 bei dem zuständigen Gerichte erwirkt zu haben, das Zurückbehaltungsrecht bzw. den Anspruch auf Zahlung der Differenz zwischen dem Betrage seiner Forderung und dem Verkaufserlöse?

VI. Zivilsenat. Urt. v. 8. Dezember 1898.

I. Landgericht Würzburg. II. Oberlandesgericht Bamberg.

Aus den Gründen:

„Kläger, Kaufmann T. in Magdeburg, verkaufte am 15. November des Futternotjahres 1893 an den Beklagten, Kaufmann J. in Würzburg, 4000 Zentner Weizenstroh (Futterstroh), zur Hälfte gepreßt, zur Hälfte gebunden, Lieferung November und Dezember 1893, zum Preise von 2,20 M. pro Zentner, Frachtparität Magdeburg, Kassa drei Viertel des Betrages bei Vorlage des Frachtbriefduplikates in Magdeburg, Rest zu zahlen bei Empfang der Ware. Die Versendung sollte in der Weise vor sich gehen, daß Beklagter nach Empfang der Anzeige des Klägers von den Stationen, von denen das Stroh abgehe, Frachtbriefe für die Wagen zu schicken, sowie die bedungene Anzahlung gegen Vorlegung der Frachtbriefduplikate bei Bankier Sch. in Magdeburg zu leisten habe. Trotz wiederholten Drängens des Beklagten verzögerte sich die Lieferung des Strohes, weil, wie Kläger behauptet, zur Beförderung des in Mecklenburg gekauften Strohes von der dortigen Bahnverwaltung Waggons nicht zu bekommen waren. Am 28. Dezember 1893 ließ Kläger den ersten Waggon mit 11 920 kg Preßstroh der Bestimmung des Beklagten gemäß nach Kissingen abgehen, wofür er am 30. Dezember bei Bankier Sch. 375,48 M. erhob. Ein zweiter Waggon mit 12 590 kg Preßstroh ging am 29. Dezember 1893, und ein dritter Waggon mit 9870 kg Preßstroh am 2. Januar 1894 nach Kissingen ab. Für letztere beiden Waggons erhielt Kläger von Sch. am 4. Januar 1894 auf Vorlegung der Frachtbriefduplikate nur 424,52 M. ausbezahlt, weil der Beklagte nur 800 M. angewiesen hatte. Der erste Waggon kam am 2. Januar 1894 in Kissingen an. Am 4. Januar telegraphierte Beklagter an den Kläger von dort: „Refüsiere Strohwaggon, naß, schwarz, schlecht, erwarte Disposition Würzburg", was Kläger mit Brief vom gleichen Tage bestätigte. Der zweite und dritte Waggon kamen am 7. Januar 1894 in Kissingen an. Auch den zweiten Waggon lehnte Beklagter mit Telegramm vom 7. Januar aus gleicher Ursache ab. Den dritten Waggon (9870 kg) behielt der Beklagte. Zu weiteren Lieferungen und Zahlungen ist es nicht gekommen. Es entstanden Differenzen zwischen den Parteien, indem der Beklagte den Ersatz der bei Sch. von dem Kläger erhobenen 800 M. verlangte und weitere Kassa-Anweisung vor Lieferung anderen Strohes verweigerte, worauf Kläger nicht einging. Kläger hatte ferner dem Beklagten mitgeteilt, daß sein Verkäufer (B. aus Mecklenburg) nach Kissingen komme, um das abgelehnte Stroh zurückzunehmen. B. reiste auch dorthin, jedoch nach einem mehrtägigen Aufenthalt wieder ab, ohne daß es zu einer Zurücknahme des Strohes gekommen ist. Der Beklagte, der schon mit Brief vom 4. Januar 1894 dem Kläger geraten hatte, den ersten Waggon nach Würzburg rollen und dort versteigern zu lassen, sowie mit Brief vom 8. Januar dem Kläger angedroht hatte, die beiden refüsierten Waggons gerichtlich versteigern zu lassen und den Kläger für die Differenz und Schadensersatz wegen Nichtlieferung in Anspruch zu nehmen, schrieb am 16. Januar dem Kläger, er sei jederzeit bereit gewesen und noch bereit, das Stroh (der beiden ersten Waggons) an Kläger, oder an wen dieser wolle, gegen Ersatz seines Guthabens auszuliefern. Er sei, um mit dem Herrn aus Mecklenburg zusammenzutreffen, nach Kissingen gefahren; der Herr sei aber schon abgereist gewesen. Hiernach sei Kläger im Unrecht, liefere aber trotzdem nicht weiter. Das Stroh in Kissingen sei dem Verderben ausgesetzt und Gefahr im Verzuge. Demgemäß werde zur öffentlichen Versteigerung auf Gefahr und im Interesse des Klägers geschritten. Weiter werde Kläger benachrichtigt, daß, nachdem er sich immer noch im Verzuge befinde, Beklagter vom Vertrage abgehe und Schadensersatz wegen Nichterfüllung beanspruche. Am 18. Januar 1894 schrieb Kläger an Beklagten: da dieser der Aufforderung, Kasse bei Sch. für den dritten Waggon anzuweisen, nicht entsprochen, trotzdem aber den Waggon empfangen und abgenommen und ihm somit die Möglichkeit, drei Viertel des Betrages in Magdeburg zu erheben, entzogen habe, erkläre er hiermit den Rücktritt vom Vertrage, da Beklagter mit Kasse im Verzuge sei. Beklagter hat, der Ankündigung vom 16. Januar entsprechend, den Gerichtsvollzieher in Kissingen „nach Art. 348, 343 HGB." mit der öffentlichen Versteigerung des Strohes der zwei ersten Waggons beauftragt. Der Gerichtsvollzieher nahm nach vorgängiger Benachrichtigung der Parteien die Versteigerung am 20. Januar 1894 vor. Sie ergab einen Erlös von nur 222 M., nach Abzug der Kosten von 202,59 M. Dieser Betrag ist bei der Bahn-Güterexpedition in Kissingen hinterlegt.

Mit der erhobenen Klage verlangt Kläger die Bezahlung des ihm nach seiner Behauptung nach Abzug der Zahlung von 800 M. und des ihn selbst treffenden Frachtanteiles noch zukommenden Kaufpreisrestes für die drei Sendungen Stroh mit 577,72 M. nebst 6 Prozent Verzugszinsen seit dem 7. Januar 1894. Er behauptet, das sämtliche Stroh sei in fehlerfreier Qualität an den Beklagten abgegangen und in Kissingen angekommen, und erst dadurch verdorben, daß Beklagter es in Kissingen auf der Bahn im Freien vom 6. bis zum 20. Januar habe stehen lassen. Beklagter sei im Zahlungsverzuge gewesen, und er, Kläger, deshalb mit Grund mit seinem Schreiben vom 18. Januar vom Vertrage zurückgetreten. Der Notverkauf vom 20. Januar berühre die Rechte des Klägers nicht, da er nicht im Lieferungsverzuge sich befunden habe. Beklagter macht hiergegen geltend: das Stroh der zwei ersten Sendungen sei gänzlich unbrauchbar angekommen und von ihm deshalb mit Recht dem Kläger sofort zur Verfügung gestellt worden. Kläger habe die Dispositionsstellung auch angenommen. Durch die in Händen des Klägerns befindlichen 800 M. (Barzahlung) und die vom Kläger für die zwei ersten zurückgewiesenen Sendungen insgesamt zu tragende Fracht sei nicht bloß der Kaufpreis für die dritte, angenommene Sendung mit 434,28 M. gedeckt gewesen, sondern es habe hiermit Kläger auch schon die Barzahlung für weitere Sendungen in Händen gehabt, weshalb er mit Recht weitere Kassenanweisung verweigert habe. Kläger habe hiernach ohne Grund fernere Lieferung verweigert, und Beklagter sei deshalb beim Vorhandensein der in Art. 348 Abs. 5 HGB. bezeichneten Voraussetzungen zum Notverkauf berechtigt gewesen, wie seine Erklärung vom 16. Januar, daß er wegen Lieferungsverzuges Schadensersatz wegen Nichterfüllung verlange, vollkommen begründet sei. Er sei überdies wegen des ihm an dem Stroh nach Art. 313 HGB. zugestandenen Retentionsrechtes zu dem Verkaufe auch nach Art. 315 befugt gewesen. Kläger könne hiernach jetzt nur fordern den Versteigerungserlös mit 202,59 M. und den Kaufpreis für den dritten Waggon mit 434,28 M., zusammen 636,87 M., wogegen Beklagter jedenfalls zu fordern habe die von dem Kläger für die zwei ersten Waggons bei Bankier Sch. erhobenen 800 M., 135 M. und 142 M. Frachtauslagen für diese Waggons, 41 M. Frachtdifferenz für den dritten Waggon, sowie 10 M. Standgeld (in Kissingen), zusammen 1128 M., so daß hiervon für die Widerklage 591,13 M. als liquid entfallen. Beklagter macht aber weiter für das gesamte vom Kläger nicht gelieferte Stroh einen im einzelnen näher liquidierten Schadensersatzanspruch geltend, wonach er schließlich unter Verrechnung der klägerischen Forderung im bezeichneten Betrage die Abweisung der Klage und widerklagend die Verurteilung des Klägers zur Bezahlung von 2820,79 M. nebst Prozeßzinsen beantragt.

Durch das Urteil erster Instanz ist Beklagter klagegemäß verurteilt, die Widerklage abgewiesen. Die Berufung des Beklagten ist zurückgewiesen. In der Berufungsinstanz hat Beklagter eventuell Preisminderung verlangt, unter Beweisantretung dafür, daß das Stroh der beiden ersten Waggons nicht mehr als 222 M. wert gewesen sei.

Der Revision des Beklagten mußte stattgegeben werden.

Das Berufungsgericht prüft zunächst die Frage, ob der von dem Beklagten vorgenommene Verkauf des Strohes nach Art. 348 Abs. 5 oder Art. 315 HGB. als ein gesetzlich zulässiger anzusehen sei, und gelangt zur Verneinung dieser Frage, woraus es die Folgerung zieht, daß der Beklagte der Rechte aus der Dispositionsstellung, insbesondere des Anspruches auf Preisminderung, verlustig gegangen sei, also auch den Preis für die erstgelieferten zwei Waggons ungeschmälert zu zahlen habe. Festgestellt ist, daß der Beklagte die in diesen Waggons gelieferte Ware rechtzeitig zur Disposition gestellt, der Kläger die Dispositionsstellung zunächst angenommen und sodann die Verfügung getroffen hat, daß das Stroh an seinen Verkäufer B. in Kissingen ausgeliefert werde. Das Berufungsgericht führt weiter aus: da der erste Waggon am 4. Januar, der zweite am 7. Januar 1894 telegraphisch zur Verfügung gestellt, und die Telegramme je an diesen Tagen auch dem Kläger zugestellt worden seien, so sei der Beklagte von da an zur Aufbewahrung des Strohes nicht mehr verpflichtet gewesen. Die Waggons hätten jetzt auf Wag und Gefahr des Klägers in Kissingen gestanden, und der Beklagte habe nicht mehr darüber verfügen und das Stroh auch dann nicht mehr verkaufen lassen dürfen, wenn dasselbe dem Verderben ausgesetzt, und Gefahr im Verzuge gewesen wäre. Schon diese Auffassung ist rechtsirrig. Zunächst ist zu bemerken, daß die Aufbewahrungspflicht des Käufers (Art. 348 Abs. 1 HGB.) nicht schon mit der Ankunft der Dispositionsstellung bei dem Verkäufer, sondern erst dann endigt, wenn der letztere auf die ihm zugekommene Beanstandung der Ware nicht so bald als möglich seinerseits für die Aufbewahrung derselben sorgt oder sonst über sie verfügt. Weiter aber ist in Art. 348 Abs. 5 HGB. dem Käufer unter der einzigen Voraussetzung, daß die Ware dem Verderben ausgesetzt, und Gefahr im Verzuge ist, die Befugnis zum Verkaufe nach Maßgabe der Vorschriften des Art. 343 beigelegt, ohne Unterschied, ob der Verkäufer sich bereits seinerseits in der Lage befindet, über die Ware zu verfügen oder nicht, und ob er im ersteren

Falle eine solche Verfügung zu treffen unterlassen hat. Der Umstand allein, daß der Verkäufer keine Verfügung getroffen hat, obwohl er eine solche treffen konnte, gibt dem Käufer das Verkaufsrecht nach Art. 348 Abs. 5 allerdings nicht; hiermit entfällt nur die fernere Pflicht zur Aufbewahrung. Trifft aber die bezeichnete, in Art. 348 Abs. 5 bestimmte Voraussetzung tatsächlich zu, so kann der Käufer, obwohl der Verkäufer in der Lage sich befindet, über die Ware zu verfügen, zum sogenannten Notverkauf schreiten.

Vgl. Staub, Kommentar zum Handelsgesetzbuch zu Art. 348 § 9; Entsch. des ROHG.s Bd. 16 S. 324 ff.

Das Berufungsgericht ist aber der Ansicht, daß die erwähnte Voraussetzung zum Verkaufe nicht vorgelegen habe. In dieser Beziehung erwägt es: wenn auch nach den Aussagen der vernommenen Zeugen das Stroh naß, teilweise schimmelig und schwarz, und deshalb als Futterstroh nicht verwendbar gewesen, so habe der Beklagte doch dadurch, daß er nach Besichtigung des Strohes nicht zum Notverkaufe geschritten sei, sondern am 4. Januar dem Kläger brieflich geraten habe, es nach Würzburg zu schaffen und dort zu verkaufen, zu erkennen gegeben, daß er einen sofortigen Verkauf nicht für geboten erachte. Auch erwähne der Beklagte in den folgenden Briefen vom 5., 8. und 11. Januar 1894 nichts davon, daß das Stroh dem Verderben ausgesetzt, und Gefahr im Verzuge sei, sondern bemerke am 5. Januar nur, Kläger werde gut tun, baldmöglichst über das Stroh zu verfügen, weil anderen Tages ein Feiertag sei, und der Waggon immer mehr Kosten verursache, und am 8. Januar habe er mit der gerichtlichen Versteigerung beider Waggons gedroht, wenn Kläger nicht die erhobenen 800 M. bei Sch. zur Verfügung stelle und weitere Ware expediere; am 11. Januar endlich habe er dem Kläger angezeigt, er habe den Gerichtsvollzieher mit der Versteigerung zu Lasten des Klägers beauftragt, mit dem Telegramm vom gleichen Tage jedoch bekanntgegeben, daß er die Versteigerung eingestellt habe. Erst in dem Briefe vom 16. Januar habe Beklagter erklärt, daß das Stroh dem Verderben ausgesetzt und Gefahr im Verzuge sei, und das Stroh deshalb zur Versteigerung gebracht werde. Es könne nun dahingestellt bleiben, ob sich das Stroh bis zum 16. Januar derart verschlechtert habe, daß es unter keinen Umständen länger aufbewahrt werden konnte. Denn wäre dies auch der Fall gewesen, so habe der Beklagte das Stroh doch nicht versteigern dürfen, weil Kläger schon am 5. Januar brieflich über das Stroh durch das an den Beklagten gerichtete Verlangen, dasselbe an seinen demnächst in Kissingen erscheinenden Verkäufer B. auszuliefern, verfügt gehabt habe. Diese Verfügung sei . . . auch auf den zweiten Waggon ausgedehnt worden. Kläger habe allerdings mit Brief vom 14. Januar dem Beklagten erklärt, er erkenne die Dispositionsstellung nicht mehr an, weil trotz seiner Weisung Beklagter das Stroh nicht an B. herausgegeben habe. Allein diese Erklärung sei ohne rechtliche Wirkung; denn Kläger habe wissen müssen, daß Beklagter das Stroh nur gegen Rückerstattung des Kaufpreises und Vergütung seiner Auslagen — Zug um Zug — herauszugeben verpflichtet, anderenfalls zur Retention berechtigt sei; gleichwohl habe weder Kläger noch B. sich zur Berichtigung des Guthabens des Beklagten erboten. Letzterer habe von seiner Anwesenheit in Kissingen, woselbst er nicht einmal das Stroh besichtigt habe, dem Beklagten auch keine Kenntnis gegeben. Beklagter sei, obwohl von der beabsichtigten Reise des B. nach Kissingen in Kenntnis gesetzt, nicht verpflichtet gewesen, sich zu erkundigen, ob B. wirklich eingetroffen sei, habe vielmehr die entsprechende Mitteilung desselben oder des Klägers erwarten dürfen. Nachdem Kläger einmal die Dispositionsstellung des Beklagten angenommen gehabt, habe er „aus diesen Gründen" die Annahmeerklärung nicht mehr rückgängig machen können. Beklagter aber habe keine weitere Verpflichtung gehabt, sich des Strohes anzunehmen, selbst wenn es zugrunde gegangen wäre. Habe er im Interesse des Klägers sich noch weiter des Strohes annehmen zu sollen geglaubt, so hätte er es in einem eigenen Raume unterbringen und dort auseinandernehmen lassen können. Überdies habe Kläger mit der auch auf den zweiten Waggon ausgedehnten Weisung, das Stroh an B. zu verabfolgen, seinen Willen, daß das Stroh nicht verkauft werde, unzweideutig ausgesprochen, und gegen dieses Verbot habe Beklagter nicht zum Verkaufe schreiten dürfen. Hätte er gefürchtet, haftbar gemacht zu werden, so wäre ihm unbenommen gewesen, durch Erwirkung einer einstweiligen Verfügung den Verkauf des Strohes herbeizuführen. Da Beklagter trotz seiner Annahmeverweigerung und des entgegenstehenden Verbotes des Klägers das Stroh veräußert habe, so gelte dies als Zurücknahme der Bemängelung und als Genehmigung der Ware.

Das Berufungsgericht hält hiernach den Kläger an der von ihm ausgesprochenen Annahme der Dispositionsstellungen des Beklagten fest, weil Kläger diese Annahme einseitig ohne gerechten Grund nicht habe zurückziehen können, und ein solcher Grund nicht vorgelegen habe, insbesondere in dem Umstande nicht zu finden sei, daß Beklagter das Stroh nicht an B. ausgeliefert habe. Kläger habe aus dieser nach Lage der Sache berechtigten Nichtauslieferung keinen Grund zum Widerruf der einmal erklärten Annahme der Dispositionsstellungen entnehmen können, und es sei diesem Widerruf deshalb die rechtliche Wirksamkeit abzusprechen. Diese Auffassung beschwert an sich den Beklagten nicht. . . . Der Revision muß aber darin beigetreten werden, daß die Annahme, dem am 20. Januar vorgenommenen Notverkauf habe ein Verbot des Klägers entgegengestanden, durch dasjenige, was das Berufungsgericht in dieser Beziehung ausführt, nicht begründet wird. In der Weisung des Verkäufers an den Käufer, die beanstandete Ware an einen Dritten auszufolgen, kann zweifellos, wie in einer anderen von dem Käufer zu befolgenden Verfügung des Verkäufers über die Ware, ein Verbot des Notverkaufes liegen, und gegen ein solches Verbot darf der Käufer zum Notverkaufe, durch den wesentlich die Interessen des Verkäufers wahrgenommen werden sollen, nicht schreiten. Dafür, ob die Voraussetzungen des Notverkaufes vorlagen, und ob Kläger dem Verkaufe widersprochen hatte, kommt es aber auf den Zeitpunkt des stattgehabten Verkaufes, hier auf den 20. Januar, an. An eine bestimmte Zeit ist die Vornahme des Verkaufes nach Art. 348 Abs. 5 HGB. nicht gebunden. Das Berufungsgericht erblickt nun das Verbot des Klägers lediglich in der mit dem Brief vom 5. Januar ausgesprochenen, später auch auf den zweiten Waggon ausgedehnten Weisung des Klägers, das Stroh an B. auszuliefern. Es nimmt jedoch selbst an, daß die Auslieferung an B. aus Gründen unterblieben sei, welche lediglich von dem Kläger oder B. zu vertreten seien, sowie daß Beklagter die Weisung deshalb zu befolgen nicht verpflichtet gewesen sei, weil ihm nicht gleichzeitig der Ersatz des vorausbezahlten Kaufpreises und seiner Auslagen angeboten wurde, ja, daß Beklagter lediglich infolge des Verhaltens des B. diesem nicht einmal das Stroh auszuliefern in der Lage gewesen wäre. Es erscheint nicht angängig, in einer Verfügung des Verkäufers, welche der Käufer zu befolgen nicht verpflichtet, und die zu befolgen er tatsächlich (ohne sein Verschulden) außerstande ist, einen Widerspruch des Verkäufers gegen den Notverkauf zu finden, wenn nicht der Widerspruch gleichzeitig oder in der Folge unzweideutig besonders zum Ausdruck gebracht ist. Hiervon liegt aber im vorliegenden Falle nichts vor. Im Gegenteil hat Kläger, was das Berufungsgericht übersehen hat, am 14. Januar in Kenntnis von der Ergebnislosigkeit der Reise des B. an den Beklagten geschrieben, *er bedauere, nun in der Sache nichts mehr tun zu können*, er erkenne (jetzt) die Dispositionsstellungen nicht an. Diese Zurückziehung der Annahme der Dispositionsstellung stand dem Notverkauf nicht im Wege. Im übrigen kann diese Erklärung nur so aufgefaßt werden, daß Kläger selbst seine Verfügung, das Stroh an B. auszuliefern, für erledigt erachte; jedenfalls stand *nunmehr* der Beklagte vor der durch den Kläger herbeigeführten *neuen* Sachlage, daß an die Stelle der für den Beklagten nicht bindenden und erledigten Verfügung vom 5. Januar eine andere Verfügung nicht getreten war. Überdies hat Kläger auf den Brief des Beklagten vom 16. Januar 1894, mit dem letzterer den bevorstehenden Verkauf unter Hinweisung darauf anzeigte, daß das Stroh dem Verderben ausgesetzt, und Gefahr im Verzuge sei, gegen den Verkauf nicht protestiert, sondern mit seinem Brief vom 18. Januar, ohne über den angedrohten Verkauf ein Wort zu verlieren, nur seinen Rücktritt wegen des angeblichen Zahlungsverzuges des Beklagten erklärt. Keinesfalls erscheint nach alledem die Annahme begründet, der Beklagte habe in den Briefen und dem Verhalten des Klägers einen Widerspruch desselben gegen den Verkauf nach Art. 348 HGB. erblicken müssen. Darauf endlich, ob der Beklagte durch dieses Verhalten der weiteren Aufbewahrungs- und Fürsorgepflicht in Ansehung der beanstandeten Ware enthoben war, kommt es so wenig an, als darauf, ob der Beklagte für die Ware im Interesse des Klägers in anderer Weise sorgen, oder welche Maßregeln er in seinem eigenen Interesse ergreifen konnte. Lag ein Verbot des Klägers nicht vor, so konnte Beklagter zum Verkaufe nach Art. 348 Abs. 5 schreiten, wenn die Ware wirklich dem Verderben ausgesetzt und Gefahr im Verzuge war. Ob diese Voraussetzung vorgelegen, hat das Berufungsgericht dahingestellt gelassen. Dasselbe geht sodann davon aus, daß in einem Verkaufe gegen den Widerspruch des Verkäufers die Zurücknahme der zuvor vom Käufer ausgesprochenen Bemängelung und die Genehmigung der Ware zu finden und demzufolge der Käufer den Kaufpreis voll zu bezahlen verpflichtet sei, insbesondere Preisminderung nicht geltend machen könne. Das Berufungsgericht wird, wie zu vermuten, dieselbe Rechtsfolge auch an einen Verkauf zu knüpfen geneigt sein, dem die Eigenschaft eines Notverkaufes deshalb abzusprechen ist, weil tatsächlich die Ware nicht dem Verderben ausgesetzt, und nicht die Gefahr im Verzuge war. Diese Ansicht findet sich allerdings in der Literatur,

so z. B. Puchelt-Förtsch, zu Art. 348 Abs. 5; vgl. aber Staub, zu Art. 348 §§ 10, 11, zu Art. 347 § 39,

im vermeintlichen Anschlusse an das Urteil des I. Zivilsenats des Reichsgerichts vom 3. November 1886,

Entsch. des RG.s in Zivils. Bd. 17 S. 65 ff.,

vertreten. Der I. Zivilsenat hat jedoch diesen allgemeinen Satz nicht aufgestellt. Der von ihm entschiedene Fall unterschied sich von dem vorliegenden zunächst darin, daß der Käufer die von ihm bemängelte Ware ohne Beobachtung der Vorschriften in Art. 348 Abs. 5 für eigene Rechnung verkauft hatte. Sodann erkennt der I. Zivilsenat an, daß weder nach gemeinem Rechte,

vgl. hierzu Windscheid, Pandektenrecht Bd. 2 § 394 Anm. 12a, und Entsch. des ROHG.s Bd. 22 S. 35 ff.,

noch nach Handelsrecht der Käufer durch Weiterveräußerung der Ware alle wegen Mängel derselben zu erhebenden Ansprüche verliere, auch eine Handelssitte diese Inhaltes nicht bestehe. Es könne vielmehr, da die Veräußerung der gekauften Ware auch im Handelsverkehre mit der Geltendmachung eines Anspruches auf Preisminderung (oder Schadensersatz wegen mangelhafter Beschaffenheit) vereinbar sei, die Weiterveräußerung für sich allein die Bedeutung einer Genehmigung der Ware oder des Verzichtes auf alle Ansprüche wegen Mängel der Ware nicht haben, sondern nur in Verbindung mit anderen, im Einzelfalle zu prüfenden Umständen. In dieser Richtung legt der I. Zivilsenat Gewicht darauf, ob der Verkäufer die beanstandete Ware zur Verfügung gestellt, also den Empfang verweigert habe oder nicht. Sei dies geschehen, so setze sich der Käufer durch einen ohne Ermächtigung des Käufers und ohne die Voraussetzungen des Art. 348 Abs. 5 in eigenem Namen vorgenommenen Weiterverkauf der Ware in Widerspruch mit der Dispositionsstellung, und es werde in diesem Falle regelmäßig eine jeden Anspruch wegen Mängel der Ware, besonders die Preisminderung, ausschließende Genehmigung derselben anzunehmen sein. Sei die Ware dagegen zwar bemängelt, aber nicht zur Disposition gestellt, so könne in Ermangelung besonderer Umstände in der nachherigen Weiterveräußerung eine derartige Genehmigung nicht gefunden werden. Im wesentlichen erachtet der I. Zivilsenat hiernach die konkreten Umstände für maßgebend, worin ihm nur beizutreten ist, und nicht einmal für den Fall der stattgehabten Dispositionsstellung stellt er (abweichend anscheinend von der allgemeinen, positiven Behauptung von Gareis [Das Stellen zur Disposition § 50 und bei Endemann, Handbuch des Handelsrechts Bd. 2 S. 720]) den Rechtssatz auf, daß die nachherige Weiterveräußerung immer als Genehmigung der Ware und Verzicht auf die Bemängelung zu gelten habe. Wo aber der Käufer den nachherigen Verkauf unter klarer Beziehung auf das ihm nach Art. 348 Abs. 5 eingeräumte Recht und in gutem Glauben an das Vorhandensein des dort aufgestellten Erfordernisses dem Verkäufer angedroht und sodann ausgeführt hat, kann vollends eine derartige Fiktion der Genehmigung aus dem Grunde allein nicht durchgreifen, weil er sich in der Annahme, daß jenes Erfordernis vorhanden, d. h. die Ware dem Verderben ausgesetzt und Gefahr im Verzuge sei, getäuscht hat. Nach der bis jetzt festgestellten Sachlage könnte also dem Beklagten das eventuell geltend gemachte Recht auf Preisminderung nicht versagt werden. Wenn man freilich die Erklärung der Dispositionsstellungen des Beklagten und die Erklärung des Klägers, er nehme dieselben an, dahin auffassen müßte, die Parteien seien darüber einig, daß insoweit redhibiert werden solle, dann könnte allerdings, zumal da dem Wahlrecht zwischen Redhibition und Preisminderung durch den Prozeßbeginn ein Ende gesetzt wird,

vgl. Entsch, des RG.s in Zivils. Bd. 34 S. 174,

das Zurückgreifen auf die Preisminderung ausgeschlossen erscheinen.

Allein der Beklagte hat nach der vorliegenden Korrespondenz in der Tat nicht die Redhibition verlangt, vielmehr das ihm von dem Kläger in den beiden ersten Waggons behufs der Vertragserfüllung angebotene Stroh zurückgewiesen, weil es zur Erfüllung des Vertrages nicht geeignet sei, und zugleich von dem Kläger an Stelle dieses Strohes zum Zwecke richtiger Vertragserfüllung die Lieferung anderen, fehlerfreien Strohes gefordert, wozu er an sich berechtigt war. Die Dispositionsstellung und deren Annahme stehen also der Preisminderung nicht im Wege.

Die Berufung des Beklagten auf das in Art. 315 HGB. normierte Verkaufsrecht fertigt das Berufungsgericht mit dem Satze ab: habe der Beklagte das Retentionsrecht an dem Stroh ausüben und durch den Verkauf desselben seine Befriedigung erreichen wollen, so hätte er nach Art. 315 vorgehen müssen. Es ist nicht klar zu erkennen, ob hierin eine tatsächliche Erwägung dahin liegt, aus den Umständen sei zu entnehmen, daß Beklagter an die Ausübung seines Retentionsrechtes und an einen Verkauf nach Art. 315 nicht gedacht habe, oder die Aufstellung der Rechtsansicht, Beklagter könne diese Gesetzesbestimmung nicht für sich anrufen, weil er versäumt habe, im Wege der Klage, wie dort vorgeschrieben ist, gegen den Kläger den Verkauf des Strohes zu beantragen. Diese Ansicht wäre nicht zu billigen. Durch Nichtbeobachtung dieser Formvorschrift wäre Beklagter weder des Retentionsrechtes, noch des Rechtes, die Differenz zwischen seiner Forderung und dem Verkaufserlös von dem Kläger zu fordern, verlustig gegangen, vielmehr dem Kläger nur schadensersatzpflichtig geworden.

Vgl. Staub, a. a. O. zu Art. 315 § 10; v. Hahn, Kommentar, 2. Aufl. Bd. 2 S. 189; Entsch. des ROHG.s Bd. 25 S. 224; Entsch. des RG.s in Zivils. Bd. 1 S. 185.

Daß hier die Voraussetzungen des Retentionsrechtes (Art. 313 HGB.) des Beklagten an dem Stroh der beiden ersten Waggons, nachdem er dasselbe zur Disposition gestellt und Kläger diese Dispositionsstellung angenommen hat, für seine fällige Forderung auf Rückerstattung des hierauf vorausgezahlten Kaufpreises und seiner Frachtauslagen gegeben sind, scheint das Berufungsgericht mit Recht nicht zu bezweifeln.

Vgl hierzu Staub, a. a. O. zu Art. 348 § 9, zu Art. 313 § 5; Entsch. des RG.s in Zivils. Bd. 12 S. 81 ff. 83, Bd. 18 S. 161.

Hervorzuheben bleibt nur, daß beide Teile Kaufleute sind und es sich um eine Forderung des Beklagten an den Kläger aus einem zwischen ihnen geschlossenen beiderseitigen Handelsgeschäftes handelt, in tatsächlicher Beziehung aber, daß Beklagter zunächst — im Brief vom 8. Januar 1894 — dem Kläger den Verkauf des Strohes für den Fall angedroht hat, daß Kläger nicht die 800 M. bei Sch. decke und weitere Ware für ihn expediere. Das Berufungsgericht, das jedoch kaum zu bezweifeln scheint, daß der Beklagte das Retentionsrecht an dem Stroh ausüben wollte, hätte erforderlichen Falles zu prüfen, ob in dieser Erklärung nicht die deutliche Erklärung solcher Ausübung gelegen hat, andererseits ob Beklagter hierauf etwa durch das Telegramm vom 11. Januar, daß er die gemäß dem Briefe vom 8. Januar schon angeordnete Versteigerung wieder rückgängig gemacht habe, sowie durch den später auf Grund des Art. 348 Abs. 5 HGB. vorgenommenen Verkauf verzichtet hat." . . .

RGZ. 43, 44

Begriff der Empfangnahme im Sinne des Art. 343 HGB.

I. Zivilsenat. Urt. v. 17. Dezember 1898.

I. Landgericht Danzig. II. Oberlandesgericht Marienwerder.

Durch Vertrag vom 18. Juli 1895 übernahm der Beklagte für Ost- und Westpreußen sowie Posen vom Kläger den Alleinverkauf der Marke „Bibundi" seines Kamerun-Kakaos zunächst auf zwei Jahre und verpflichtet sich, während dieser Zeit im ganzen 60 Zentner in Quartalsraten zu bestimmten Preisen abzunehmen und binnen 30 Tagen zu bezahlen. Auf Grund dieses Vertrages sandte der Kläger unter dem 25. und 27. August 1897 eine Anzahl Kisten Kakao cif Danzig an den Beklagten, der sie nach dem Eintreffen am 27. August bzw. 3. September 1897 von der Bahn ab- und auf sein Lager nahm, mit Schreiben vom 1., 6. und 10. September aber dem Kläger wegen vertragswidriger Beschaffenheit zur Verfügung stellte. Der Kläger lehnte die Stellung zur Verfügung ab, verlangte Zahlung, drohte zunächst unter dem 15. September und dann durch seinen Anwalt am 5. Oktober den Verkauf an und ließ am 20. Oktober die Ware durch einen Gerichtsvollzieher öffentlich versteigern, nachdem der Beklagte sich auf die Anfrage vom 5. Oktober am 9. Oktober bereit erklärt hatte, den Kakao dem Kläger herauszugeben und auf Ersuchen des Anwaltes, dem mit der Vollziehung des öffentlichen Verkaufes beauftragten Gerichtsvollzieher den Kakao herauszugeben, diesem den Kakao herausgegeben hatte.

Der Kläger forderte sodann Zahlung der unstreitigen Differenz zwischen Kaufpreis und Erlös des Verkaufes.

Der Beklagte beantragte Abweisung der Klage, weil der Kläger aus Art. 343, 354 HGB. zum Selbsthilfeverkauf nicht berechtigt evtl. weil die Ware nicht vertragsmäßig beschaffen gewesen sei.

Der erste Richter wies die Klage ab; auf die Berufung des Klägers aber wurde die Entscheidung von einem Eide des Klägers darüber abhängig gemacht, daß der Kläger nicht die Garantie dafür übernommen habe, daß der Kakao die vom Beklagten angegebenen Bestandteile von Eiweiß, Fett und Asche enthalte. Auf die Revision des Beklagten ist dieses Urteil aufgehoben, und das erste Urteil wieder hergestellt worden, aus folgenden

Gründen:

„Der Berufungsrichter geht davon aus, daß der Kakao dem Beklagten übergeben, Art. 354 HGB. deshalb nicht anwendbar sei. Er nimmt aber an, daß der Beklagte, nachdem er die Ware zur Verfügung gestellt und durch die Herausgabe an den Gerichtsvollzieher zu erkennen gegeben habe, daß er sie nicht bezahlen wolle, *mit der Empfangnahme* in Verzug geraten, der Selbsthilfeverkauf auf Grund des Art. 343 HGB. deshalb berechtigt gewesen sei, wenn die Bemängelung der Ware ungerechtfertigt war.

Die Revision rügt mit Recht, daß dadurch der Art. 343 HGB. verletzt ist.

Daß dem Beklagten die Ware körperlich übergeben, ist außer Frage. Der Beklagte hat die von ihm beorderte und an ihn abgesandte Ware vom Bahnhof abgeholt, auf sein Lager genommen und die tatsächliche Verfügungsgewalt über das Gut so erlangt, daß er es auf seine vertragsmäßige Beschaffenheit hin wiederholter chemischer Analyse hat unterziehen können (§§ 1, 3, 58 ALR. I. 7). Wenn der Berufungsrichter trotzdem verneint, daß der Beklagte die Ware *in Empfang genommen, weil er sie demnächst zur Verfügung gestellt und nicht als Erfüllung angenommen habe*, so beruht dies auf einer offensichtlichen Verkennung des Begriffes der Empfangnahme im Sinne des Art. 343 HGB. Der Art. 343 hat mit *der Annahme der Ware als Erfüllung*, also deren Billigung, überhaupt nichts zu tun, sondern mit der Empfangnahme als dem Akt, der die abgelieferte Ware vom Verkäufer entgegennimmt, den Verkäufer von der Verpflichtung zur Aufbewahrung befreit und den Käufer nach Art. 348 HGB. zur Sorge um die einstweilige Aufbewahrung verpflichtet.

Vgl. Entsch. des ROHG.s Bd. 7 S. 356, 358.

Es ist völlig unerfindlich, welchen Sinn die dem Verkäufer im Art. 343 Abs. 2 HGB. gegebene Befugnis, die Ware auf Gefahr und Kosten des Käufers *niederzulegen* und öffentlich zu verkaufen, da haben soll, wo, wie hier, *der Käufer die Ware in seinen Händen und auf seinem Lager hat*. Etwas Gegenteiliges ist weder aus dem Urteile des Reichsgerichtes in seinen Entsch. in Zivils. Bd. 3 S. 87, 89, noch aus dem bei *Bolze*, Praxis Bd. 5 Nr. 652, mitgeteilten Urteile zu entnehmen, auf welche das angefochtene Urteil sich beruft. In jenem Urteil handelte es sich um Tradition durch Konnossement und um die Frage, ob in der Annahme des Konnossementes die Empfangnahme der Ware enthalten, in diesem um *noch nicht aus dem Schiff gelöschte Ware*, deren Empfang der Käufer abgelehnt, und die er *nur im Inter-*

esse des Verkäufers und für dessen Rechnung und Gefahr auf Lager nehmen zu wollen erklärt hatte. In beiden Fällen verblieb die tatsächliche Verfügungsgewalt dem Verkäufer, wie der Art. 343 Abs. 2 HGB. klar voraussetzt. Hier, wo der Käufer die tatsächliche Verfügungsgewalt über die abgelieferte Ware erlangt und die Ware in seinen Besitz genommen hat, kann von Verzug in der Empfangnahme nicht die Rede sein. Es handelt sich vielmehr lediglich darum, ob der Käufer die Ware, wie er will, nach Art. 347 HGB. wegen unkontraktlicher Beschaffenheit zurückgeben kann, und der Verkäufer sie zurücknehmen muß, oder ob der Käufer sie behalten und den Kaufpreis zahlen muß. Der erste Richter hat danach ganz richtig die Anwendbarkeit auch des Art. 343 HGB. verneint. Der Kläger hatte gegenüber dem Redhibitionsverlangen des Beklagten auf Zahlung des Kaufpreises zu klagen, kann aber nicht Zahlung der Differenz zwischen dem Kaufpreis und dem Erlös des unberechtigten Selbsthilfeverkaufes fordern, durch den er sich zur Erfüllung außerstande gesetzt hat. Daran wird dadurch nichts geändert, daß der Beklagte sich auf die Anfrage des Klägers bereit erklärt hat, den Kakao dem Kläger herauszugeben, und ihn dem Gerichtsvollzieher herausgegeben hat. Damit geschah nichts weiter, als was der Beklagte vom Kläger verlangen zu können glaubte, die Rücknahme der Ware. Ein vertragsmäßiges Abkommen der Parteien dahin, daß der Verkauf durch den Gerichtsvollzieher für Rechnung desjenigen erfolgen solle, dessen Vorbringen über die Beschaffenheit der Ware sich im Rechtsstreit als unbegründet herausstellen würde, kann in dem festgestellten Hergang nicht gefunden werden." ...

RGZ. 43, 64

Verpflichtung des Käufers zur Untersuchung der Ware und zur Mängelanzeige, wenn die Ware in mehreren, nicht gleichzeitig zum Abgange gebrachten Posten geliefert wird. Enthält, wenn der Käufer die Ware als mangelhaft zur Verfügung gestellt hat, nachträglich aber über einen Teil verfügt, dies eine nachträgliche Genehmigung der ganzen Warenpartie?

VI. Zivilsenat. Urt. v. 12. Januar 1899

I. Landgericht Leipzig. II. Oberlandesgericht Dresden.

Der Beklagte hatte im Januar 1897 bei der Klägerin 20 000 Stück Alben mit Ansichten von der damals bevorstehenden Sächsisch-Thüringischen Industrie- und Gewerbeausstellung bestellt. Es gingen bei ihm 650 Stück am 15. Mai, 9000 Stück am 20. Mai, 10 350 Stück am 25. Mai ein; er stellte aber die Alben, weil die darin enthaltenen Bilder den wirklichen Ausstellungsbauten fast gar nicht entsprachen, durch Brief vom 26. Mai der Klägerin zur Verfügung. Trotzdem verkaufte er 1000 Stück davon. Das Oberlandesgericht verurteilte ihn zur Bezahlung des Preises für diese 1000 Stück; im übrigen wies er die Klage ab. Die dagegen von der Klägerin eingewandte Revision wurde zurückgewiesen.

Aus den G r ü n d e n :

... „Anlangend den ... Angriff der Revision, der Beklagte habe dadurch, daß er bezüglich der ihm am 15. und 20. Mai 1897 zugegangenen Alben bis zum 26. Mai keine Mängelanzeige erstattet habe, das Rügerecht bezüglich der sämtlichen Alben, oder doch zum mindesten bezüglich der b e i d e n ersten Sendungen verloren so ist zuzugeben, daß der Grund, aus dem die Vorinstanz dies hinsichtlich der zweiten Sendung, also derjenigen vom 20. Mai, verneint hat, nicht zutreffend erscheint, da nicht abzusehen ist, warum, dafern der Beklagte die ihm am 20. Mai zugegangenen Alben nach Maßgabe von Art. 347 HGB. ohne Verzug zu untersuchen verpflichtet gewesen wäre, eine erst am 26. Mai abgesendete Mängelanzeige als rechtzeitig angesehen werden könnte. Indes erscheint dieses Bedenken nicht geeignet, eine Änderung der angefochtenen Entscheidung zu Gunsten der Klägerin zu rechtfertigen, da unter den obwaltenden Umständen die am 26. Mai abgesendete Mängelanzeige selbst bezüglich der Sendung vom 15. Mai noch als rechtzeitig anzusehen ist.

Zwar muß, wenn bei einem Distanzkaufe der Verkäufer die bestellte Ware in mehreren Teilsendungen liefert, der Käufer regelmäßig jede einzelne Sendung ohne Verzug untersuchen und, wenn er sie als nicht gesetz- oder vertragsmäßig befindet, hierüber dem Verkäufer alsbald Anzeige machen, widrigenfalls bezüglich derjenigen Teilsendungen, bei denen dies unterlassen ist, die in Art. 347 Abs. 2 HGB. getroffene Bestimmung Platz greift. Indes setzt dies voraus, daß wirkliche Teillieferungen vorliegen; das aber ist nur der Fall, wenn die Zusendungen der einzelnen Posten als selbstständige Akte der Vertragserfüllung vom Verkäufer gewollt sind, und dieser Wille auch dem Käufer erkennbar gemacht ist. Dies aber kann nicht ohne weiteres angenommen werden, wenn der Verkäufer bei Zusendung einer Warenmenge, die er auf einmal zu liefern hat, lediglich aus Gründen geschäftlicher Zweckmäßigkeit oder Bequemlichkeit die verschiedenen Behältnisse (Kisten, Pakete usw.), in welche die Ware ihrer Menge wegen verpackt werden muß, nicht a b s o l u t g l e i c h z e i t i g, sondern nacheinander in k u r z e n Zwischenräumen zum Abgang bringt, und die Ware dementsprechend auch nicht auf einmal bei dem Käufer eintrifft.

Im vorliegenden Falle ist nun, wie zwischen den Parteien nicht streitig ist, bei der Bestellung eine Abrede dahin, daß die Alben nach und nach in Teilsendungen geliefert werden sollten, nicht getroffen worden; die Klägerin hat auch nicht etwa später dem Beklagten mitgeteilt, daß sie in dieser Weise liefern wolle; ebensowenig hat sie ihm über die beiden zunächst abgeschickten Alben besondere Rechnung zugehen lassen; vielmehr hat sie solche erst nach Absendung der letzten Kiste über die gesamten 20 000 Alben erteilt. Die Absendung ist in der Weise erfolgt, daß bei dem Beklagten zunächst am 15. Mai 1897 drei Postpakete mit zusammen 650 Albums, am 20. eine Kiste mit 9000, und am 25. eine solche mit 10 350 Albums eingegangen ist.

Bei dieser Sachlage kann nicht angenommen werden, daß die Klägerin die Erfüllung des Vertrages durch mehrere selbständige Teillieferungen in dem oben bezeichneten Sinne beabsichtigt habe; jedenfalls aber braucht der Beklagte nicht anzunehmen, daß die Klägerin eine solche, von dem Vertrage abweichende Art der Erfüllung im Sinne habe. Er durfte, als die drei Postpakete eingingen, erwarten, daß die Hauptmasse des Albums gleichzeitig oder doch ganz kurz nach Abfertigung der Pakete als Bahnfrachtgut abgesendet sein würde; zu der Meinung, daß die Klägerin, statt durch eine einheitliche Lieferung, durch mehrere selbständige Teillieferungen erfüllen wolle, brauchte der Beklagte auch dann noch nicht zu gelangen, als am 20. Mai eine Kiste mit nur 9000 Alben einlief, da er immer noch darauf rechnen konnte, daß der Rest in kurzer Zeit eintreffen werde. Wenn er unter diesen Umständen mit der Prüfung der Ware bis zum 26. Mai Anstand genommen und erst an diesem Tage die Mängelanzeige bezüglich der ganzen Warenmenge abgeschickt hat, so kann hieraus eine stillschweigende Genehmigung der am 15. und 20. Mai eingetroffenen Sendung nicht gefolgert werden. Die Annahme der Vorinstanz, daß eine solche bezüglich der Sendung vom 20. Mai nicht vorliege, ist also, wenn auch aus anderen Gründen, zu billigen.

Hiermit erledigt sich zugleich ein Eingehen auf die Meinung des Revisionsklägers, unter den obwaltenden Umständen müsse die Genehmigung der in den Sendungen vom 15. und 20. Mai 1897 enthalten gewesenen Alben zugleich als Verzicht auf die Rüge der Unähnlichkeit der Bilder in der letzten Sendung angesehen werden.

Die Revision macht weiter geltend, jedenfalls habe sich der Beklagte des Rechtes, den Vertrag aufzuheben, dadurch begeben, daß er nach seiner eigenen Angabe „eine Partie" Alben an Kolporteure gegeben habe, und durch diese 1000 Stück verkauft worden seien. Da der Beklagte die ganze Sendung nach seinen Behauptungen erst am 25. und 26. Mai geprüft habe, so müsse die erwähnte Verfügung über die Ware geschehen sein, nachdem der Beklagte die Mangelhaftigkeit der Bilder erkannt und die Alben der Klägerin zur Verfügung gestellt gehabt. Dadurch habe er die letzterwähnte Erklärung widerrufen und die Ware nachträglich genehmigt, und zwar nicht nur bezüglich der verkauften 1000 Stück, sondern im vollen Umfange. ...

Auch dieser Angriff kann keinen Erfolg haben.

Das Handelsgesetzbuch enthält keine Vorschriften darüber, welche Rechte dem Käufer zustehen, der die Mängel der ihm gelieferten Ware rechtzeitig gerügt hat, und ebensowenig darüber, welchen Einfluß es auf diese Rechte ausübt, wenn der Käufer über die mangelhafte Ware verfügt hat.

Vgl. auch Lutz, Protokolle der Kommission zur Beratung eines allgemeinen Handelsgesetzbuchs Bd. 1 S. 653.

Auch ein allgemeiner Handelsgebrauch (Art. 1 HGB.), nach welchem der Käufer, der Mängel der Ware rügt, aber trotzdem über diese verfügt, hierdurch seiner aus der Mangelhaftigkeit der Ware folgende Rechte verlustig gehe, kann nicht anerkannt werden. In dem in den

Entsch. des RG.s in Zivils. Bd. 17 S. 65 ff.

abgedruckten Urteile vom 3. November 1886 ist dies bereits nach der Richtung dargelegt worden, daß ein Handelsgebrauch, nach welchem der Käufer in dem bezeichneten Falle das Recht auf Preisminderung verliere, nicht bestehe. Im gegenwärtigen Falle handelt es sich nun allerdings nicht um Preisminderung, sondern um das Recht des Käufers, den Vertrag wegen Mangelhaftigkeit der Ware aufzuheben, und es kann nicht zweifelhaft sein, daß für einen solchen Fall wesentlich andere Erwägungen in Betracht kommen, als bei dem Verlangen nach Preisminderung.

Andererseits ist aber zu berücksichtigen, daß im gegebenen Falle der Beklagte nur über einen, und zwar relativ unbedeutenden, Teil der ihm gelieferten Alben verfügt hat, und eine teilbare Ware in Frage ist. Zu einer der Klägerin günstigen Folgerung würde daher von dem jetzt in Rede befangenen Gesichtspunkte aus nur zu gelangen sein, wenn ein Handelsbrauch dahin bestünde, daß der Käufer, der die Ware als mangelhaft zur Verfügung gestellt hat, bezüglich der ganzen ihm gelieferten Warenmenge des Rechtes, vom Vertrage abzugehen, verlustig sei, auch wenn es sich um eine teilbare Leistung des Verkäufers handele, und der Käufer nach jener Erklärung nur über einen Teil der Ware verfügt habe. Daß ein solcher allgemeiner Handelsbrauch — auf einen örtlich beschränkten hat die Klägerin nirgends Bezug genommen — bestehe, kann nicht anerkannt werden.

In den Fällen, in denen das vormalige Reichsoberhandelsgericht in Leipzig angenommen hat, daß der Käufer sich des Rechtes, den Vertrag wegen Mangelhaftigkeit der Ware aufzuheben, durch Verfügung über diese begeben habe, hatte der Käufer entweder über die ganze ihm gelieferte Ware verfügt, vgl. Entsch. des ROHG.s Bd. 10 S. 273 ff., Bd. 11 S. 201 ff., Bd. 12 S. 180, Bd. 16 S. 321 ff., Bd. 18 S. 330 ff.,

oder es war eine Verfügung über eine Ware in Frage, die im Verhältnisse der Parteien zueinander als unteilbares Ganzes anzusehen war, und es ist gerade hierauf das entscheidende Gewicht gelegt worden (ebenda Bd. 6 S. 329 ff.) Übrigens ist in keinem dieser Urteile auf einen Handelsbrauch Bezug genommen, die Entscheidung vielmehr zum Teil ausdrücklich, zum Teil mindestens anscheinend auf das subsidär anwendbar gewesene bürgerliche Recht gestützt worden. Ebenfalls nur auf dieses, nämlich auf das preußische Allgemeine Landrecht, ist die Entscheidung in dem in Striethorst's Archiv Bd. 76 S. 32 abgedruckten Urteile des vormaligen preußischen Obertribunals gestellt; es ist hier sogar ausdrücklich ausgesprochen, daß ein Handelsbrauch, wie ihn die Klägerin damals behauptet und nachzuweisen unternommen hatte, nicht dargetan sei.

In dem bereits oben angeführten, in Bd. 16 S. 321 ff. der Entsch. des ROHG.s abgedruckten Urteile hat auch dieser Gerichtshof anerkannt, daß ein Handelsbrauch des hier in Frage befangenen Inhaltes nicht bestehe, indem er ausgesprochen hat, daß in dem dort entschiedenen Falle der Käufer dadurch, daß er von 50 Sack Roggen zwei vermahlen und verbacken habe, bei der Teilbarkeit des Kaufgegenstandes das Recht der Redhibition bezüglich der übrigen 48 Sack nicht verloren haben würde (S. 323 unter 2).

Dieselbe Auffassung ist vertreten in den Urteilen des vormaligen Oberappelationsgerichts zu Oldenburg in Seuffert's Archiv Bd. 25 S. 88 ff., des vormaligen Oberappelationsgerichts zu Dresden ebenda Bd. 18 S. 202 und des Oberlandesgerichts zu Hamburg in der Hanseat. Gerichtszeitung Bd. 8 S. 147 ff. Vgl. ferner Staub, Komm. zum Handelsgesetzbuch 5. Aufl. § 34 zu Art. 347, und Endemann, Handbuch des Handelsrechts Bd. 2 S. 696 Anm. 92. (Nach dem dort Bemerkten soll die a. a. O. S. 720 unter 5 ersichtliche Ausführung eine beschränktere Bedeutung haben, als es nach dem Wortlaut scheinen könnte.)

In der Judikatur des Reichsgerichts ist allerdings der Satz ausgesprochen worden, daß, wer eine gekaufte Sache dem Verkäufer als mangelhaft zur Verfügung stelle, gegen Treue und Glauben verstoße, wenn er sie gleichwohl wie seine eigene behandele, und daß er sich regelmäßig so ansehen lassen müsse, als habe er auf das Recht, den Empfang der Sache abzulehnen, verzichtet.

Vgl. Entsch. des RG.s in Zivils. Bd. 22 S. 78 ff.; Seuffert, Archiv Bd. 48 S. 22 ff.

Allein in beiden Fällen, in deren einem ein Verzicht dieser Art übrigens nicht angenommen wurde, handelte es sich — ebenso wie bei dem Urteil des Oberlandesgerichts zu Hamburg in Seuffert's

Archiv Bd. 42 S. 189 Nr. 132 — darum, daß der Käufer die wegen Mängel zur Disposition gestellte Maschine nachher dauernd fortbenutzt und abgenutzt hatte, also um eine Verfügung über einen unteilbaren Kaufgegenstand. Ebenso ist in dem in Seuffert's Archiv Bd. 42 S. 190 ff. Nr. 133 veröffentlichen Urteile, obwohl eine Anzahl Ballen Wolle den Kaufgegenstand gebildet hatte, nach der besonderen Gestaltung des Falles angenommen worden, daß die beanstandete Ware als ein „einheitliches Ganzes" zu betrachten sei, und hierauf entscheidendes Gewicht gelegt worden. Übrigens ist in keinem dieser Fälle auf handelsrechtliche Normen, insbesondere auf einen Handelsbrauch, Bezug genommen, die Entscheidung vielmehr, soviel ersichtlich, nur auf das bürgerliche Recht gestützt worden.

Ausschließlich aus diesem, nämlich aus den §§ 327, 328 ALR. I. 5, ist auch die Unzulässigkeit der Redhibition bei Verfügung des Käufers über einen Teil des an sich teilbaren Kaufgegenstandes abgeleitet in zwei Urteilen des I. Zivilsenats vom 12. Juni 1895 und 15. April 1896, Rep. I. 94/95 und 450/95.

Es mag nicht bezweifelt werden, daß, obwohl ein Handelsbrauch des in Rede stehenden Inhaltes hiernach nicht anerkannt werden kann, im einzelnen Falle nach den besonderen Umständen der Richter in der Verfügung des Käufers über einen Teil der an sich teilbaren Ware den Ausdruck seines Willen, die ganze Ware zu behalten, wird finden dürfen;

vgl. Seuffert, Archiv. Bd. 37 S. 201 ff.;

allein jedenfalls kann ein Verstoß gegen handelsrechtliche Normen nicht darin erblickt werden, wenn die Vorinstanz im gegenwärtigen Falle eine solche Annahme nicht für zulässig befunden und daher den Beklagten nur zur Bezahlung derjenigen Albums verurteilt hat, die von ihm weiter verkauft worden sind. Die Frage aber, ob nach dem subsidär zur Anwendung zu bringenden bürgerlichen Rechte der Käufer durch die Verfügung über einen Teil der von ihm als mangelhaft zur Verfügung gestellten Ware das Recht auf Redhibition verliere, ist im vorliegenden Falle der Nachprüfung des Reichsgerichts entzogen, da ... diese Frage hier nach dem irrevisiblen sächsischen Landesrechte zu beurteilen gewesen ist." . . .

RGZ. 43, 101

Ist bei einem sog. komplizierten Spezifikationskaufe der Verkäufer befugt, im Falle des Art. 354 HGB. den Selbsthilfeverkauf vorzunehmen, und zwar in der Weise, daß er eine nach den Vereinbarungen des Hauptvertrages zu liefernde Ware versteigern läßt?

II. Zivilsenat. Urt. v. 21. Februar 1899.

I. Landgericht Hagen. II. Oberlandesgericht Hamm.

Nach den Briefen der Parteien vom 26. und 27. September 1896 kam ein Abschluß zwischen den Parteien zustande, nach welchem die

Klägerin die darin bezeichneten 400 Tonnen Walzeisen, nämlich Stabeisen Schweißeisenqualität zum Grundpreise von 126 M. pro 1000 Kilo, Stabeisen S. M. Flußeisenqualität zum Grundpreise von 126 M. pro 1000 Kilo, Bandeisen Schweißeisenqualität zum Grundpreise von 140 M. pro 1000 Kilo, Bandeisen S. M. Flußeisenqualität zum Grundpreise von 126 M. pro 1000 Kilo, Frachtbasis Dortmund, Bedingungen pr. Abortpreise beifolgender Reale (15. Mai 1896), mit 25 Prozent Rabatt auf die Kaliber-Überpreise, abzunehmen im ersten Quartal 1897 in gleichen Monatsraten, verkaufte.

Da der Beklagte nur einen Teil der Ware abrief, erachtete sich die Klägerin gemäß Art. 354 HGB. zum Selbsthilfeverkaufe befugt, den sie in der Weise bewirkte, daß sie den noch nicht abgerufenen Rest unter den Bedingungen des Vertrages versteigern ließ. Der auf Zahlung des Kaufpreises unter Abrechnung des Erlöses aus dem Selbsthilfeverkaufe gerichteten Klage wurde u. a. auch der Einwand entgegengesetzt, daß der Selbsthilfeverkauf unzulässig gewesen sei, einmal weil das Hauptgeschäft die Natur eines sog. komplizierten Spezifikationskaufes habe, bei welchem dem Käufer die Wahl zwischen verschiedenen Qualitäten zu verschiedenen Preisen eingeräumt worden sei, und sodann weil die versteigerte Ware noch gar nicht fertig gewesen sei.

Die vom Landgerichte ausgesprochene Verurteilung des Beklagten nach dem Klagantrage wurde vom Berufungsgericht bestätigt. Die Revision des Beklagten wurde zurückgewiesen.

Aus den Gründen:

... „Der Revisionskläger macht zur Rechtfertigung des Rechtsmittels geltend, daß der von der Klägerin vorgenommene Selbsthilfeverkauf unzulässig gewesen sei, einmal weil das Hauptgeschäft die Eigenschaft eines sog. komplizierten Spezifikationskaufes habe, und zweitens weil die zum Verkaufe gestellte Ware noch gar nicht fertig gestellt gewesen sei. ... Diese Angriffe können nicht als zutreffend anerkannt werden.

Daß ein Rechtsgeschäft wie das nach dem Bestätigungsbriefe vom 26. September 1896 zwischen den Parteien vereinbarte die Natur eines einheitlichen Kaufvertrages hat, wenngleich von vornherein weder über die Ware, welche tatsächlich zur Lieferung kommen wird, noch über die Höhe des Gesamtkaufpreises völlige Gewißheit besteht, ist mit Rücksicht auf die durch den Vertrag der Wahl des Käufers gestellten Grenzen in der Rechtsprechung des Reichsgerichtes bisher festgehalten und namentlich in dem Urteile vom 27. Mai 1892,

Entsch. des RG.s in Zivils. Bd. 30 S. 97 ff.,

ausführlich begründet worden. Geht man hiervon aus, so ergibt sich die weitere Folgerung von selbst, daß, wenn der Käufer durch Unterlassung der Spezifikation in der vertragsmäßigen Frist in Annahme-

und in Zahlungsverzug gerät, dem Verkäufer auch das in Art. 354 HGB. näher geregelte dreifache Wahlrecht nicht versagt werden kann. Steht hiernach aber dem Verkäufer zu, statt der Erfüllung die Ware unter Beobachtung der Bestimmungen des Art. 343 HGB. für Rechnung des Käufers zu verkaufen und Schadensersatz zu fordern, so kann auch weiter nicht wohl zweifelhaft sein, daß der Verkäufer durchaus innerhalb seines Rechtes und der damit verbundenen Pflichten verbleibt, wenn er bei dem Selbsthilfeverkaufe die Ware gerade so zum Verkaufe aussetzt, wie er sie ursprünglich für sich selbst verkauft hat, also mit dem die Ware und den Preis betreffende Wahlrechte des Käufers; jedenfalls kann der säumige Käufer durch ein derartiges Verfahren sich nicht unter dem Gesichtspunkte beschwert fühlen, daß etwas anderes versteigert worden sei, als er selbst gekauft habe. Fertige Ware wird dann freilich nicht zum Selbsthilfeverkaufe gestellt; aber das verlangt das Gesetz auch nicht. Die Ausführungen in dem in den Entsch. des RG.s in Zivils. Bd. 33 S. 95 ff. abgedruckten Urteile dieses Senates haben mit der gegenwärtigen Frage nichts zu tun; dort handelte es sich um einen gewöhnlichen Kaufvertrag und die Frage, ob der Verkäufer, welcher nach Art. 354 HGB. Schadensersatz wegen Nichterfüllung wählt, Ware zum Selbsthilfeverkaufe stellen dürfe, die sich weder in seinem Besitze befinde, noch ihm überhaupt zur Verfügung steht; hier ist ein Kaufvertrag in Frage, bei dem die Bestimmung der vom Verkäufer erst zu fabrizierenden Ware innerhalb gewisser Grenzen dem Käufer überlassen ist, so daß der Verkäufer, da kein Gesetz ihm die Pflicht auferlegt, bei Verzug des Käufers das Spezifikationsrecht desselben selbst auszuüben und die danach hergestellte Ware zum Selbsthilfeverkaufe zu bringen, gar nicht anders verfahren kann, als daß er durch den Selbsthilfeverkauf sich zur Lieferung gemäß der vom Ansteigerer zu machenden Spezifikation verpflichtet.

Allerdings hat das Reichsoberhandelsgericht in der in den Entsch. des ROHG.s Bd. 18 S. 48 abgedruckten Entscheidung, welcher ein Spezifikationsverkauf wie der gegenwärtige zu Grunde lag, die Verkaufsselbsthilfe des Art. 343 HGB. für rechtlich unmöglich erklärt, von der Ansicht ausgehend, daß bei einem derartigen Geschäfte der Käufer, so lange er nicht spezifiziert habe, nicht in Annahmeverzug kommen könne. Diese letztere Ansicht kann aber nicht als richtig anerkannt werden; denn der Käufer, der die schuldige Spezifikation unterläßt, verhindert den Verkäufer an der Erfüllung des Vertrages nicht minder, als derjenige Käufer, welcher beim einfachen Kaufvertrage die ihm wirklich angebotene Ware zurückweist; wie denn auch § 295 BGB. f. d. D. R. im Anschlusse an die bisherige Rechtsanschauung bestimmt, daß ein wörtliches Angebot zur Herbeiführung des Verzuges des Gläubigers genügt, wenn zur Bewirkung der Leistung eine Handlung des Gläubigers erforderlich ist, wozu insbesondere der Fall gehört, daß der Gläubiger ein Wahlrecht auszuüben hat. Das Urteil des Reichsgerichtes vom 12. Dezember 1883,

Entsch. des RG.s in Zivils. Bd. 10 S. 100,

hat deshalb auch die Richtigkeit jener Entscheidung des Reichsoberhandelsgerichtes in Zweifel gezogen, und in dem in den Entsch. des RG.s in Zivils. Bd. 37 S. 24 abgedruckten Urteile hat das Reichsgericht (S. 28) in einem Falle des sog. komplizierten Spezifikationskaufes bei Prüfung der Frage, ob der Verkäufer bei Annahmeverzug des Käufers die Spezifikation selbst vornehmen dürfe, sich auch über die Zulässigkeit des Selbsthilfeverkaufes bereits in bejahendem Sinne ausgesprochen." ...

RGZ. 47, 129

1. Über die rechtliche Bedeutung der Klausel „Kassa gegen Verladungsdokumente" beim Handelskaufe.

2. Welchen Einfluß hat die Tatsache, daß der Verkäufer dem Käufer einer Ausfallprobe übersandt hat, auf einen vom Käufer unternommenen Beweis, daß Ware von vertragswidriger Beschaffenheit abgeladen sei?

3. Sind Abweichungen von der Kaufprobe, die den Gebrauch oder die Verkäuflichkeit der Ware nicht beeinträchtigen, unbeachtlich?

I. Zivilsenat. Urt. v. 12. Dezember 1900.

I. Landgericht Hamburg. II. Oberlandesgericht daselbst.

Der Kläger schloß mit der Beklagten zwei Verkäufe über halbraffiniertes schottisches Paraffin ab. Durch Vertrag vom 17. Juli 1899 verkaufte er ihr 28 000 Kilogramm, wovon 3000 sofort, 12 500 Anfang August, und 12 500 Anfang September 1899 geliefert werden sollten. Durch Vertrag vom 28. Juli verkaufte er ihr noch weitere 10 Tonnen, lieferbar im August 1899. Beide Verkäufe wurden cif Livorno, bzw. italienische Häfen geschlossen, und die Ware wurde in allen Fällen gemäß einer Anweisung der Beklagten nach Genua versandt.

Bei Abwicklung der Geschäfte gerieten die Parteien in Streitigkeiten, wovon hier zwei Streitpunkte interessieren.

1. Die Faktura über die 10 Tonnen aus dem zweiten Schluß bezifferte sich auf 4773,85 M. und wurde von der Beklagten am 25. September 1899 bezahlt. Nach Ansicht des Klägers war der Betrag indes bereits am 18. September fällig. Der Kläger forderte demnach für 7 Tage Verzugszinsen auf den Fakturabetrag. Fest stand, daß der Kläger der Beklagten ein ordnungsmäßiges Konnossement über diese Partie am 18. September angeboten hatte, und daß nach beiden Schlußscheinen die Zahlung gegen Konnossement erfolgen sollte. Die Beklagte behauptete aber, mündlich sei beidemale

besprochen, daß sie erst nach Empfang und Richtigbefund eines ihr vom Kläger zu behändigenden Ausfallmusters zu zahlen brauche. Der Kläger bestritt das. Er wollte zwar einem hinterher geäußerten Wunsche der Beklagten gemäß die Besorgung eines Ausfallmusters in Aussicht gestellt haben: mit der Bezahlung aber habe dies nichts zu tun.

2. Die Faktura über die dritte Lieferung aus dem ersten Schlusse bezifferte sich auf 5625,70 M. Das Konnossement über diese Partie wurde der Beklagten am 26. September 1899 angeboten. Die Beklagte verweigerte Zahlung dieses Betrages, weil das Ausfallmuster von der Probe in der Farbe abweiche. Zum Beweise legte die Beklagte ein am 11. Oktober 1899 ausgestelltes Attest zweier von der Handelskammer zu Hamburg ernannter Experten vor. Der Kläger machte zunächst geltend, daß die Beklagte mit Einwendungen über die Qualität der Ware nicht zu hören sei, weil sie „Kassa gegen Konnossement" gekauft habe. Sodann bestritt er, daß die Farbe des Ausfallmusters für die Farbe der gelieferten Ware maßgebend sei und daß überhaupt bei dem Halbfabrikate, das Gegenstand des Handels gewesen, auf der Farbe irgend etwas ankomme; für die Beurteilung von halbraffiniertem Paraffin im Verkehre komme es nur auf die Qualität, insbesondere auf den Schmelzpunkt an. Nur hierfür sei auch die Kaufprobe als maßgebend anzusehen.

Zum ersten Streitpunkte erkannte das Landgericht auf einen Eid für die Inhaber der verklagten Firma. Diese Entscheidung wurde von beiden Seiten angefochten. Das Oberlandesgericht wies die Anschließung der Beklagten zurück, legte aber auf die Berufung des Klägers diesem einen richterlichen Eid darüber auf, daß jene Abrede über die Abhängigkeit der Zahlungspflicht vom Richtigbefunde eines Ausfallmusters nicht getroffen sei.

Zum zweiten Streitpunkte wies das Landgericht die Klage für den hier in Betracht kommenden Betrag ab. Auf Berufung des Klägers aber änderte das Oberlandesgericht dieses Urteil ab und verurteilte die Beklagte, dem Kläger 5625,70 M. nebst Zinsen zu zahlen.

Auf die Revision der Beklagten hat das Reichsgericht das Berufungsurteil zum Teil aufgehoben und die Sache in die Instanz zurückverwiesen aus folgenden

Gründen:

„Die Entscheidung über den ersten Streitpunkt ist davon abhängig, ob die Parteien durch mündliche Absprache darüber einig geworden waren, daß die Beklagte den Kaufpreis für die Verschiffungen erst zu zahlen brauchen, wenn ihr der Kläger außer dem Konnossemente eine Ausfallprobe von der verschifften Partie übergeben haben werde. In dieser Hinsicht ist das Berufungsgericht…

zu dem Ergebnisse gelangt, daß bereits einige Wahrscheinlichkeit dafür vorliege, daß eine solche Absprache nicht getroffen sei. Zur Ergänzung seiner Überzeugung hat das Berufungsgericht einen richterlichen Eid für erforderlich, aber auch für ausreichend erklärt und diesen dem Kläger anvertraut. Dieser Teil der angefochtenen Entscheidung beruht auf Erwägungen tatsächlicher Natur, deren Richtigkeit in der gegenwärtigen Instanz nicht nachzuprüfen ist. ... Insoweit erscheint daher die Revision als unbegründet. Hinsichtlich des zweiten Streitpunktes aber konnte dem Rechtsmittel der Erfolg nicht versagt werden.

Das Oberlandesgericht hat die Beklagte zur Bezahlung der dritten Lieferung aus dem ersten Schlusse ... bedingungslos verurteilt, indem es ausführt, daß diese Verurteilung ebenso dann gerechtfertigt sei, wenn die eben erörterte Absprache über die Einsendung von Ausfallmustern getroffen sei, wie wenn sie nicht getroffen sei. ...

Die Ausführungen, womit jene Annahme begründet wird, erscheinen nicht frei von Rechtsirrtümern. Das Oberlandesgericht erörtert zunächst den Fall, daß die von der Beklagten behauptete Abrede über eine zuvorige Übergabe von Ausfallmustern nicht bewiesen werde, daß es also bei der in dem Bestätigungsschreiben enthaltenen Klausel „Netto Kasse gegen Konnossement" sein Bewenden behalten habe. In diesem Falle, wird ausgeführt, sei die Beklagte mit dem Einwande der Unkontraktlichkeit der Ware überhaupt nicht zu hören; sie habe Zug um Zug gegen Lieferung eines ordnungsmäßigen Konnossements zu zahlen gehabt und könne Ansprüche wegen vertragswidriger Beschaffenheit der Ware erst nachträglich geltend machen. Dagegen lasse sich auch nicht einwenden, daß durch das Gutachten der Sachverständigen die Probewidrigkeit der Ware feststehe und daß es wider die bona fides sei, wenn der Kläger den Kaufpreis fordere, obwohl er ihn wegen der Vertragswidrigkeit der Ware sofort zurückvergüten müsse. Sei der Vertrag auf Grund der obigen Klausel zum Abschlusse gelangt, so habe die Beklagte kein Recht, die Vertragsmäßigkeit der Ware auf Grund des Ausfallmusters zu beurteilen. Das Gutachten der Sachverständigen aber beruhe lediglich auf einer Besichtigung dieses Musters und lasse daher keinen Schluß auf die Beschaffenheit der Ware selbst zu. Die Bemängelung beziehe sich auf die Farbe der Ware; die Behauptung des Klägers aber, daß sich in der Zwischenzeit sowohl bei der Kaufprobe, wie beim Ausfallmuster die Farbe leicht geändert haben könne, lasse sich nicht ohne weiteres zurückweisen. Daher stehe keineswegs fest, daß auch die Ware selbst probewidrig ausgefallen sei.

Diesen Erwägungen liegt die Rechtsanschauung zugrunde, daß sich der Käufer bei der Klausel „Kassa gegen Verladungsdokumente" von der Verpflichtung zur Vorleistung des Kaufpreises wegen mangelhafter Beschaffenheit der Ware nur dann befreien könne, wenn er in der Lage sei, die tatsächliche Unterlage der Bemängelung sofort liquid zu stellen, so daß auf weitläufige Beweiserhebungen nach dieser Richtung jedenfalls nicht eingegangen zu werden brauche. Daß der Klausel eine derartige p r o z e s s u a l e Bedeutung innewohne, entspricht zwar einer älteren Praxis der Hamburger Gerichte, ist vom Reichsgerichte aber bereits früher mißbilligt worden.

Vgl. Entsch. des RG. in Zivils. Bd. 31 S. 100 ff., insbes. S. 106 ff.

An dieser Ansicht ist festzuhalten. Demnach ist davon auszugehen, daß sich die rechtliche Bedeutung der Klausel in der Festsetzung der Vorleistungspflicht des Käufers erschöpft. Während der Regel nach der Käufer nur Zug um Zug gegen die Übergabe der Ware zu zahlen braucht (Art. 342 Abs. 3 HGB.), also in der Lage ist, vor der Zahlung die Ware auf ihre Beschaffenheit zu untersuchen, soll er nach der Klausel schon auf Grund der ihm anzudienenden ordnungsmäßigen Verladungsdokumente Zahlung leisten, ohne zuvor die Ware auf ihre Beschaffenheit hin prüfen zu können. Verweigert der Käufer die Aufnahme des Konnossements, und kommt es infolgedessen zum Prozesse, so kann dem klagenden Verkäufer nicht, wie in anderen Fällen, der Beweis angesonnen werden, daß er dem Vertrage entsprechende Ware geliefert oder abgeladen habe; vielmehr genügt zur Begründung der Klage der Nachweis, daß dem Käufer ordnungsmäßige Verladungsdokumente angedient worden seien. Unternimmt der Käufer aber seinerseits gegenüber einer derartigen Klage den Beweis, daß die auf das Konnossement abgeladene und sonach bereits individualisierte Ware nicht von ordnungsmäßiger Beschaffenheit sei, so fehlt es an einem Rechtsgrunde, ihn mit diesem Beweise nicht zu hören. Es handelt sich insoweit lediglich um den auch in ähnlichen Verhältnissen (z. B. gegenüber einer Wechselklage) stets zuzulassenden Einwand, daß der Kläger von seinem formalen Rechte — hier von dem formalen Rechte, daß der Käufer vorleisten müsse — einen Gebrauch mache, der mit Treue und Glauben nicht vereinbar sei. Eine Einschränkung der Beweismittel aber, etwa auf Urkunden oder auf solche Beweismittel, die im Sinne des § 294 ZPO. zur alsbaldigen Glaubhaftmachung tauglich sind, hat für den vorliegenden Fall in den Gesetzen keine Stütze.

Außerdem gründen sich die mitgeteilten Ausführungen des Berufungsgerichts auf eine Verkennung der rechtlichen Bedeutung der Tatsache, daß der Kläger der Beklagten unstreitig ein Ausfallmuster über die hier streitige Verschiffung behändigt hat. Ist jetzt auch zu unterstellen, daß dies nicht in Erfüllung einer von vornherein übernommenen Verpflichtung geschehen, sondern daß der Kläger dabei nur einem nachträglich geäußerten Wunsche der Beklagten entgegengekommen ist, so verliert die Übergabe der Ausfallprobe deswegen nicht alle Bedeutung. Der Verkäufer erklärt durch Übergabe einer Ausfallprobe, daß die zur Vertragserfüllung von ihm ausgeschiedene Ware so ausfalle, wie es diese Probe darstelle. Die Ausfallprobe soll die Ware repräsentieren und deren Prüfung schon jetzt ermöglichen und erleichtern. Daher ist es unrichtig, wenn das Oberlandesgericht ausspricht, die Beklagte habe in dem jetzt unterstellten Falle nicht das Recht, die Ware auf Grund des Ausfallmusters zu beurteilen. Die Sache liegt vielmehr so, daß die Beklagte genug bewiesen hat, wenn sie dartut, daß die ihr vom Kläger übersandte Ausfallprobe eine nicht vertragsmäßige Ware darstellt. Es würde erst Aufgabe eines vom Kläger zu erbringenden Gegenbeweises sein, darzulegen, daß gleichwohl die Ware selbst von besserer und dem Vertrage genügender Beschaffenheit sei.

Für den anderen Fall, daß die von der Beklagten behauptete Absprache bewiesen werde, also davon auszugehen sei, daß die Beklagte erst nach Prüfung und Genehmigung des Ausfallmusters zur Aufnahme der Verladungsdokumente verpflichtet sein sollte, stellt das Berufungsgericht folgende Erwägungen an. ... Die Beklagte würde die Bezahlung des Kaufpreises nur verweigern können, wenn die Ware nicht dem Vertrage entsprechen sollte; das treffe aber nicht zu. Zwar gingen die Sachverständigen davon aus, daß auch in bezug auf die Farbe eine der Kaufprobe entsprechende Ware zu liefern gewesen sei. Die Richtigkeit dieser Annahme unterliege aber erheblichen Bedenken, da die Sachverständigen selbst erklärten, daß es bei halbraffiniertem Paraffin in erster Linie auf den Gehalt und den Schmelzpunkt ankomme, und die Farbe eine nebensächliche Rolle spiele. Es sei daher der Zweifel berechtigt, ob die Kaufprobe nach der Absicht der Parteien nicht bloß für solche Eigenschaften der Ware maßgeblich sein sollte, die im Handelsverkehr allgemein als wichtig anerkannt würden. Eine Entscheidung dieser Frage sei indes nicht erforderlich, da aus einem anderen Grunde die Bemängelung der Kontraktlichkeit der Ware jedenfalls unberechtigt sei. Nach den Bestimmungen des gemeinen Rechtes könne die Kontraktlichkeit einer Ware nur beanstandet werden wegen solcher Mängel, die den Gebrauch oder die Verkäuflichkeit der Ware beeinträchtigen; ein solcher Mangel sei aber die vorliegende Abweichung in der Farbe nicht gewesen. Dafür spreche die von den Sachverständigen bezeugte Tatsache, daß eine bestimmte Farbe bei halbraffiniertem Paraffin regelmäßig nicht bedungen werde. Die eigene Meinung der Sachverständigen gehe aber auch dahin, daß die vorliegende Abweichung in der Farbe die Verwendbarkeit der Ware nicht beeinträchtige; was an der Hand des Gutachtens genauer begründet wird. Bei dieser Sachlage sei es Aufgabe der Beklagten gewesen, näher darzulegen, warum sie im vorliegenden Falle gleichwohl auf die Farbe Wert legen müsse.

Das sei nicht geschehen. Im Gegenteil ergebe sich auf dem weiteren Verlaufe der Sache nur eine Bestätigung der Unerheblichkeit dieser Abweichung für den Gebrauch und die Verkäuflichkeit der Ware; denn es stehe fest, daß die Fabrik in Italien, an die das Paraffin gelangt sei, es anstandslos angenommen und verarbeitet habe.

Die Ausführung, daß die vorliegende Abweichung in der Farbe weder die Verkäuflichkeit, noch den Gebrauch der Ware beeinträchtige, ist an sich rechtlich nicht zu beanstanden, obwohl sich die Revision auch dagegen gewandt hat. Auf Grund des ihm bis jetzt vorgelegten Materials war das Oberlandesgericht durchaus in der Lage, diese tatsächliche Frage ohne prozessualen Verstoß so zu beantworten, wie es geschehen ist. Die Ausführung ist aber nicht geeignet, das abgegebene Urteil zu tragen.

Zwar ist es richtig, daß der Verkäufer nach gemeinem Rechte (wie nach § 459 Abs. 1 BGB.) gesetzlich nur für solche Mängel der Kaufsache haftet, die deren Gebrauch oder Verkäuflichkeit beeinträchtigen. Auch wird zuzugeben sein, daß dieser Satz auch beim Handelskaufe Bedeutung hat. Ein Fehler, der nicht unter diese Kategorie fällt, wird der Ware nicht die Eigenschaft nehmen können, Handelsgut mittlerer Art und Güte (Art. 335 HGB.) zu sein. Wie aber nach § 459 Abs. 2 BGB., so besteht auch nach gemeinem Rechte neben der Pflicht zur Gewährung der gesetzlichen Eigenschaften in erster Linie die selbständige Pflicht zur Gewährung der zugesicherten Eigenschaften. Ist eine bestimmte Eigenschaft zugesichert, so kann die Haftung dafür nicht durch die Erwägung beseitigt werden, daß diese Eigenschaft auf die Verkäuflichkeit oder den Gebrauch keinen Einfluß habe. Es ist daher von entscheidender Bedeutung, ob der Kläger durch den Kaufvertrag verpflichtet worden ist, Paraffin von einer bestimmten Farbe zu gewähren.

Nach dem Bestätigungsschreiben vom 19. Juli 1899 ist der Kauf geschlossen „nach separat folgenden Durchschnittsproben Nr. 1 und 2". ... Auszugehen ist deshalb nach Art. 340 HGB. davon, daß die Ware der Probe gemäß sein sollte. Die Eigenschaften der Probe müssen sich in der Ware wiederfinden, und zwar alle Eigenschaften, an sich also auch die Farbe. Dies würde nur dann eine Einschränkung erleiden, wenn es sich um eine Eigenschaft handeln sollte, die entweder nach der Verkehrssitte ganz allgemein bei der betreffenden Warengattung als bedeutungslos angesehen wird, oder die doch im konkreten Falle von den Kontrahenten als gleichgültig betrachtet worden ist. Weder das eine, noch das andere ist vom Oberlandesgerichte festgestellt worden. Die Entscheidungsgründe werfen in dieser Richtung nur Zweifel und Bedenken auf, geben aber keine Lösung. Da es sich hierbei aber um tatsächliche Feststellungen handelt, ist das

Reichsgericht gesetzlich nicht in der Lage, die Frage selbst zu entscheiden.

Hiernach mußte das Berufungsurteil, soweit es sich auf den zweiten Streitpunkt erstreckt, aufgehoben und die Sache in diesem Umfange zur anderweiten Verhandlung und Entscheidung zurückverwiesen werden." . . .

RGZ. 48, 136

Kann der Verkäufer, in dessen Hände die Ware nach Dispositionsstellung zurückgelangt, falls solche dem Verderben ausgesetzt ist, Selbsthilfeverkauf vornehmen und sodann von dem Käufer unter Anrechnung des Versteigerungserlöses, die Empfangbarkeit der Ware vorausgesetzt, Erfüllung verlangen?

VII. Zivilsenat. Urt. v. 24. April 1901.

I. Landgericht Dortmund. II. Oberlandesgericht Hamm.

Aus den Gründen:

„Auf Bestellung lieferte die Klägerin der Beklagten 100 Kisten Kasan-Eier zum Preise von 6120 M. Die Beklagte stellte am Empfangstage die auf Lager genommene Ware, welche sie bezüglich einzelner Kisten als nicht empfangbar gefunden haben will, durch ein Schreiben zur Verfügung, in welchem sie zugleich um Mitteilung ersuchte, was mit der Ware geschehen solle. Als Klägerin den Brief empfangen hatte, telegraphierte sie sofort, daß sie die „Verfügungsstellung" nicht annehme, und zwei Tage später, am 13. August 1898, daß sie einen Nachlaß von 600 M. anbiete, und daß die Ware, falls dies nicht angenommen werden sollte, an ihren am Wohnorte der Beklagten wohnenden Vertreter auszuantworten sei. Am 17. August 1898 ließ dann die Klägerin die Eier durch vom Amtsgericht ernannte Sachverständige einer Untersuchung unterziehen und zwei Tage später durch einen Gerichtsvollzieher öffentlich versteigern, wobei ein Nettoerlös von 3068,55 M. erzielt wurde. Mit der Klage wird nun die Beklagte auf Zahlung der Differenz zwischen diesem Erlöse und dem Lieferungspreise sowie einer auf 50 M. bemessenen Provision in Anspruch genommen. Die Beklagte hat der Klage gegenüber hervorgehoben, daß die Zurverfügungstellung gerechtfertigt gewesen, und unter Hervorhebung, daß ihr die Lieferung von Eiern erster Sorte versprochen gewesen, Beweis dafür angetreten, daß die in ihrem Schreiben vom 10. August 1898 bezeichneten Mängel sich vorgefunden hätten. Dagegen ist von der Klägerin unter Beweis gestellt, daß die Eier bei der Absendung noch in frischem Zustande gewesen, auch bei ihrer Ankunft in Dortmund als Prima-Ware hätten gelten müssen, und daß, wenn sie zur Zeit der Untersuchung sich als zum Teil verdorben herausgestellt, dies auf die Art ihrer Aufbewahrung und die Länge der Zeit zurückzuführen sei.

Die beiden Vorinstanzen haben die Klage zurückgewiesen mit der Ausführung, daß ein Recht auf Selbsthilfeverkauf nach Art 354 HGB. beim Mangel des Zahlungsverzuges der Beklagten hier nicht Platz greife, ferner aber auch, da die letztere die Ware in Empfang genommen, von einer Befugnis der Klägerin, gemäß Art. 343 a. a. O. die Ware öffentlich zu verkaufen, keine Rede sein könne. Die Klägerin könne vielmehr den Kaufpreis nur nach Erfüllung von ihrer Seite beanspruchen, welche Erfüllung sie sich dadurch, daß sie die Ware freiwillig von der Beklagten zurückgenommen, unmöglich gemacht habe. In gleicher Weise sei vom Reichsgericht (Entsch. in Zivils. Bd. 43 S. 44 ff.) entschieden. Das Berufungsgericht hat auch noch den von der Klägerin in zweiter Instanz aufgestellten Gesichtspunkt gewürdigt, wonach die Klägerin mit Rücksicht auf die wegen Gefahr des Verderbens der Eier vorliegende Notwendigkeit der Veräußerung letztere, welche immer nur dasselbe Ergebnis gehabt haben würde, in nötiger und nützlicher Geschäftsführung für die Beklagte vorgenommen habe. Das Gericht hat ausgeführt, es sei anzunehmen, daß solche Geschäftsführung nicht stattgefunden, vielmehr die Klägerin nur in eigenem Interesse vorgegangen sei, da die Beklagte sich an Ort und Stelle befunden habe und durch nichts gehindert gewesen sei, gemäß Art. 348 Abs. 5 HGB. den Verkauf selbst vorzunehmen.

Mit der Revision ist unter Hinweis darauf, daß der in dem angezogenen Reichsgerichtsurteil entschiedene Fall insofern von dem hier vorliegenden verschieden sei, weil es sich bei jenem nicht, wie jetzt, um einen sehr schnell dem Verderben ausgesetzten Kaufgegenstand gehandelt, geltend gemacht, die Klägerin habe unbedenklich mit der Versteigerung ohne weiteres, wie geschehen, vorgehen dürfen, da die Beklagte dadurch, wenn ihre Beanstandung sich als unbegründet erweise, immer nur Vorteil, nicht Nachteil haben könne.

Dem Revisionsangriff muß Bedeutung beigemessen werden. Es kann zunächst nicht, wie die Revisionsbeklagte meint, als angezeigt erachtet werden — in welcher Beziehung es auch an einer Feststellung von seiten der Vorinstanzen mangelt —, daß die Klägerin, indem sie die später veräußerten Eier zurücknahm, darauf verzichtet habe, sie als Vertragsleistung zu verwenden. Danach fragt es sich, ob sich die Klägerin durch den Selbsthilfeverkauf außerstand gesetzt hat, ihrerseits die kontraktliche Erfüllung zu gewähren, wie solches unter Bezeichnung des Verkaufes als unberechtigt das mehrerwähnte Reichsgerichtsurteil gegenüber dem auch damals bei analoger Sachlage in Frage stehenden Anspruche auf Zahlung der Differenz zwischen dem Kaufpreise und dem Erlöse der Versteigerung als vorliegend erachtet hat. Dies kann nun aber hier nicht angenommen werden, weil mit Rücksicht auf die zutreffend von seiten der Revision ins Licht gestellte Qualität des vorliegend in Betracht kommenden Kaufgegenstandes die Klägerin, wenn sie als ordentlicher Kaufmann handeln wollte, mit dem Selbsthilfeverkauf vorgehen mußte. Bei solcher Sachlage erscheint die Klägerin, wenn sie auch nur in Berücksichtigung ihres eigenen Interesses handelte, an sich befugt, den Kaufpreis zu fordern, und zwar in der Form der Geltendmachung des Anspruches auf die erwähnte Differenz, da sie sich selbstverständlich den bei dem Verkauf erzielten Erlös anrechnen lassen muß. Dieser Forderung gegenüber behält natürlich der auf die Nichtempfangbarkeit der Ware gestützte Einwand der Beklagten seine Bedeutung, und es wird Sache der Klägerin sein, darzutun, daß die Eier, als sie abgesandt wurden, sich in dem vertrags- und gesetzmäßigen Zustande befanden." . . .

RGZ. 49, 157

1. Finden die Vorschriften des § 377 HGB. auch bei einem einseitigen Handelskaufe, namentlich dem Käufer gegenüber, der Kaufmann ist, Anwendung?

2. Was ist zur Anwendung des § 157 BGB. erforderlich? Ist insbesondere zur Feststellung einer Verkehrssitte der bloße Hinweis auf entsprechende handelsrechtliche Normen genügend?

II. Zivilsenat. Urt. v. 1. November 1901.

I. Landgericht Posen. II. Oberlandesgericht daselbst.

Am 18. Januar 1900 kaufte die verklagte Handlung L. B. zu S. von dem Kläger, dem Rittergutsbesitzer G. zu W., die von diesem auf seinem Gute zu erzielende „diesjährige Schmutzwolle" unter Leistung einer Anzahlung auf den vereinbarten Kaufpreis. Die verkaufte Wolle wurde am 16. März 1900 von dem Kläger an die Beklagte geliefert. Mit Schreiben vom nämlichen Tage zeigte die Beklagte dem Kläger an, daß die von ihm gelieferte Wolle nicht probemäßig ausfalle und den kontraktlichen Bedingungen nicht entspreche, daß sie, die Beklagte, insbesondere für 14 Pfund „Klunkern", die sie zurücksende, der Nässe wegen keine Verwendung habe, und daß auch die übrige Wolle sehr stark mit „Klunkern" besetzt sei. Kläger erhob Klage auf Zahlung des Restkaufpreises der Wolle, während die Beklagte Abweisung der Klage und mittels Widerklage die Verurteilung des Klägers zur Rückgabe der von ihr geleisteten Anzahlung und zur Zahlung von Lagergeld beantragte, indem sie unter anderem geltend machte: es sei zwischen den Parteien ein Kauf nach Probe abgeschlossen, die gelierte Ware aber habe den Proben nicht entsprochen, sie sei viel feuchter und erheblich mehr mit Schmutz u. dgl. behaftet gewesen als die Proben. Der Kläger beantragte Abweisung der Widerklage, indem er das Vorliegen eines Kaufes nach Probe und das Vorhandensein der von der Beklagten gerügten Mängel bestritt. Das Landgericht erkannte den Anträgen der Beklagten, das Oberlandesgericht dagegen den Anträgen des Klägers gemäß. Das Berufungsgericht hat den behaupteten Mangel, daß die gelieferte Wolle einen zu großen Schmutzgehalt gehabt habe, als nicht vorliegend erachtet, bezüglich des Mangels der zu großen Feuchtigkeit derselben aber erwogen, daß die Beklagte in ihrem Schreiben vom 16. März 1900 davon nichts erwähnt habe, daß die gelieferte Wolle feuchter oder schweißhaltiger sei als die Proben, obgleich gerade der Mangel einer zu großen Feuchtigkeit eine sofortige Anzeige erfordert hätte, daß es insoweit also an einer genügenden (rechtzeitigen) Mängelanzeige fehle und daß daher die Beklagte diesen Mangel überhaupt nicht mehr geltend machen könne. Auf die von der Beklagten eingelegte Revision ist dieses Urteil aufgehoben worden aus folgenden

Gründen:

„Das Berufungsgericht hat den von der Beklagten erst im Laufe des Prozesses erhobenen Einwand, daß die ihr vom Kläger gelieferte Wolle in ihrer Gesamtheit zu feucht gewesen sei und in dieser Hinsicht dem Muster nicht entsprochen habe, als verspätet angesehen und daher die Begründung dieses Einwandes nicht weiter geprüft, weil die Beklagte von diesem Mangel nicht unverzüglich nach der Ablieferung dem Kläger Anzeige gemacht habe. Das Gericht hat diese Ansicht dahin begründet, daß, da ein einseitiges Handelsgeschäft vorliege, zwar nach dem Wortlaute des § 377 HGB. eine Verpflichtung des Käufers zur unverzüglichen Untersuchung und Mängelanzeige nicht bestehe; daß indes schon nach altem Handelsrechte in Theorie und Praxis stets angenommen worden sei, daß Treu und Glauben im Handelsverkehr es erforderten, daß ein Käufer, der eine Ware wegen Mangelhaftigkeit nicht genehmigen wolle, dies dem Verkäufer anzeige und diese Anzeige nicht ungebührlich verzögere; daß dies um so mehr gelten müsse, wenn der Käufer ein Kaufmann sei, da der § 377 nicht eine Abschwächung der Pflichten der Kaufleute gegenüber dem früheren Rechte bezwecke, sondern nur die strikte Vorschrift der Untersuchungspflicht für Nichtkaufleute habe beseitigen wollen; daß die Mängelanzeige auch die gerügten Mängel angeben müsse, damit der Verkäufer wisse, aus welchem Grunde die Abnahme der Ware beanstandet werde usw. Die gegen diese Ausführungen gerichtete Beschwerde der Revision erscheint als gerechtfertigt. Sofern das Berufungsgericht mit dieser allerdings nicht durchaus klaren Begründung hätte aussprechen wollen, daß auch nach dem 1. Januar 1900 beim Vorliegen eines einseitigen Handelskaufes die für den Käufer, namentlich denjenigen, der Kaufmann ist, bezüglich der Mängelanzeige gegebene Rechtslage die nämliche sei wie beim Vorliegen eines zweiseitigen Handelskaufes, daß insbesondere auf Grund des § 377 HGB. oder anderer handelsrechtlicher Normen Kaufleute Nichtkaufleuten gegenüber zur Beobachtung der in § 377 gegebenen Vorschriften bei Vermeidung der daselbst angedrohten Rechtsnachteile in gleicher Weise gesetzlich verpflichtet seien, wie Kaufleute untereinander beim Vorliegen eines beiderseitigen Handelskaufes, würde diese Ansicht als eine rechtsirrtümliche zu bezeichnen sein. Was nämlich zunächst die Frage der unmittelbaren Anwendung des § 377 HGB. auf den gegebenen Fall betrifft, so rechtfertigt zwar die Denkschrift zum Entwurfe des neuen Handelsgesetzbuches (zu § 369 S. 241) die Beschränkung der nach Art. 277 HGB. a. F. auch bei einseitigen Handelskäufen anwendbaren Grundsätze des Art. 347 HGB. a. F. „auf den Verkehr unter Kaufleuten" damit, daß diese Änderung schon mit Rücksicht auf die Grundsätze des Bürgerlichen Gesetzbuches geboten erscheine; denn wenn dieses den Käufer, weil er häufig nicht die nötige Sachkunde und Erfahrung habe, zur sofortigen Untersuchung der Ware nicht verpflichte, so dürfe auch im Handelsgesetzbuche nicht „einem Käufer, der nicht Kaufmann sei", eine solche Verpflichtung bloß deshalb auferlegt werden, weil er von einem Kaufmanne gekauft habe. Indes kann aus dieser Begründung, welche allerdings nur das Interesse des Käufers, der nicht Kaufmann ist, an einer Einschränkung der Bestimmungen des seitherigen Art. 347 HGB. berücksichtigt, nicht gefolgert werden, daß die neuen Vorschriften des § 377, durch welche diejenigen des Art. 347 a. F. vollständig ersetzt worden sind, auch für solche Fälle gelten sollen, in welchen der Kauf für den Käufer, nicht aber für den Verkäufer ein Handelsgeschäft ist, also nur ein einseitiges Handelsgeschäft vorliegt; denn eine solche Annahme würde dem Wortlaute der Bestimmungen des § 377, welche ausdrücklich nur für zweiseitige Handelsgeschäfte erlassen sind, sowie auch des § 345 n. F. direkt widersprechen. Überdies zeigen auch die oben hervorgehobenen Worte der Begründung, daß der Entwurf den Grundsatz des Art. 347 HGB. a. F. „auf den Verkehr unter Kaufleuten beschränke", daß der Gesetzgeber sich dessen bewußt war, daß nach der Fassung des (unverändert nach dem Entwurfe angenommenen) Textes des § 377 ein zwischen einem Nichtkaufmanne als Verkäufer und einem Kaufmanne als Käufer abgeschlossenes und somit nur einseitiges Handelsgeschäft nicht unter die Bestimmungen des § 377 falle. Hiernach kann also von einer unmittelbaren Anwendung der letzteren auf den vorliegenden Fall, in welchem nach der rechtlich nicht zu beanstandenden Annahme des Berufungsgerichtes nur auf seiten der Beklagten ein Handelsgeschäft vorliegt, nicht die Rede sein. Die Anwendung anderer, noch geltender handelsrechtlicher Rechtsnormen aber kommt im gegebenen Falle überhaupt nicht in Frage, insbesondere nicht diejenige des vom Berufungsgerichte erwähnten „alten Handelsrechtes", da das letztere mit dem am 1. Januar 1900, somit vor dem Abschlusse des streitigen Vertrages erfolgten Inkrafttreten des Handelsgesetzbuches vom 10. Mai 1897 seine Geltung verloren hat. Der § 346 HGB. n. F. spricht aber nur von Vorgängen unter Kaufleuten. Da hiernach eine handelsrechtliche Norm über die Mängelrüge für Käufe, die nicht für beide Teile Handelsgeschäfte sind, überhaupt nicht gegeben ist, kann es sich nur fragen, ob etwa die Zurückweisung der fraglichen Mängelrüge als verspätet auf Grund der gemäß Art. 2 Einf.-Ges. zum HGB. vom 10. Mai 1897 in Handelssachen subsidiär zur Anwendung kommenden Vorschriften des Bürgerlichen Gesetzbuches gerechtfertigt sei. In letzterem aber sind besondere Bestimmungen über eine Verpflichtung des Käufers zu einer unverzüglichen Untersuchung der gekauften Sache und zu einer unverzüglichen Mängelanzeige nicht enthalten. Der § 477 BGB. setzt nur eine kurze Verjährungsfrist fest. Es kann daher nur in Frage kommen, ob etwa der vom Berufungsgerichte erwähnte Grundsatz von „Treu und Glauben" nach dem Bürgerlichen Gesetzbuche die von demselben angenommene Verpflichtung des Käufers und den von ihm an deren Nichterfüllung geknüpften Rechtsnachteil rechtfertige. In dieser Hinsicht ist lediglich § 157 BGB. maßgebend, wonach „Verträge so auszulegen sind, wie Treu und Glauben mit Rücksicht auf die Verkehrssitte es erfordern". Hiernach ist also in Fällen, in welchen bei einseitigen Handelsgeschäften der Einwand der Verspätung einer Mängelrüge als Verletzung einer gemäß § 157 a. a. O. begründeten Vertragspflicht geltend gemacht wird, zu prüfen, ob der Kaufvertrag so auszulegen ist, daß nach den Grundsätzen von Treu und Glauben mit Rücksicht auf die Verkehrssitte bei solchen Geschäften eine alsbaldige Rüge des in Frage stehenden Mangels der gekauften Sache seitens des Käufers als eine vertragliche Verpflichtung desselben anzusehen ist, und die Unterlassung einer rechtzeitigen Mängelrüge als Verzicht hierauf und stillschweigende Genehmigung der Ware zu gelten hat. Eine solche Prüfung auf Grund des § 157 BGB. hat aber das Berufungsgericht im gegebenen Falle nicht vorgenommen und jedenfalls das Bestehen einer vertraglichen Verpflichtung der Beklagten zur unverzüglichen Rüge des fraglichen Mangels nicht nach Maßgabe dieser Bestimmung festgestellt. In letzterer Hinsicht genügte namentlich nicht der Hinweis auf das „alte Handelsrecht"; vielmehr hätte außerdem in Betracht gezogen werden müssen, ob sich im Anschlusse daran eine Verkehrssitte, d. h. eine den Geschäftsverkehr beherrschende tatsächliche Übung, gebildet habe, gemäß welcher auch bei einseitigen Handelskäufen ein Käufer, namentlich ein solcher, der Kaufmann ist, die ihm abgelieferte Ware unverzüglich zu untersuchen und jeden einzelnen Mangel derselben unverzüglich dem Verkäufer anzuzeigen pflege. Indem das Berufungsgericht von einer solchen Prüfung und Feststellung abgesehen hat, scheint es die von ihm unterstellten handelsrechtlichen Normen allein für genügend gehalten zu haben, um daraufhin ohne weiteres eine den Vorschriften des § 377 HGB. entsprechende gesetzliche Verpflichtung des Käufers, wenigstens desjenigen, der Kaufmann ist, als gegeben anzunehmen. Da das Berufungsgericht hierbei aus der nach seiner Ansicht nach altem Handelsrechte begründeten Verpflichtung des Käufers, seine Nichtgenehmigung der Ware dem Verkäufer unverzüglich anzuzeigen, die weitere Verpflichtung desselben hergeleitet hat, hierbei auch bei Vermeidung der in § 377 a. a. O. angedrohten Rechtsnachteile jeden einzelnen Mangel der Ware anzugeben, — auf welch letzteren Punkt es im gegebenen Falle im Hinblick auf das die gelieferte Ware im allgemeinen beanstandende, aber den Mangel der zu großen Feuchtigkeit der gesamten gelieferten Wolle nicht besonders hervorhebende Schreiben der Beklagten vom 16. März 1900 besonders ankam —, hat es sogar eine noch erheblich strengere Verpflichtung des Käufers angenommen als der von ihm für seine Ansicht zitierte Kommentar von Staub (zu § 377 HGB. Anm. 154 und 155), und daher hätte die Annahme dieser weitergehenden Verpflichtung jedenfalls noch einer besonderen Begründung durch den Hinweis auf eine entsprechende Verkehrssitte bedurft." . . .

Sachregister

(Die Ziffern bedeuten die Seitenzahlen dieses Bandes)

S

T

FSC
www.fsc.org
MIX
Papier | Fördert
gute Waldnutzung
FSC® C083411

Kolibri 360 GmbH
Ferdinand-Jühlke-Straße 7
99095 Erfurt, Deutschland
produktsicherheit@kolibri360.de